故宫考古研究所
著作丁种第一号

故宫考古报告集

（一）

故宫博物院考古部
故宫考古研究所 编

徐海峰 主编

故宫出版社

图书在版编目（CIP）数据

故宫考古报告集．一／故宫博物院考古部，故宫考古研究所编；徐海峰主编．-- 北京：故宫出版社，2022.10

ISBN 978-7-5134-1459-3

Ⅰ．①故… Ⅱ．①故… ②故… ③徐… Ⅲ．①考古学—中国—文集 Ⅳ．①K870.4-53

中国版本图书馆CIP数据核字（2022）第003220号

故宫考古报告集（一）

故宫博物院考古部　故宫考古研究所　编

出 版 人：章宏伟
主　　编：徐海峰
责任编辑：宋小军　梅　婷　骆　艳
装帧设计：杨　光
责任印制：常晓辉　顾从辉
出版发行：故宫出版社
地址：北京市东城区景山前街4号　邮编：100009
电话：010-85007800　010-85007817
邮箱：ggcb@culturefc.cn
制　　版：北京印艺启航文化发展有限公司
印　　刷：北京启航东方印刷有限公司
开　　本：889毫米×1194毫米　1/16
印　　张：24
版　　次：2022年10月第1版
2022年10月第1次印刷
印　　数：1~1000册
书　　号：ISBN 978-7-5134-1459-3
定　　价：460.00元

故宫田野考古

李 季

故宫考古的基本宗旨是在研究中国古代文明形成、发展与特点的宏观课题下，致力于与宫廷相关遗存的考古学研究，利用故宫自身优势，开展古陶瓷、玉器、铜器、建筑、美术、宗教等方面的考古研究；适应国家重大战略的需要，结合中国文化遗产保护的实际，积极承担和参与国内外重大考古调查发掘项目，保护、保管考古调查发掘和研究成果，促进与国内外考古研究机构的合作。

顺应中国文化遗产保护工作的新形势，在国家文物局的指导下，与故宫博物院事业发展相适应，与学术故宫建设相一致，积极发挥考古对博物馆事业发展的促进作用，故宫考古人拓展思路、扩大视野、创新方法，勤于实践，在紫禁城考古、国内外考古方面均取得新的进展。

一、紫禁城考古

关于中国考古学研究对象的年代范围，在各大学考古专业的课程设置中，过去多从旧石器时代一直到宋辽金元。现在也有将下限延伸一些的，把宋元明考古作为压轴。但是在紫禁城，至少有必要将其下限延伸到清末民初。建成于明永乐十八年（1420）的紫禁城，600年间在72万平方米的范围内，虽然基本格局没有改变，但局部的动态变化从来没有停止。而很多变迁沿革，特别是地下基础、集水排水等系统的详细状况，由于传统文献资料并不注重且不能精确记载，都是研究者、保护者未曾掌握的。另一方面，作为维护世界遗产的日常工作，在最小干预原则下，在紫禁城内给水、排水、供电、供暖、安防等基础设施的维修、抢险、改造工程中，破土施工每年都是不可避免的。依法且可行的做法是：由专业考古机构全程监测、勘察，实施必要的考古发掘，其结论经专家论证后提出保护意见报批，或将遗址原址保存而工程改道施工，或记录资料后允许继续施工。

仅在故宫考古研究所刚刚成立的2013年，紫禁城内就报批获准了3个配合工程的考古发掘项目。

所发现的重要遗迹包括：①东城墙墙基，墙内散水、排水系统，以及墙下土、砖相叠的夯土基础；②南大库库房外原始铺砖地面、瓷片堆积坑，以及出土重要遗物的灰坑;③慈宁花园东排水系统、铺砖地面，早期的大型建筑基址，以及基址以下土、砖相叠的夯土基础和衬石枋承托的砖砌基础。其中南大库遗址出土了大量地层、年代明确的御窑瓷器、玉石器、骨蚌器以及玉石和水晶原料、嘎巴拉碗残片等。在科学发掘与全面记录的基础上，通过对遗址中各类建筑材料的采样、检测，为研究紫禁城建筑群的分期、各时期的建筑布局、建筑工艺传承与制度沿革提供了一手的科学材料；通过对出土文物的初步整理与科技检测，为研究清宫内务府手工业生产情况，以及御用瓷器管理制度，提供了重要的实物资料。嘎巴拉碗的发现，不仅在藏传佛教考古研究中具有重要的意义，也为研究宫廷宗教和法器的管理提供了重要的资料 。

针对像慈宁花园以东这类保存比较完整的明代宫殿基址，我们正在考虑今后的保护与展示方案。就如同大家熟悉的法国卢浮宫，在17世纪路易十四开始大规模兴建的宫殿的下层，观众可以参观经过考古保留的始建于1204年的菲利普·奥古斯特二世城堡遗址。

我们要把紫禁城考古作为大型综合课题，以北京古代都城的城市考古作为宏观的背景参照系统，在逐年院内工程建设中的考古发掘基础上，探索如何建立相应的工作程序、科研路径和保护方案。通过对个别地点发掘、记录、研究的积累，逐步拼缀、完善紫禁城地下文化遗存分布地图，进而解读其格局、结构和关联，为重构紫禁城建筑历史提供不可替代的第一手资料。

二、宫廷建筑遗存考古

紫禁城作为明清两代皇宫并不是孤立存在的，与全国很多重要城市有千丝万缕的联系。例如大型宫廷建筑遗址，除了京城著名的圆明园等遗址，还有各地的皇家行宫、苑囿、陵寝、作坊等。针对上述建筑遗存不乏大量相关的研究课题和足以互证、互补的资料。例如，凤阳明中都上承宋元，下启明清，为明南京故宫和北京故宫的营建提供了蓝本和实践经验，在中国古代都城建筑史上占有极其重要的地位，是系统认识紫禁城的最好参照。因此，与安徽省文物考古研究所合作开展明中都考古，是紫禁城宫殿考古的本质要求，也是宫廷建筑考古的重要领域，学术意义极其重大。又如，紫禁城是曾经垄断性的官窑瓷器的使用者，景德镇是官窑瓷器的生产者，故其在学术研究中互相启迪、互相阐释的例证比比皆是，故宫考古研究所和景德镇陶瓷研究所合作的明清官窑御窑遗址的考古发掘与研究项目，实质上是研究官式手工业的生产端和使用端的联系。再如，故宫博物院与湖北省考古研究所在丹江口市合作发掘的琉璃窑址，是明永乐年间与北京紫禁城几乎同时营建的皇家武当山道观工程的一部分，对紫禁城始建时期琉璃构件烧造的研究具有很高的参考价值。

三、与各省市区域合作考古

明清紫禁城代表着中国古代农业和手工业文明发展的最后辉煌，只有寻根溯源，才能真正厘清脉络，理顺传承，解析交流与变革。故宫考古在自身能力所及和传承工作渊源的基础上，不断参与各地处于中国文明发展不同时段的考古调查与发掘项目。例如王睿研究馆员参与了与河南省文物考古研究院合作开展的在淇河下游地区的考古调查和鹤壁大赉店遗址、王庄墓地的考古发掘，有助于了解从新石器时代晚期到夏商时期这一中国古代文明形成关键时期的区域样本。徐海峰研究馆员过去在太行山东麓做过长期、大量的田野考古调查、发掘和资料整理，有着良好的工作基础，今后还可能向河北省拓展这一课题。故宫考古研究所将继续参与完成过去同山东省文物考古研究所、国家博物馆等在胶东秦汉祭祀遗址合作考古调查、发掘、资料整理与出版工作，有助于对中国秦汉直到明清的古代皇家祭祀体制复杂沿袭变革过程的解读。故宫考古研究所和其他一些省市考古机构的合作也一直在探讨中，包括京畿、黄淮、江淮、内蒙古长城地带以及川藏甘青等方向。即使是从故宫考古研究所自身田野工作队伍的成长，特别是从对年轻成员的调查、发掘能力的培养，以及不断提高业务素质的角度考虑，适当参与各地不同时代、不同类型遗址的考古合作也是必要的。

四、对外交流合作

文化的传播与交流也是中国古代文明研究不可或缺的方面。在当前广受关注的汉唐时期经由西域的丝绸之路和宋元明时期兴盛的海上丝绸之路之间，故宫博物院陶瓷考古的特长使其在后一方面有更大发挥的可能。故宫博物院有外销瓷研究、进口制瓷原材料研究等的长期积累。在20世纪前半期，韩槐准先生已致力于收集海外所见中国瓷器。20世纪50年代韩先生回国入职故宫博物院后，成为海内外研究中国古代外销瓷器的代表人物，并出版了《遗留南洋之中国外销瓷器》。2013年起，王光尧研究馆员等参加的印度西南沿海克拉拉邦奎隆古港遗址和帕特南遗址的考古发掘，出土了大量的中国铜钱和瓷片，发现了中国文化在当地的影响痕迹，这些都为海上丝绸之路的相关研究提供了重要线索。在共建“一带一路”的倡议下，中国与世界的联系空前密切，推动民心相通、人文互通、文明交流互鉴，共建人类命运共同体成为共识，故宫考古人抓住这一时代契机，立足故宫博物院的人才和资源优势，以环印度洋贸易的视角，以中国外销瓷为切入点，结合当地生产的陶器以及其他产地的陶瓷器，并关注当地历史文化背景及陶瓷的使用者，从中国外销瓷对当时世界经济社会的影响、世界贸易经济对中国瓷器产地的拓展及生产方式带来的影响两方面来提出研究思路与工作目标。近年来，故宫考古走出去的步伐非常坚定，在西亚阿联酋拉斯海马考古发掘，中亚乌兹别克斯坦、吉尔吉斯斯坦等国考古调查及东非肯尼亚东部沿海地区考古调查中均取得初步成果。

总之，未来故宫考古应不忘本初，勤于实践，做好以下几方面的工作：

第一，立足定位，找准方向，继续夯实紫禁城考古的基础，把紫禁城考古作为大型综合课题，以北京古代都城的城市考古为宏观指导，以逐年配合院内工程建设进行的考古发掘为切入点，逐步拼缀、完善紫禁城地下文化遗存地图，深入解读其分布、结构和关联，力争构建地上与地下为一体的紫禁城建筑历史变迁体系。

第二，立足于故宫博物院各领域学术资源和人才储备，遵循考古学科内在要求，在国内外考古科研体系下，错位发展、发挥优势，努力发挥考古工作对故宫博物院古建筑、宫廷、文物、文保科技、文物展览等相关领域的学术支撑作用。

第三，致力于与宫廷相关遗存的考古学研究，以宏阔的视野，以多学科介入的手段，不断提升宫廷考古的广度与深度，努力探索皇家建筑考古的理念、方法与研究手段。同时，注重考古工作与博物馆职能的关系，加大遗存的保护、展示及考古成果共享等。

第四，树立学术担当的意识，立足故宫博物院平台优势，跟踪国内考古学研究动向，关注前沿性课题，积极承担和参与国家重大考古项目。在丝绸之路考古的框架下，立足故宫博物院陶瓷考古的优势，以外销瓷的系统研究为切入点，“走出去”考古不断取得新的收获。

目　录

上篇

紫禁城考古

故宫 2015~2016 年配合院内工程考古发掘简报

故宫考古研究所

2015~2016 年，报请国家文物局批准，故宫考古研究所配合院内多项基本建设工程开展了小规模考古发掘工作，兹将 13 个地点的考古发掘情况简报如下。

一、南大库区域

2015 年 4 月，为配合故宫博物院南大库管理用房工程，故宫考古研究所对该工程所涉区域进行了抢救性考古发掘，兹简报如下。

1. 发掘区位置

南大库发掘区域位于故宫西华门内南侧，南薰殿院落以南现南大库西南部，北距南大库西侧第二、三次间台明 8 米、西距现围墙 13.2 米、南距紫禁城南城墙 26 米（图一）。2014 年故宫博物院考古研究所曾在此发现了瓷片埋藏坑[1]，抢救出土了大量重要的瓷器标本。2015 年发掘区域即位于 2014 年探方以南。

发掘工作自 4 月 7 日开始至 4 月 24 日止，在规划管理用房的西南部利用施工开挖的基槽进行发掘，发掘区域南北长 8、东西宽 7.5 米，实际发掘面积 60 平方米（图二）。

2. 地层堆积

通过施工开挖的基槽内暴露的磉墩及其以下堆积观察地层如下。

第1层：现代层，较硬，包含物杂乱。厚0.1~0.15米。

第2层：砖砌磉墩，余二层砖，厚0.18米。

第3层：碎砖、黄土交互夯层，为一层碎砖一层黄土交替夯打形成。其中黄土层厚0.1~0.16米，致密坚硬；碎砖层厚0.04~0.1米，为大小不一的砖块压实。清理未及底，经钻探可知共14层，深1.7~1.8米。

1　故宫博物院考古研究所：《故宫南大库瓷片埋藏坑发掘简报》，《故宫博物院院刊》2016 年第 4 期。

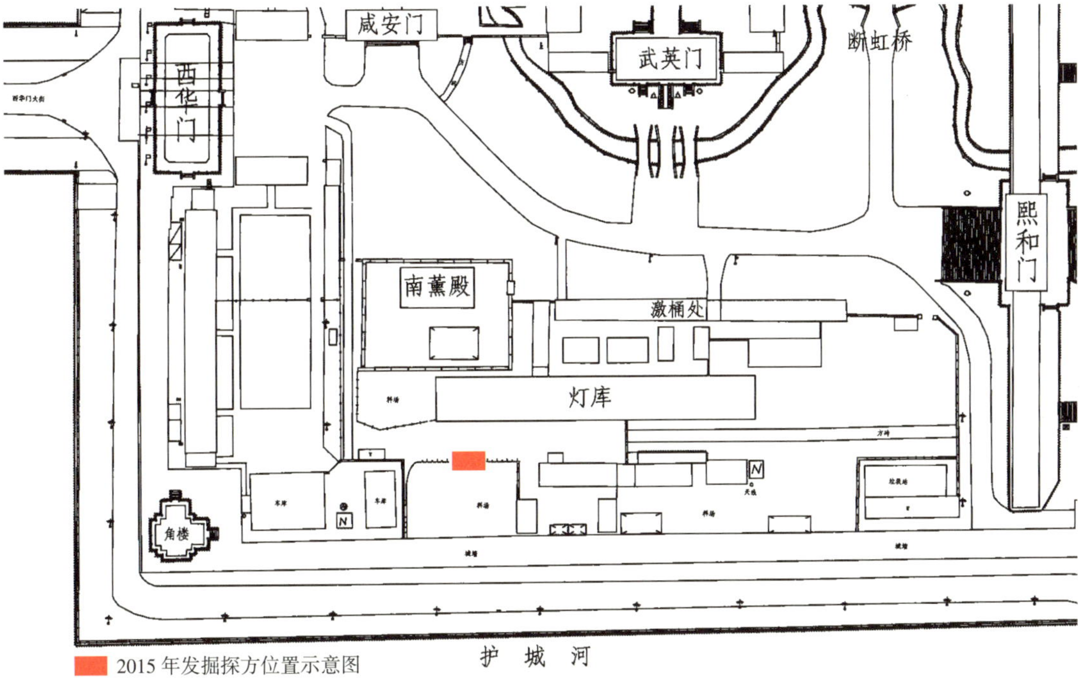

图一 南大库区域发掘探方位置示意图（底图由故宫博物院古建部提供，下同）

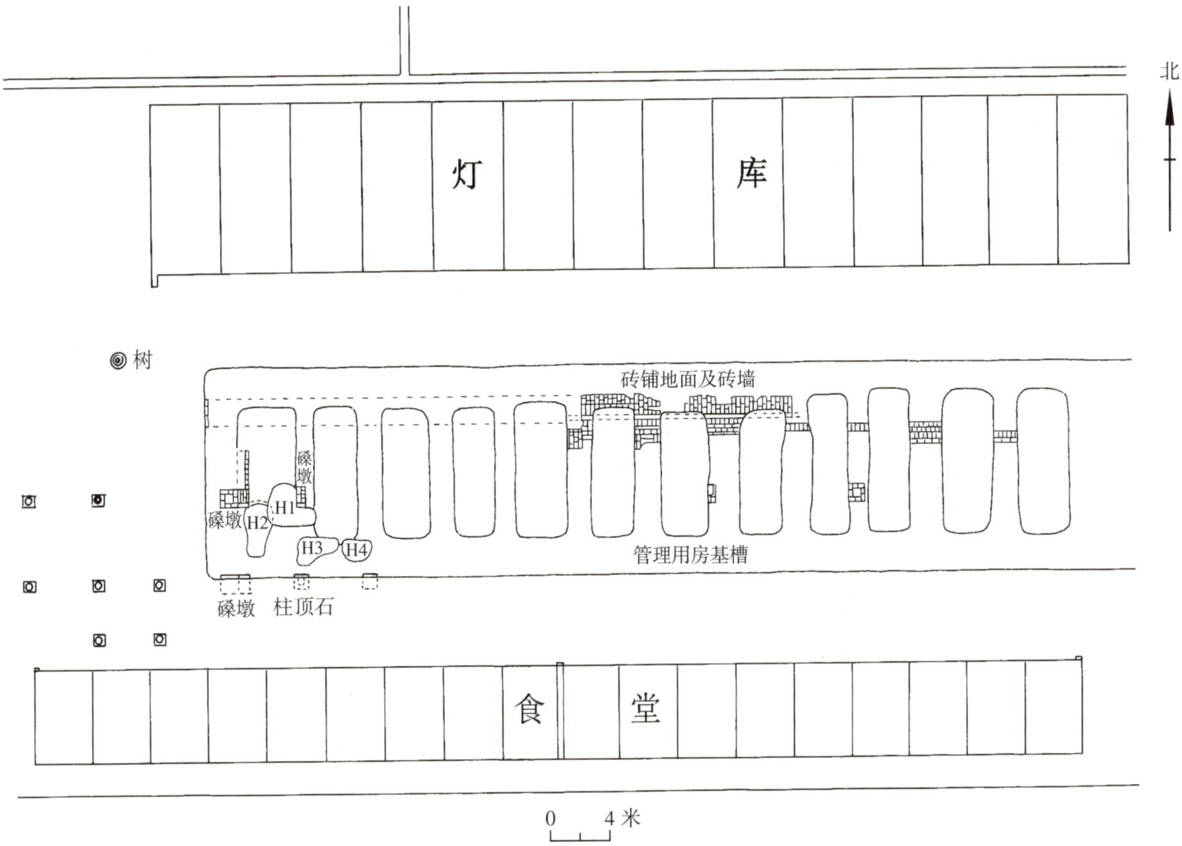

图二 南大库发掘区西南部总平面图

第 4 层：生土层，细密纯净的沙层。

3. 遗迹

在施工区域发现有柱顶石、磉墩、排水沟、砖铺地面和黄土、碎砖交互夯筑的地基及分布于基槽内西南部的四座灰坑。

柱顶石　在施工开挖的基槽西部现地面暴露三列三行共七个柱顶石，直径 0.4 米，南北间距 3.8~5.6 米，东西间距 4.2~4.8 米，基槽内也发现有移位的柱顶石。

磉墩　在基槽内西端、中部及沟槽南壁皆发现有磉墩，保存完整的均为两层素面青砖“回字形”状错缝砌筑而成，边长 1.22、厚 0.18 米。从平面布局观察，磉墩、柱顶石系一组东西向建筑的基础。磉墩下为黄土与碎砖交互夯层，夯层厚薄不匀，其中黄土层厚 0.1~0.16 米，致密坚硬；碎砖层厚 0.04~0.1 米，由大小不一的砖块压实，清理未及底，经钻探可知共 14 层，深 1.7~1.8 米（图三 ~ 图五）。

在基槽中部偏西处还发现一道东西向建筑遗迹，由南至北依次为墙体、散水、排水沟和砖铺地面。

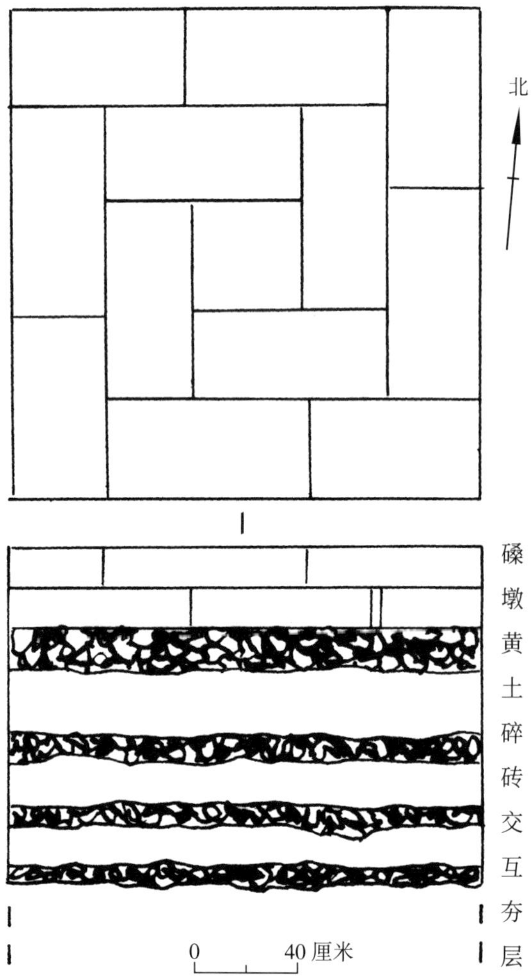

图三　磉墩平、剖面及夯层剖面图

墙体　仅残存长 15、宽 0.9 米的一段。现余二层砖，为一顺一丁平铺，砖多碎裂，表面涂抹有白灰，其中整砖规格为长 0.41、宽 0.18、厚 0.09 米。墙体外侧有立砖对缝砌筑的边界，墙体内侧东端发现一个砖砌的磉墩，与墙体连为一体，尚余三层砖，为一顺一丁平砌，磉墩 1.2 米 ×1.2 米见方，磉墩及墙体下即为黄土碎砖交互夯层，厚约 1.2 米，清理未及底。

散水　墙边外侧即为下沉一层砖铺的散水，丁砖对缝平砌，砌筑规整，表面自北而南略倾斜，宽 0.42 米，发现有三层砖，砖的规格为长 0.42、宽 0.23、厚 0.13 米。

排水沟　与散水相连，明渠式，沟底为经过加工的平整的长方形条石平铺，现沟深 0.5、宽 0.33 米。

地面　排水沟外即为两层砖平铺的地面。由于经年的踩踏及后期破坏，多呈碎砖和半砖，极不平整。地面下即为碎砖与黄土交互夯层，也未清理到底。

在基槽内西南部共发现灰坑四个，依紫禁城

图四 磉墩下夯层

图五 磉墩

内考古编号规则，分别编为：15G10H1、15G10H3、15G10H4（“15”指年份，“G”是故宫，“10”指故宫分区之外朝西路激桶处及南薰殿区；15G10H2 另文报告）。灰坑皆开口于表土层下，打破黄土与碎砖交互夯层。

15G10H1 平面呈不规则形，西南部打破 H2，东北部紧贴磉墩挖掘，斜壁不规整，底不平，由北向南倾斜。上口南北长 2.65、东西宽 1.9~2.7、深 0.8~0.95 米。填土分为二层：上层为灰褐土，疏松，厚 0.6 米，含有大量灰渣、白灰颗粒等，出土较多板瓦、筒瓦及砖块等；下层为黄褐土，疏松，含有少量白灰颗粒和灰渣，出土大量青砖块及板瓦、筒瓦等建筑构件（图六）。

15G10H3 平面呈不规则形，西北角被 H1 打破，壁较直、底较平。上口东西长 2.7、南北最宽 1.52、深 1.34 米。填土为灰褐土，松散，含有白灰颗粒，出土较多琉璃板瓦、筒瓦及砖块等（图七、图八）。

15G10H4 平面略呈半圆形，紧邻 H3，北半部因施工未做清理，只清理沟槽内暴露的南半部，斜壁，底较平。上口东西长 2.18、南北宽 1.64、深 1.66 米。填土为黑灰土，疏松，含有白灰颗粒，出土大量琉璃建筑构件及砖块等（图九 ~ 图一一）。

4. 小结

发现的一组建筑遗迹，皆以黄土碎砖交互夯层为基础，而这种黄土碎砖交互夯层，根据以往对紫禁城内地基的勘察[1]，为紫禁城肇建时统一构筑的基础，在紫禁城内多个地点均有发现，其结构一致，皆为规整的一层黄土一层碎砖夯打而成，致密坚硬。无论是宫殿、角楼、城门，还是宫墙、院落、广场等均发现了此基础，而南大库区域的发现，再次证实这种地基分布的广泛性，故这一组建筑遗迹年代也应

1 石志敏：《故宫地基基础综合勘察》；白丽娟、王景福：《故宫建筑基础的调查研究》，《紫禁城建筑研究与保护——故宫博物院建院 70 周年回顾》，紫禁城出版社，1995 年。

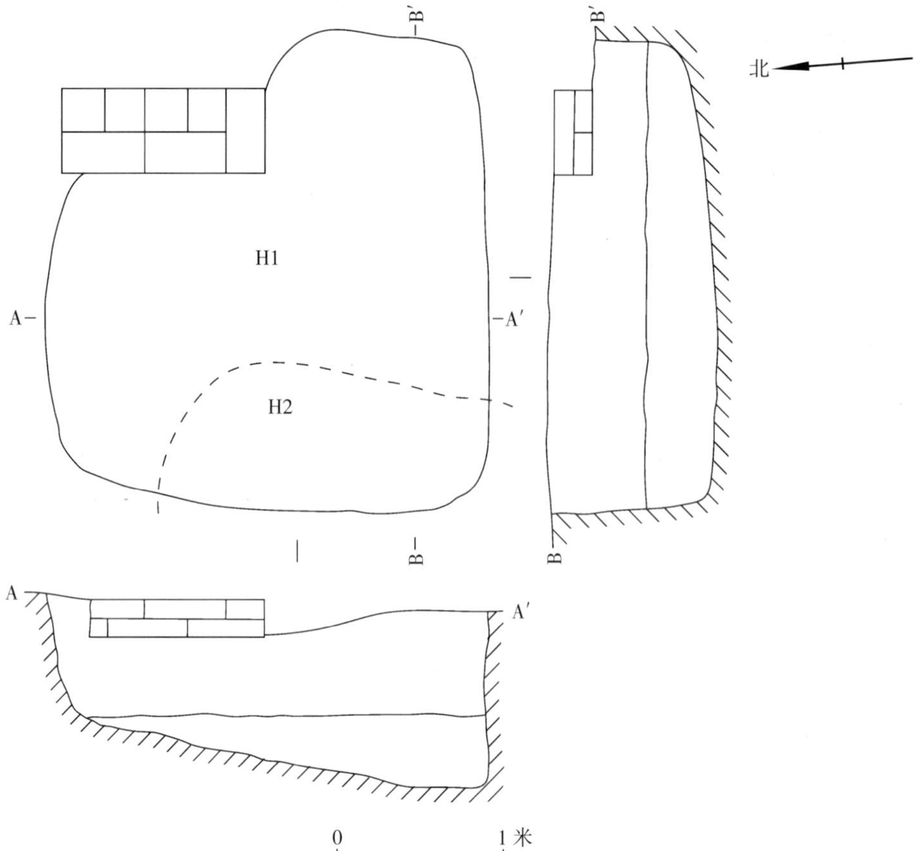

图六 15G10H1平、剖面图

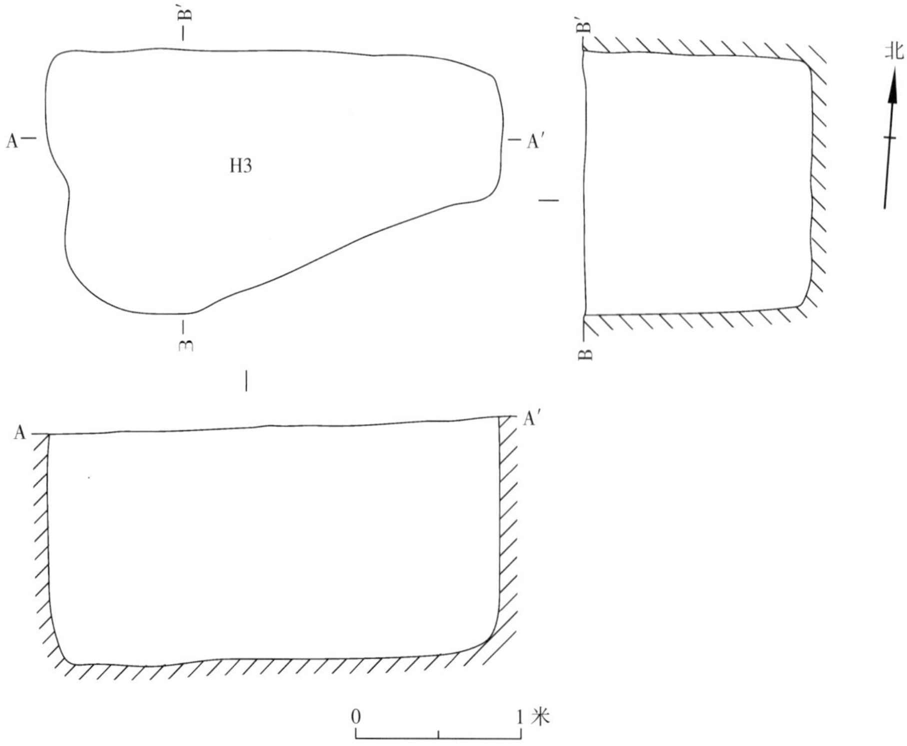

图七 15G10H3平、剖面图

图八　15G10H3出土黄釉琉璃筒瓦残件

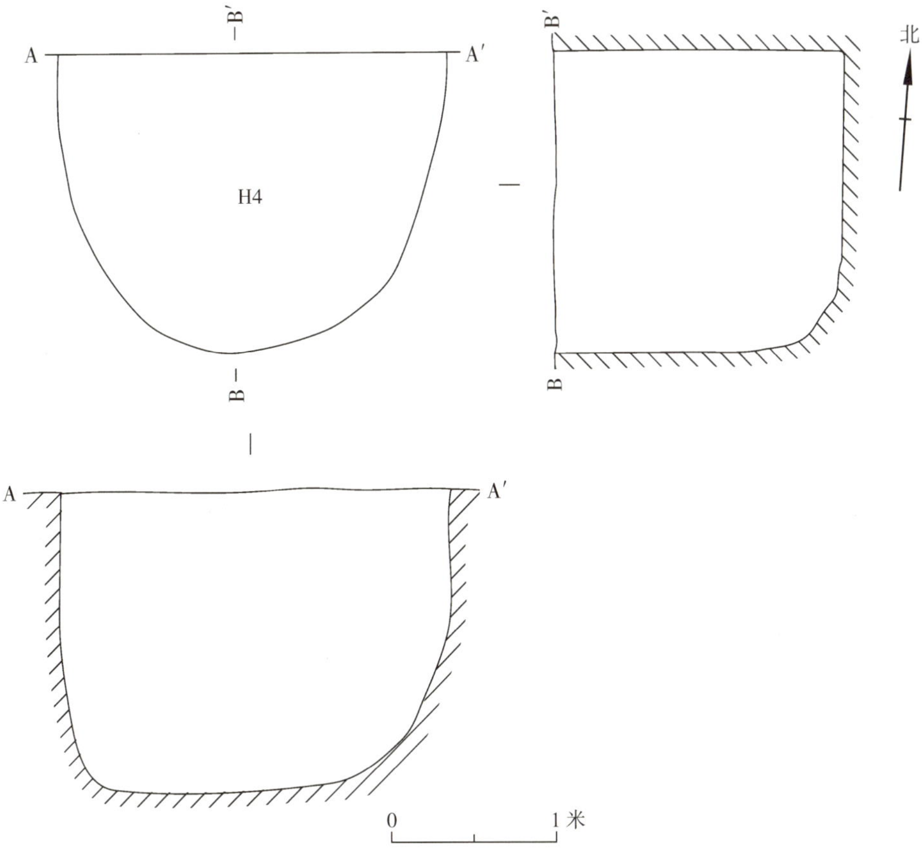

图九　15G10H4平、剖面图

图一〇 15G10H4

图一一 15G10H4出土琉璃板瓦残件

属明代。从其形制和结构看，推测此处原应有一组东西向的排房建筑，至迟在清代以后废弃。

《明宫史》载“武英殿之西南，曰御用里监，乃把总等官所居。再东，曰南薰殿”，又“自西上北门过西上南门，向东，则御用监也”。而“御用监”：“凡御前所用围屏、摆设、器具，皆取办焉。有佛作等作，凡御前安设硬木床、桌、柜、阁及象牙、花梨……等件，皆造办之。”[1] 从其描述的位置看，与南大库一带相距不远，而在此处发现的器物埋藏坑中，也出土有骨、蚌、玉石、玛瑙、水晶、海螺等遗物，故初步推测此组东西向排房建筑或与御用（里）监有关。

清理的四座灰坑，从其层位关系及出土物看，属清代。应是此区域明代建筑废弃后，清代直至近代以来，于此区域不断增筑、改建、扩建之一般性建筑物遗留的构件，也反映了此区域自明代建筑废弃后，功能或有所改变。参照紫禁城其他地点的地层堆积状况，正是这种自明代以来不断增筑工程和较长时间的再利用，紫禁城地面自肇建之初至近现代已不断抬升，这为了解紫禁城建筑历史变迁提供了线索。

关于“南大库”的称谓，未见史籍，只是在档案等文书中有所记载，但也非确指某一处建筑或区域，而是随不同时期功能的变化及相对位置的参照而形成的一个较随意的习称，至于确指紫禁城内现“南大库”一带则应是晚清时期了。《日下旧闻考》《钦定大清会典事例》及《清宫述闻》等文献均载：“武英殿之南为外瓷器库”，而南大库正处于武英殿之南约150米处，距离较近。因此，该区域当是清宫瓷器库库址。又据《钦定总管内务府现行则例》载，“瓷库”主要负责收存金银器皿并古铜珐琅镀金、新旧瓷、

1 （明）刘若愚著，吕毖编：《明宫史·金集·宫殿规制》《明宫史·木集·内府职掌》，北京出版社，2018年。

铜锡器等物，“……江西烧造瓷器，烧造赍送呈进拣选留用外，其余交库收贮，以备内廷及各处用”[1]。2014年在此区域发现的瓷器埋藏坑，出土了数万件瓷器残片，经整理有20余个品种的御窑瓷器，最早年代为明洪武、最晚为清光绪时期，数量庞大、品种繁多，且明清时期瓷器混埋，反映了瓷库收存除景德镇御窑场大宗产品外，还有明代宫廷旧藏[2]。2016年在此区域又清理了一个坑，出土瓷器残件近8000片，以青花瓷为大宗，均有康熙年款，绝大多数是景德镇御窑产品。从瓷片平面分布及分层堆积性状初步判断为一次性堆积倾倒而成的瓷片坑，是清康熙时期集中埋藏御用瓷器的坑。

二、南十三排以南区域

1.遗迹

2015年4~5月分别于紫禁城宁寿宫外东侧南十三排以南、宁寿宫院落东南敛禧门外东侧清理消防管道沟槽内暴露的排水沟9处（图一二），其结构相同，皆为暗沟式，青砖砌筑，石板封顶，内壁规整，兹以敛禧门东清理的二道排水沟详述如下。

敛禧门外东侧二道排水沟分别编号15G32SG1和15G32SG2（“15”指年份，“G”是故宫，“32”是故宫分区编号，“SG”是排水沟，下同）。

15G32SG1 位于敛禧门外东南20米，东距东城垣6.5米，东西向，距地表深0.8米。清理出暴露于沟槽内的一段长1.2米的排水沟，保留的现状较完整。顶部以两块约略呈长方形的石板对缝平铺封盖，石板厚0.12米；两壁竖直，为顺丁砖错缝平砌，共六层，以白灰勾缝，壁面规整；底部以一块顺砖两块半砖错缝平铺，极其平整，完整的砖规格为长0.46、宽0.22、厚0.12米。此段排水沟内壁宽0.5、高0.76米。由于管道沟开挖将此段排水沟外壁也暴露，可看出外壁并不规整，砖长短不一，有的还有残损，只确保内壁的平整规则。该段排水沟东西端皆延伸出管道沟外（图一三、图一四）。

15G32SG2 位于敛禧门东3.5米，东距东城垣8米，南距15G32SG1 20米，距地表深0.8米，平面呈曲尺形，为两道南北向排水沟的连通处，上部被早年施工破坏，盖板无存，一侧的沟壁也不存，底部铺砖也无存，以现代水泥涂抹。从残迹观察，结构与15G32SG1一致，其中向南连通的一段残留西壁，尚余四层砖，残高0.56、底宽0.36米，砖厚0.12~0.16米；从南端断面观察，两壁竖直，壁宽0.36、高0.76米。向北连通的一段，残留北壁，尚余七层砖，壁高0.86、底宽0.46米，砖厚0.12米；北端余一块不规则的盖板石，厚0.16~0.2米；从北端断面观察，两壁同样竖直，壁宽0.46、高0.86米。两端亦皆延伸出管道沟（图一五、图一六）。

---

1 故宫博物院编：《钦定总管内务府现行则例二种》，海南出版社，2000年。

2 故宫博物院考古研究所：《故宫南大库瓷片埋藏坑发掘简报》，《故宫博物院院刊》2016年第4期。

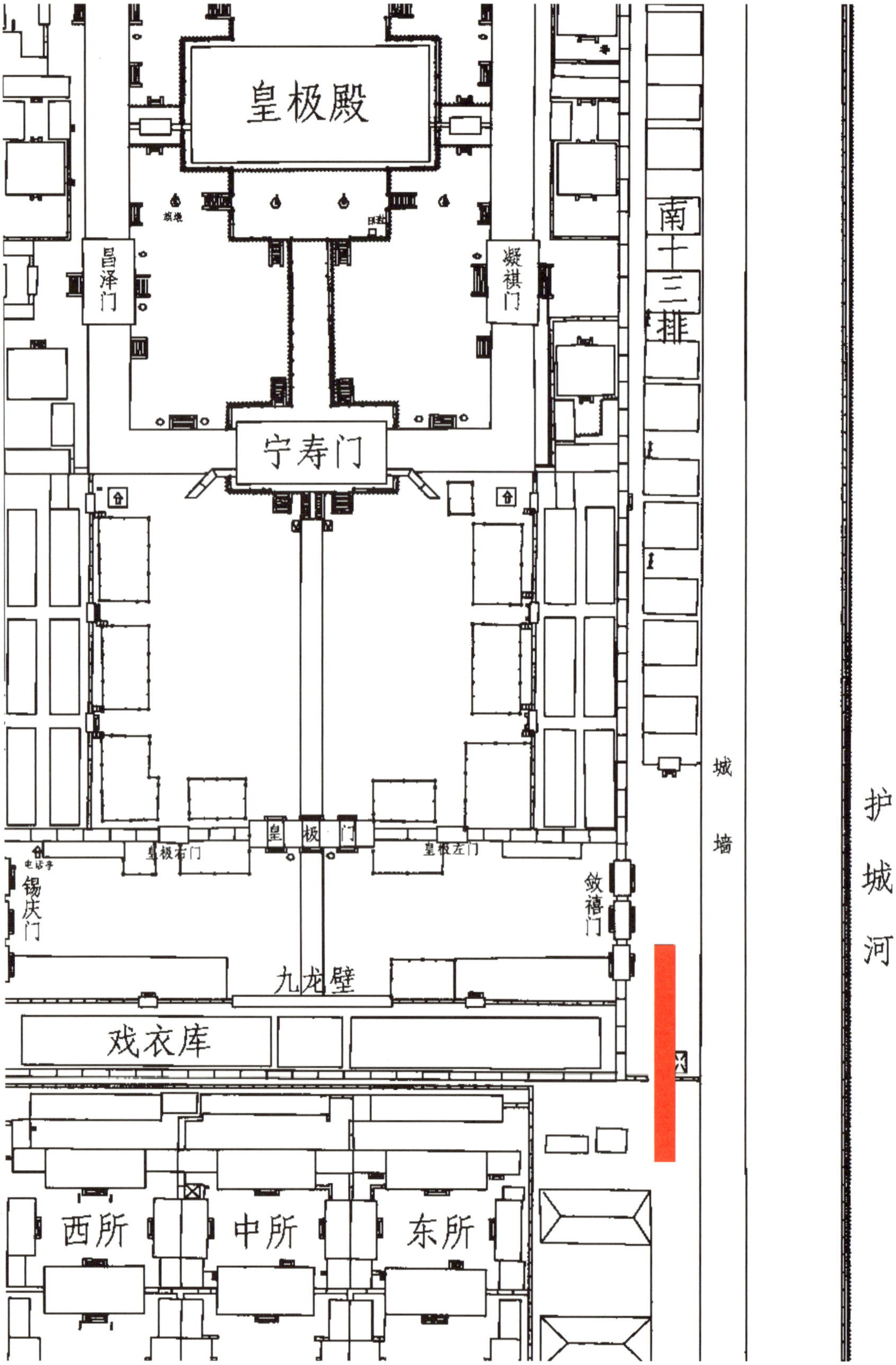

图一二 排水沟位置示意图

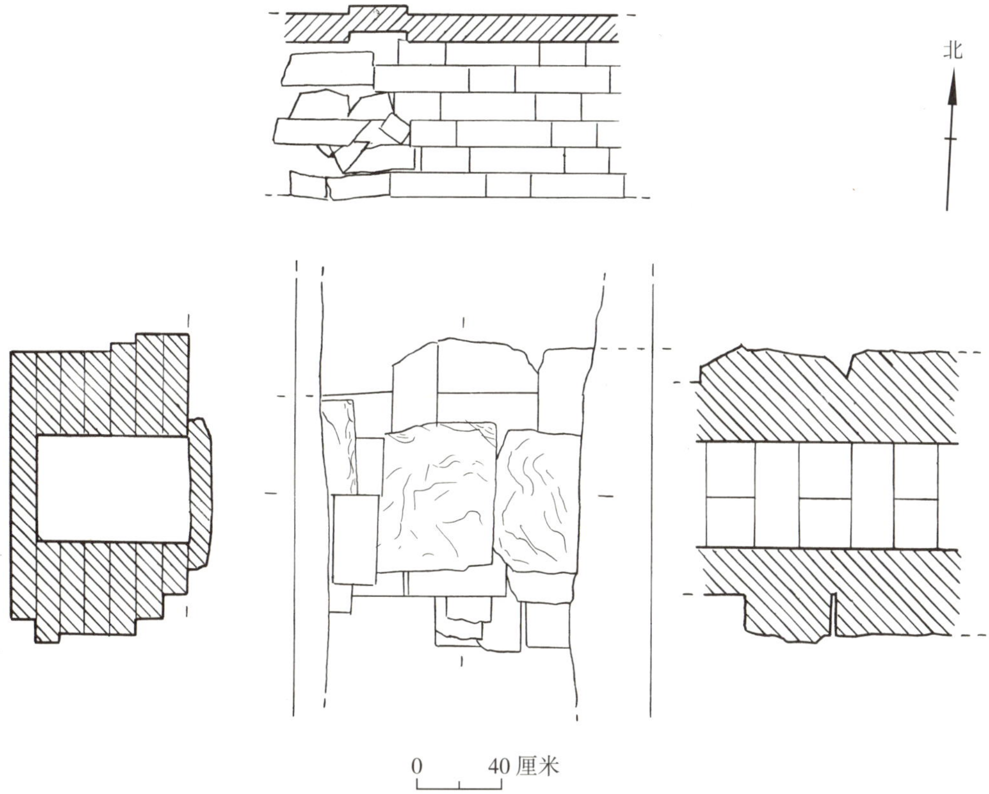

图一三　15G32SG1平、剖面图

图一四　15G32SG1

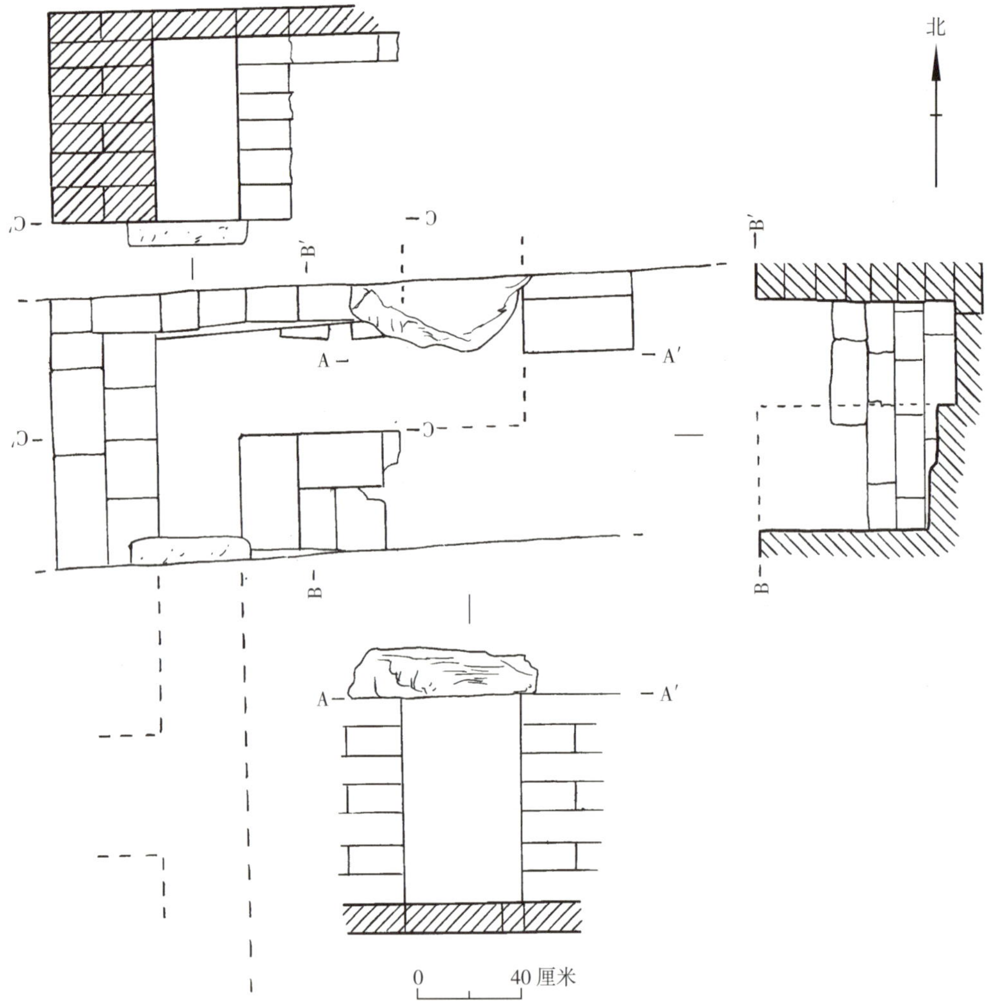

图一五 15G32SG2平、剖面图

图一六 15G32SG2

排水沟皆打破黄土碎砖交互夯层，现沟内皆为晚期扰动堆积，系早年消防工程施工形成，且局部有用现代建筑材料修补的迹象，但位置、走向、基本格局没有变化。

2. 小结

从此段排水沟的层位关系、用砖、结构等判断应属明代。敛禧门外以东发现的排水沟，与门内西侧小广场已有的排水沟及 2014 年发现的顺东城墙南北向排水沟应是一个完整的排水系统[1]，从此处排水沟的格局看，是明代统一规划布置的排散宁寿宫区域建筑、院落及城墙的排水系统，其中 15G32SG1 应为连通南北向干线沟渠的支线，而 15G32SG2 则应是连通另一条南北向干线的节点。

从以往对紫禁城内的勘察情况，结合有关文献记载看，紫禁城内排水系统是精心测量、规划、设计和施工的，且历年来均在固定时间进行掏挖、清淤和养护，保证了紫禁城内雨水、污水、生活废水的畅通排放，使得紫禁城内从无积水之弊。疏通各个宫殿院落的排水系统则有干线、支线，有明渠、暗沟、涵洞及流水沟漏等，纵横交错，主次分明，总的走向是将东西向的雨水导入南北向的干沟内，然后汇入内金水河。此处排水沟的发现证实了紫禁城内排水系统的合理与科学规划。

三、东南角楼角台基础

为配合故宫博物院古建部城墙保护工程，于 2015 年 6 ~ 7 月对东南角楼角台北侧进行了勘探和局部清理。

1. 发掘区位置

发掘区位于故宫东南角楼角台北侧，东城墙西侧，銮仪卫院内东南部。紧倚角台北墙，向北布设 5 米 ×5 米探方 2 个，探方东距东城墙 3.5 米，由南向北分别编号 T1、T2。在 T1 中部，贴探方东壁解剖一处东西长 2 米，南北宽约 1 米的探沟，以观察地层（图一七）。

2. 地层堆积

通过探沟解剖观察的地层堆积如下（图一八、图一九）。

第 1 层：为现代扰土层，为黑褐色渣土，土质松散，包含有青砖块、现代红砖块、玻璃碎片、琉璃瓦残片和少量青花瓷片。厚 0.8 米。

第 2 层：为砖铺地面，现存青砖一层。厚约 0.1 米。

第 3 层：为黄土碎砖交互夯层，为黄土与碎砖交替夯打形成，黄土夯层和碎砖夯层各有 8 层，总计 16 层，厚度 1.88 米。其中黄土层厚 0.1~0.18 米，致密坚硬；碎砖层厚 0.04~0.14 米，用大小不一的

1　故宫博物院考古研究所：《故宫东城墙基 2014 年考古发掘简报》，《故宫博物院院刊》2016 年第 3 期。

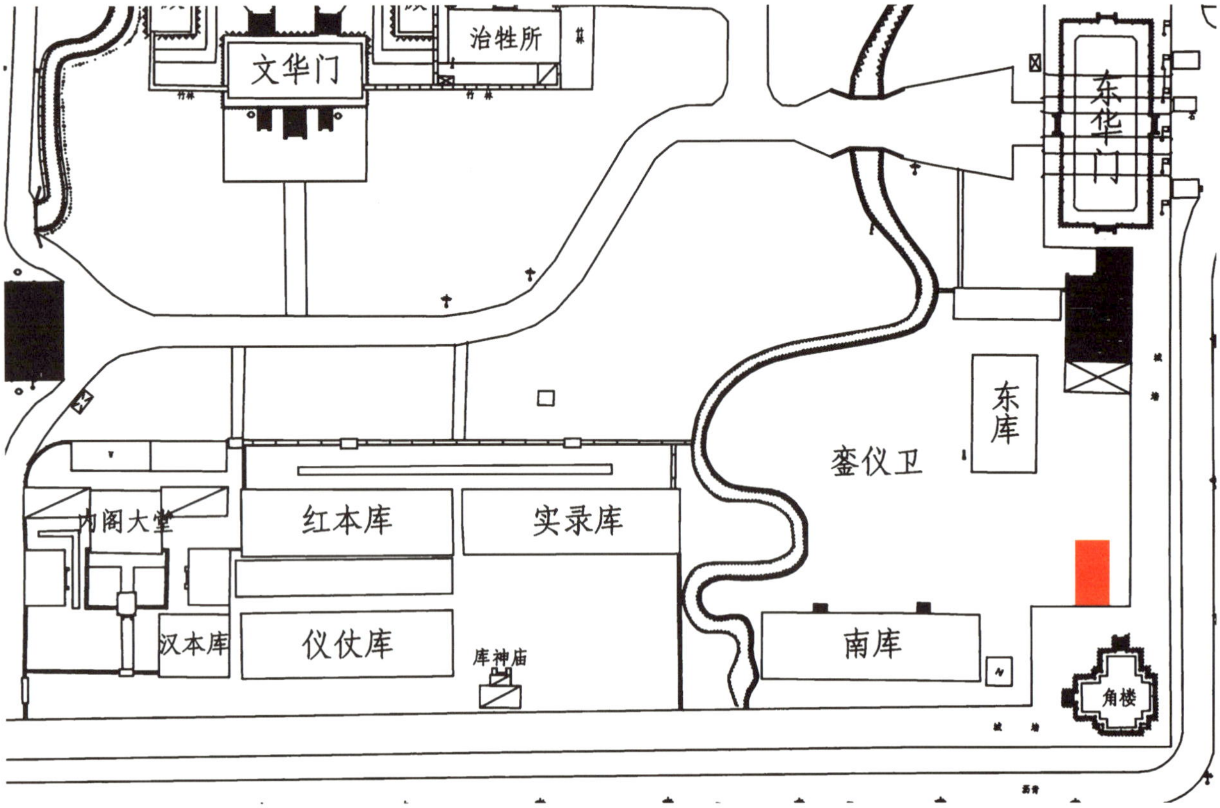

图一七 东南角楼角台发掘区位置示意图

图一八 桩基排木

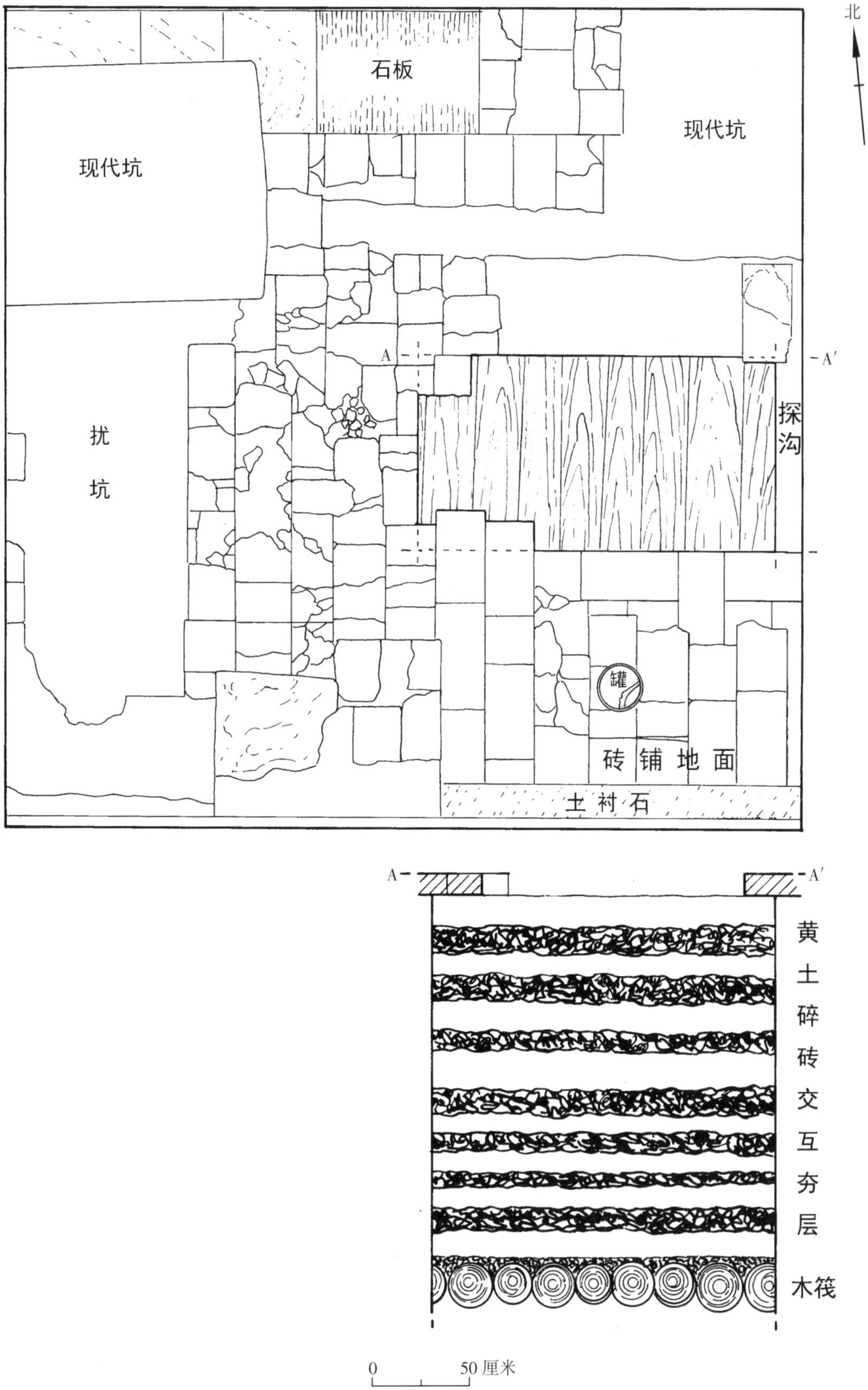

图一九 东南角楼角台发掘区T1探方平面及解剖沟南壁剖面图

碎砖块夯实。

3. 遗迹

护坡　紧倚东南角台的北墙，有一道顺墙方向的护坡，向下覆压至砖铺面，从墙角至南界最宽 1 米，最厚 0.8 米；系青色碎砖块、砖渣掺杂白灰堆砌而成，致密坚硬，表面不很规整。

砖铺地面　距现地表深 0.9 米处发现了角台土衬石及与其相连的砖铺地面，地面凹凸不平，顺砖错缝平铺，多为半砖，较完整的砖长 0.17~0.45、宽 0.11~0.13、厚 0.09~0.12 米。在铺砖面的东南部，在砖面嵌有一件粗瓷罐，直壁筒形，无底，罐直径 0.24、深 0.17 米，罐内发现一动物骨骼残段。铺砖一层，砖铺面下即为三层黄土碎砖交互夯层，厚 0.45 米。

角台基础　由砖砌体、黄土碎砖交互夯层和桩基构成。砖铺地面下的黄土碎砖交互夯层下发现有大型砖砌体，系素面青砖一顺一丁错缝平砌，以白灰勾缝，平直规整，共砌筑 9 层，高 1.3 米，砖砌体的北沿距城墙约 1.4 米，东西端皆延伸出探沟外，范围暂不清。砖砌体外围即以黄土碎砖交互夯层紧密加固，夯层与砖砌体浑然一体，夯层均匀、夯筑规整，共 13 层，厚约 1.45 米，其中黄土层厚 0.1~0.14 米，碎砖层厚 0.06~0.13 米。经勘探夯土层的北界距城墙约 7.2 米，距地表深 0.84 米，共 6 层，厚 1.7 米。在砖砌体和夯层下发现了桩基，在探沟内暴露有 8 根东西向排木，排列规整，粗细不一，直径 0.08~0.23 米，因伸出探沟外，长度不详，现场鉴定系松木类，由于处地下水位线，依城墙保护方案不做进一步清理。

在角台以北 3.3 米处，距地表深 0.9 米顺角台北墙方向发现有石板，推测为排水沟的盖板。

4. 小结

从层位关系和结构观察，角台北墙护坡年代为清代；土衬石、砖铺面、角台砖砌基础及桩基均为明代，应是角台始建时的遗存，排水沟也应是与角台相关的设施。通过探沟内的遗迹发现，角台的基槽较台体外扩约 7.2 米，是扩大基础的一种做法。从此处桩基排木看，其下还应有纵向交错的排木，再往下或有地钉，与紫禁城内已知的大型宫殿、城门墩台等的地基做法一致。

四、外朝西路墙体及门道遗迹

1. 发掘区位置

墙体及门道遗迹位于故宫右翼门外西北 23 米处，西距内务府冰窖 8.4 米。2015 年 7 月在消防管道开挖的沟槽内发现一段砖砌体，与冰窖南墙同处一线（图二〇、图二一）。

2. 遗迹

砖砌体　现存砖砌体为东西向，东西长 7.4、南北宽 3.2 米，多处被晚期各类工程管线穿透，现距地表深 0.3~1 米。该段砖砌体被一条东西向消防沟截为南北两部分，西端又被一条南北向消防沟及

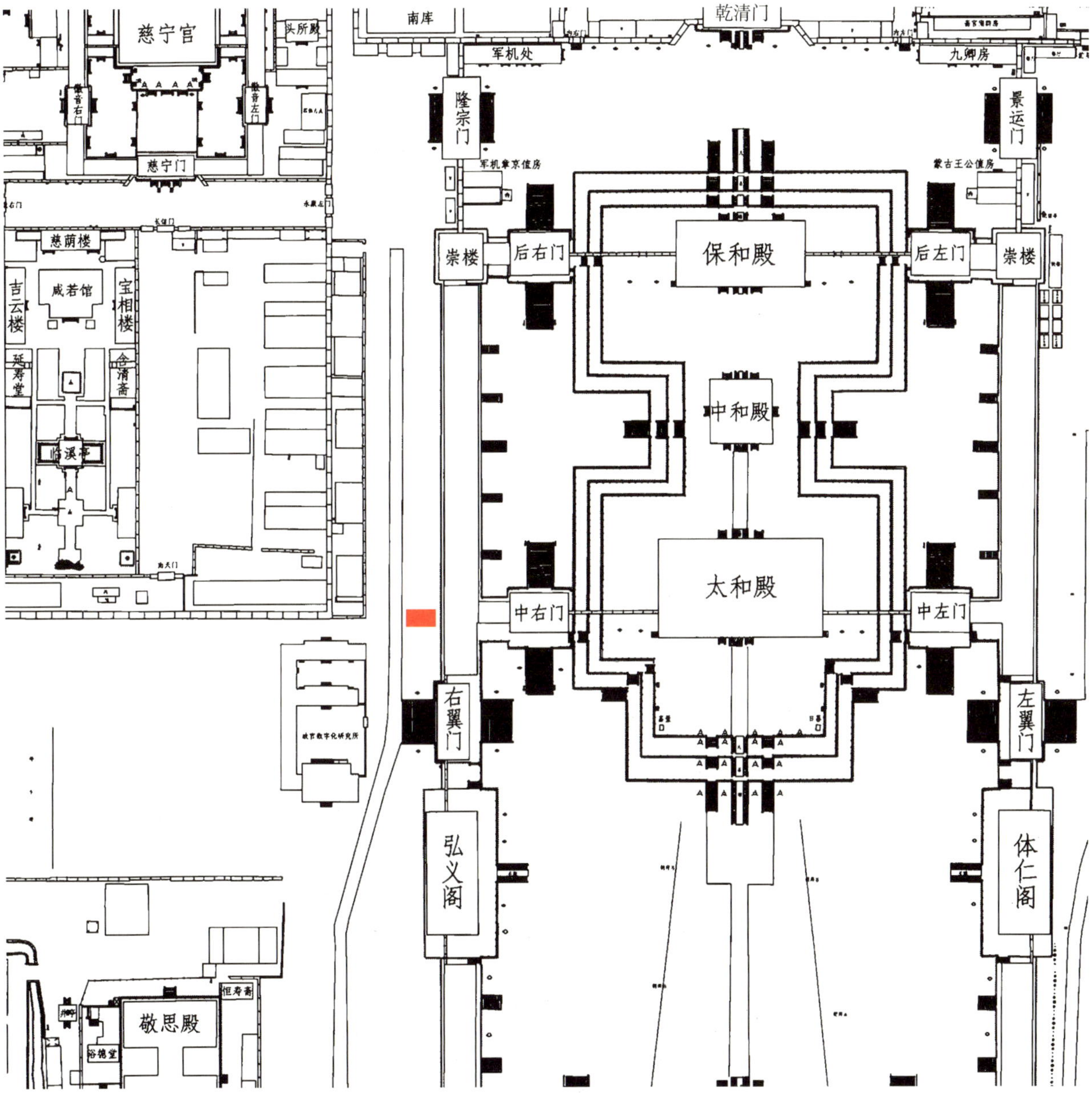

图二〇 外朝西路墙体及门道遗迹位置示意图

消防水池穿透、占压，使砖砌体残缺不全，完整结构无可考（图二二）。

砖砌体为一顺一丁素面青砖席纹状平砌，以白灰勾缝，断碴处可见厚薄不一的白灰面。西端残存砖体距地表深 0.43 米，尚余 5 层砖；东端约 1.5 米宽的砖体被拆毁，现南侧夯土壁面留有清晰的砖的白灰印痕；中段除被管道切割的部分外，南北两部分保存相对完好，现余 6~7 层砖，砌筑较规整。砖砌体南北皆伸出管道外，东西被穿透和占压，长度和宽度皆不清。砖砌体所用青砖规格为长 0.49、宽 0.23、厚 0.13 米。

基槽 砖砌体西端底部南侧发现有基槽，直壁，基槽内以黄土碎砖交互夯打，然后在夯层中再挖

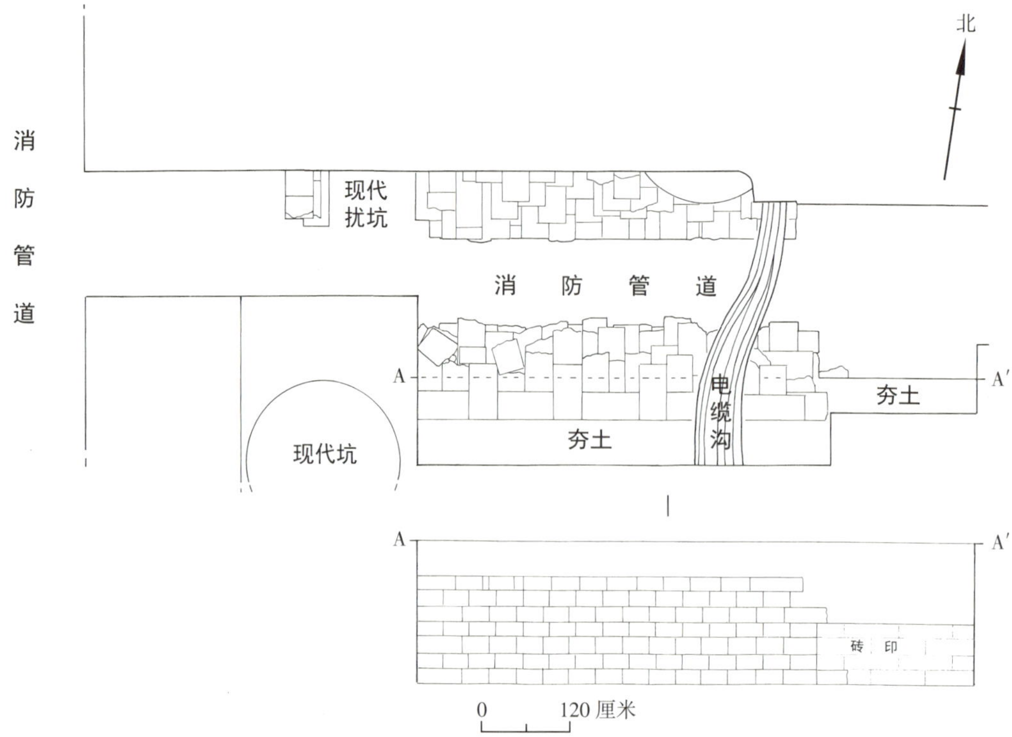

图二一　外朝西路墙体及门道遗迹平、剖面图

图二二　消防沟东侧残垣（东—西）

槽砌砖，形成坚固的砖砌体。由于只清理了管道穿越的一段，基槽完整结构不清。

门道　在砖体南侧发现有丁砖平铺的地面，现存三层砖，从断面观察该区域基槽外扩约 0.4 米，因被现路面覆压无法清理，具体结构不详，推测其应为门道地面。

3. 小结

从砖砌体的结构和走向看，应为一段东西向的墙体，且发现有门道残迹，故推测是外朝西路的一道墙及随墙之门。从发现的砖墙、门道位置，结合文献记载和紫禁城复原图，初步推断此处发现的遗迹应为明代的宝宁门（图二三）。

《明神宗实录》载："初八日遣官祭告各门及诸神庙：慈宁宫门、宝宁门、思善门、归极门、午门、端门、

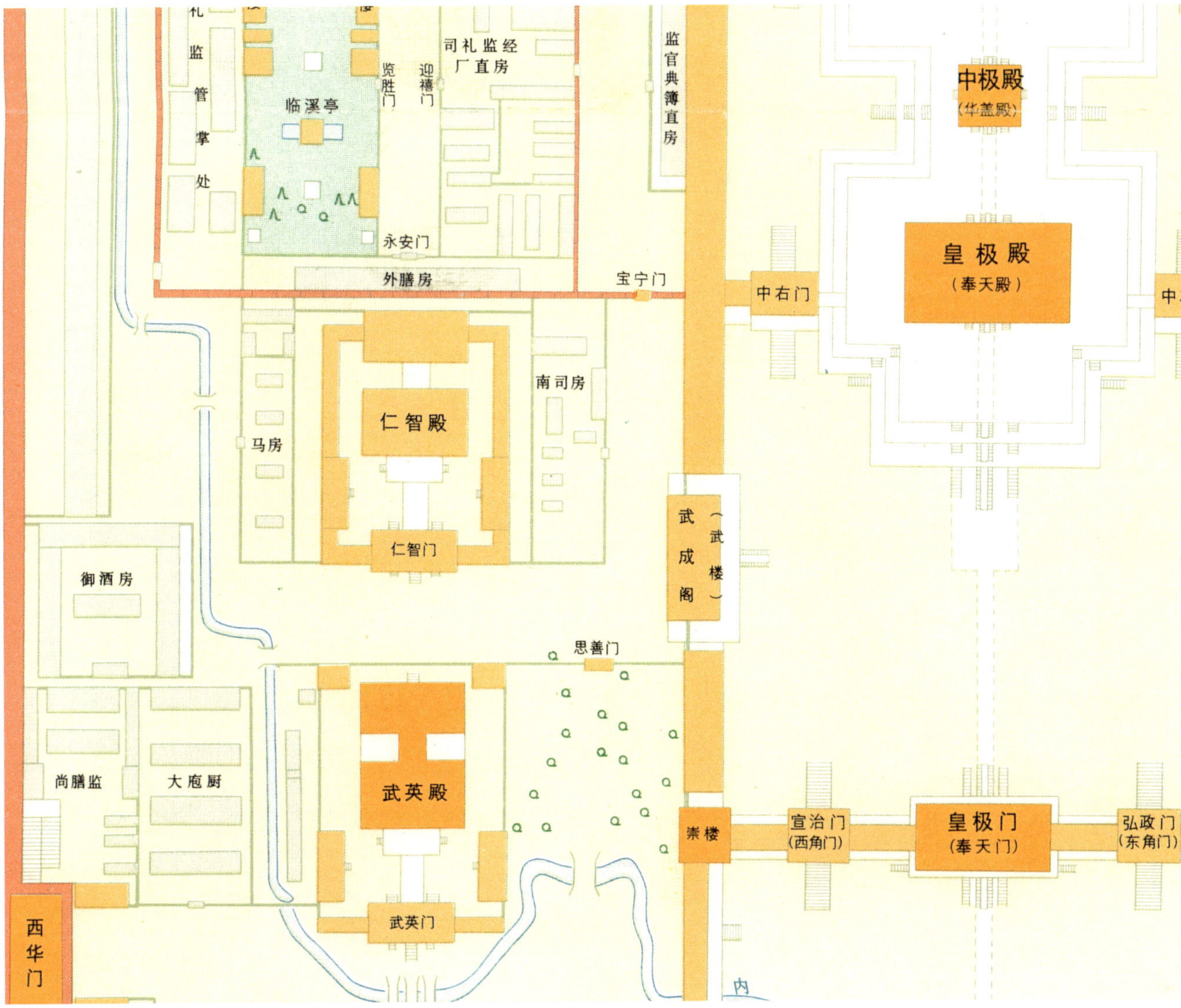

图二三　明天启七年（1627）紫禁城平面复原图局部（侯仁之主编：《北京历史地图集》）

承天门、御桥、大明门，俱遣内官行礼。”[1]可知，此门位于思善门之北，而思善门在武英殿之东、断虹桥之北；《明宫史》又记：“隆宗门外朝西者，亦监官典簿直房也。有井存焉。再南，则宝宁门，门外偏西大殿，曰仁智殿，俗所谓‘白虎殿’也，凡大行帝后梓宫灵位，在此停供。其西南曰御酒房。西北曰马房，监官典簿奉旨问刑拷打内犯之所。门外有二大桩，俗云‘里马房’者此也。东南曰思善门。门外桥西，曰武英殿，命妇朝皇后于此。”[2]此说明宝宁门在仁智殿以东，而仁智殿为武英殿后的一座大殿，其西南角是御酒房，西北角是马房，东南角为思善门，思善门外桥西是武英殿，桥即今之断虹桥。由此可知宝宁门在思善门以北，仁智殿东北角。《明神宗实录》又载：“内使陈富于宝宁门外捉获不知姓名男子一人，手持内阁出入关防牌一面。上命锦衣卫拿送镇抚司究问。”[3]《明熹宗实录》也载：“宝宁门何地，而不知姓名之人擅自闯入，则禁地不足为密矣。”[4]此表明宝宁门之内是内阁、禁地。因此，宝宁门是明代外朝西路通往内廷的重要门户，是外朝西路思善门以北的第二道门。据此明代天启七年（1627）宫城复原图中标注了此二道门；康熙年间《皇城宫殿衙署图》中此处也有门；而在《乾隆京城全图》中，门已无存，只余西部一段墙了[5]。1914年，古物陈列所在紫禁城外朝成立，由于溥仪还生活在紫禁城“内廷”，为了便于稽查管理和约束逊清朝廷，古物陈列所对其所在的外朝区域进行了较大的门禁改造，其中之一就是在清内务府和上驷院分别修建新左门与新右门，而此处即为新右门所在，与新左门一道将紫禁城分为前古物陈列所后故宫的格局。综上，此处发现的遗迹是自清代以来即无存的宝宁门的一部分遗存，对于研究明代外朝西路建筑格局及功能具有重要意义。

五、十八棵槐以北建筑遗迹

2015年4～5月，在弘义阁台基西侧的消防管道开挖的沟槽中，发现排水沟、砖铺地面等遗迹，遂进行了探沟试掘。

1. 发掘区位置

发掘区位于弘义阁台基西侧，十八棵槐区域以北，现水泥路以东。在施工区域，紧倚弘义阁台基向西解剖一段2米×10米的东西向探沟（图二四）。

1 《明神宗实录》卷之五百二十，“中研院”历史语言研究所校印本，上海书店，1983年。

2 （明）刘若愚著，吕毖编：《明宫史·金集·宫殿规制》《明宫史·木集·内府职掌》，北京出版社，2018年。

3 《明神宗实录》卷之二百九十九，“中研院”历史语言研究所校印本，上海书店，1983年。

4 《明熹宗实录》卷之五，“中研院”历史语言研究所校印本，上海书店，1983年。

5 侯仁之主编：《北京历史地图集》（政区城市卷），文津出版社，2013年；刘敦桢：《“清皇城宫殿衙署图”年代考》，《中国营造学社汇刊》第6卷第2期，1935年；北京市古代建筑研究所、北京市文物事业管理局资料中心编：《加摹乾隆京城全图》，北京燕山出版社，1996年。

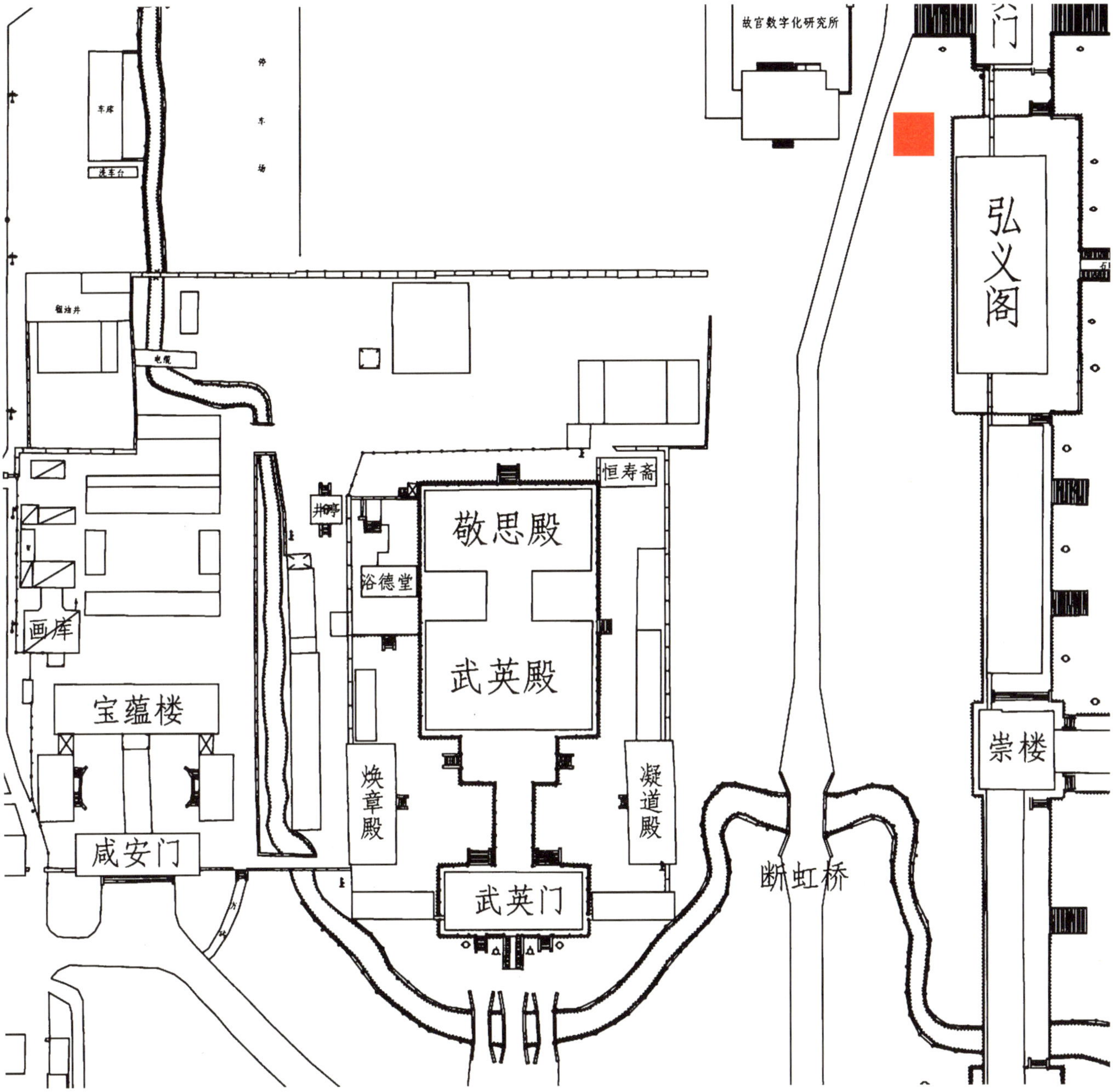

图二四　弘义阁西勘探、试掘位置示意图

2. 地层堆积

从探沟东部扰坑观察地层堆积如下（图二五～图二八）。

第 1 层：为表土层，厚 0.3~0.37 米，灰褐色杂土，内含青花瓷片、酱釉瓷片、黑釉瓷片等。

第 2 层：为青砖面，仅一层，东高西低，青砖规格为长 0.48、宽 0.25、厚 0.08 米。

第 3 层：为黄土碎砖交互夯层，坚硬致密，黄土夯层与碎砖夯层各有 7 层，共计 14 层，厚约 1.45 米。

第 4 层：为粉沙质淤积层，土质松软，距地表深 1.85 米。

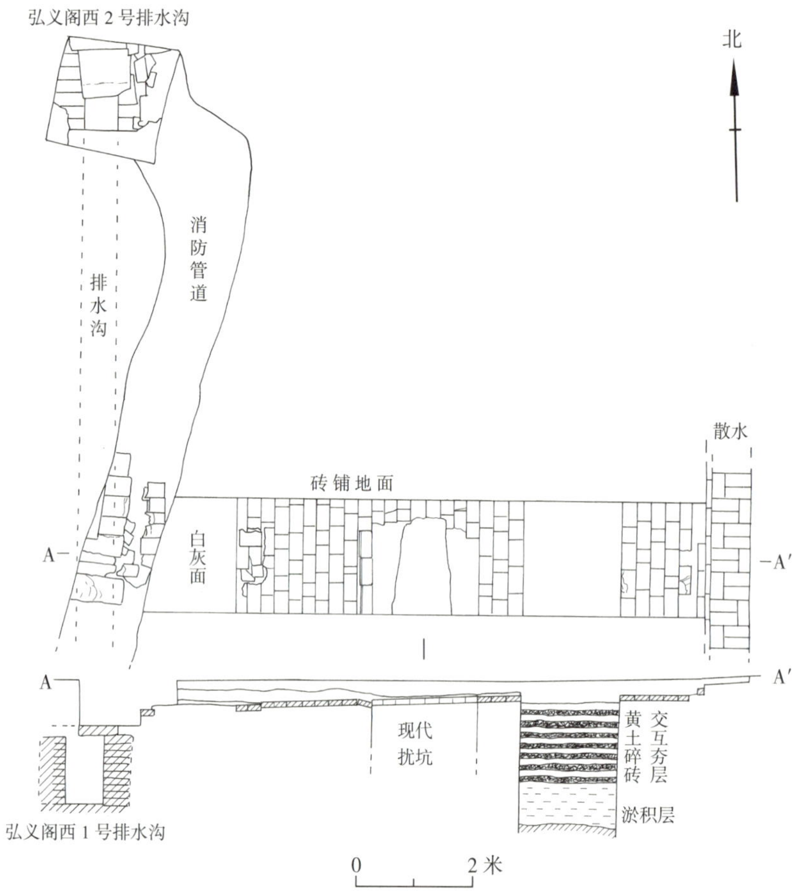

图二五 弘义阁台基西、十八棵槐区域以北遗迹平、剖面图

图二六 探沟全景

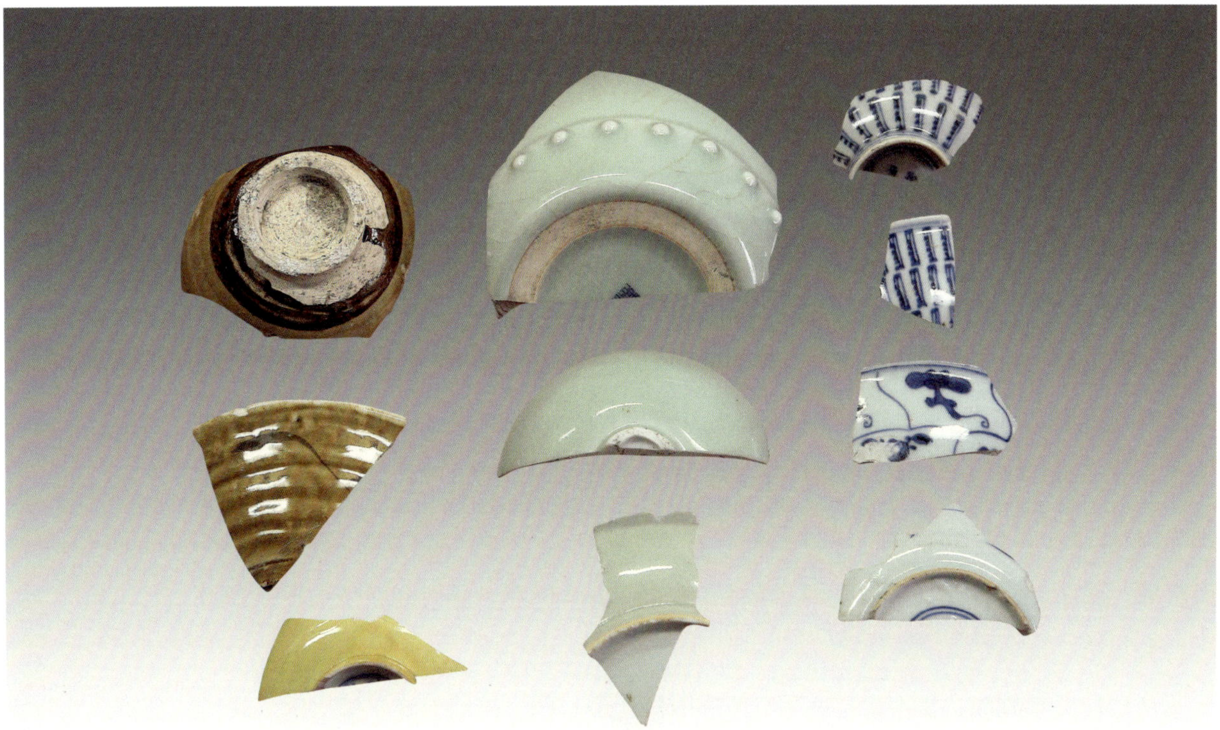

图二七 采集瓷片1

图二八 采集瓷片2

3. 遗迹

在探沟西端暴露有南北向排水沟，排水沟以东发现有砖铺地面。

排水沟　东距弘义阁台基10.7米，北距右翼门27米，西距水泥路7.5米。排水沟距地表深0.06米，南北走向，暗渠式，顶部以石板封盖，现暴露长度约5米。东、西两侧沟壁用青砖错缝平铺垒砌，排水沟内宽0.68、深1.15米。盖板为长条形，尺寸不一，长0.9~1、宽0.22~0.47、厚0.12~0.22米。从西端沟槽的断面观察，铺砖面覆压于排水沟之上，从层位关系上看，应晚于排水沟。

砖铺地面　位于排水沟以东，长约8、距地表深0.3~0.4米，由东向西倾斜。砖铺地面由一层顺砖错缝平铺而成，并用白灰勾缝，砖面因磨损而凹凸不平。西端砖面破坏较重，残存大量白灰面，暴露长度1.55米。白灰面以东保存状况相对较好，并直抵弘义阁台基西侧现散水面之下，现散水面高出砖铺地面约0.3米。砖铺地面下即为黄土与碎砖交互夯层，经局部解剖和勘探，发现黄土夯层与碎砖夯层各有7层，共计14层，厚1.45米。其中黄土夯层厚0.1~0.15米，碎砖夯层厚0.06~0.12米。

4. 小结

从层位关系判断，排水沟是这一组遗迹中年代最早的，砖铺面晚于排水沟。从结构分析，并与紫禁城内其他地点的发现相对照，排水沟与砖铺面皆属明代。排水沟应是南北向干线的一部分，砖铺面或略晚于其形成年代。

此地点明代为思善门内、宝宁门外区域，是外朝西路通往内廷的通道。其紧临弘义阁台基，而弘义阁始建于明初，时称武楼，明嘉靖朝改称武成阁，清顺治朝改称弘义阁。排水沟、砖铺面或与明初武楼建筑时代一致。

六、端门朝房建筑基础

1. 西朝房区域

2015年5月，为配合液晶显示屏工程，对故宫端门西朝房施工开挖的沟槽内发现的檐柱基础进行了考古勘测（图二九）。

在开挖的施工坑内发现了檐柱基础，位于西朝房由北至南第七间房前廊处。

在表土层下深0.27米处发现4块青砖，砖规格为长0.48~0.5、宽0.24、厚0.13米，系顺砖错缝平铺，处于现前檐柱础石间，起拦土墙作用；柱础石下未见磉墩，为石片掺杂白灰垫层，厚0.1米；垫层和砖铺面以下为黄土碎砖交互夯层，致密坚硬，共计10层，黄土层厚0.1~0.15米，碎砖层厚0.08~0.1米，总厚度1.2米。夯层下为淤积层，深1.6、厚0.3米；淤积层下即为生土层，为灰白色含料姜石沙性土，深1.9米（图三〇、图三一）。

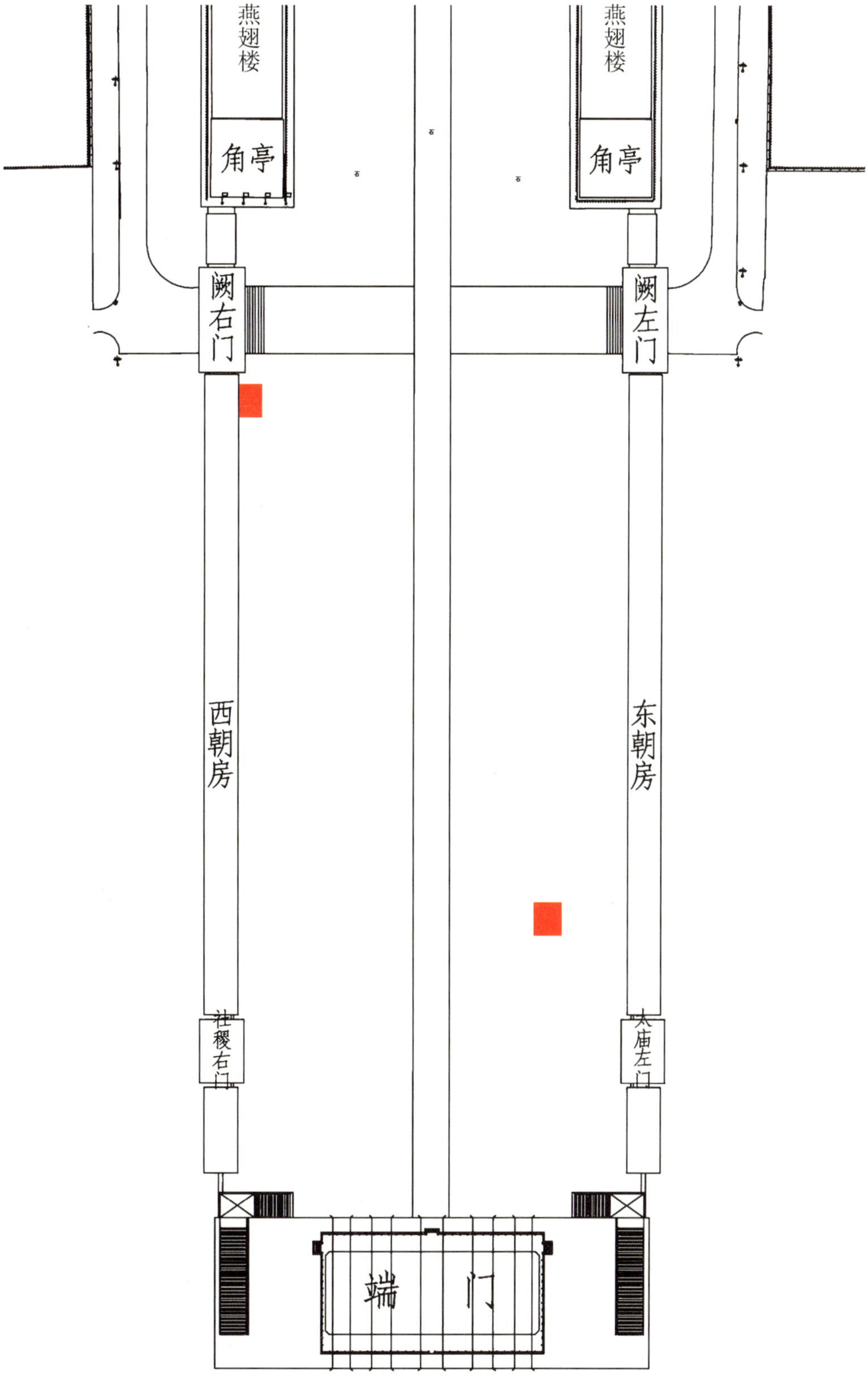

图二九 端门勘探、试掘位置示意图

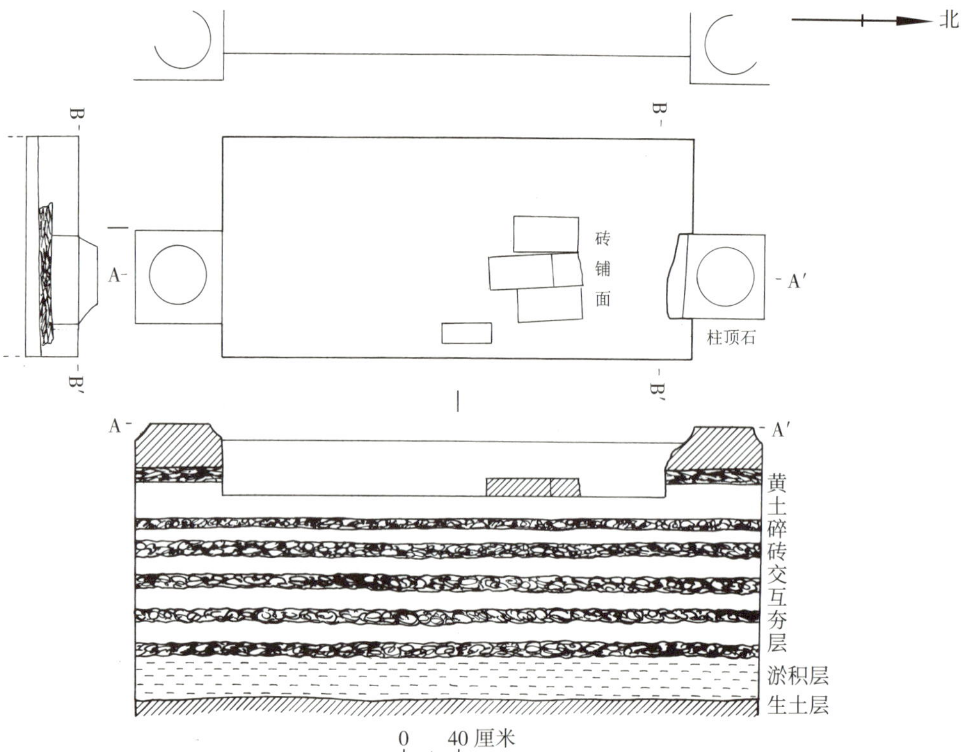

图三〇 西朝房探沟平、剖面图

图三一 柱础

2. 东朝房区域

2015 年 9 月，在端门以北安装显示屏开挖基槽的过程中发现了砖铺地面遗迹。该处遗迹位于端门以北 75 米，东朝房以西 20 米处。

以施工开挖的南北向沟槽做探沟观察此处地层堆积如下（图三二）。

第 1 层：为现代铺砖路面及垫层，厚 0.23 米。

第 2 层：为早期砖铺面，上下共两层砖，厚 0.2 米。

第 3 层：为垫土层，厚约 0.04 米。

第 4 层：为黄土碎砖交互夯层，厚 2.4 米。

探沟北部第 4 层下即为生土，纯净沙性土，距地表深 2.88 米。

探沟中部及南部为灰褐色土，土质较硬，夹杂有白灰渣及碎砖块，经勘探厚约 2 米，可能为后期开挖的深坑，性质不明。

砖铺地面　距地表深 0.24 米，有两层青砖，顺丁砖上下错缝平铺，皆用厚达 0.01 米的白灰勾缝，砖铺面之下有一层深褐色垫土，掺杂有砖渣与白灰颗粒，致密坚硬，厚 0.18 米。用砖规格为长 0.44、宽 0.23、厚 0.12 米。

图三二　东朝房探沟东壁剖面

黄土碎砖交互夯层　共计18层，总深度2.85米。与紫禁城内考古发现的黄土碎砖交互夯层相比，该处夯法粗糙，夯层粗疏，厚薄不均，层厚0.05~0.22米；黄土与碎砖交互规律不明显，夯层普遍掺杂有碎砖，有的碎砖比例较高，且为砖块或砖渣，有的只掺杂有零星砖渣，极不规整。

3. 小结

通过对这两处基础的勘测，结合层位关系和做法，判断砖铺面与其下的夯层基础均属明代。东、西朝房基础做法与紫禁城内部分已知建筑基础做法大体一致，即一层黄土一层碎砖夯实地基，但是明显夯打粗疏而不严整，与紫禁城内普遍发现的严密规整的夯层对比明显，或从一个侧面反映了紫禁城基础是根据建筑的功能不同分片、分期构筑的，且做法也相异。

七、南三所门外东区

1. 发掘区位置

发掘区位于现南三所门外东侧（图三三），2015年5月为配合南三所门外电力增容管线工程在此东西向布设一排5米×5米正方向探方6个，共计发掘面积150平方米。发现有排水沟、砖铺地面、墙基等遗迹。

2. 地层堆积

以T6北壁剖面为例简述地层堆积如下（图三四、图三五）：

第1层：为扰土层，为现代施工动土形成，厚1.45米；此层下发现有排水沟、铺砖遗迹。

第2～5层：为黄土与碎砖交互夯层，深1.45米，平均厚1米，夯筑较规整；其中黄土与碎砖层各5层，黄土层厚0.1~0.15米、碎砖层厚0.06~0.1米。

第6层：为淤积层，黑褐色胶土，致密坚硬，深2.45、厚0.3米。

第7层：为淤积层，灰褐色胶土，致密坚硬，深2.75、厚0.45米。

第8层：为生土层，黄褐色纯净绵沙土，深3.2米。

3. 遗迹

排水沟　发现于表土层下，大致呈东北—西南走向，暗沟式，其中段、东段基本顺南三所门外东侧围墙走向，西段折向西南伸出发掘区外。在发掘区内的部分长32米。顶部以大小不一、厚薄不匀的石板封盖，多处使用柱础石封盖，显系后期施工扰动过。沟壁、沟底皆以青砖砌筑，结构较规整，沟宽0.6、深0.55米。排水沟打破西部发现的砖铺面（图三六～图三八）。

铺砖遗迹　发现于发掘区南部，断续分布，多处被拆毁，现只留存有不规则的砖铺面。其中西部一处保存面积较大，东西长4.55、南北最大宽2.4米，为一顺一丁青砖错缝平铺，由于此处施工的缘由，

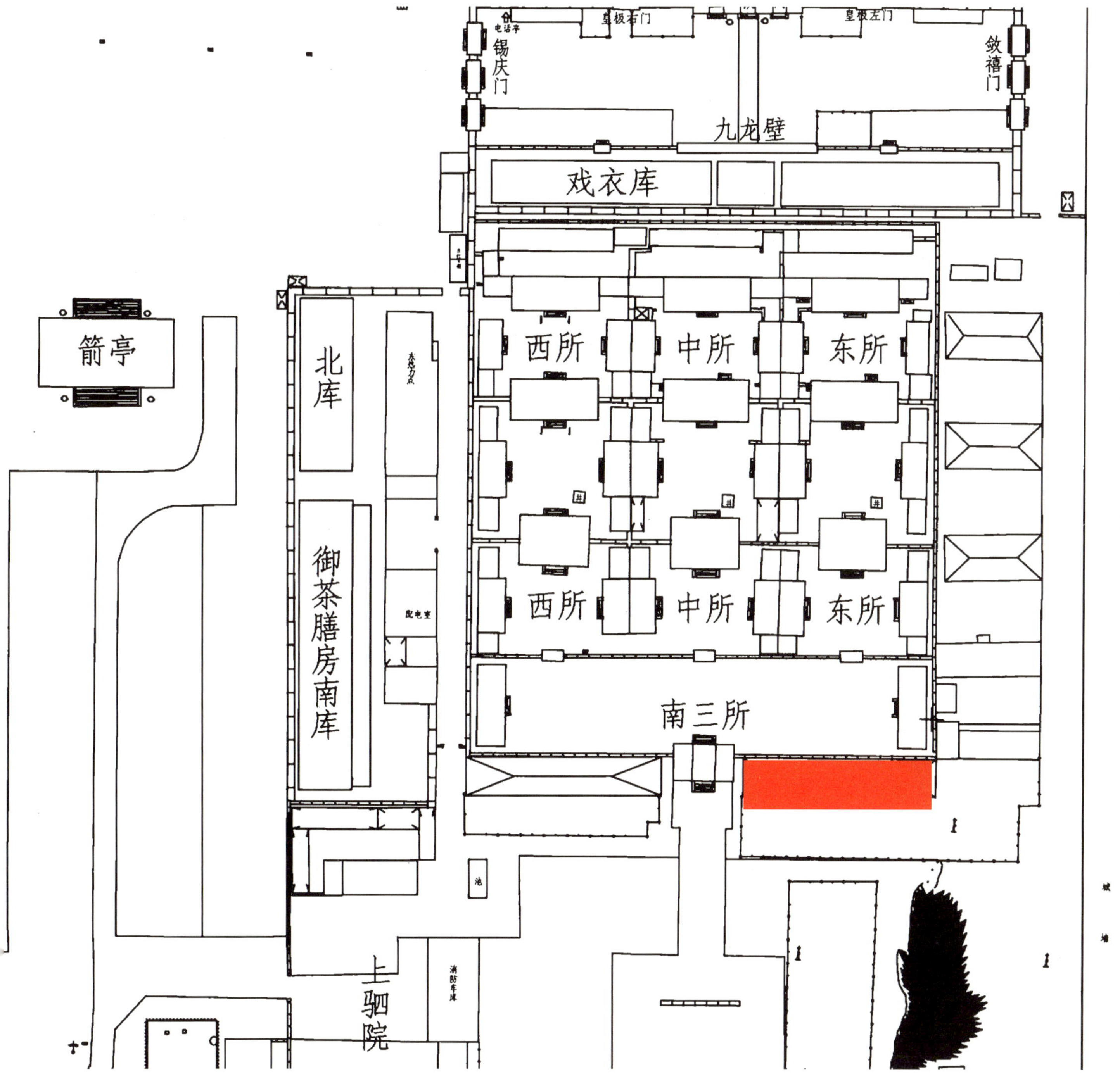

图三三　南三所门外发掘区位置示意图

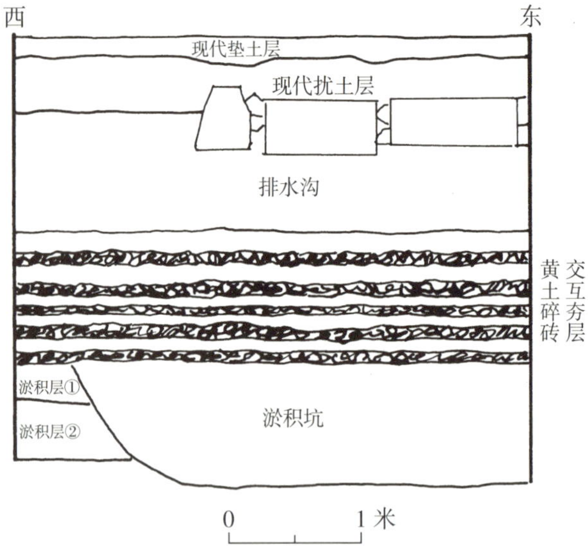

图三四 南三所门外东侧T6北壁剖面图

图三五 地层堆积剖面

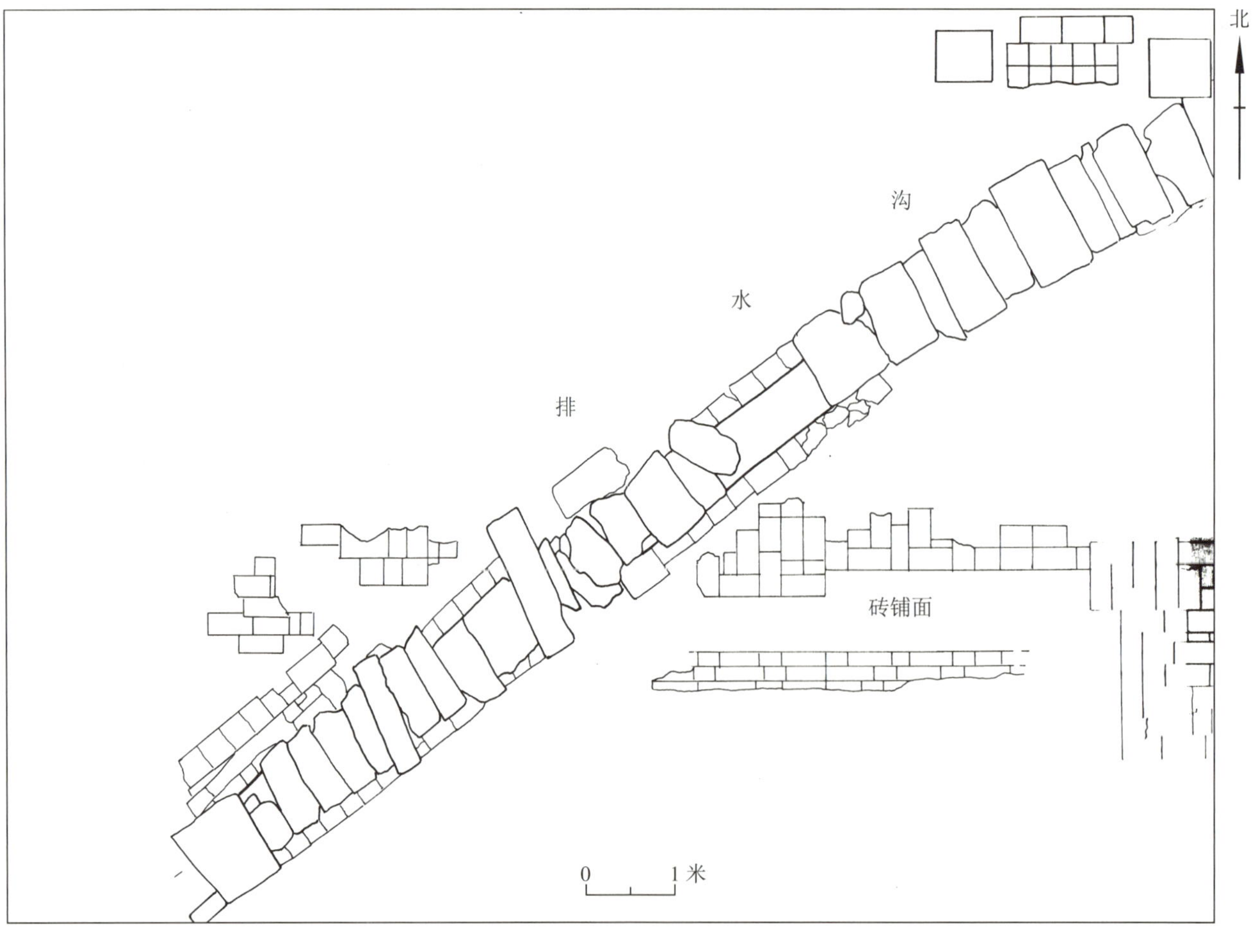

图三六 排水沟平面图

图三七　发掘区中东部全景

图三八　南三所门外东西区全景

只清理 4 层砖铺面，向下还发现有砖铺面，性质暂不明；此处砖铺面向西与一段二层的砖铺面相连，再往西被排水沟所截断；发掘区东端也发现一小片砖铺面，系被后期扰动重新垒砌的。从局部的解剖看，在黄土与碎砖交互夯层之上平铺一层厚 0.05 米的白灰面，然后在白灰面上铺砖。

4. 小结

发现的排水沟从层位关系及结构看，应属清代。从平面格局看，与南三所门外西侧 2014 年发现的同样结构的排水沟对称分布；从走向看，呈交汇状，或连通于此区域建筑和院落排水的主干网，是南三所门外清代建筑功能区的排水设施。铺砖面由于未及底，从残存的遗迹观察，应属东西向一组建筑的地面或院墙，其被排水沟打破，建筑年代当早于排水沟。从对 T6 探方的解剖看，黄土碎砖交互夯层与紫禁城内其他区域发现的夯层性质相同，是明代统一构筑的基础，而最下层铺砖直接于夯层之上白灰面上铺设，故其与夯层年代一致，也应是明代的遗迹，但上部铺砖经后期的扰动和重新砌筑补修，结合南三所门外西区的发现，推断此处建筑遗迹与西区性质一样（报告另文刊发），也应不晚于南三所建筑群的年代，属清代早期建筑遗址，或是清代沿用明代建筑的一个反映。

南三所区域，明朝为太子宫端本宫，据单士元先生考证，清乾隆十一年（1746）改建为三所，为皇子所居；乾隆四十年（1775），颙琰（嘉庆帝）移居中所，其子旻宁（道光帝）生于中所，嘉庆帝即位后就将其潜龙邸升为殿，名为“撷芳殿”[1]。故南三所区域建置和格局较明代有了明显变化，而此处明代遗迹的发现或提供了这一带建筑形制变迁的一个线索。

八、北城墙附属遗迹

2016 年 3 月，在故宫北停车场重建车库用房开挖地基时发现散水、排水沟及夯层遗迹。

1. 发掘区位置

该处遗迹位于现故宫报告厅东侧，东距现院办公排房 4 米，北距故宫北城墙 2 米（图三九）。排水沟及散水遗迹均遭后期施工扰动，考古工作在其施工揭露的范围内进行随工清理。

2. 地层堆积

从地基剖面观察，地层堆积如下：

第 1 层：表土层，夹杂后期拆除的地面铺砖、灰渣等，厚 0.8 米。

第 2 层：散水地面及排水沟，深 0.8、厚 0.16 米。

第 3 层：黄土与碎砖交互夯层，深 0.96、厚 2.5 米。

3. 遗迹

在表土层下发现有散水和排水沟（图四〇）。

散水　散水地面距现地表深度约 0.8 米，西部被后期建筑破坏，在施工范围内现存东西长约 5、南北宽约 2 米的一段，用一层顺砖错缝平铺，以白灰勾缝，散水地面由北向南略倾斜形成坡面，所用青砖规格为长 0.48~0.5、宽 0.24、厚 0.11 米。砖面下铺垫一层厚约 0.05 米的白灰垫层，白灰垫层下叠压坚硬致密的黄土碎砖交互夯层，经勘探厚度为 2.5 米，黄土夯层和碎砖夯层各有 9 层，共计 18 层，其中黄土夯层厚 0.1~0.25 米，碎砖层厚 0.08~0.17 米。散水地面南部边缘以丁砖对缝平铺与排水沟相连，北部与北城墙内壁底部的土衬石相连（图四一）。

排水沟　顺城墙东西走向，后期破坏严重，明渠式，沟北壁与北侧的散水相连。南北沟壁皆为二顺一丁青砖错缝平砌，并用白灰勾缝，其中北壁尚余三层砖，高 0.35、宽 0.48 米；南壁余二层砖，

1　单士元：《故宫南三所考》，《紫禁城建筑研究与保护——故宫博物院建院 70 周年回顾》，紫禁城出版社，1995 年。

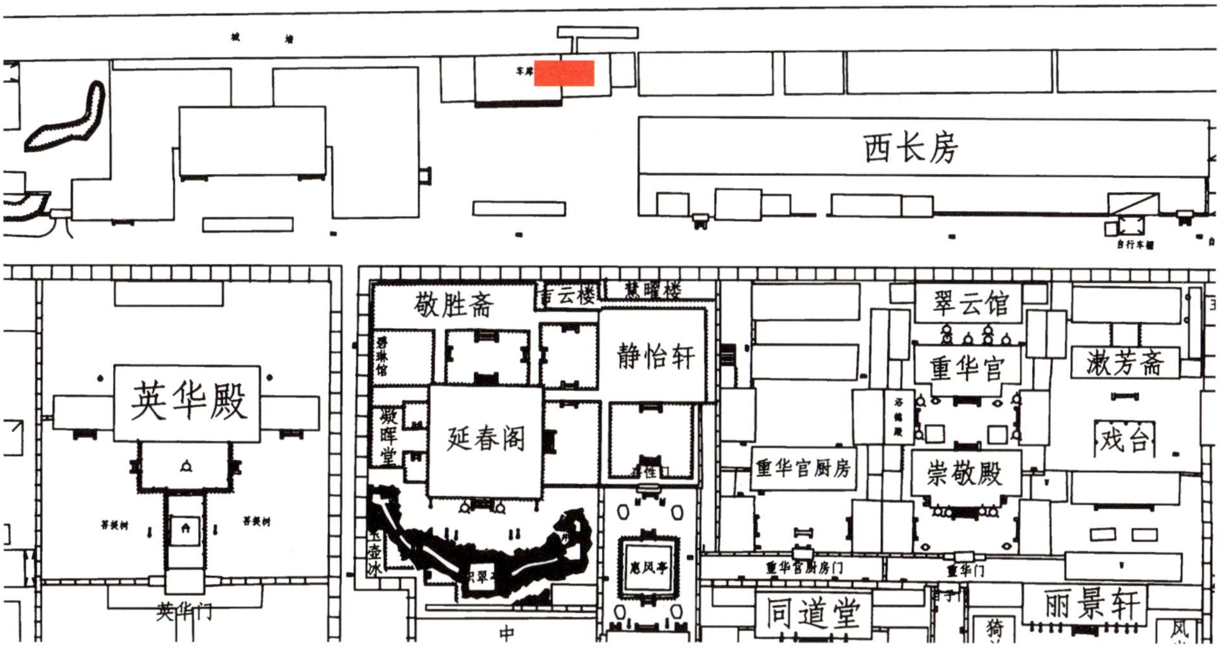

图三九　北城墙附属遗迹发掘区位置示意图

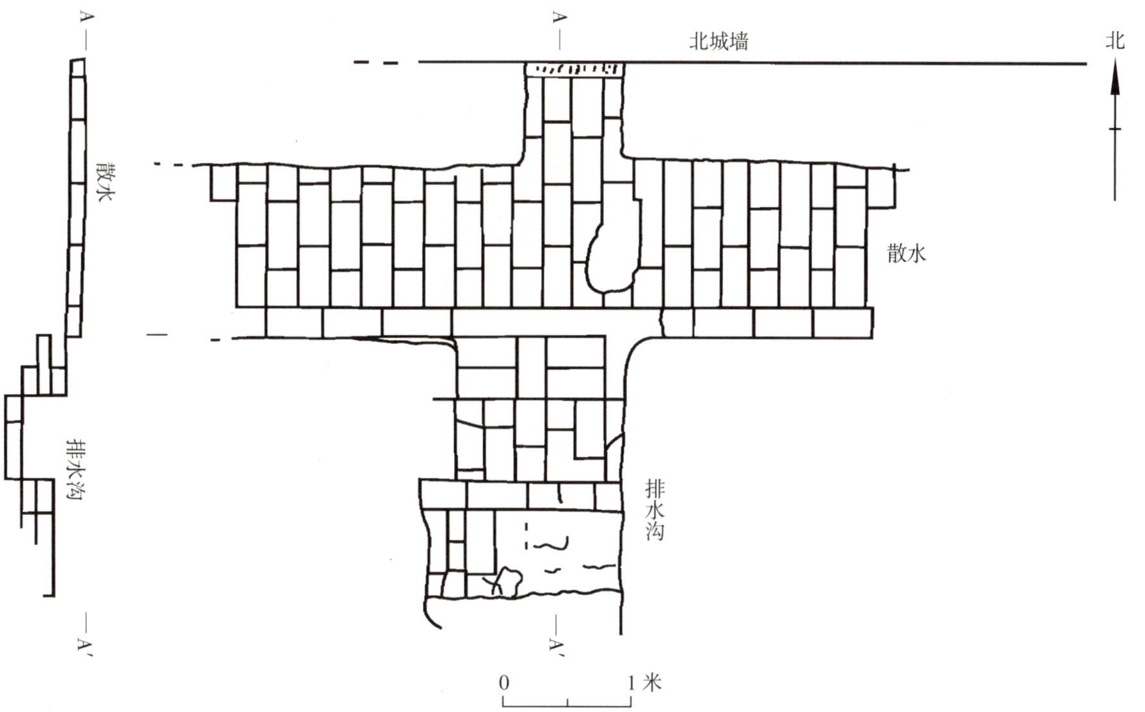

图四〇　北城墙附属遗迹平、剖面图

图四一 北城墙内侧散水

图四二 北城墙内侧排水沟

高 0.25、宽 0.95 米；沟底为顺向整砖和半砖错缝平铺，底面较平，底宽 0.61 米。所用青砖规格为长 0.39~0.48、宽 0.2~0.23、厚 0.11 米（图四二）。

4. 小结

散水地面与北城墙内壁土衬石齐平，其下叠压黄土碎砖交互夯层，并与排水沟相连，构成了此处墙基完整的排水系统，与东城墙墙基发现的散水地面及排水沟功能相同、做法一致，也应属明早期的遗存，而其开口层位距现地表 0.8 米，也进一步证实了明早期地面的埋深。

散水地面南缘发现的铺砖为平砌，与东城墙墙基发现的立砖稍有不同。《营造法式》“砖作制度”之“铺地面”条载：“其阶外散水，量檐上滴水远近铺砌；向外侧砖砌线道两周。”[1] 而此处边缘平砌的铺砖亦当为“线道”。

九、东华门内石桥西侧

1. 发掘区位置及遗迹

2016 年 3 月，在东华门内石桥西侧草坪植树过程中，发现有砖铺面（图四三）。

砖铺面位于石桥南侧栏杆西侧 3 米处，东距东华门约 56 米，在现道路南侧的草坪中。在施工地点扩方成 1 米 ×1 米探沟进行抢救性清理和勘探。

砖铺面距地表深约 0.15 米，利用施工时形成的剖面观察，共有两层砖：上层为立砖并排铺设，多处

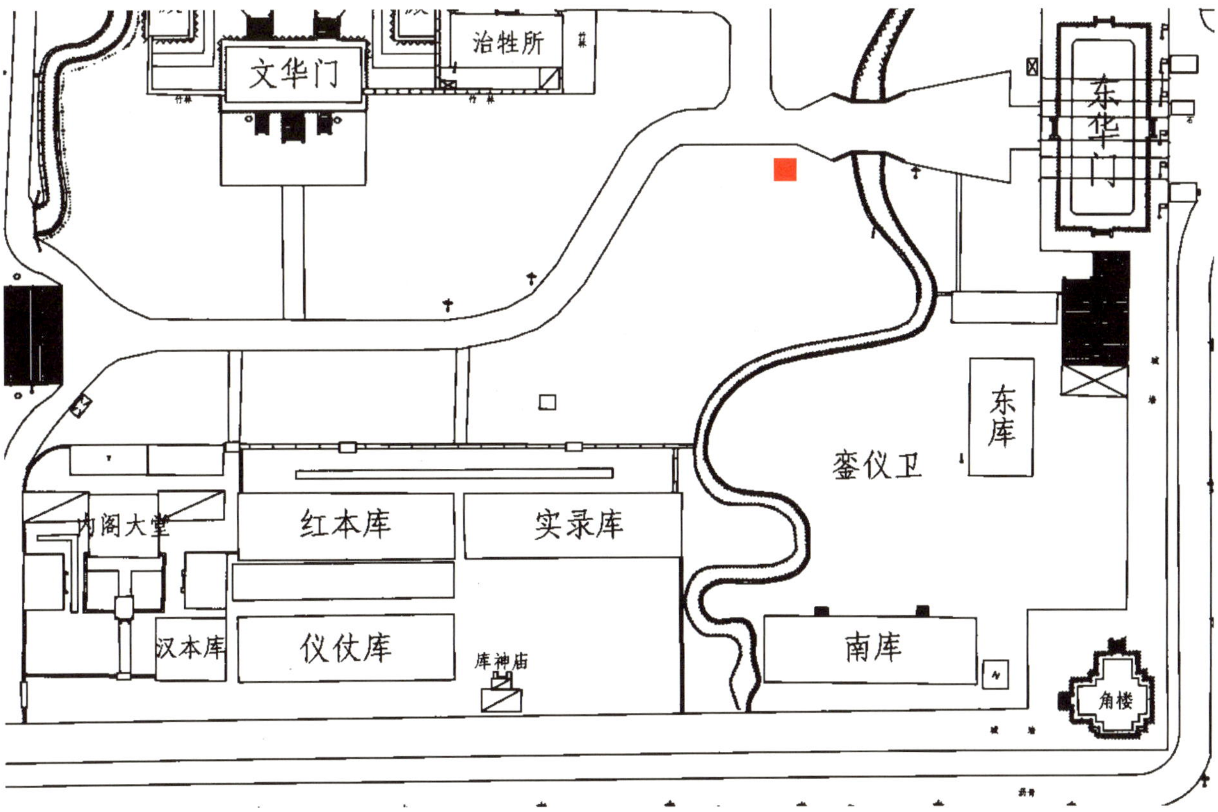

图四三 东华门内石桥西侧发掘区位置示意图

1 （宋）李诫著，吴吉明译注：《〈营造法式〉注释与解读》，化学工业出版社，2018 年。

已缺失；下层为卧砖平砌，多处碎裂，上、下层砖以厚约 0.02 米的白灰面相隔。立砖长 0.32、宽 0.13、厚 0.09 米；卧砖长 0.48、宽 0.24、厚 0.12 米，明显比立砖厚重（图四四）。

砖铺面下为黄土碎砖交互夯层，经勘探夯土层厚 2.4 米，以下见水未及底。

2. 小结

根据层位关系及砖铺做法推断，上层立砖属清代地面，下层卧砖属明代地面。从此处砖铺地面可看出清代地面直接叠压于明代地面之上，只是用砖和砌法不同，反映出明清地面的延续和二次利用，也证实了此区域清代地面的埋深。

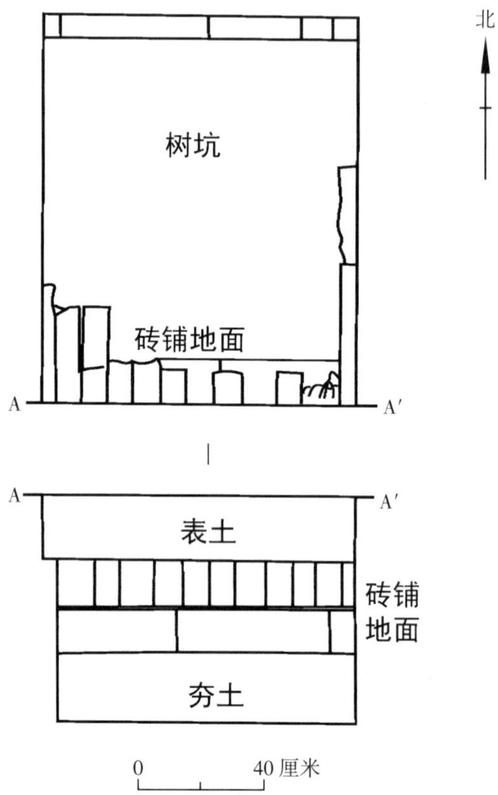

图四四 东华门内石桥西侧发掘探坑平、剖面图

十、戏衣库南墙东段以南区域

1. 发掘区位置

2016 年 3 月，在紫禁城戏衣库南墙东段以南区域修建配电室开挖地面的过程中发现排水沟、散水、基槽等遗迹，随即在其施工范围内进行随工考古清理工作。

戏衣库位于紫禁城宁寿宫区皇极门正对之九龙壁与南三所之间，戏衣库南墙为宁寿宫区外墙。遗迹地点位于戏衣库南墙外、南三所院落围墙外以东，属清宫御药房区域（图四五）。

2. 遗迹

清理发现散水、排水沟、斗形基槽遗迹（图四六）。

散水 距现地表深 0.3 米，北侧紧倚戏衣库南墙，东距东城墙内壁 13 米。现存遗迹东西长 13.5、南北宽 2.2 米，由于晚期建筑施工拆除，多处缺失，现地面极不平整。从残迹观察，散水面使用不规整的素面青砖错缝平砌一层，南部边缘有断续分布的线道砖。所用砖大小不一，长 0.1~0.44、宽 0.08~0.22、厚 0.12 米（图四七）。

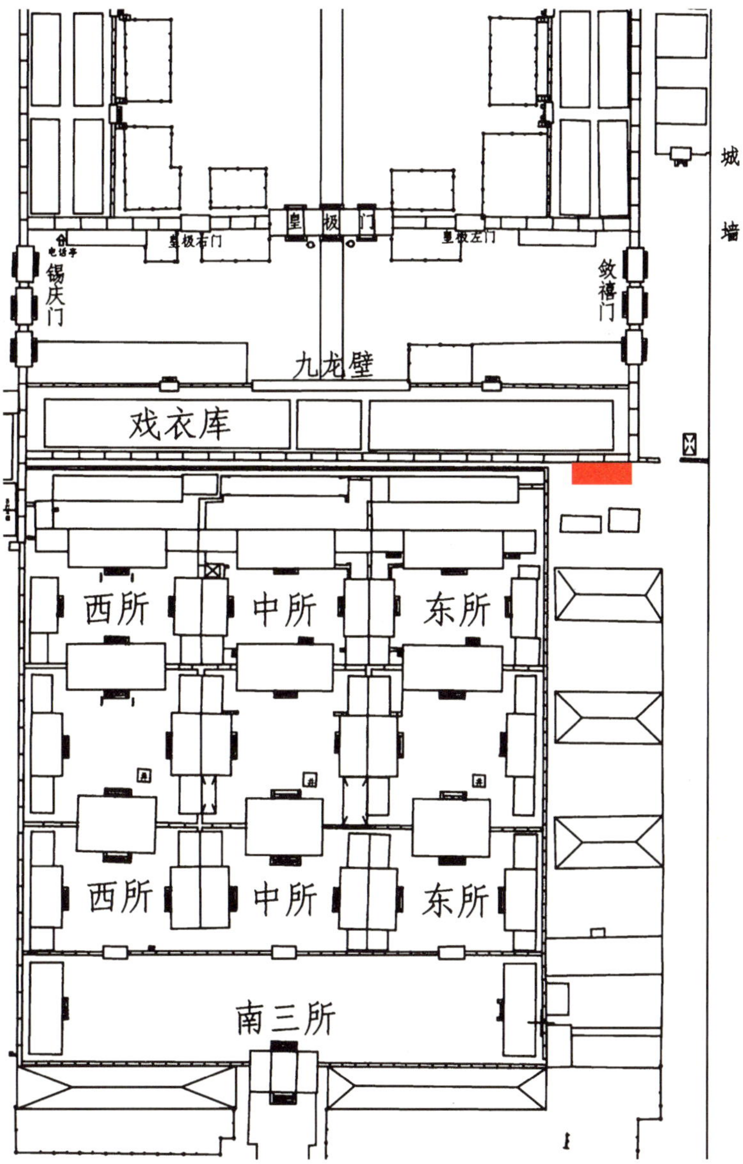

图四五 戏衣库南墙东段发掘区位置示意图

基槽　根据施工开挖的南北向沟槽剖面观察，断面呈斗形，打破夯土层，基槽内用不规整的砖块垒砌 4~8 层，砖缝间掺杂有白灰和灰渣，厚 1.05 米（图四八）。

排水沟　位于散水地面南侧，南北走向，北部被散水地面叠压，现存南北长度约 11 米。排水沟中间段被晚期建筑施工拆除，剩余部分上部遭后期扰乱破坏，现存部分距地表深 0.3 米。沟顶部情况不清，

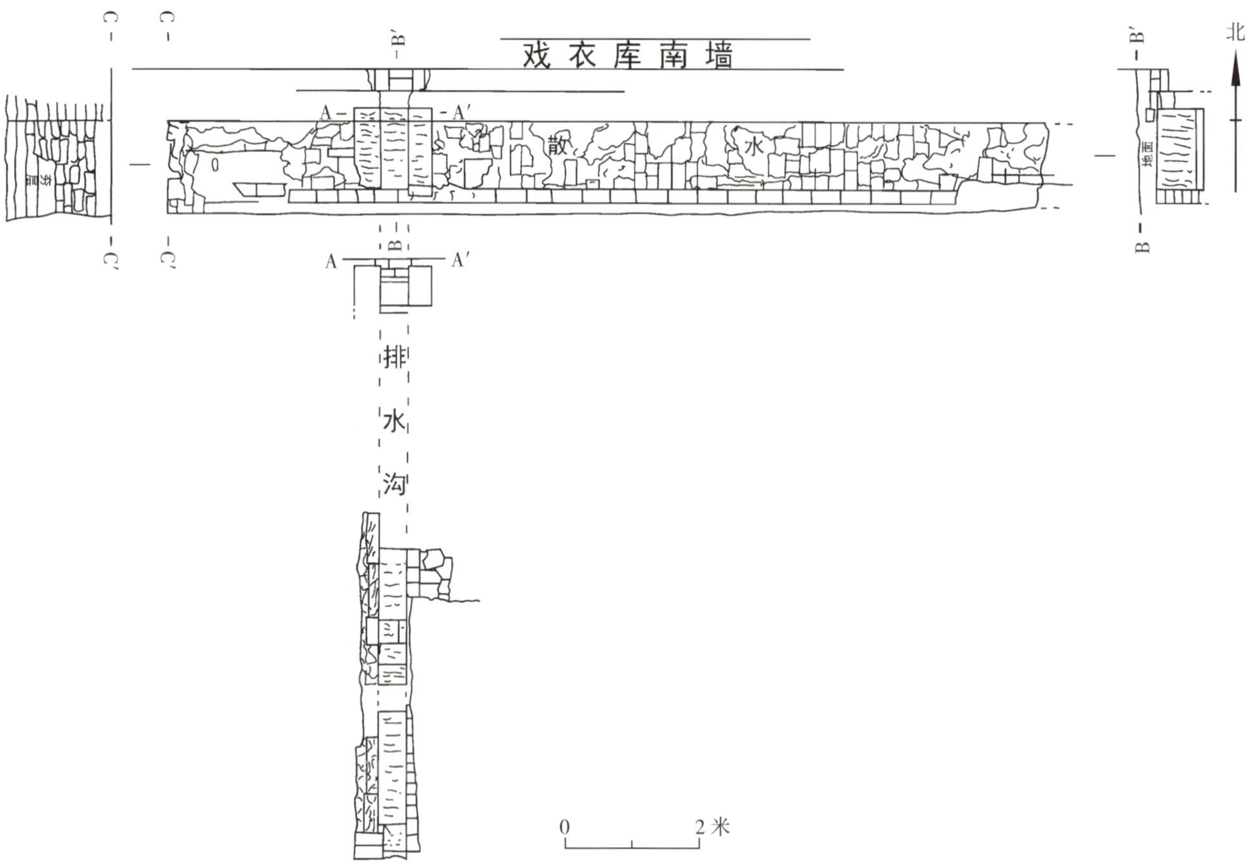

图四六　戏衣库南墙外散水、排水沟遗迹平、剖面图

图四七　戏衣库南墙南侧散水

图四八　夯土与斗形基槽

东侧沟壁用素面青砖错缝平铺垒砌，壁竖直，现存1~2层砖，高0.15~0.3米，所用青砖规格为长0.41、宽0.18、厚0.08~0.1米；西侧沟壁用规整的条石侧立砌筑，条石长0.47~1.3、宽0.47~0.6、厚0.22~0.4米；沟底也用规整的条石平铺，底部平整，沟底宽0.46、深约0.58米。由施工剖面处观察，排水沟底面叠压黄土碎砖交互夯层，因未揭露和勘探，深度不详（图四九）。

图四九　排水沟北段

3. 小结

从散水结构看，应是现戏衣库南墙外壁之散水，其与南墙建筑年代同时，而戏衣库是清代贮藏宫内演剧用之戏衣、戏具之所，故此遗迹属清代。发现的斗形基槽，其内夯筑砖块的做法并不多见，应是一座建筑的基槽。排水沟根据层位关系看，应是此处最早的遗迹，而石板与砖结合的结构，在以往紫禁城建筑基础调查中即有发现，是一种较常见的做法；黄土碎砖交互夯层经勘探厚度约2.5米，夯层厚0.15~0.2米，是紫禁城内普遍发现的明代早期基础。因此，建筑基槽和排水沟当属明代，从走向推测排水沟应向北延伸至明代仁寿宫院落，向南延伸至慈庆宫院落，是这一区域的排水干线。

十一、仪仗库地面遗迹

1. 发掘区位置

2016年7月，在仪仗库区域埋设避雷针施工过程中，发现有砖铺面和灰坑遗迹。在施工开挖的仪仗库南侧居中及东南角地点，分别利用基坑切直剖面并辅以勘探的方法了解遗存状况。

仪仗库位于故宫东南部内阁大堂东南，南距南城墙约9米，北邻红本库，西邻汉本库（图五〇）。

2. 地层堆积

通过基坑剖面观察地层堆积如下（图五一）。

第1层：为现代水泥地面，厚0.1~0.15米。

第2层：为一层平铺的青砖，厚0.13米。

第3层：为夯打三合土垫层，土质以白灰为主，间有胶黏土、沙、碎砖颗粒。夯层可分为两层，第

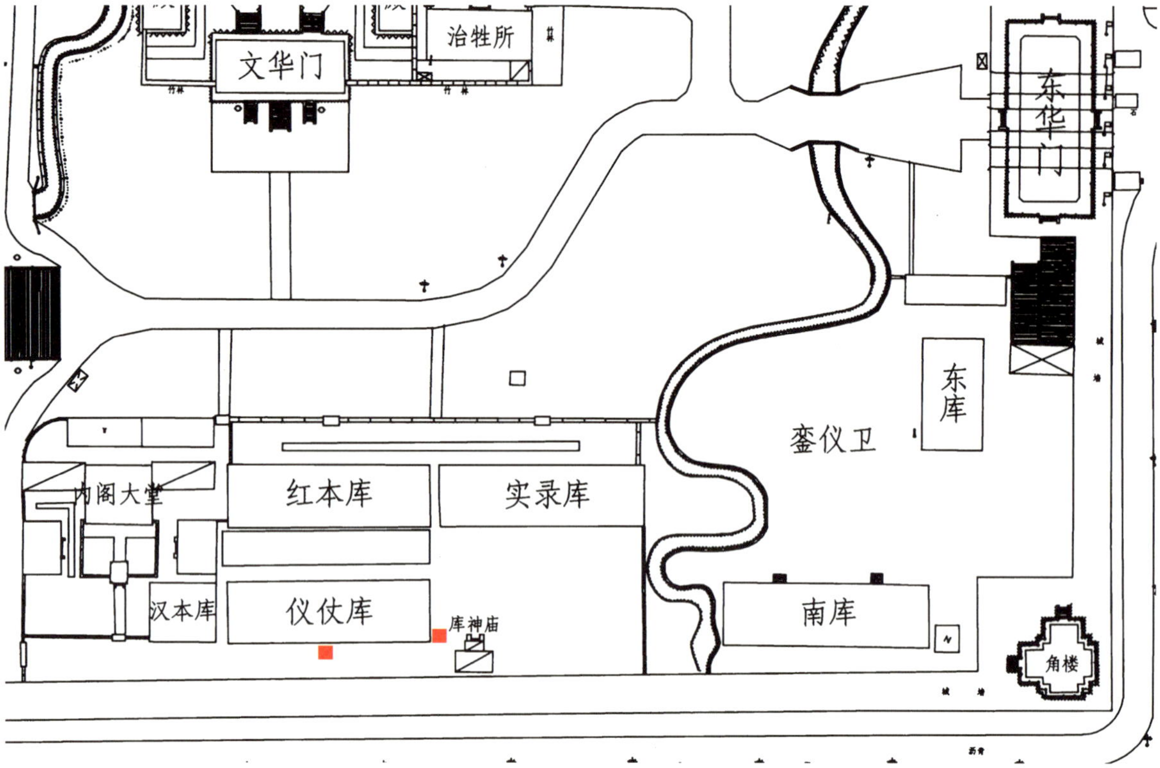

图五〇 仪仗库地面遗迹位置示意图

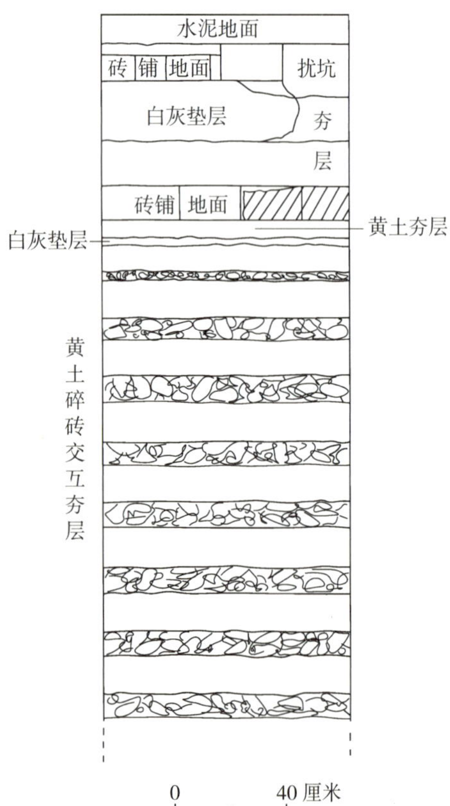

图五一 仪仗库地层剖面图

一层厚 0.18 米，第二层厚 0.15 米，总厚度 0.33 米。

第 4 层：为一层平铺的砖铺面，仅有一层砖，厚 0.12 米。

第 5 层：为一层黄土夯层，土质致密坚硬，厚 0.07 米。

第 6 层：为白灰层，厚 0.04 米。

第 7 层：为黄土碎砖交互夯层，经勘探深度为 1.65 米，共计 16 层。黄土层厚 0.09~0.14 米，碎砖层厚 0.04~0.1 米。

3. 遗迹

共发现有砖铺地面及灰坑两类遗迹。

砖铺地面　发现于仪仗库南墙以南，开口于第 1 层下，北距仪仗库南墙 1.3 米，南距南城墙 5.1 米，东距仪仗库东南角 16.5 米。发现有上、下两层砖铺面。上层砖铺面被现代水泥地面所压，从断面观察，为一层顺砖平铺，以白灰勾缝，多处缺失，厚 0.13 米；砖铺面下叠压一层三合土垫层，以白灰为主，间有胶黏土、灰土、沙、碎砖颗粒等，内含少量琉璃瓦残片，夯打坚实；垫土层下又叠压黄土夯层，共分两层，第 1 层厚 0.18 米，第 2 层厚 0.15 米，总厚 0.33 米。从砖铺面的走向看，向北延伸直抵仪仗库南墙。下层砖铺面，为一层一顺一丁青砖平铺，以白灰勾缝，由于施工多处被截断和拆除，厚 0.12 米。从断面观察，该层砖铺面下叠压黄土和白灰垫层，厚 0.11 米，再向下即为黄土碎砖交互夯层，经勘探深 1.65 米，由于出水未及底。

灰坑　位于仪仗库东南角，西距仪仗库东墙 1 米，东南距库神庙 4 米，南距南城墙 9 米。开口于表土层下，因施工平面形状不详。灰坑填土为灰褐色土，土质松软，填土中包含琉璃瓦、砖块、零星瓷片及大量动物遗骨（以羊为主，个别为鹿角残段）。坑内深 1 米处发现有晚期建筑的墙体及掺杂大量碎砖块的渣土；在其底部发现一层砖铺面，顺砖错缝平铺，并用白灰勾缝，砖面留有厚约 0.02 米的白灰层，砖长 0.49、宽 0.24、厚 0.12 米。砖铺面下为一层厚约 0.03 米的白灰垫层，其下即为黄土碎砖交互夯层，已暴露一层黄土与一层碎砖夯层，由于施工的缘故，夯层未清理到底（图五二、图五三）。

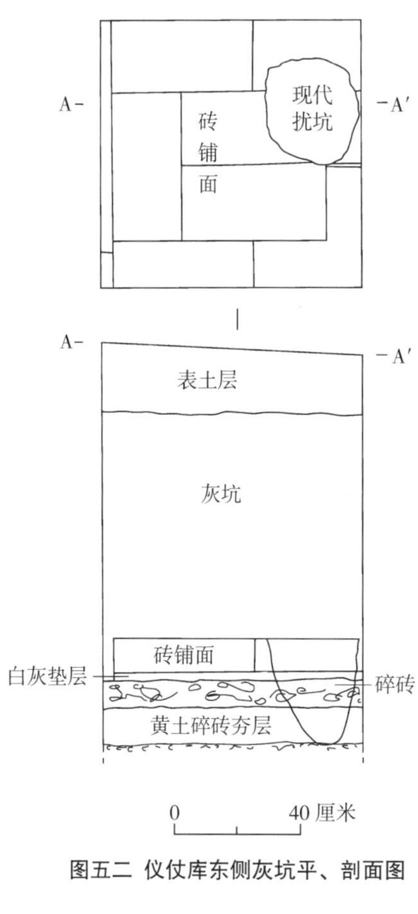

图五二 仪仗库东侧灰坑平、剖面图

图五三 灰坑底部砖铺面

4. 小结

依层位关系及做法，结合临近地点已发现遗存状况判断：第 1 层砖铺面应为仪仗库南墙的散水面，其与叠压的三合土垫层当属清代遗存；第 2 层砖铺面及其下叠压的黄土碎砖夯层即为紫禁城内广泛发现的明早期基础，因此其为明代地面；灰坑为晚期建筑施工形成的坑，其底部发现的砖铺面及其下叠压的黄土碎砖夯层，从位置推断或与仪仗库东墙基础有关，而其时代也属明代。此处发现的两层砖铺面提供了观察明清地面砌筑方式和地面演变的实证。

仪仗库区域现一般认为是明代的内承运库址，清代为内阁大库址，计有銮仪卫库、实录库、红本库、银库（仪仗库）等，其建筑基本格局未变。单士元先生根据文献记载及古今通集库石碑曾论证："从銮仪卫以西各库直到清内阁大堂，都应属明文渊阁范围，古今通集库是明文渊库房的一区，在各库之东。"单士元先生又指出："近年在维修清内阁各库时，鉴定所用城砖以及砖胎上的青色土质、琉璃瓦式样和胎釉，均为明代之物，更证实这一带库房建筑即是明代遗留下的文渊阁。"[1] 此处发现的明代遗迹，即提供了内阁大库址建筑从明代沿用至清代的线索。

十二、上驷院东南排水沟

1. 发掘区位置

2015 年 5 月，在上驷院东南、文渊阁东北消防管道施工过程中发现一段排水沟遗存，在其施工区域内进行了随工清理。

排水沟地点位于上驷院东南，西邻现消防车库，西南距文渊阁院落 26 米，东南距三座门 92 米，东北距南三所正门约 100 米（图五四）。

2. 遗迹

排水沟　开口于表土层下，为南北走向，明沟加暗渠式，距地表深 0.5 米，在施工开挖的沟槽内暴露长度 11.8 米。明沟为排水沟的盖板，以加工规整的石板封盖，石板长 1.2~1.22、宽 0.46~0.71、厚 0.2~0.24 米，横置并排平铺，现存 7 块。每块石板顶面中部皆凿出基本一致的浅槽，深 0.02、宽 0.48~0.5 米，贯通成一明沟式排水形制，由于晚期的施工，盖板石有的被扰动，有的被移除缺失（图五五 ~ 图五七）。

盖板以下排水沟沟帮的砌筑方式不同。西壁由大小不一的条石竖立对缝垒砌，并以白灰勾缝，长 0.6~1.3、宽 0.3~0.6、厚 0.2~0.27 米。从施工沟槽内北端沟帮的三件条石与顶部盖板的衔接处观察，沟帮条石的上缘凿成凹缺，深 0.04~0.06、宽 0.06~0.08 米，相应的顶部石板下缘也凿成凹缺，二者以榫卯

1　单士元：《文渊阁》，《紫禁城建筑研究与保护——故宫博物院建院 70 周年回顾》，紫禁城出版社，1995 年。

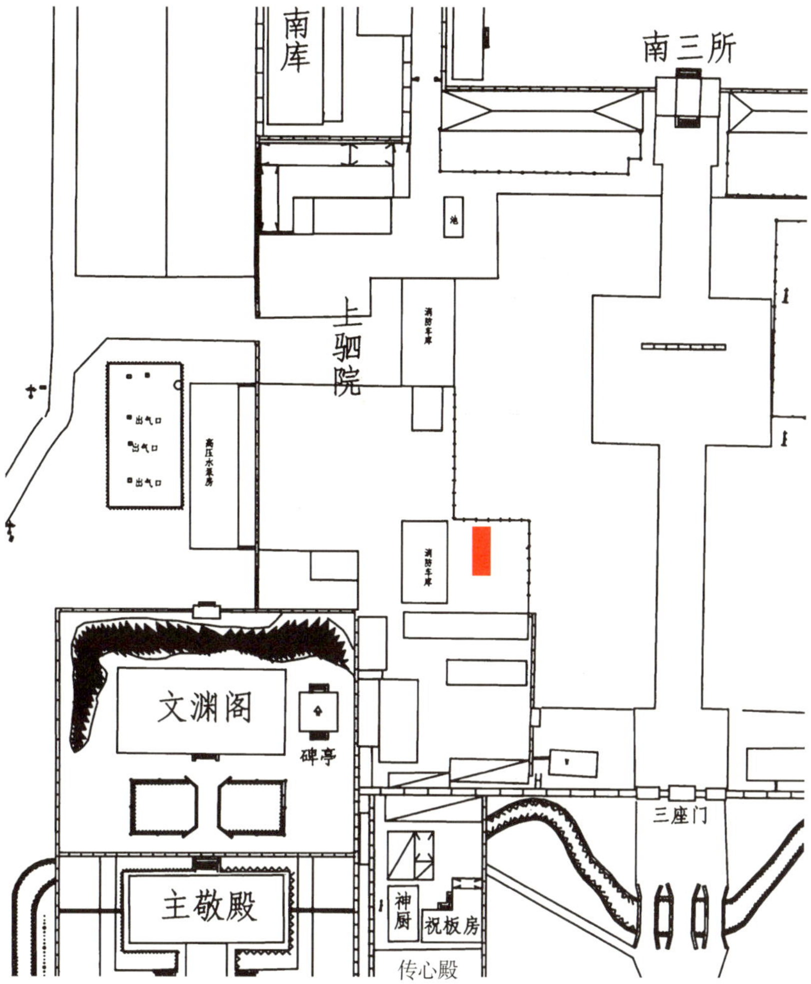

图五四　上驷院东南排水沟位置示意图

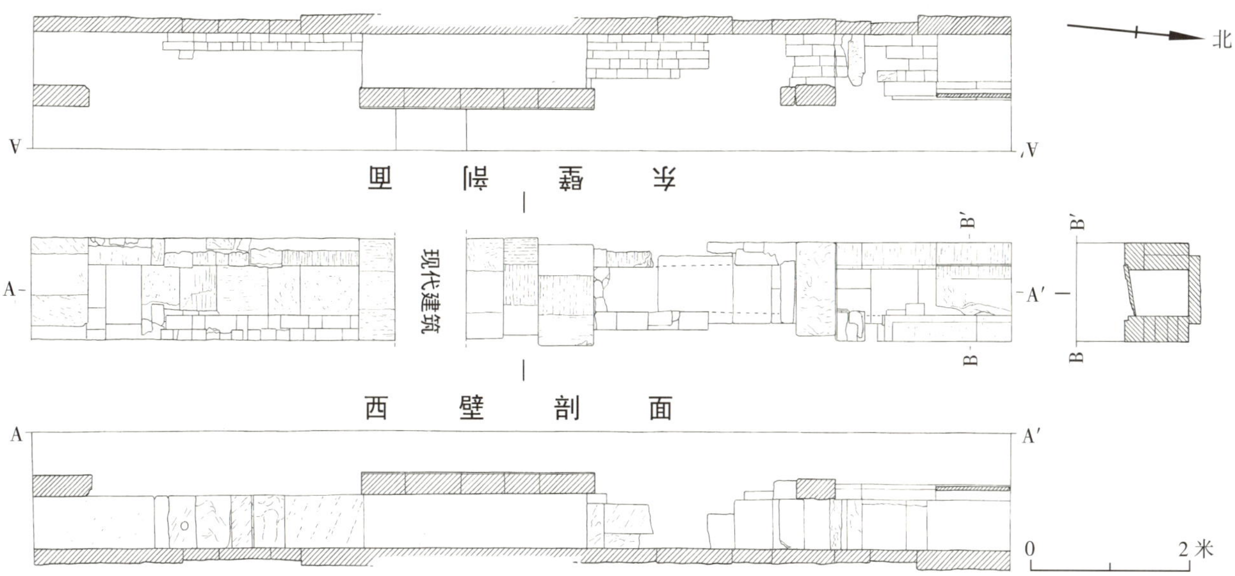

图五五　上驷院东南排水沟平、剖面图

图五六 排水沟盖板

图五七 排水沟底部南段

式扣合，严丝合缝。东壁则为青砖顺砖错缝平铺垒砌，因管道穿越，多处缺失，多为半砖，保存最多的有5层砖，南部仅存2层砖。较完整的青砖长0.4、宽0.15~0.22、厚0.1~0.14米。

排水沟底部以近方形和长方形的条石对缝平铺，也以白灰勾缝，底部较平整，深0.62、底宽0.59米。所用条石长0.4~1.2、宽0.35~0.72、厚0.16~0.22米。从底部观察，排水沟先铺底面，然后在其上再砌筑沟帮。

3. 小结

此段排水沟从其开口层位及砌筑方式，结合其他地点的发现，如在箭亭以西以及戏衣库以南区域均发现了类似做法的排水沟，故推断也属明代。这种明渠加暗沟的排水沟是在紫禁城考古中首次发现，其盖板的明渠也即习称的“荷叶沟”，一般皆有钱眼状沟漏将表层水导入暗沟。此段排水沟除了晚期施工管道穿越外并未发现改建迹象，或为从明代沿用至清代，从其结构及走向看，是南三所、上驷院等院落排水的主干线，其向南应通向内金水河。

十三、南三所西所西墙外地面遗迹

1. 发掘区位置及遗迹

2016年3月，在南三所西所西墙外过道铺设线缆管道时发现一处砖铺地面遗迹，随即在施工区域内随工清理（图五八）。

砖铺地面　距西所西墙1.8米，距地表深0.4米，现存长11、宽0.5~0.7米。现存一层砖铺面，用整砖和半砖一顺一丁错缝平铺，并以白灰勾缝，现铺砖表面有厚约0.01米的白灰层，推测上部还应铺砖，或后期施工拆除。较完整的砖长0.48、宽0.24、厚0.12米。砖铺面下有一层白灰垫层，厚约0.02米，白灰垫层下即为黄土碎砖交互夯层，经勘探，黄土夯层和碎砖夯层各有4层，共计8层，其中黄土夯层厚约0.25米，碎砖夯层厚0.1~0.13米，总厚1.7米（图五九）。

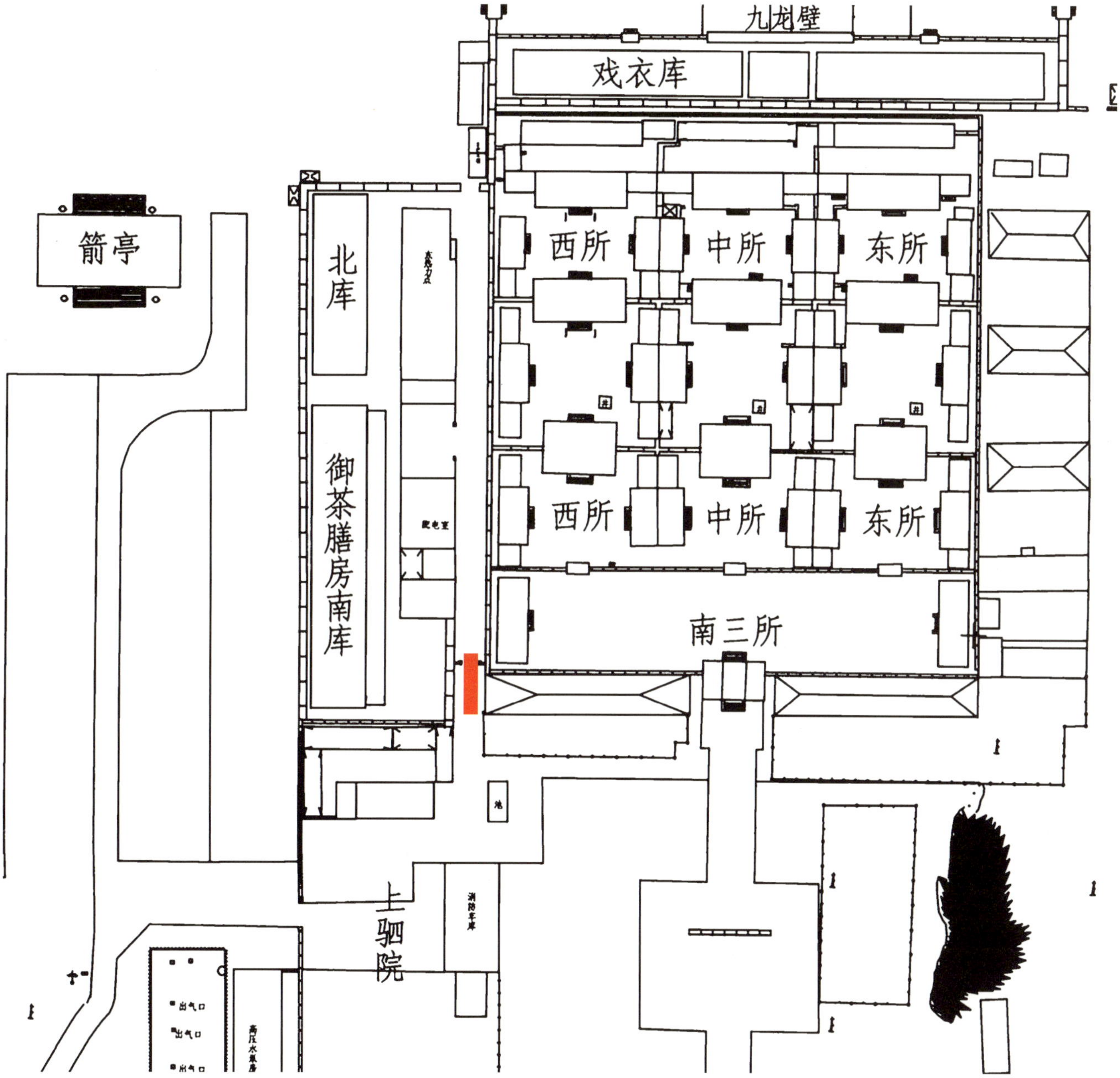

图五八 南三所西所西墙外地面遗迹位置示意图

图五九 南三所西所西墙外砖铺地面

2. 小结

此处砖铺面以下发现的夯层，参照紫禁城内其他地点发现，仍为明代的黄土碎砖交互夯层，砖铺面在白灰垫层上平砌，也是常见的做法，因此这一段砖铺面也应属明代，其性质和功能尚不清晰，但为考察南三所院落以西、上驷院以北区域建筑功能提供了线索。

十四、结语

建成于明永乐十八年（1420）的北京紫禁城，建于元大都宫城旧址，较元宫城北缩南扩，历明清两代，1925 年又在原址成立故宫博物院，建成 600 年来基本格局没有改变。因此，紫禁城也属古今重叠型城市的一个例证。2015~2016 年配合院内工程发现的各类建筑遗存，反映了紫禁城内地下遗存埋藏的一般性规律和特点。

第一，紫禁城内地下遗存由上及下基本层叠关系为清代遗迹—明代中后期遗迹—明代早期基础，遗存的历时性关系较为明确，从明早期直至清晚期，大致可把握明清建筑遗存的动态演变轨迹。而基本遗迹类型为宫殿基础、墙基、台基、门址、院落、地面、排水沟及器物埋藏坑等，结合文献及舆图、图像等的记录，可基本厘清建筑分布、功能与性质；而文献记载模糊或空缺的区域，这些遗存的发现则可“证经补史”。同时，不同类型的遗迹现象，也扩充了重叠型建筑考古遗存的内涵，特别是在紫禁城内非主要功能区而往往被忽略的区域，其建筑格局变迁尚未清晰，考古的实证就为全面把握紫禁城地下遗存的状况提供了十分有效的途径，也为完善宫廷建筑考古的史料体系，构建具有建筑史学意义的紫禁城提供了重要资料。

第二，这些地点普遍发现的黄土碎砖交互夯层，进一步明确了明早期紫禁城肇建时的地基状况，这种夯土的方式和工艺也证实了《营造法式》所总结的“筑基之制”，为了解宋以来宫城地基的做法提供了重要的例证，也是判断紫禁城建筑遗存年代的一个重要标尺，为更准确把握紫禁城营建的地基规划与构筑提供了科学资料。此外，发现的这些遗存并不完整，有的性质尚未完全揭露，只是提供了一个线索，而其重要性则在于为今后的工作提出了新的问题和新的思路，这也是紫禁城考古不断完成“拼图”的学术泉源。

第三，不同类型的遗迹现象刷新了我们对紫禁城地下遗存的认知，对于紫禁城内局部建筑功能的改变，地面建筑的改建、增筑等建筑活动也有了新的认识。作为中国古代唯一完整保存至今的宫城，对其地下遗存的科学把握，可比较清晰地认识到紫禁城规划设计的严密，主次有序的营造过程，精湛完备的技术手段，逐步探索地下遗存与地面木作结构的联动关系，为紫禁城古建筑的保护与研究、紫禁城宫廷建筑历史变迁等的揭示提供思路和方法。

第四，紫禁城作为世界文化遗产地，是现存中国古代宫城的唯一实例和都城制度的最高典范，是地处中心位置的城中之城，维护其宫廷建筑整体历史风貌，保持其庭院肌理完整格局，保护其不同类型建筑的原状，保留其承载的完整历史信息等，是我们遵循的根本原则。因此，紫禁城考古始终树立以文物保护为核心的原则，将这种考古控制到“最小化干预”，这也是我们在不断地实践中总结出的紫禁城考古的核心理念。

项目负责人：徐海峰
参加发掘：徐海峰、张文青、张希章
陈　晖（实习）、邹恒成（实习）
张　谨（实习）
摄　　影：王　琎、徐海峰
遗迹线图：李树伟
电脑制图：邢增锐
资料整理：张文青、张希章、邢增锐、苏天敏
徐海峰
执　　笔：徐海峰、邢增锐、苏天敏

故宫南大库区域2015年H2考古发掘简报

故宫考古研究所

南大库区域位于故宫西华门内南侧，南薰殿院落以南（图一）。2014年8月故宫考古研究所工作人员曾在此发现过一处瓷片埋藏坑，发掘清理出土了大量瓷片[1]。2015年4月，为配合故宫博物院南大库管理用房的工程建设，故宫考古研究所对该施工区域内开挖的建筑基槽进行了重点勘探与发掘，并在基槽内发现建筑遗迹磉墩、排水沟、黄土碎砖交互夯筑的地基、砖铺地面，以及柱顶石和碎砖等，同时对基槽内西南部

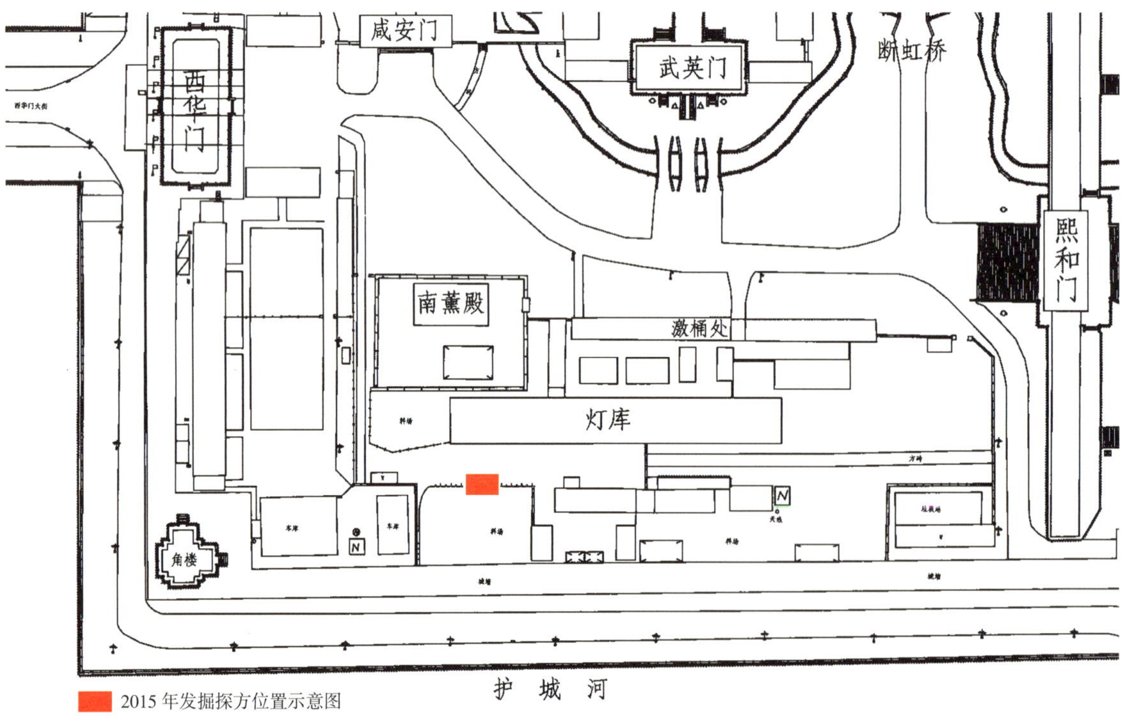

图一　南大库区域发掘探方位置示意图

1　故宫博物院考古研究所：《故宫南大库瓷片埋藏坑发掘简报》，《故宫博物院院刊》2016 年第 4 期。

发现的四座灰坑实施了重点发掘和清理，此次发现有助于了解故宫西南部宫墙内地下遗存的分布情况。

一、发掘工作经过

2015 年的发掘区域位于 2014 年探方以南平行的位置。发掘工作自 2015 年 4 月 7 日开始至 4 月 24 日结束，严格按照《田野考古工作规程》操作，将遗迹由上至下逐层清理。在规划管理用房的西南部因施工开挖的基槽内布方发掘，探方南北长 8、东西宽 7.5 米，发掘面积总计 60 平方米。

二、地层关系与灰坑形制

现地表为一层建筑垃圾，在施工开挖的基槽内暴露出原位的三行三列共七个柱顶石和移位的柱顶石，还有磉墩、排水沟、砖铺地面、散水及一段残垣。因发现的柱顶石下磉墩青砖规格符合明代青砖特征，且磉墩下基础为一层碎砖一层黄土进行夯筑，符合故宫明代建筑基础的修筑方式，故推断此处原应为明代的一排东西向廊房建筑（图二）。

在基槽内的西南部，发现灰坑四个（编号 15G10H1、15G10H2、15G10H3、15G10H4），皆开口于表

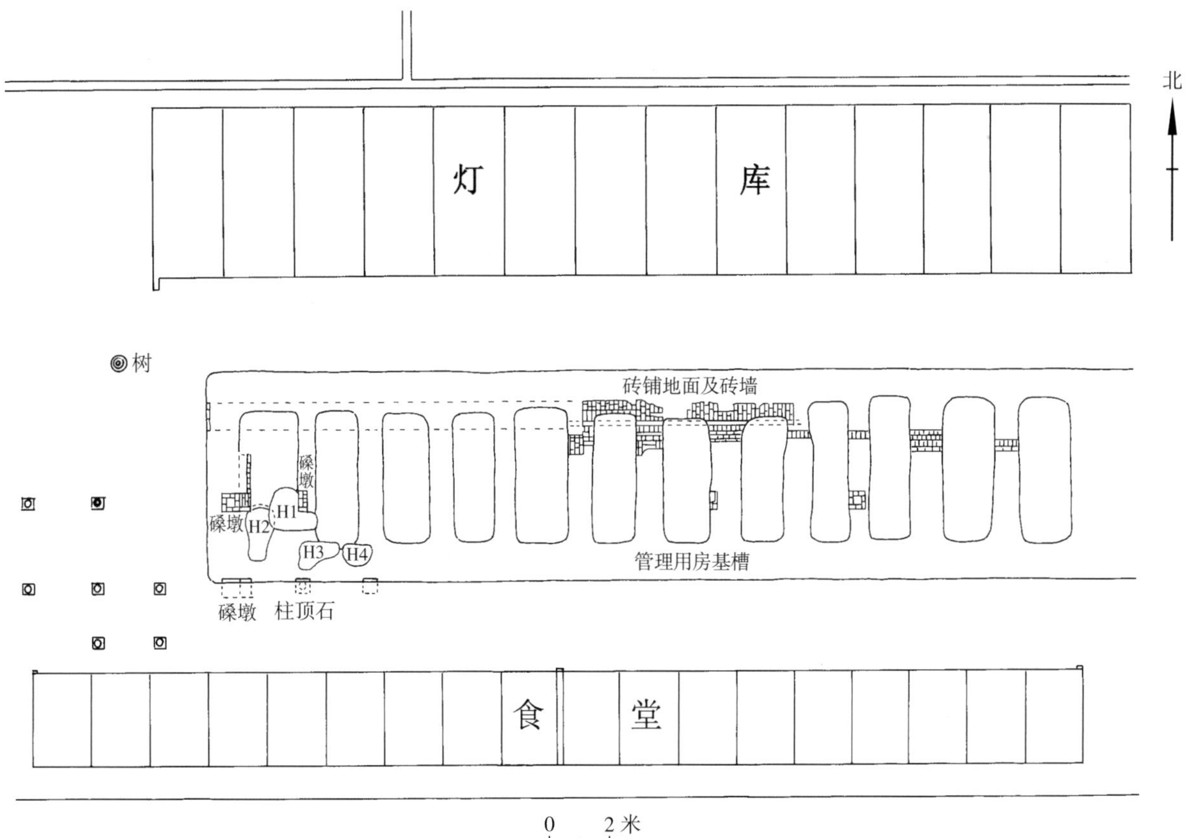

图二 南大库发掘区西南部总平面图

土层下，打破黄土与碎砖交互夯层。现将地层关系分别介绍如下。

15G10H1　平面呈不规则形，西南部打破 15G10H2，东北部紧贴磉墩挖掘，斜壁不规整，底不平，坑底由北向南倾斜。上口南北长 2.65、东西宽 1.9~2.7 米，坑深 0.8~0.95 米。填土分为二层：上层为灰褐土，疏松，厚 0.6 米，含有大量灰渣、白灰颗粒等，出土较多板瓦、筒瓦及砖块等；下层为黄褐土，疏松，含少量白灰颗粒和灰渣，出土大量青砖块及板瓦、筒瓦等建筑构件（图三）。

15G10H2　平面略呈长椭圆形，由北向南略倾斜，东北部被 15G10H1 打破，南部为施工掘毁，壁不存。坑体略呈袋形，北部袋状明显，壁修筑规整，局部有修整工具的印痕；南部壁较直，底部不平，南部高于北部，坑体打破夯土地基（图四）。上口南北长 3.6、东西宽 1.22~1.74、深 1.2~1.4 米。

15G10H3　平面呈不规则形，西北角被 15G10H1 打破，壁较直、底较平，上口东西长 2.7、南北最宽 1.52、深 1.34 米。填土为灰褐土，松散，含有白灰颗粒，出土较多琉璃板瓦、筒瓦及砖块等（图五）。

15G10H4　紧邻 15G10H3，北半部因施工未做清理，只清理沟槽内暴露的南半部，平面略呈半圆形，斜壁，底较平。上口东西长 2.18、南北宽 1.64、深 1.66 米。填土为黑灰土，疏松，含有白灰颗粒，出土大量琉璃建筑构件及砖块等（图六）。

因廊房建筑遗址及 15G10H1、15G10H3、15G10H4 三处灰坑所出土器物多为建筑垃圾，所以不多做介绍。本文主要介绍 15G10H2 的形制和出土器物。

15G10H2 填土分为二层：第 1 层为灰褐土，疏松，厚 0.5 米，出土大量青砖块、琉璃瓦、筒瓦、板瓦等建筑构件；第 2 层为黑灰土，松软，含较多草木灰及少量白灰颗粒，厚 0.8~0.85 米，出土大量陶、瓷、金属、玉石、骨、蚌、玻璃器等，以日用瓷器为主，包括青花、白釉、黑釉、酱釉的碗、盘、碟、瓶等。瓷器纹饰多为花卉、鱼藻纹等，其中青花瓷碗底分别有“大明年造”和“天下太平”款识（图七 ~ 图一一）。

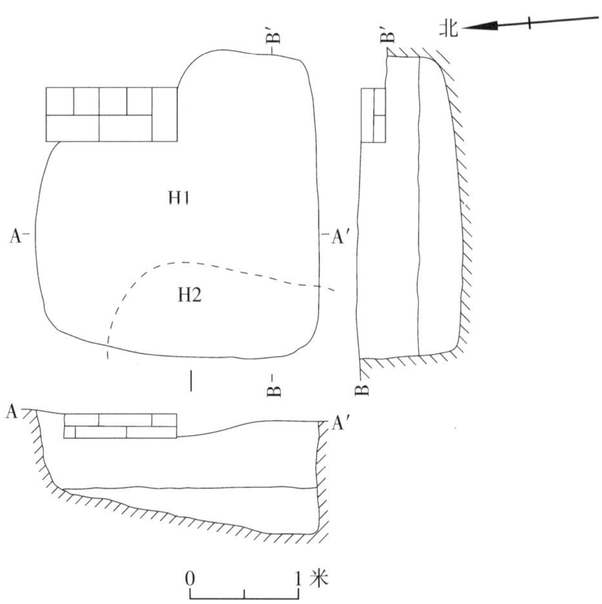

图三　15G10H1平、剖面图

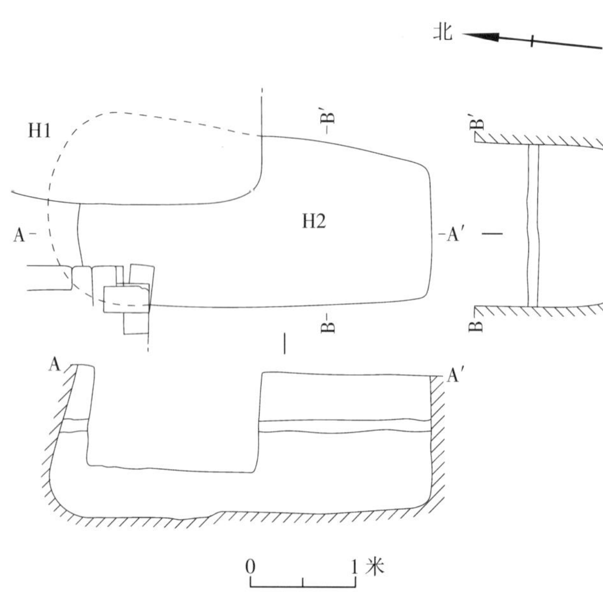

图四　15G10H2平、剖面图

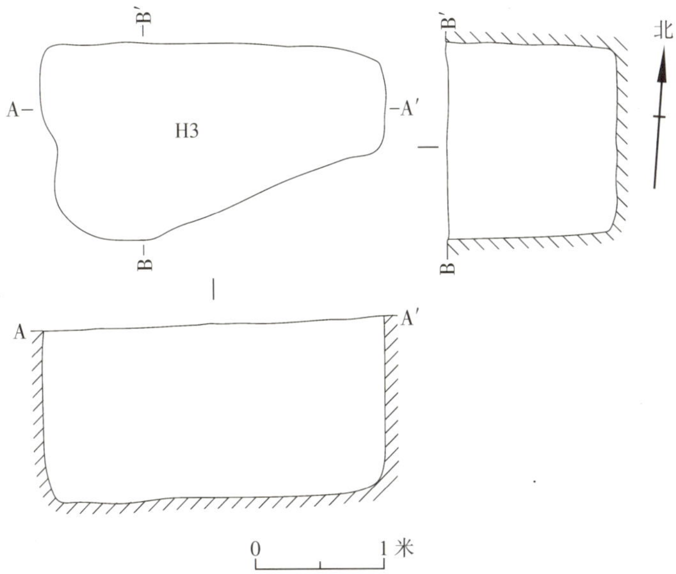

图五 15G10H3平、剖面图

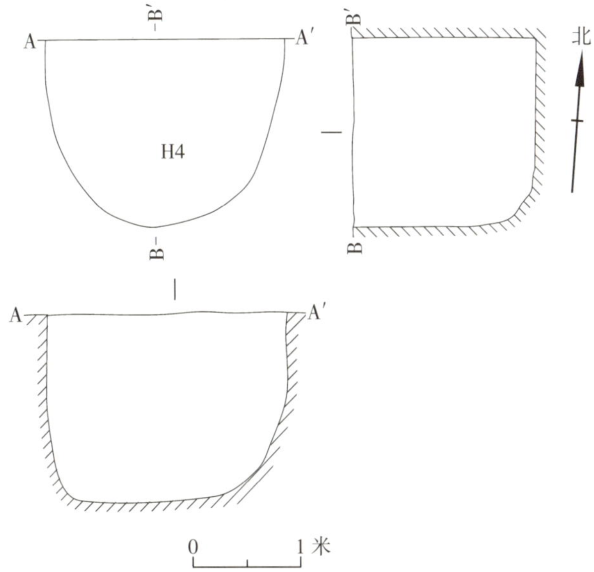

图六 15G10H4平、剖面图

图七 15G10H2暴露断面（由南向北）

图八 15G10H2北壁

图九 15G10H2东壁

图一〇 15G10H2二层填土（由北向南）

图一一 15G10H2底部

三、出土遗物

15G10H2出土遗物较为丰富，从材质上可以分为陶、瓷、金属、骨、蚌、玉石、玻璃器等（图一二～图一四）。现择要介绍如下。

（一）陶器

出土陶片共计277片，其中泥质红陶7片，泥质灰陶19片，夹砂灰陶251片。

罐　15G10H2②∶60，残。泥质红陶。侈口圆唇，短肩，鼓腹，平底。内部呈红色，留有拉坯痕迹，外部呈白色。足径5、高8.3厘米（图一五，1；图一六）。

图一二 瓷器出土状态

图一三 器座出土状态

图一四 玉石料出土状态

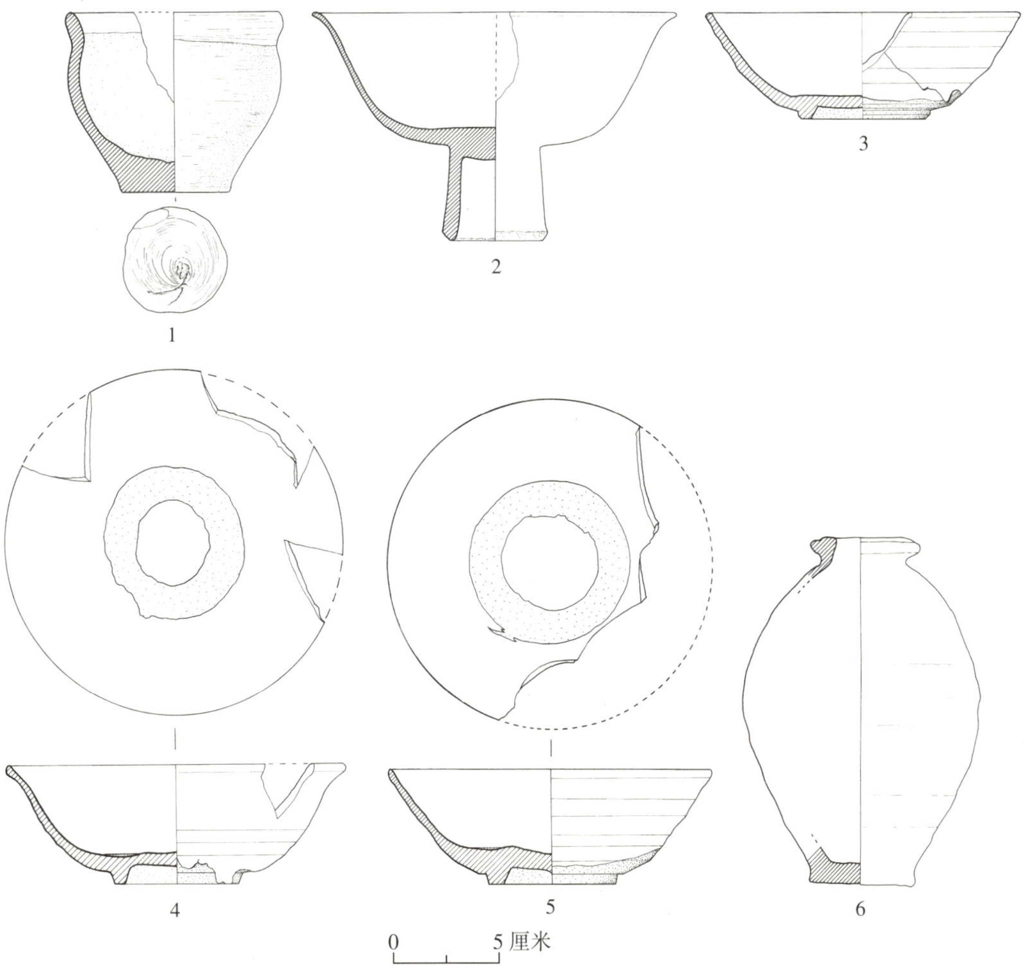

图一五 15G10H2出土陶器和白、酱、黑釉瓷器

1. 15G10H2②：60 2. 15G10H2②：17 3. 15G10H2②：49

4. 15G10H2②：19 5. 15G10H2②：53 6. 15G10H2②：9

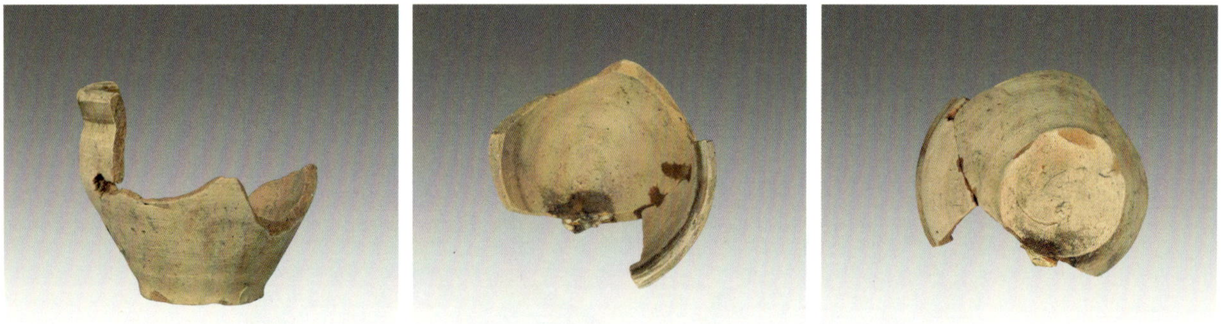

图一六 罐（15G10H2②：60）

图一七 15G10H2出土青花瓷标本

（二）瓷器

1. 青花瓷

出土青花瓷片共计 188 片（图一七）。

缠枝花卉纹碗　15G10H2 ②：3，残。圈足，内圜底，无款。碗内外画缠枝花卉纹，外壁口沿下青花勾双线。口径 15、足径 5.4、高 5.4 厘米（图一八，1；图一九）。

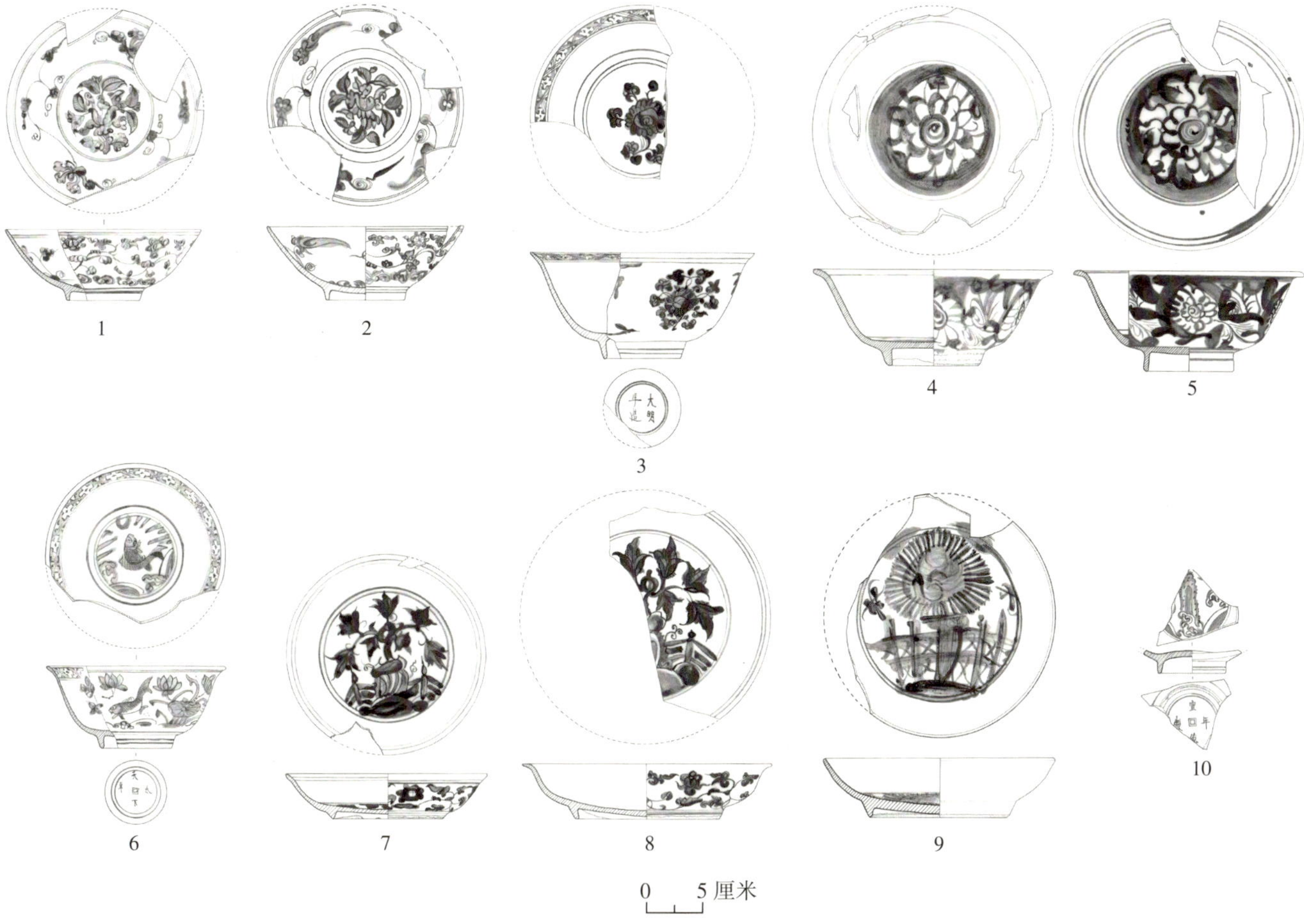

图一八 15G10H2出土青花瓷器

1.15G10H2②：3 2.15G10H2②：57 3.15G10H2②：8 4.15G10H2②：16 5.15G10H2②：44
6.15G10H2②：22 7.15G10H2②：40 8.15G10H2②：6 9.15G10H2②：43 10.15G10H2②：61

图一九 缠枝花卉纹碗（15G10H2②：3）

宝相花纹碗 15G10H2②:8，残。侈口，斜直腹下敛，圈足，内圜底。外壁口沿下青花勾双圈线，腹部绘简易宝相花，下腹部及腹与底交接处均青花勾单线，圈足足墙中下部青花勾双线。内壁口沿下青花勾单线，下饰一圈“X”形纹饰，下接双线，腹部无纹饰，下腹部青花勾单线。内底外缘青花勾双线，内绘折枝花纹。局部青花可见铁黑斑，图案画法草率。釉色较为透亮，施釉及底，足端刮釉，露胎。外底有“大明年造”双行双圈款。口径18、足径6.2、高8.2厘米（图一八，3；图二〇）。此碗应为明代中晚期景德镇民窑产品。

缠枝花卉纹碗 15G10H2②:16，残。侈口，斜弧腹，圈足，外底中心隐见脐状凸起，内圜底。外壁口沿下青花勾双线，腹部绘缠枝花卉，腹与底交接处青花勾双线。内壁口沿处绘青花双线，内腹留白，腹与底交接处青花勾双线，内底绘花卉纹。青花发色暗淡，绘法粗放。釉色较透亮，局部可见开片，施釉及足，裹足刮釉。露胎，胎质较为细腻。无款。口径18、足径7、高8厘米（图一八，4；图二一）。

莲池鱼藻纹碗 15G10H2②:22，残。侈口，弧腹下敛，圈足，内圜底。外壁口沿下青花勾双线，腹部绘莲池鱼藻图案，其下青花勾单线，腹与底交接处青花勾单线，圈足上端青花勾双线。内壁口沿下青花勾单线，下接一圈十字花锦纹，其下再接青花双线，腹部无纹饰，下端青花勾单线；内底外缘青花勾双线，内绘鱼跃波涛纹。青花发色略显暗淡，釉色发青，施釉及足，足端刮釉。胎质较细。碗底书“天下太平”四字铜钱款。口径14、足径5.2、高6.3厘米（图一八，6；图二二）。

树石栏杆纹盘 15G10H2②:40，残。侈口，弧腹下敛，斜圈足，内圜底。外壁口沿下青花勾双线，

图二〇 宝相花纹碗（15G10H2②：8）

图二一 缠枝花卉纹碗（15G10H2②：16）

腹部绘缠枝花卉，腹与底交接处青花勾双线。内壁口沿下青花勾双线，内腹部光素无纹，内底外缘青花勾双线，内绘树石栏杆小景。局部青花可见铁斑，深入胎骨，画法草率。釉面较润，施釉及底，足端刮釉、粘砂。胎质较为细腻。无款。口径 15、足径 8.5、高 3.5 厘米（图一八，7；图二三）。

菊花栏杆纹盘 15G10H2②:43，残。敞口，斜弧腹，斜圈足，外底略塌，内底微弧。器外及内腹均无纹饰，内底似以青花勾庭院小景，下端粗勾一笔，似为地面，地面上绘栅栏，其上再绘菊花纹饰。青花发色暗淡，画法粗放。釉较透亮，釉面见窑渣，施釉及底，足端刮釉。胎质较为细腻。无款。口径 18.1、足径 11、高 4.5 厘米（图一八，9；图二四）。

海水江崖纹碗底 15G10H2②:61，残。青花发色纯正，瓷质细腻，属上乘民窑产品，外底书正读“宣德年制”铜钱纹寄托款。足径 5 厘米（图一八，10；图二五）。

2. 白釉瓷

出土白釉瓷片共计 61 片。

高足碗 15G10H2②:17，残。侈口撇足，斜曲腹，内圜底，高足中空。釉质较好，有窑粘等瑕疵，内外施釉，足端刮釉。胎质较细。无款。口径 17、足径 4.8、高 10.5、足高 4.2 厘米（图一五，2;图二六）。

碗 15G10H2②:49，残。敞口，半釉，圈足，外壁有三道凸弦纹。口径 15、足径 6.1、高 5 厘米（图一五，3；图二七）。

图二二 莲池鱼藻纹碗（15G10H2②：22）

图二三 树石栏杆纹盘（15G10H2②：40）

图二四 菊花栏杆纹盘（15G10H2②：43）

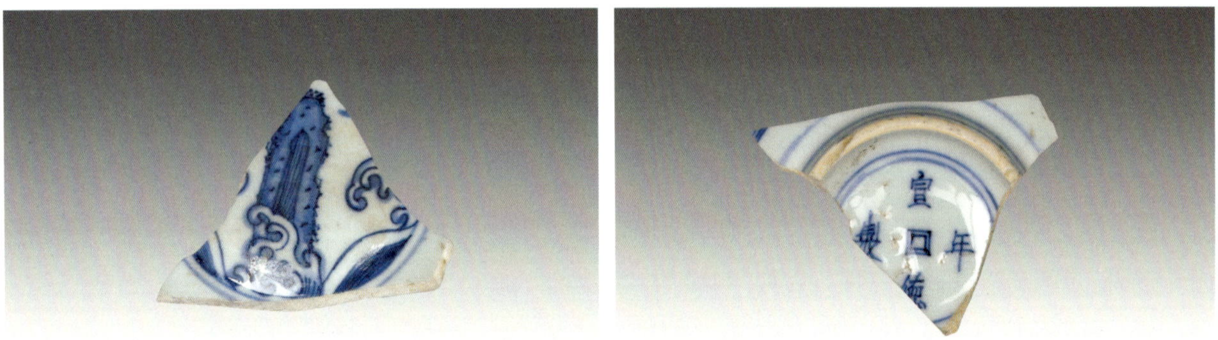

图二五 海水江崖纹碗底（15G10H2②：61）

图二六 高足碗（15G10H2②：17）

图二七 碗（15G10H2②：49）

3. 酱釉瓷

出土酱釉瓷片共计457片。

鸡腿瓶 15G10H2②:9，完整。小口，短颈，鼓腹，平底，由肩至底饰凹凸弦纹。口径5.5、腹径10.9、足径4.5、高17厘米（图一五，6；图二八）。

碗 15G10H2②:19，残。敞口，器表光素，器物内外壁均施褐釉，碗内中心处有一周涩圈，外底接圈足。口径16、足径5.9、高5.7厘米（图一五，4；图二九）。

4. 黑釉瓷

出土黑釉瓷片共计106片。

碗 15G10H2②:53，残。敞口，器物内外壁均施黑釉，碗内中心有一周涩圈，外底接圈足，外壁呈起伏不平状。口径15.5、足径5.9、高5.4厘米（图一五，5；图三〇）。

图二八 鸡腿瓶（15G10H2②：9）

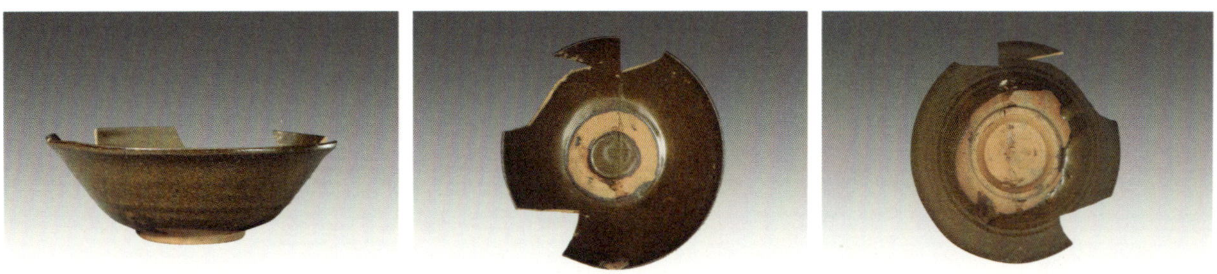

图二九 碗（15G10H2②：19）

图三〇 碗（15G10H2②：53）

（三）金属器

出土金属器共计20件。

铜饰件 15G10H2①：1，完整。直径3.5厘米，中心有一0.4厘米×0.6厘米长方形孔。铜片外缘呈花边形（图三一，1；图三二）。

铜环 15G10H2②：32，完整。呈椭圆形。长5、宽2.5厘米（图三一，2；图三三）。

铜钱 15G10H2②：36，完整。共两枚，均为方孔圆钱，锈蚀严重。其中一枚为“皇宋通宝”，直径2.5厘米，中心有一0.8厘米×0.8厘米方形孔；另一枚为“嘉靖通宝”，直径2.7厘米，中心有一0.6厘米×0.6厘米方形孔（图三一，3；图三四）。

铜带钩 15G10H2②：39，完整。长3.5厘米（图三一，4；图三五）。

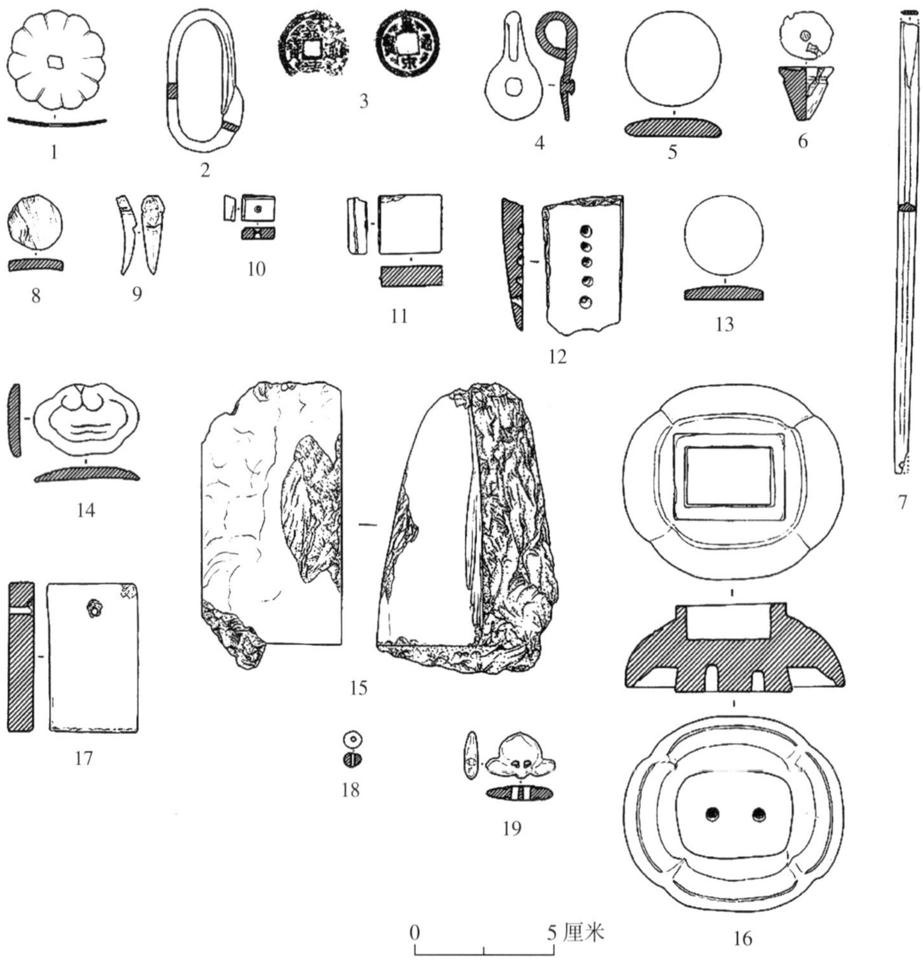

图三一 15G10H2出土金属、骨、蚌、玉石器

1.15G10H2①：1 2.15G10H2②：32 3.15G10H2②：36 4.15G10H2②：39 5.15G10H2②：11 6.15G10H2②：23 7.15G10H2②：27 8.15G10H2②：31 9.15G10H2②：34 10.15G10H2②：1 11.15G10H2②：7 12.15G10H2②：15 13.15G10H2②：20 14.15G10H2②：21 15.15G10H2②：24 16.15G10H2②：25 17.15G10H2②：28 18.15G10H2②：29 19.15G10H2②：35

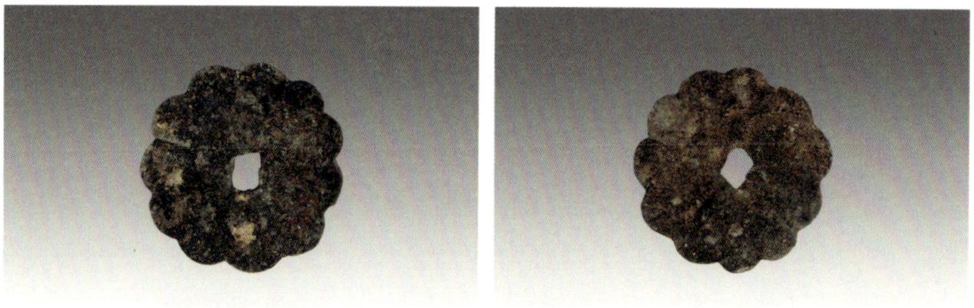

图三二 铜饰件（15G10H2①：1）

图三三 铜环（15G10H2②：32）

图三四 铜钱（15G10H2②：36）

图三五 铜带钩（15G10H2②：39）

（四）骨器

出土骨器共计 3 件。

饼形饰 15G10H2 ②：11，残。呈圆饼形，一面凸起一面平。直径 3.2、厚 0.5 厘米（图三一，5；图三六）。

器帽 15G10H2 ②：23，残。呈圆锥形，有三道弦纹。高 1.9、底部直径 1.7~1.9 厘米（图三一，6；图三七）。

簪 15G10H2 ②：27，残。呈长条状，中间厚两边薄，最厚处 0.2 厘米。两端均已残断，一端有穿孔。残长 15.9、宽 0.6 厘米（图三一，7；图三八）。

图三六 饼形饰（15G10H2②：11）

图三七 器帽（15G10H2②：23）

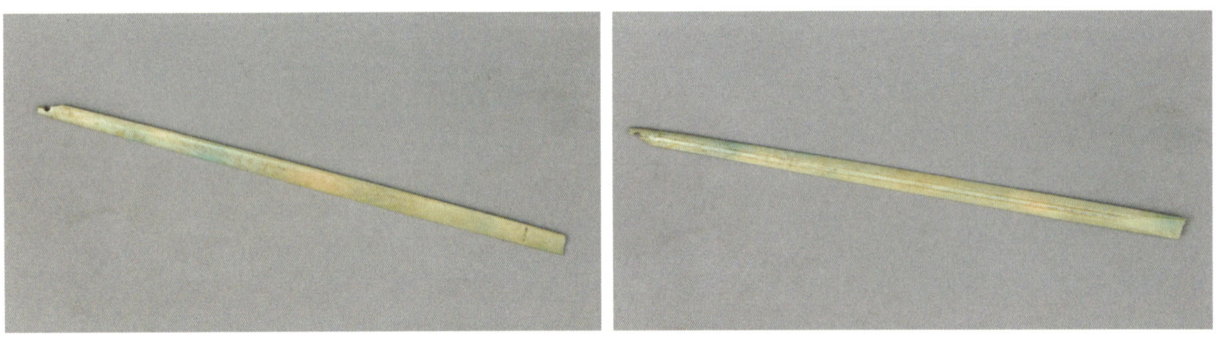

图三八 骨簪（15G10H2②：27）

（五）蚌器

出土蚌器共计 2 件。

蚌饰件 15G10H2②：31，完整。经切割近圆形，单面磨光。直径 1.9、厚 0.2~0.5 厘米（图三一，8；图三九）。

觿形饰 15G10H2②：34，完整。经制作后呈觿形，因有弧度，系从海螺壳上切割下来。长 2.6、宽 0.8、厚 0.4 厘米（图三一，9；图四〇）。

15G10H2 还出土数件海螺壳（图四一）。

图三九 蚌饰件（15G10H2②：31）

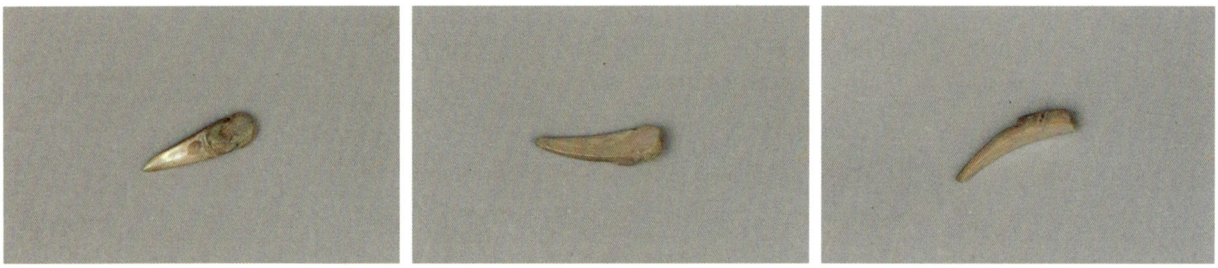

图四〇 鱅形饰（15G10H2②：34）

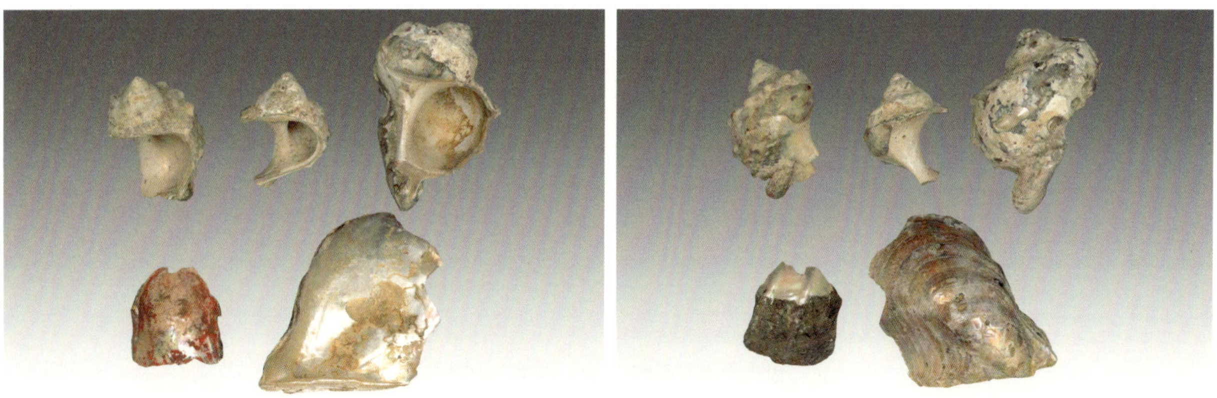

图四一 15G10H2出土海螺壳

（六）玉石器

出土玉石器共计930件。其中青玉余料210件、玉石碎料280件、滑石余料120件、石料63件、大理石余料35件、水晶余料20件、水晶碎料199件、石英余料1件、缟玛瑙1件、石球1件。

穿孔玉饰 15G10H2②：1，完整。玉质，青白色。长方形，中心有一圆形穿孔，系双面对钻而成，玉饰侧边留有切割痕。长1.1、宽0.8、厚0.4厘米（图三一，10；图四二）。

边角料 15G10H2②：7，完整。水晶质，半透明。近正方形，有两边经过打磨修整，一边是自然碴口，一边经切割后留有台面。长2.1、宽2、厚0.6厘米（图三一，11；图四三）。

穿孔玉料 15G10H2②：15，完整。玉质，呈青色，石性较大。系从玉皮上切割下来，边缘未经修整。一面钻有5个平行的孔，仅有1个孔钻透。残长4.8、宽2.8、厚0.3~0.8厘米（图三一，12；图四四）。

图四二 穿孔玉饰（15G10H2②：1）

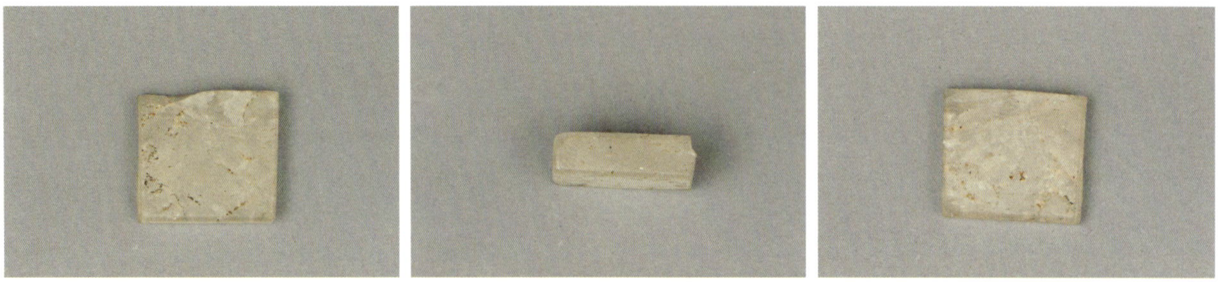

图四三 边角料（15G10H2②：7）

图四四 穿孔玉料（15G10H2②：15）

饼形饰 15G10H2②∶20，完整。水晶质，半透明。素面圆饼形，未抛光。直径 2.8 厘米（图三一，13；图四五）。

灵芝形饰 15G10H2②∶21，完整。玉质，呈碧绿色。一面光素粗糙未经抛光，一面凸起抛光打磨并雕琢灵芝纹。长 3.7、宽 2.4、厚 0.3 厘米（图三一，14；图四六）。

玉料 15G10H2②∶24，形状不规则，玉质，呈青绿色。系从大块带皮玉籽料上切割下来的，两面留有砣机切割痕迹，一面为玉皮，一面有不规则状断口（图三一，15；图四七）。

器座 15G10H2②∶25，完整。滑石质，呈黄灰色。葵口，中间雕一凸出台面，上有两孔，似为插某物所用，底部雕一凹进去的长方形底足。长 7.8、宽 6.7、高 3.2 厘米（图三一，16；图四八）。

石牌 15G10H2②∶28，完整。滑石质，呈青灰色。素面，一端有穿孔，侧面有雕琢跳刀痕迹。长 5.15、宽 3.15、厚 0.9 厘米（图三一，17；图四九）。

图四五 饼形饰（15G10H2②：20）

图四六 灵芝形饰（15G10H2②：21）

图四七 玉料（15G10H2②：24）

图四八 器座（15G10H2②：25）

玛瑙珠　15G10H2②：29，完整。玛瑙质，红色。近椭圆形，中间有一穿孔，可见缠丝纹。直径 0.5~0.6 厘米（图三一，18；图五〇）。

桃形饰　15G10H2②：35，完整。水晶质，半透明，桃形。叶脉与桃连接处有 2 个镂空孔。长 2.4、宽 1.6、厚 0.5 厘米（图三一，19；图五一）。

滑石余料　呈灰色，不规则形状，有加工痕迹，切割面较平整，部分带石皮（图五二）。

玉石余料　呈青白色，不规则形状，有切割痕迹，部分带玉皮（图五三）。

水晶余料　半透明，呈不规则形，部分有加工痕迹，部分带皮子（图五四）。

图四九　石牌（15G10H2②：28）

图五〇　玛瑙珠（15G10H2②：29）

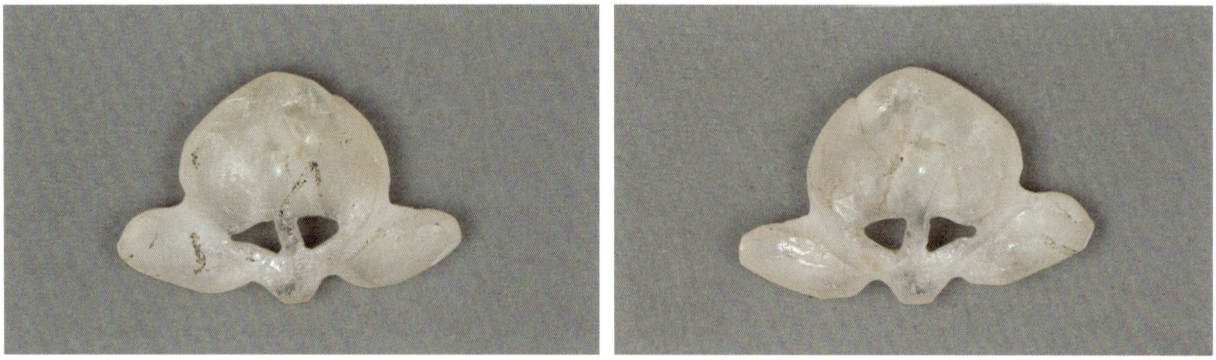

图五一　桃形饰（15G10H2②：35）

图五二 15G10H2出土滑石余料

图五三 15G10H2出土玉石余料、残件

图五四 15G10H2出土水晶余料

（七）建筑构件

出土建筑构件共计 6 件。

钉帽 15G10H2 ②:30，完整。陶质。外施琉璃釉，酱红色，馒头形，里面做正方形凹槽，槽内有朱砂痕迹。高 3.4、直径 5.1 厘米（图五五）。

（八）玻璃

出土玻璃共计 10 件。蓝色，大小不一（图五六）。

图五五 钉帽（15G10H2②：30）

图五六 15G10H2出土蓝色玻璃

四、结语

15G10H2 中出土了 3 件青花树石栏杆纹盘，此种纹饰起源于明代中期的幼树栏杆纹，以山石（太湖石）、栏杆、树木为构图纹饰，明中期以后逐渐形成固定的图案，弘治、正德、嘉靖较为常见，尤以正德、嘉靖时期最为流行。此盘寓意吉祥，典出《晋书·郤诜传》，以桂林一枝、昆山之片玉，喻国家之栋梁。故宫博物院藏有一件完整的青花树石栏杆纹盘，口径 20、足径 11.7、高 4 厘米（图五七）。

在故宫西河沿遗址[1]、江西省景德镇市湖田窑遗址和观音阁窑址[2]、广东省“南澳 I 号”[3]古代沉船上均出土了有同种器形纹样的青花盘；另外，在吉林省博物院[4]、河北省张家口市宣化区文保所[5]、山西晋城沁水县文史博物馆[6]均收藏有同类型的青花盘。从生产到使用至外销均有实例，说明此种盘的制作数量是相当可观的。

1 北京市文物研究所：《北京皇家建筑遗址发掘报告》，第 1 ~ 57 页，科学出版社，2009 年。

2 北京大学考古文博学院、江西省文物考古研究所、景德镇市陶瓷考古研究所：《江西景德镇观音阁明代窑址发掘简报》，《文物》2009 年第 12 期。

3 广东省文物考古研究所、广东省博物馆、国家文物局水下文化遗产保护中心：《孤帆遗珍：“南澳 I 号”出水文物精品图录》，科学出版社，2014 年。

4 张柏：《中国出土瓷器全集 2：天津 辽宁 吉林 黑龙江》，科学出版社，2008 年。

5 张家口市文物考古研究所：《张家口古陶瓷集萃》，科学出版社，2008 年。

6 晋城市旅游文物局：《晋城文物通览·馆藏文物卷》，第 180 页，山西经济出版社，2011 年。

图五七　青花树石栏杆纹盘

15G10H2 中出土的海螺壳经确定为夜光蝾螺[1]。夜光蝾螺又叫夜光螺，分布在我国台湾岛南部、海南岛南端、西沙群岛及南沙群岛，其体形大、珍珠层厚，很适合雕刻和镶嵌。《大明实录》[2]《大明会典》[3]《清

1　经过故宫博物院文保科技部孔艳菊老师辨认。

2《大明英宗睿皇帝实录》卷之十五："正统元年三月……琉球国使臣漫泰来结制等言，初到福建时止具国王进贡方物以闻，有各人附赍海螺壳九十、海巴五万八千，一时失于自陈，有司以为漏报之数悉送入官，因乏赍装，恳乞给价，上命行在礼部悉如例给之。"《大明英宗睿皇帝实录》卷之二十七："正统二年二月……浙江市舶提举司提举王聪奏，琉球国中山王遣使朝贡，其所载海巴螺壳亦宜具数入官。"

3《大明会典》卷之一百五"琉球国"："贡道由福建闽县贡物：马、刀……螺壳……磨刀石、右象牙等物收进。""浡泥国"："十二年，及洪熙元年，俱来朝贡。贡物（单目用银）：五色鹦鹉、倒挂鸟……螺壳、西洋白布、黑小厮。"

实录》《清会典》中记载有琉球国曾把海螺壳作为贡物的朝贡记录。此坑中出土的蚌器及夜光蝾螺壳上可见切割的痕迹，由此也证明了其被用于雕刻与镶嵌。

根据目前我们对南大库区域的发掘，可以确定该区域是故宫内一处集中掩埋宫内生活垃圾的场地。灰坑中出土的瓷器从造型、纹饰看皆为明代中后期民窑产品，说明在宫廷内除使用御窑瓷器外，也大量使用民窑产品。同时，这些生活垃圾掩埋遗迹也是紫禁城生活垃圾处理方式的一个见证。而清理的三座建筑垃圾埋藏坑和一座器物埋藏坑，从其层位关系及出土物看，时代属清代，且是人工有意挖掘而集中填埋建筑垃圾的遗迹，这说明不唯瓷器、玉石器等御用品，宫内建筑垃圾也采取同样的处理方式，这是紫禁城内地面升高变化的重要原因之一。

故宫院内考古发掘成果是紫禁城建设历史的实证，也是对文献缺失内容的有效补充。故宫考古以考古发掘或勘察等方式，将逐步拼缀、完善紫禁城地下文化遗存地图，并深入解读其分布、结构和关联，逐步为大家呈现出一座考古视野下的紫禁城。

总负责人：李　季
领　　队：徐海峰、王光尧
参加发掘：徐海峰、张文青、张希章、陈　晖（实习）
邹恒成（实习）、张　谨（实习）
遗迹（物）摄影：徐海峰、王　琎
遗迹（物）绘图：李树伟、孙鑫莹（实习）
遗物整理：张文青、张希章、祝　萌、陈林果（实习）、赵　瑾
执　　笔：赵　瑾、吴　伟

附表一 15G10H2 出土玉石类器物登记表

器物编号	名称	数量/件	尺寸/厘米	描述
15G10H2：Y001	滑石余料	1	残长6.5、宽4.23~5.3、厚2.75	滑石，呈灰白色
15G10H2：Y002	青白玉余料	1	长8.9、宽2.7、厚2	青白玉，呈青白色
15G10H2：Y003	滑石余料	1	直径6.1~6.4、厚1.1	滑石，呈灰白色，近圆形
15G10H2：Y004	青玉余料	1	长3.3~7.3、高6.9、厚2.65	青玉，呈青色，近梯形
15G10H2：Y005	滑石余料	1	长8.3、宽5.3、厚1.5	滑石，呈灰白色，近半圆形，两面均有加工痕迹
15G10H2：Y006	滑石余料	1	长5.6、宽3.9、厚3.5	滑石，呈灰白色，近长方体，各面均有加工痕迹
15G10H2：Y007	滑石余料	1	长8.7、宽4.6、高6.7	滑石，呈灰白色，不规则形
15G10H2：Y008	石料	1	残长4.6、宽3.3、高4.9	石质，呈黑色，长方体，断面有打孔痕迹
15G10H2：Y009	青玉余料	1	长8.8、宽7.8、厚1.6	青玉，呈青色，近梯形，有加工痕迹
15G10H2：Y010	石料	1	长5、宽3.4、厚0.9	石质，呈黑色，不规则形
15G10H2：Y011	滑石余料	1	长6.6、宽5.9、厚2.2~1.2	滑石，呈灰白色，不规则形
15G10H2：Y012	石料	1	长10、宽5.1、厚4.2	石质，呈灰色，不规则形，有加工痕迹
15G10H2：Y013	青玉余料	6	残长2.3、较小端直径2.1、较大端直径2.3	青玉，呈青黑色，圆柱状
15G10H2：Y014	青玉余料	7	残长2.1、较小端直径2、较大端直径2.2	青玉，呈青黑色，圆柱状
15G10H2：Y015	青玉余料	9	残长2.4、较小端直径1.7、较大端直径1.9	青玉，呈灰白色，圆柱状
15G10H2：Y016	青玉余料	5	残长2.4、较小端直径1.8、较大端直径1.9	青玉，呈青绿色，圆柱状
15G10H2：Y017	青玉余料	14	残长2.3、较小端直径2、较大端直径2.2	青玉，呈青绿色，圆柱状
15G10H2：Y018	石料	1	残长3.6、较小端直径1.7、较大端直径1.95	石质，呈黑色，圆柱状
15G10H2：Y019	石料	2	残长2.7、较小端直径1.6、较大端直径1.8	石质，呈灰白色，圆柱状
15G10H2：Y020	青玉余料	1	长12.3、宽3.5、厚2.7	青玉，呈青绿色，带皮，有加工痕迹
15G10H2：Y021	青玉余料	1	长6.7、宽1.6、厚1.7	青玉，呈青绿色，截面近三角形，有加工痕迹
15G10H2：Y022	青玉余料	7	最大件长8.2、宽8.4、厚4.2	青玉，呈青绿色，带皮，有加工痕迹
15G10H2：Y023	青玉余料	4	最大件长3.5、宽3.3、厚2.2	青玉，呈青绿色，有加工痕迹
15G10H2：Y024	青玉余料	1	长5.3、宽3.2、厚7.9	青玉，呈青色，带皮，有加工痕迹
15G10H2：Y025	青玉余料	1	长6.3、宽2.4、厚1.7	青玉，呈青色，有加工痕迹
15G10H2：Y026	青玉余料	10	最大件长6.8、宽3、厚2.5	青玉，呈青色，带皮，有加工痕迹
15G10H2：Y027	青玉余料	2	最大件长2.2、宽2.2、厚1.2	青玉，呈青色，有加工痕迹
15G10H2：Y028	青玉余料	1	长6.2、宽3、厚1.3	青玉，呈青灰色，带皮，有加工痕迹
15G10H2：Y029	青玉余料	1	长3.6、宽3.4、厚1.1	青玉，呈青灰色，近方形，有加工痕迹
15G10H2：Y030	青玉余料	1	长5.3、宽2.8、厚2.1	青玉，呈青灰色，近长方形，有加工痕迹
15G10H2：Y031	青玉余料	11	最大件长4.6、宽3、厚4.2	青玉，呈青灰色，带皮，有加工痕迹
15G10H2：Y032	青玉余料	16	最大件长5.6、宽1.9、厚1.9	青玉，呈青灰色，有加工痕迹
15G10H2：Y033	青玉余料	1	长11.7、宽2.9、厚2.3	青玉，呈黄绿色，带皮，有加工痕迹
15G10H2：Y034	青玉余料	1	长7.9、宽2.6、厚2.3	青玉，呈黄绿色，有加工痕迹
15G10H2：Y035	青玉余料	13	最大件长10.8、宽4.9、厚3.7	青玉，呈黄绿色，带皮，有加工痕迹
15G10H2：Y036	青玉余料	6	最大件长5.1、宽1.6、厚0.65	青玉，呈黄绿色，有加工痕迹
15G10H2：Y037	青玉余料	1	长4.8、宽2.8、厚1.4	青玉，呈青白色，带皮，有加工痕迹
15G10H2：Y038	青玉余料	1	长3.7、宽1、厚1.7	青玉，呈青白色，有一道深凹槽

续表

器物编号	名称	数量/件	尺寸/厘米	描述
15G10H2：Y039	青玉余料	4	最大件长 4.9、宽 2.6、厚 1.2	青玉，呈青色，带皮，有加工痕迹
15G10H2：Y040	青玉余料	13	最大件长 5、宽 1.6、厚 1.1	青玉，呈青色，有加工痕迹
15G10H2：Y041	石料	1	长 4.9、宽 1.4、厚 0.7	石质，呈黑色，近长方形，其上有附着物，有加工痕迹
15G10H2：Y042	大理石余料	1	长 6.6、宽 1.5、厚 0.9	大理石，黑白相间，近长方形，有加工痕迹
15G10H2：Y043	滑石余料	1	长 4.6、宽 3.7、厚 0.5	滑石，呈灰白色，片状，有加工痕迹
15G10H2：Y044	石英余料	1	长 5.7、宽 1.9、厚 1.9	石英，呈白色，有绿色附着物及加工痕迹
15G10H2：Y045	石料	3	最大件长8.9、宽3.2、厚2.2	石料，呈黑色，有加工痕迹
15G10H2：Y046	石料	1	长 5.4、宽 1.6、厚 0.3	石料，呈灰色，片状，有加工痕迹
15G10H2：Y047	缟玛瑙	1	长 4.4、宽 3.5、厚 2.1	玛瑙，红白相间，不规则形，有加工痕迹
15G10H2：Y048	青玉余料	1	直径长 3.8~3.3、厚 3.5	青玉，呈青色，四周有一圈管钻痕迹
15G10H2：Y049	青玉余料	6	最大件直径长 3.7~3.3、高 2.3	青玉，呈青色，四周有一圈管钻痕迹
15G10H2：Y050	水晶余料	1	长 4.6、宽 2.6、厚 0.9	透明，片状，一边为圆弧形，一面有多个钻孔痕迹
15G10H2：Y051	水晶余料	1	残长 2.6、宽 3、厚 0.7	半透明，片状，截面近椭圆形
15G10H2：Y052	青玉余料	3	长 2.1、宽 2、厚 0.4	青玉，呈青白色，不规则片状，有打眼及锼割痕迹
15G10H2：Y053	青玉余料	1	直径 1.3、厚 0.4	青玉，呈青白色，圆饼状，中心有一穿孔，有切割痕迹
15G10H2：Y054	青玉余料	1	高 1、厚 0.3	青玉，呈青绿色，三角形，每边有三个等距凹槽
15G10H2：Y055	青玉余料	1	残长 5、厚 0.5	青玉，呈青白色，长条形
15G10H2：Y056	青玉余料	2	最大件长5.7、宽0.7、厚、0.25	青玉，呈青白色，长条形
15G10H2：Y057	青玉余料	1	长 7.1、宽 2.4、厚 2	青玉，呈青色，四周有一圈管钻痕迹
15G10H2：Y058	青玉余料	1	长 5.7、宽 2.1、厚 1.6	青玉，呈青绿色，有一圆形钻痕
15G10H2：Y059	石球	1	直径 1.4~1.6	白色，球状
15G10H2：Y060	石料	1	长 2.4、宽 1.5、厚 0.1	白色，不规则形，有加工痕迹
15G10H2：Y061	大理石余料	1	长 4.5、宽 4、厚 1.1	大理石，浅黄色，近方形，片状，中间有一圆孔
15G10H2：Y062	滑石余料	1	长 9.5、宽 9.2、厚 4	滑石，呈灰白色，不规则形，有加工痕迹
15G10H2：Y063	滑石余料	1	长 5.3、宽 5.1、厚 3.5	滑石，呈灰白色，不规则形，有加工痕迹
15G10H2：Y064	青玉余料	1	长 7.4、宽 2.6、厚 1.5	青玉，呈青白色
15G10H2：Y065	青玉余料	1	长 9.9、宽 9.1、厚 2.4	青玉，呈青色，有切割痕迹
15G10H2：Y066	青玉余料	2	长 10.9、宽 5.6、厚 2.6	青玉，呈青色，带皮子，有切割痕迹
15G10H2：Y067	青玉余料	1	长 7.8、宽 2.2、厚 1.8	青玉，呈青色，有切割痕迹
15G10H2：Y068	青玉余料	3	长 7.2、宽 2.4、厚 1.6	青玉，呈青色，有切割痕迹，浅凹槽
15G10H2：Y069	青玉余料	1	长 14、宽 10.7、厚 6.2	青玉，呈青黑色，带皮子，有切割痕迹
15G10H2：Y070	青玉余料	4	长 10.9、宽 8.1、厚 3.6	青玉，呈青黑色，带皮子，有切割痕迹
15G10H2：Y071	青玉余料	1	长 8、宽 1.8、厚 1.7	青玉，呈青黑色，有切割痕迹
15G10H2：Y072	青玉余料	2	长 7.5、宽 2.8、厚 1.2	青玉，呈青白色，有切割痕迹，深凹槽
15G10H2：Y073	青玉余料	1	长 5.6、宽 2.6、厚 2.8	青玉，呈青白色，有切割痕迹，浅凹槽
15G10H2：Y074	青玉余料	1	长 6.5、宽 5.4、厚 2.6	青玉，呈青白色，有切割痕迹，深凹槽
15G10H2：Y075	青玉余料	4	长 6.5、宽 6.5、厚 4	青玉，呈青色，有切割痕迹
15G10H2：Y076	青玉余料	5	长 8.6、宽 4.4、厚 4.3	青玉，呈青色，带皮子，有切割痕迹
15G10H2：Y077	青玉余料	1	长 5.2、宽 4.7、厚 1.2	青玉，呈青色，有切割痕迹，边缘有一周深凹槽
15G10H2：Y078	青玉余料	3	长 7、宽 2.9、厚 1.9	青玉，呈青色，有切割痕迹
15G10H2：Y079	青玉余料	17	长 6、宽 6.1、厚 1.7	青玉，呈青色，有切割痕迹
15G10H2：Y080	青玉余料	1	长 8.1、宽 2.4、厚 0.4	青玉，呈青白色，有切割痕迹
15G10H2：Y081	滑石余料	1	长 4、宽 3.3、厚 2.7	滑石，呈灰红色，近三角形，表面有锈，有切割痕迹

续表

器物编号	名称	数量/件	尺寸/厘米	描述
15G10H2：Y082	石料	1	长 12.1、宽 4.6、厚 2.7	石质，呈灰白色，一面有深凹槽，一面有浅凹槽
15G10H2：Y083	青玉余料	1	长 6.2、宽 3.3、厚 2.5	玉质？有切割痕迹，有凹槽
15G10H2：Y084	大理石余料	5	最大件长13.2、宽5.6、厚1.3	大理石质，呈浅褐色，近长方形，其上有附着物，有加工痕迹
15G10H2：Y085	大理石余料	3	最大件长 12.8、宽 2.1、厚 1	大理石质，灰白相间，近长方形，其上有附着物，有加工痕迹
15G10H2：Y086	大理石余料	3	最大件长 16.7、宽 2.1、厚 0.9	大理石质，灰黑相间，不规则形，其上有附着物，有加工痕迹
15G10H2：Y087	大理石余料	9	最大件长 9.6、宽 2.6、厚 0.9	大理石质，呈灰色，长条形，其上有附着物，有加工痕迹
15G10H2：Y088	大理石余料	1	长 7、宽 6.8、厚 1.1	大理石质，呈浅褐色，不规则形，其上有附着物，有未完成钻孔痕迹
15G10H2：Y089	大理石余料	1	长 4.8、宽 4.7、厚 1.4	大理石质，呈褐色，不规则形，其上有附着物
15G10H2：Y090	石料	1	长 6.1、宽 5.5、厚 0.7	片页岩，呈灰色，不规则形，有两个残断的钻孔痕迹，并有切割痕迹
15G10H2：Y091	石料	11	最大件长 13.1、宽 8.6、厚 0.9	片页岩，呈灰色，不规则形，有加工痕迹
15G10H2：Y092	大理石余料	1	长 3.8、宽 3.4、厚 1	大理石质，黑白相间，近三角形，其上有附着物
15G10H2：Y093	石料	1	长 7.4、宽 7、厚 3.2	石质，呈黑色，不规则形，一边有平行切割痕迹
15G10H2：Y094	石料	21	最大件长 8.1、宽 6.3、厚 3.6	石质，呈灰黑色，不规则形，有加工痕迹
15G10H2：Y095	石料	1	长 11.2、宽 3.5、厚 2.8	石质，呈黑色，不规则形，有多条切割痕迹
15G10H2：Y096	滑石余料	22	最大件长 17.9、宽 5.4、厚 3.1	滑石质，呈灰色，有加工痕迹
15G10H2：Y097	滑石余料	1	长 7.2、宽 5.6、厚 0.9	滑石质，呈灰色，近片状，有加工痕迹
15G10H2：Y098	滑石余料	28	最大件长 16.2、宽 8、厚 5	滑石质，呈灰色，不规则形，有加工痕迹
15G10H2：Y099	滑石余料	1	长 3.6、宽 3.3、厚 4.5	滑石质，呈灰色，近三角形，有加工痕迹
15G10H2：Y100	大理石余料	1	长 4.8、宽 2.1、厚 0.9	大理石质，呈灰色，长条形，其上有附着物，有加工痕迹
15G10H2：Y101	大理石余料	1	长 20.2、宽 2.8、厚 0.9	大理石质，呈灰色，长条形，其上有附着物，有加工痕迹
15G10H2：Y102	大理石余料	1	长 8.9、宽 5.8、厚 1.2	大理石质，灰白相间，近长方形，其上有附着物，有加工痕迹
15G10H2：Y103	滑石余料	1	长 5.7、宽 5、厚 4.6	滑石质，呈灰色，近三角形，切割面较平整
15G10H2：Y104	滑石余料	1	长 12.8、宽 3.8、厚 2.9	滑石质，呈灰色，不规则形，有加工痕迹
15G10H2：Y105	滑石余料	22	长 9.6、宽 8.7、厚 0.9	滑石质，呈灰色，片状，切割面较平整
15G10H2：Y106	滑石余料	10	最大件长 8.6、宽 8、厚 2.3	滑石质，呈浅灰色，不规则形，有加工痕迹
15G10H2：Y107	滑石余料	9	最大件长 10.6、宽 5、厚 1.6	滑石质，呈浅灰色，不规则形，切割面较平整
15G10H2：Y108	滑石余料	1	长 7.9、宽 8、厚 2.5	滑石质，呈浅灰色，不规则形，带皮子，有加工痕迹
15G10H2：Y109	滑石余料	1	长 10.8、宽 6.6、厚 2.4	滑石质，呈浅灰色，不规则形，带皮子，有加工痕迹
15G10H2：Y110	滑石余料	1	长 10.5、宽 9.1、厚 3.2	滑石质，呈灰色，截面近平行四边形，有加工痕迹
15G10H2：Y111	滑石余料	3	最大件长13.9、宽10.7、厚3.5	滑石质，呈灰色，不规则形，有加工痕迹
15G10H2：Y112	石料	2	最大件长 10.6、宽 3.8、厚 3	石质，呈紫褐色，不规则形，有加工痕迹
15G10H2：Y113	石料	1	长 7.1、宽 4、厚 3.1	石质，呈黑色，长方形，切割面较平整，一侧断裂
15G10H2：Y114	石料	1	长 12、宽 7.4、厚 5.2	石质，呈黑色，近椭圆形，有加工痕迹
15G10H2：Y115	石料	1	长 9.7、宽 3.9、厚 2.6	石质，呈黑色，近椭圆形，有加工痕迹
15G10H2：Y116	石料	9	最大件长 9.3、宽 7.2、厚 4.1	石质，呈灰色，不规则形，有加工痕迹
15G10H2：Y117	石料	1	长 10.7、宽 8、厚 1.9	石质，呈灰绿色，不规则形，带皮有加工痕迹
15G10H2：Y118	大理石余料	1	长 5.2、宽 3.9、厚 1.4	石质，呈灰绿色，近长方形，有一深一浅两道凹槽
15G10H2：Y119	大理石余料	1	长 10、宽 4.5、厚 2.2	石质，呈灰色，近长方形，一侧抛光较好
15G10H2：Y120	大理石余料	5	最大件长13.1、宽7.9、厚1.2	石质，呈灰色，不规则形，有加工痕迹
15G10H2：Y121	水晶余料	7	最大件长7.5、宽5.6、厚1.9	水晶，半透明，不规则形，部分有加工痕迹

续表

器物编号	名称	数量 / 件	尺寸 / 厘米	描述
15G10H2：Y122	水晶余料	6	最大件长 7.5、宽 8.6、厚 3.1	茶色水晶，半透明，不规则形，部分有加工痕迹
15G10H2：Y123	水晶钻芯	1	最大径1.5、最小径1.3、高1.4	水晶，半透明，圆柱状，钻芯
15G10H2：Y124	水晶余料	1	长 5.5、宽 5、厚 3.1	水晶，半透明，近梯形，有附着物，有加工痕迹
15G10H2：Y125	水晶余料	1	长 4.7、宽 1.9、厚 1.2	茶色水晶，半透明，近长方形，有加工痕迹
15G10H2：Y126	水晶余料	1	长 5.1、宽 1.8、厚 3	水晶，半透明，不规则形，带皮，有加工痕迹
15G10H2：Y127	水晶余料	1	长 2.5、宽 1.9、厚 1.7	水晶，半透明，截面近三角形，有加工痕迹

附表二 15G10H2 出土器物标本登记表

器物编号	名称	数量	质地	出土位置
15G10H2①：1	铜饰件	1 件	铜	15G10H2①
15G10H2②：1	穿孔饰	1 件	玉	15G10H2②
15G10H2②：2	铜饰件	1 袋	铜	15G10H2②
15G10H2②：3	青花花卉纹碗	1 件	瓷	15G10H2②
15G10H2②：4	骨器	1 件	骨	15G10H2②
15G10H2②：5	铁范	1 件	铁	15G10H2②
15G10H2②：6	青花盘	1 件	瓷	15G10H2②
15G10H2②：7	边角料	1 件	水晶	15G10H2②
15G10H2②：8	青花折枝花纹碗	1 件	瓷	15G10H2②
15G10H2②：9	酱釉瓶	1 件	瓷	15G10H2②
15G10H2②：10	黑釉碗	1 件	瓷	15G10H2②
15G10H2②：11	饼形饰	1 件	骨	15G10H2②
15G10H2②：12	铁范	1 件	铁	15G10H2②
15G10H2②：13	干锅	1 件	陶	15G10H2②
15G10H2②：14	青花碗	1 件	瓷	15G10H2②
15G10H2②：15	穿孔料	1 件	玉	15G10H2②
15G10H2②：16	青花花卉纹碗	1 件	瓷	15G10H2②
15G10H2②：17	白釉高足碗	1 件	瓷	15G10H2②
15G10H2②：18	圆形瓷片	1 件	瓷	15G10H2②
15G10H2②：19	茶叶末釉碗	1 件	瓷	15G10H2②
15G10H2②：20	饼形饰	1 件	水晶	15G10H2②
15G10H2②：21	灵芝形饰	1 件	玉	15G10H2②
15G10H2②：22	青花荷池纹碗	1 件	瓷	15G10H2②
15G10H2②：23	器帽	1 件	骨	15G10H2②
15G10H2②：24	余料	1 件	玉	15G10H2②
15G10H2②：25	器座	1 件	滑石	15G10H2②

续表

器物编号	名称	数量	质地	出土位置
15G10H2②：26	蚌器	3件	海螺	15G10H2②
15G10H2②：27	簪子	1件	骨	15G10H2②
15G10H2②：28	石牌	1件	滑石	15G10H2②
15G10H2②：29	珠子	1件	玛瑙	15G10H2②
15G10H2②：30	建筑构件	1件	陶	15G10H2②
15G10H2②：31	饰件	2件	海螺	15G10H2②
15G10H2②：32	铜环	1件	铜	15G10H2②
15G10H2②：33	饰件	2件	铜	15G10H2②
15G10H2②：34	饰件	1件	海螺	15G10H2②
15G10H2②：35	桃形饰	1件	水晶	15G10H2②
15G10H2②：36	钱币	2件	铜	15G10H2②
15G10H2②：37	串珠	1串	珍珠	15G10H2②
15G10H2②：38	骨器	1件	骨	15G10H2②
15G10H2②：39	带钩	1件	铜	15G10H2②
15G10H2②：40	青花树石栏杆纹盘	1件	瓷	15G10H2②
15G10H2②：41	青花树石栏杆纹盘	1件	瓷	15G10H2②
15G10H2②：42	青花盘	1件	瓷	15G10H2②
15G10H2②：43	青花庭院小景纹盘	1件	瓷	15G10H2②
15G10H2②：44	青花花卉纹碗	1件	瓷	15G10H2②
15G10H2②：45	青花花卉纹碗	1件	瓷	15G10H2②
15G10H2②：46	青花树石栏杆纹盘	1件	瓷	15G10H2②
15G10H2②：47	青花碗	1件	瓷	15G10H2②
15G10H2②：48	青花盘	1件	瓷	15G10H2②
15G10H2②：49	白釉碗	1件	瓷	15G10H2②
15G10H2②：50	白釉碗	1件	瓷	15G10H2②
15G10H2②：51	白釉碗	1件	瓷	15G10H2②
15G10H2②：52	白釉碗	1件	瓷	15G10H2②
15G10H2②：53	黑釉碗	1件	瓷	15G10H2②
15G10H2②：54	黑釉碗	1件	瓷	15G10H2②
15G10H2②：55	黑釉碗	1件	瓷	15G10H2②
15G10H2②：56	茶叶末釉碗	1件	瓷	15G10H2②
15G10H2②：57	青花花卉纹碗	1件	瓷	15G10H2②
15G10H2②：58	黑釉碗	1件	瓷	15G10H2②
15G10H2②：59	酱釉瓶	1件	瓷	15G10H2②
15G10H2②：60	红陶罐	1件	陶	15G10H2②
15G10H2②：61	青花海水江崖纹碗底	1件	瓷	15G10H2②

故宫2015年大高玄殿东西值房遗址考古发掘简报

故宫考古研究所　故宫博物院工程管理处

大高玄殿，又称大高殿或大高元殿，位于北京皇城之内，北海之东，景山之西，毗邻紫禁城外西北角，始建于明嘉靖二十一年（1542），是明、清两代皇家御用的道教宫观（图一）。

大高玄殿主体建筑坐北朝南，所在院落格局保存完整，南北长244、东西宽57米，总占地面积约为1.3万平方米，现存文物建筑面积约3200平方米。沿中轴由南往北依次为两重绿琉璃仿木结构券洞式大门、大高玄门、大高玄殿、九天万法雷坛、乾元阁（坤贞宇）等主体建筑，其左右布置有配殿、钟鼓楼等建筑（图二）。虽明、清两代历经多次修缮改建，但多数建筑至今仍保留明代始建时期的结构与

图一 大高玄殿

图二 大高玄殿院落鸟瞰

形制。1949年后，大高玄殿长期被单位占据并被不合理使用，致使主体建筑年久失修、院落环境破坏严重。2013年，大高玄殿正式归还故宫博物院。2015年4月，故宫博物院正式对大高玄殿启动修缮工作。

为了配合故宫博物院研究性修缮保护的工作任务，根据国家文物局、北京市文物局关于大高玄殿修缮工程中要求做好地下文物勘察与保护工作的批复，以及《大高玄殿文物保护规划》方案“在施工前期做好考古清理工作，为后期规划实行保存历史资料、提供设计依据”的要求，经国家文物局批准，故宫考古研究所于2015年对大高玄殿东西值房遗址进行发掘清理，发掘面积总计500平方米。现将此次发掘主要收获简报如下。

一、发掘经过

修缮前的大高玄殿被外单位长期占用，由于年久失修、乱搭乱建，院内文物建筑本体受到严重破坏。此外，院内地坪高度已比明清原始地坪普遍抬升0.2~0.4米，且多处院落地面已被硬化为水泥或水泥砖地面，有的被近现代砖混结构房屋占据，给勘察并恢复大高玄殿院落原貌带来了较大困难。

根据《大高玄殿文物保护规划》方案中提出大高玄殿未来在展示利用中需在大高玄门前东、西两侧位置新建功能用房，以及国家文物局、北京市文物局关于大高玄殿修缮工程要求做好地下文物勘察与保护工作的批示，为了配合规划方案中在施工前期做好考古清理工作，为后期规划实行保存历史资料、提供设计依据的需求，经过国家文物局批准，故宫考古研究所对大高玄殿内规划复建的位置即东、西值房位置开展考古发掘工作。原发掘位置为占用单位砌筑的砖混房屋，施工进行了拆除并协助搭设了考古发掘的围挡。

发掘工作于2015年5月开始，故宫考古研究所在接到发掘任务之后，多次到现场实地勘察。经过各方的配合与合作，确定了发掘范围与边界，设置了围挡，并安排施工方拆除规划发掘区上现代砖混结构房屋的地上部分，地基部分则在正式考古工作中仔细清理。由于考古工作与修缮工程几乎同时开展、交叉作业，为了减少对后期修缮工作的进度影响，提高发掘的效率与精准性，充分发挥故宫博物院史料档案资源的优势，故宫考古研究所在发掘前针对发掘的位置查阅了相关的工程资料及历史图档，进行了精确的布方。在发掘过程中，故宫考古研究所坚持紫禁城考古的理念：微创发掘、见面即停，并与工程进度协调穿插，尽可能利用最少的发掘面积来解决最重要的问题。同时，发掘严格执行《田野考古工作规程》，做好根据由上及下、先晚后早的顺序进行逐层揭露，依据土质、土色和包含物划分土层，并按规范提取遗物和样品。除了常规的考古绘图、拍照以及文字记录外，我们还借助三维建模软件对每个探方（探坑）重点遗迹层面建立三维模型，为以后的资料整理和研究提供更翔实的电子数据。在全面提取考古学资料的同时，我们也重视遗址的后续保护处理问题，视情况搭设保护罩棚或回填来保护发掘出土的重要遗迹。

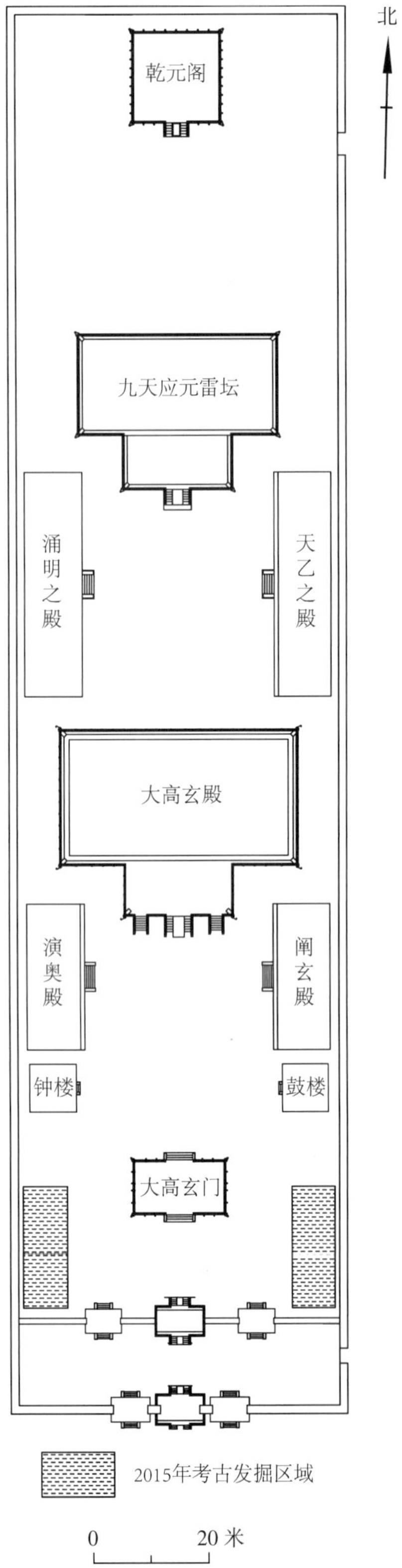

图三 大高玄殿东、西值房遗址发掘位置图

二、探方分布和地层堆积

（一）探方分布

由于大高玄殿院内考古的特殊条件，无法直接采用统一的直角坐标系法布方，并且大高玄殿与紫禁城一样，其中轴线均与正南北有角度偏差，以正南北纵轴布方有很多不便。因此为了便利，我们在东、西值房发掘区以大高玄殿中轴线为正方向轴布置了探方，也不设同一基点及坐标网格，而是因地制宜在各布方位置根据遗迹的可能分布范围单独设置基点，并视情况调整布方大小及形状，必要时随时扩方。最终通过全站仪等测绘工作，将所有遗迹落在同一平面图之上。

2015 年发掘的东、西值房遗址位于大高玄门与二道琉璃山门之间两翼空地上（拆除临建后），共布设 5 米 ×5 米探方 15 个，其中东值房 5 个，西值房 10 个，后续为寻找东值房的院落范围又向东扩方 5 个（图三）。

（二）地层堆积

东、西值房发掘区的地层堆积比较简单，除向下打破遗址的现代建筑基槽及砖砌基础遗迹面上均为现代垫土层和水泥地面层，现逐层叙述如下。

第 1 层：现代水泥层，厚 0.16~0.25 米，覆盖整个遗址发掘区。

第 2 层：现代黄绵沙土层，厚 0.04~0.13 米，土质松软，较为纯净。

第 3 层：现代浅灰褐色垫土层，厚 0~0.32 米，土质较松软，内含碎砖、瓦块、石块、白灰块等明、清及现代建筑构件及少量陶瓷片及其他遗物。

第 3 层之下开始出现相关遗迹与遗物。

三、遗迹

遗迹主要有房址两处，分别为东值房基址 F1 和西值房基址 F2，另外发现东值房的院落围墙一段、院内甬路等附属建筑遗址，以及大高玄门两侧界墙基址遗迹。

（一）东值房基址（F1）

东值房基址位于大高玄门与二道琉璃山门院落的左翼，背靠东院墙，北近鼓楼、南接临二道琉璃门。该房址地表以上墙体部分已被破坏，现仅存基础及院落遗迹。东值房坐东朝西，面阔七间，每间面阔 2.4、进深 3.6 米，整个值房的台基南北长 17.7、东西宽 4.6 米。房址内有两道隔墙将值房分为三组，中部三间为一通间，明间开门；剩余南北两侧各有两间组成通间，门口均位于南侧一间。三道门前均有石质如意踏跺一级，长 0.96~1.4、宽 0.35~0.39 米，其中明间的稍长。在前檐台基下及踏跺周围还铺有“一顺出”散水，宽 0.47 米（图四）。

东值房前檐台基边缘上仍存有 4 块宽 0.39~0.43、厚 0.13 米的青白质阶条石，其中位于明间的 1 块最长达 3.2 米，其余 3 块长 1.75~1.77 米不等。缺失的阶条石下面可见用砖砌筑的台帮及背里用碎砖砌筑、白灰灌注的拦土墙，其余三面台帮基础均是里外用整砖、中间填以碎砖、灌注白灰的方法进行砌筑。台基之上共发现 18 个柱顶石，前、后檐各 8 个，后檐墙内由南向北第 4 个柱顶石已被后期扰动移位，两山墙中部各 1 个（图五）。其中前檐中间 6 个鼓镜式柱顶石，鼓镜直径为 0.32 米，下边长为 0.48 米；柱顶石中心有圆形管脚榫眼，直径 0.06 米。前檐南北角柱柱顶石为专用于山墙的异形柱顶石，只刻有半个鼓镜，半包于墙内，墙内部分做成方形，鼓镜部分半径 0.16 米，下边长 0.48~0.5 米，管脚榫眼长 0.06 米。两山墙中部各一个鼓镜柱顶石，上直径 0.3 米，下边长 0.4 米。后檐墙下的 7 个柱顶石，均是利用有加

图四　东值房基址正射影像

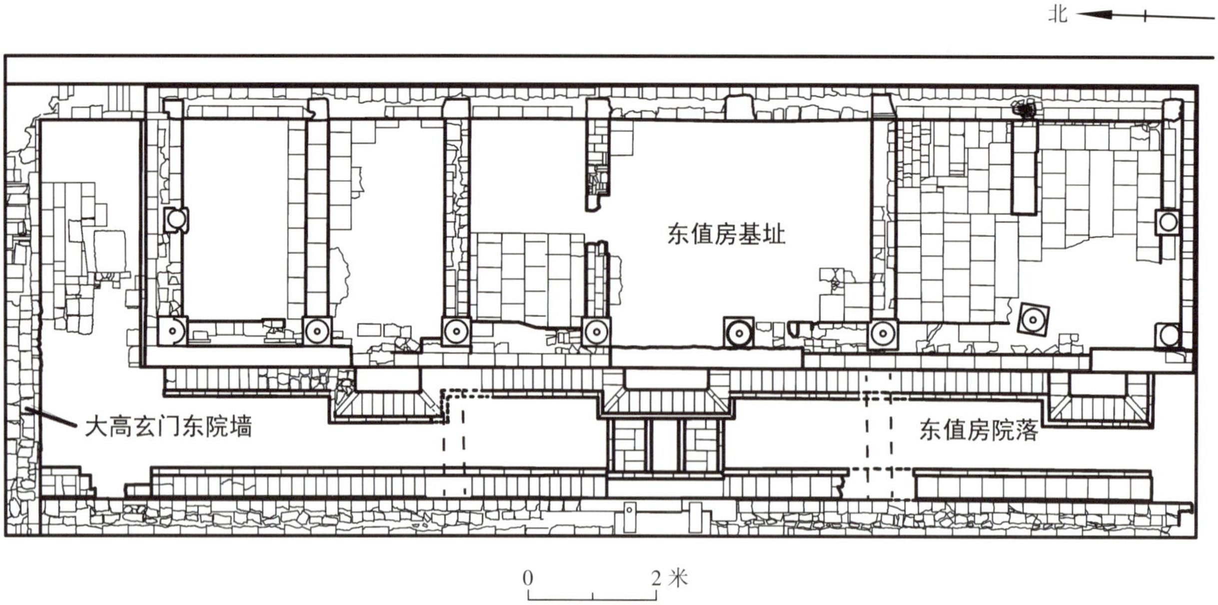

图五　东值房平面图

工痕迹的废石料做成，形状为近方形和长方形两种，方形边长为0.35~0.38米，长方形长约0.44、宽约0.32米。从柱顶石两侧的残存墙砖可以看出，原有山面及后檐墙内柱均在内侧砌有柱门（图六）。

东值房基址室内范围砖铺面破坏严重，局部残存的砖铺面也是由不同时期的砖块修补、铺垫，并出现了现代水泥地面和现代彩色方形花砖。现存的砖面主要为方砖铺面，局部地面和房内隔断墙下砌筑条砖。方砖边长有0.34米和0.42米两种；条砖规格最大块长0.5、宽0.2米，最小规格为长0.24、宽0.12米。

另外，我们对东值房基础局部解剖探查中发现：东值房台基内的垫土比较杂乱，包含很多碎砖、瓦块，其中在北梢间及北次二间的室内铺砖层下方发现有地炕遗迹，包含有地炕口及火道（图七）。此外，在东值房基址垫土层下有一早期垫层砖面，范围向西延伸至院外，深度距东值房院落地坪约0.5米，与东

图六　东值房后檐“八”字砖砌柱门遗迹

图七　东值房室内砖铺地面下的地炕遗迹

值房后檐的石排水沟开口基本齐平，且东值房西侧台帮基槽有打破垫层砖的情况。

（二）东值房院落及院墙、甬路遗址

在东扩方中清理发现，东值房基址西侧有南北向围墙基（Q1）遗址一道，北接大高玄门东侧东西向界墙，南接二道琉璃门院墙，在东值房前檐形成南北窄长的闭合院落空间（图八）。

围墙南北长约 21.15 米，距东值房前檐 2.15 米，墙基宽 0.65 米，并用残青砖“一丁一顺”平砌，中心填充碎砖块，白灰灌缝。青砖规格为长 0.44、宽 0.21、厚 0.09 米。围墙中部设门一道，正对东值房明间大门，门下由合抱的两块平整的条石组成槛垫石，并凿有安放门枕石的基槽，长 0.48、宽 0.2、深 0.02 米，间距为 0.87 米。在发掘墙门南侧晚期叠压的墙体时发现一块较完整的长方形门枕石，长 0.45、宽 0.195、厚 0.11 米，已不在原位，但根据门枕石上刻的插门槛及门轴凹槽位置推断为该墙门北侧的门枕石（图九）。

在围墙东侧的墙根下随墙砌有散水砖（围墙西侧未发掘），宽 0.53 米，然而形制并不统一，在随墙门以南为方砖散水，方砖规格为边长 0.36 米；以北为“一顺出”散水。在墙门西侧散水与东值房明间踏跺前的散水之间，还连接有一条方砖甬路。甬路长约 1.95、宽 0.7 米，中间设一趟方砖共两块，两侧做“褥子面”散水。整个院落内为踩踏较为密实的土质地面，在院落地面内与东值房室内两道隔墙相对应的位置，挖有东西向基槽并用残青砖砌筑的墙基，长约 2.15、宽约 0.6 米，该墙基明显打破围墙和东值房的散水砖，应是值房使用后期在小院内砌筑封堵用的隔墙。

（三）西值房遗址（F2）

西值房遗址与东值房遗址相对，位于大高玄门与二道琉璃门院落的右翼，背靠西院墙，北近钟楼，南接临二道琉璃门。该房址被原有现代建筑基础叠压打破严重，经发掘清理，共发现两段砖砌基础，其余部分基本被晚期房屋基础破坏殆尽（图一〇）。

图八 东值房与围墙围合成的小院

图九 围墙随墙门的槛垫石、门枕石及砖砌甬路俯视

一段为西值房东侧砖砌台帮墙基，南北残长约5.6米，底部残宽0.34米。内侧拦土基础已被现代房基所破坏，暴露的台帮背里用残砖灌注白灰进行砌筑。台帮基础总高0.81米，最上层仍保留两块阶条石，单块厚0.16米。台帮由青砖垒砌共计6层，其中露明部分3层，最上两层砖砌筑方式为一层顺砖一层丁砖，第三层为两顺一丁。第四至六层为埋深部分，顺砖垒砌，并整体略微突出于台帮，形成宽约5厘米的土衬金边。金边即建筑室外地坪。台帮使用的青砖规格多为长0.42~0.44、残宽0.12~0.15（均为人工加工）、厚0.08~0.1米。台基下即为黄褐色夯土层（图一一）。

另一段为西值房南山墙下砖砌台明基础，残长约3.9米，构造保存较好，发现有露明的砖砌台帮、背里的砖砌拦土墙及磉墩、石埋头、柱顶石（图一二）。

在西值房山面台明基础东端及西值房台明东南角砌埋头石。埋头石宽0.32、厚0.22、高0.39米，下垫土衬砖并留金边。埋头石以北仍保留一小段前檐台帮基础，南北残长约0.9米，高0.62米。台面上原位置仍保存有一段阶条石，长0.86、宽0.37~0.41、厚0.15米。其下共清理出4层残砖砌筑的基础，高0.47米，用白灰勾缝，砖宽0.38、厚0.09~0.12米。而山面台明最上一层则不用阶条石而用加工规整的大城砖砌作台面，下砌5层青砖作为台帮，总高约0.75米。其中多用残砖，整砖较少，整砖规格为长0.42~0.44、宽0.21~0.22、厚0.09~0.1米。而台帮背里与拦土墙基则用残砖混砌，用白灰勾缝并连为一体，总宽约0.65~0.85米，即“码磉”做法。在山面砖砌台面上还残留一层山面的墙体遗迹，同样是里外用整砖、中间填以碎砖、灌注白灰的砌筑方法，局部有修补的痕迹。

在台明东南角及山面台明基础中部的位置各设有一个砖砌磉墩，分别为前檐东南角磉墩和山面的中柱磉墩，后檐西南角被破坏不见磉墩遗迹。根据清理可见，前檐磉墩为4层残砖砌筑，白灰勾缝。前檐磉墩东西宽约0.48、高0.42~0.45米，磉墩最上层的砖体为了追平室内地坪而调整为稍薄，最上层砖体厚约0.06~0.08米，其余每层厚0.1~0.12米。前檐磉墩上现存一鼓镜式柱顶石，柱顶石边长0.46、高

图一〇 西值房残存的两段台帮墙基

图一一 西值房前檐台明断面

图一二 西值房山面台明及磉墩、柱顶石

约 0.23 米，顶部中间开圆形卯口。山面中柱磉墩同样为 4 层残砖垒砌，白灰勾缝，边长 0.48、高 0.48 米。山面中柱磉墩上设方形柱顶石，边长 0.47、厚 0.19~0.21 米，柱顶石顶部中间开直径 6.5 厘米的卯眼，底部不平整处用碎石块填塞垫平。

在此段山面台明的基础下，垫有一层白灰与黄土混合的灰土垫层，厚约 0.12 米；灰土垫层下还砌筑有三层青砖，东西宽 0.68、厚 0.35 米，同样由白灰勾缝。除此之外均为黄褐色夯土层，推测这种做法是为了让地基坚固。

需要注意的是，在南山墙台明东部发现有两层青砖铺墁的砖层。根据解剖情况来看，砖层在二道琉璃门院墙根下被现代基础破坏，但有延伸至墙体基础的迹象。

除此之外，西值房还有零星的建筑遗存在施工中被发现:其一，在 T0103 探方西南部发现一小段墙基，东西走向，根据所在位置并与东值房房址室内北部隔墙位置相对照，初步推测为西值房基址室内北侧隔墙残存遗迹；其二，在 T0202 探方残存有一小段南北向墙体及散水面，墙体西侧有一小块面积被严重破坏的铺地砖痕迹；根据墙体及铺地砖所在位置与东值房围墙、随墙门及院内甬路位置相对照，推测此处为西值房围墙及随墙门口所在位置。

（四）大高玄门东、西界墙基址（Q2、Q3）

根据史料图档记录以及在大高玄门东、西山墙中部及对应东、西院墙位置的遗留痕迹，可知在明、清时期，大高玄门两侧有东、西界墙与院墙相连，与二道琉璃门形成封闭的院落空间。本次发掘亦将墙址可能分布范围纳入布方范围，由此发现了大高玄门东、西界墙基址。

1. 大高玄门东界墙基址（Q2）

大高玄门东界墙基址保存相对较好。东界墙基址距离东值房基础北侧约 1.7 米，墙体正对大高玄门东山墙中心位置。虽然现存墙体东部与大高玄殿东院墙之间有 1.4 米已被破坏，但在院墙上对应位置处还存有明显的痕迹。东界墙基宽约 0.97 米，现已清理长度为 6.8 米。根据现存的墙体痕迹分辨，东侧 2.8 米为早期墙体，墙面较规整，但用残砖砌筑，砖长 0.44、残宽 0.15~0.2、厚 0.12 米。西侧有 4 米为后期重修的墙体，同样用残砖垒砌，白灰勾缝，但灰缝较宽，且墙面不规整，砖残长 0.2、宽 0.24、厚 0.12 米。已发掘的界墙段落并没有发现随墙门的痕迹（图一三）。

在清理大高玄门东界墙与东值房遗址之间的垫土层时发现，距现有东界墙基址往下 0.72 米处，有一层砖铺面，白灰浇筑，且砖铺面的南端有被东值房北侧台帮基槽打破的迹象。此砖铺面及迹象在东值房基址东侧亦有同样的发现。

2. 大高玄门西界墙基址（Q3）

大高玄门西界墙基址被现代房址基础破坏严重，保存较差。从残存情况看，墙基残存长 7.4、宽约 0.96 米，现存八层砖砌基础高约 1.18 米。砌筑方式为一顺一丁，用白灰勾缝。所用城砖规格长 0.49、宽 0.25、厚 0.12 米。

西界墙发现有墙体基槽，基槽北侧已被现代房基破坏，南侧保存较好，距墙基宽约 0.4 米。基槽为斜壁平底，底部黄褐土夯土较为坚硬。基槽内填土为灰褐土，包含少量白灰渣。

清理中发现西院墙也有二次砌筑的迹象，不仅用砖规格不同，砌筑方式也不同，还发现用废弃琉璃砖块填心的现象（图一四）。

图一三 大高玄门东界墙墙基

图一四 大高玄门西侧残留界墙遗迹

四、遗物

大高玄殿东、西值房基址发掘中出土的遗物较少，除了基址上原有现代房址的建筑垃圾外，还出土少量青砖、琉璃构件及石质建筑构件，其中有很大一部分是大高玄殿院内其他建筑遗留下来的；另出土少量陶器、瓷器、铜构件及“顺治通宝”铜钱等遗物，基本都出自扰土层内。下面选择部分典型器物介绍如下。

豆青釉盘残片 T0204③：1，侈口。内外皆施豆青釉，底部青花篆书款，残存“年制”二字，外壁有 10 处锔钉痕，系当时在使用过程中破裂而修复的痕迹。口径 15.5、底径 9、高 2.8 厘米。此为清中期（嘉庆）民窑产品（图一五）。

青花盘残片 T0105③：1，外壁无纹饰，盘心绘花卉纹。高 5.5 厘米。推测为明代正德年间民窑产品（图一六）。

青花云纹碗残片 T0104③：1，撇口。外壁绘云纹。高 8 厘米。推测为明中期民窑产品（图一七）。

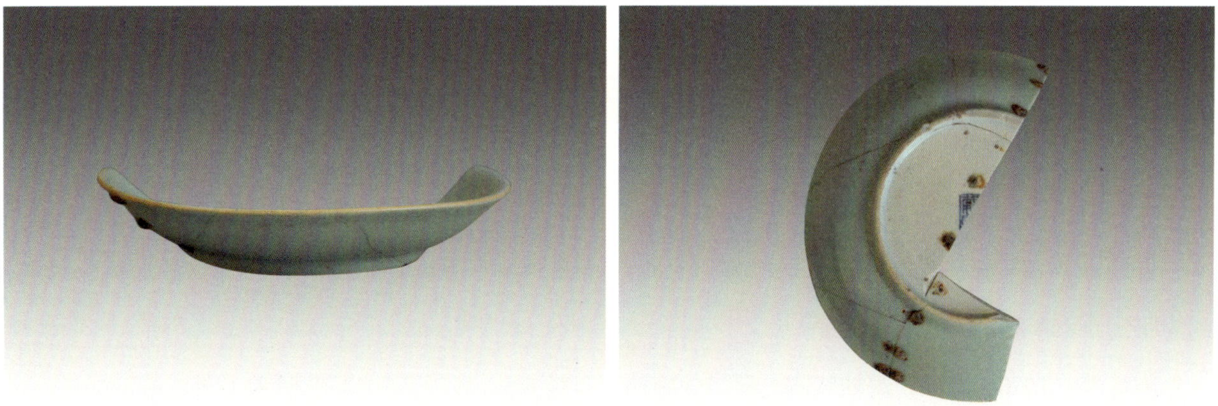

图一五 豆青釉盘残片（T0204③：1）

图一六 青花盘残片（T0105③：1）

图一七 青花云纹碗残片（T0104③：1）

图一八 青花花卉纹碟残片（T0104③：2）

图一九 陶灯碟（T0204③：2）

图二〇 骨质牙刷柄（T0205③：1）

青花花卉纹碟残片 T0104③：2，侈口。内壁绘缠枝莲，外壁绘灵芝纹，底部粘砂。高3厘米。此为明代万历年间产品（图一八）。

陶灯碟 T0204③：2，泥质红陶。碟内壁施釉。口径4.5、底径2.7、高2厘米（图一九）。

骨质牙刷柄 T0205③：1，骨质，残长10.5厘米（图二〇）。

五、结语

（一）年代与性质判定

关于大高玄门两侧东、西值房的年代，仅根据前述简单的地层堆积已无法判定，而相关出土遗物多数是次生堆积中出土，对判定年代价值也不大，而值房建筑本身体量较小，材料特征亦不明显，均给东、西值房年代的判定带来了诸多困难。

紫禁城考古的一个重要特点便是可以结合丰富的明清档案文献来开展考古学综合研究，特别是断代研究。根据我们对大高玄殿相关文献的梳理结果来看，明代文献史料中尚无对东、西值房相关位置建置的记载，而清代文献史料较为丰富，特别是图档为我们判定东、西值房的年代提供了极为有利的证据。

最早出现东、西值房所在位置记录的是清康熙十八年（1679）绘制的舆图《皇城宫殿衙署图》（以下简称《康熙图》），图中可见在大高玄殿院内南端在第二道和第三道琉璃门之间两翼，今天东、西值房的位置是空置的，并未绘有相应的建筑，说明此时东、西值房尚未建造，但也存在《康熙图》并未细致画出这类小型建筑的可能性（图二一）。另外在此图上，第三道琉璃门墙格局跟一、二进琉璃院墙一致，仍保持明代始建时期的形制，而不同于今日殿宇样式的大高玄门建筑。

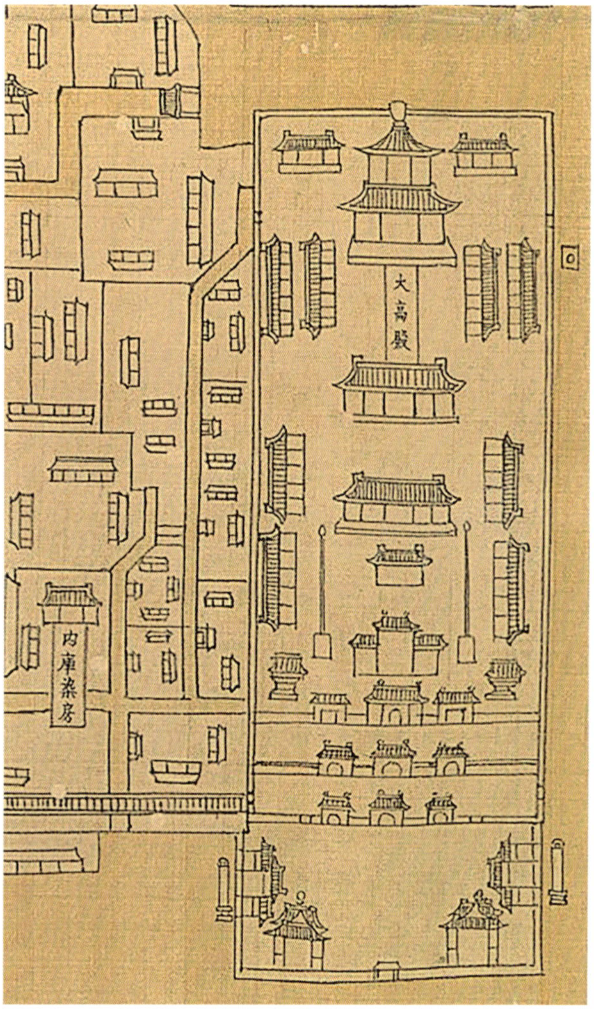

图二一　《康熙图》中大高玄殿建置格局

东、西值房最早出现在清乾隆十五年（1750）的舆图《乾隆京城全图》（以下简称《乾隆图》）上。此图同样绘制于改建大高玄门之前，因此第三道琉璃门仍然存在，但绘制的细节要比《康熙图》丰富。而在二、三道琉璃门之间的两翼空间出现了值房建筑，其方位、开间与现存遗迹几乎一致。有两处不同点是，值房北端还各建有一座坐北朝南、面阔三间的房屋，另外也并未绘制值房小院的围墙（图二二）。

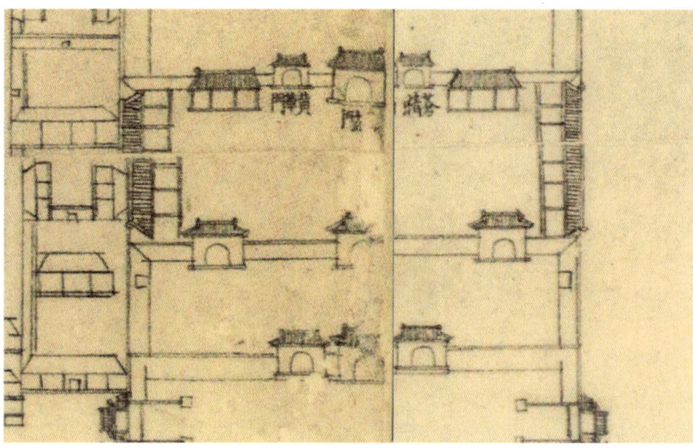

图二二　《乾隆图》中大高玄殿三道琉璃门处的建置格局

乾隆十七年（1752），对大高玄殿进行大规模改建，档案中较为详细记载了这次改建的内容：

乾隆十七年正月初十日：“（海望、德保、四格谨奏）……乾隆十七年正月初九日……将三座门改建一座歇山门三间。钦此钦尊。”[1]

乾隆十七年三月十五日：“……大高殿重檐大

1　中国历史第一档案馆藏：《奏请先行领取银修缮大高殿片》，《奏销档》227-334-1。

殿一座，计七间……改建歇山门一座，计三间。挪安旗杆二座，粘修琉璃门一座，挪盖修琉璃门二座，值房十四间。”[1]

乾隆十九年（1754）四月十二日：“（海望、三和、德保、四格谨奏）……奴才等遵旨敬修大高殿……改建歇山门一座，计三间；挪盖值房二座，各计七间……挪盖次琉璃门两座……”[2]

由上述文献可知：大高玄门是乾隆十七年拆三道琉璃门在原位置改建成；从行文并结合考古发现来看，文中所说的“挪盖值房二座，各计七间”，应该就是指的大高玄门两边的东、西值房。

除此之外，嘉庆四年（1799）六月十四日有档案记载：“……查得修理大高殿……高玄门，左右角门二座，东西小院随墙门二座，俱照旧粘补。油画前后配殿，共计二十八间，俱糊饰窗隔。各殿宇房间十座，计四十二间，琉璃门六座，牌楼三座，周围大墙俱拔除荒草，添安琉璃瓦料……”[3]

这次修缮记载里大高玄门两侧界墙上有“角门”（随墙门），但限于发掘区域揭露面积并没有发现，但发现了角门两侧的界墙遗迹，因此角门应该存在。而所记载的“东西小院随墙门”则与此次发现的东、西值房小院遗迹位置一致，也是首次提到东、西值房小院的史料记载。

嘉庆二十三年（1818）十一月十五日的一条文献记载更加详细：“大高门一座三间，前东西值房二座，每座七间，大殿一座七间，俱揭瓦。”[4]

此条文献更加清楚地记载了东、西值房的建置，并与前文中乾隆时期档案相对应。

而关于大高玄门东、西值房及院落最详细的记载，则是光绪二十七年（1901）的样式雷图样——《大高元殿内各座坍塌修补图样》（图二三）[5]。图中精确绘制了大高玄殿东、西值房的建筑形制，为七开间卷棚灰瓦硬山顶建筑，围墙为带黄琉璃瓦墙帽的“卡墙”（样式雷图中将此类墙称为“卡墙”），中部开“角门”，大高玄门东、西界墙（或“卡墙”）的形制及角门开设的位置也可以在图中清楚地看到。此外，样式雷图中还在各建筑旁贴的黄签上描述了各建筑修缮前的情形，其中描述东值房：“东值房一座七间，头停渗漏，后檐墙鼓闪坍塌，前檐槛墙坍塌，装修、门扇、内里地面、炕座均无存……”这里提到的“炕座”与在东值房地面下发现的地炕遗迹相印证。

而现存最晚关于东、西值房的档案图纸则是在中国文化遗产研究院所藏的一幅《1952年~1954年大高玄殿修缮工程图》中，通过图纸可以清楚地看到，绘制的东、西值房及院落的平面形制与考古发掘几乎完全一致（图二四）。

---

1 中国历史第一档案馆藏：《奏报修理大高殿大殿等工估需银两数目片》，《奏销档》227-103-1。

2 中国历史第一档案馆藏：《奏销修缮大高殿重檐前殿等工用过银两数目片》，《奏销档》229-135。

3 中国历史第一档案馆藏：《为修理大高殿三面牌楼栅栏墙垣等项找领银两事》，《内务府呈稿》嘉营44。

4 中国历史第一档案馆藏：《奏为查验中正殿、大高殿等工程事》，《奏销档》491-241-1。

5 中国第一历史档案馆：《明清宫藏档案图鉴》，第316页，人民出版社，2016年。

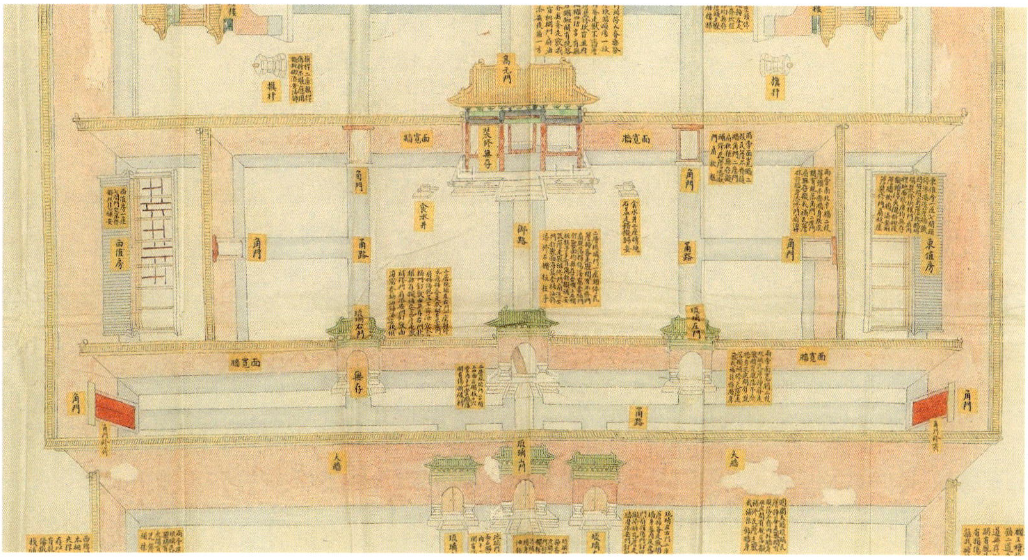

图二三 《大高元殿内各座坍塌修补图样》

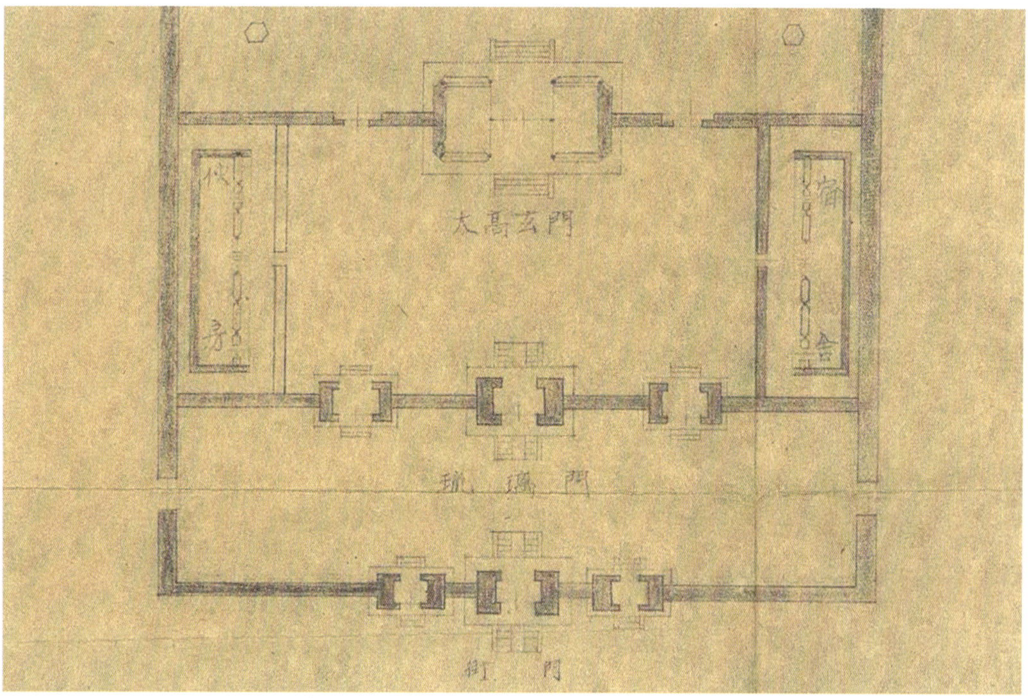

图二四 《1952年~1954年大高玄殿修缮工程图》中的东、西值房

综合梳理上述相关文献、图档及考古发掘的情况，我们可以得出以下推断。

第一，明嘉靖二十一年建成至清康熙十八年，东、西值房所在位置很有可能空置。根据东值房基址下的垫层砖面及地层关系，此处原先在明代很有可能是海墁院落地面。

第二，清康熙十八年至清乾隆十五年之间，东、西值房位置为了满足使用需求，建造了值房，东、西两翼各有七间东西相对的值房一座，北部还有三开间的房屋一座。

第三，清乾隆十七年，开始改造大高玄殿，拆除第三道琉璃门及部分院墙，并改建大高玄门。由于大高玄门体量扩大，两侧的“角门”也随之向东、西两翼移动。为了保证第二道琉璃门两旁门与大高玄门两侧“角门”相对应，于是同时向两侧挪移二道琉璃门的东、西琉璃门，造成了一、二道琉璃门两旁门的不对应现状。同时原有东、西值房位置的空间被“角门”和琉璃门的挪移压缩了空间，故很有可能此时拆除了原来东、西值房两侧南向的三开间房屋，并改造了东、西值房。这一结论可从现今的建筑格局、二道琉璃旁门的改动痕迹及大高玄门两侧界墙的二次砌筑痕迹以及东、西值房基础的砌筑工艺得到印证。

第四，清乾隆十九年至清嘉庆四年之间，在这一时间段可能为东、西值房加建了围墙、随墙门，形成封闭的院落格局。也有可能是乾隆十七年一并加建，但下限不晚于嘉庆四年。

第五，清嘉庆四年至 1954 年，东、西值房延续使用，格局基本没有发生大的变化，仅在光绪年间经历过一次大的修缮。

第六，1954 年以后至 20 世纪 90 年代，东、西值房被废弃，在其基址上改造成现代砖混结构房屋。

综上所述，本次发掘的东、西值房基址极有可能是基于乾隆十七年改建并历经多次修缮、局部改造所形成的结果。

（二）发掘价值与意义

第一，通过本次发掘，结合档案史料记载，基本厘清了明清时期东、西值房建置变迁和兴废过程。遗址上出土的明、清瓷器等遗物也一定程度上反映出大高玄殿院内生活情况。

第二，东、西值房基址的发掘成果，为大高玄殿后期的修缮保护及规划设计提供了及时、科学、翔实的考古资料，也为在古建筑修缮过程中配合实施考古工作积累了工作经验。

总负责人：李　季
发掘领队：徐海峰
参加发掘：吴　伟、张希章、兰会青
拍　　照：吴　伟、张希章
绘　　图：吴　伟、张希章、何乐君
整　　理：吴　伟、张希章、赵　瑾
执　　笔：吴　伟、赵　瑾

故宫南大库区域2016年度瓷片埋藏坑发掘简报

故宫考古研究所

南大库区域位于故宫西南角，武英殿和南薰殿院落以南的位置（图一）。2014年8月故宫考古研究所曾在此发现过一处瓷片埋藏坑[1]，出土了大量重要的瓷器标本。2015年4月故宫考古研究所为配合院内

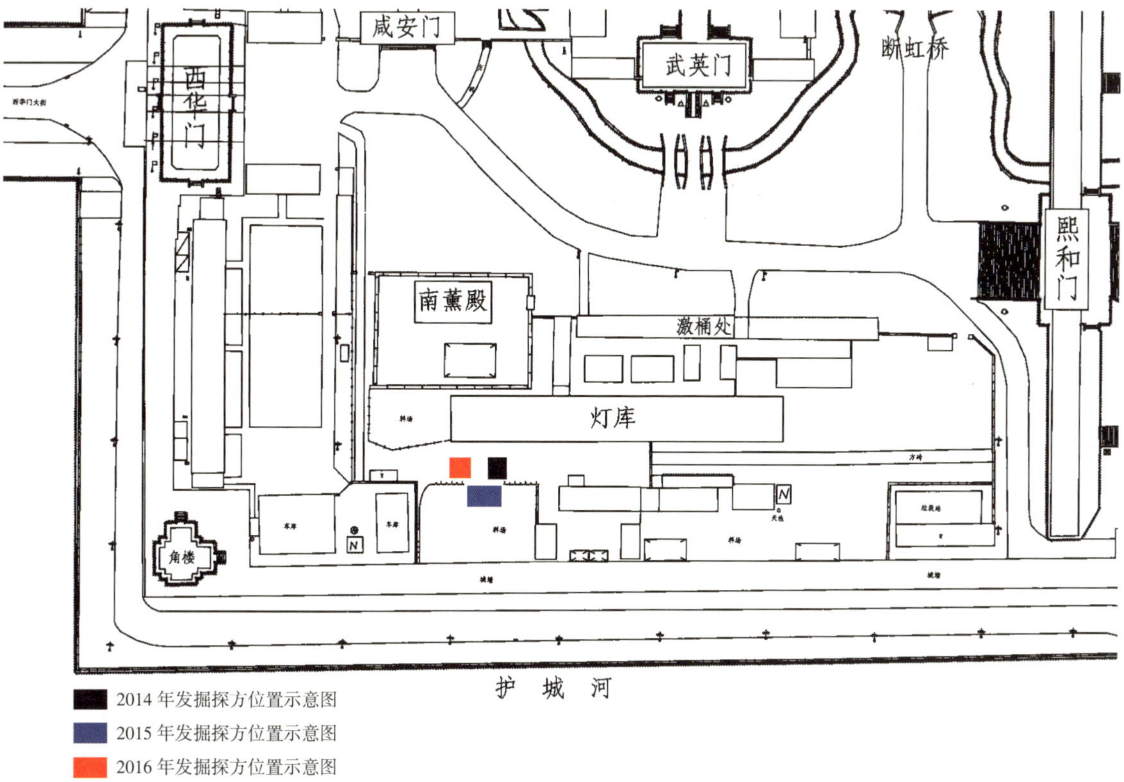

图一 南大库区域发掘探方位置示意图

1 故宫博物院考古研究所：《故宫南大库瓷片埋藏坑发掘简报》，《故宫博物院院刊》2016年第4期。

南大库管理用房工程，对该区域施工开挖基槽内暴露的磉墩、柱顶石、排水沟、砖铺地面及黄土碎砖交互夯筑的地基进行了抢救性清理，同时对基槽内西南部发现的四座灰坑实施了重点发掘，其中15G10H2出土了大量的陶、瓷、铁、玉石、玻璃、骨蚌器等遗物[1]。2016年9月故宫考古研究所又在南大库的西南角网线管道沟内发现了一处瓷片堆积埋藏坑，故对其进行了抢救性考古发掘。

一、发掘工作经过

2016年的发掘区域位于南大库西南角，距台明1.5米处，西南侧2.5米处有一棵古槐树[2]，东距2014年发现的瓷片埋藏坑8米。发掘工作自2016年9月21日开始，严格按照《田野考古工作规程》进行，由上而下、由晚到早，逐层清理到底。探方东西长2.5米，南北宽2米，实际发掘面积为5平方米，至2017年1月8日发掘工作结束，历时3月余（图二）。

图二 瓷片埋藏坑

二、层位关系与主要遗迹

1. 层位关系

第1层：现代水泥铺地砖面和现代垫土层，厚0.4米，内含现代遗留下的杂物（图三）。

1 故宫博物院考古研究所：《故宫南大库区域2015年度H2发掘简报》，《故宫博物院院刊》2019年第6期。

2 古树编号：11010102418。

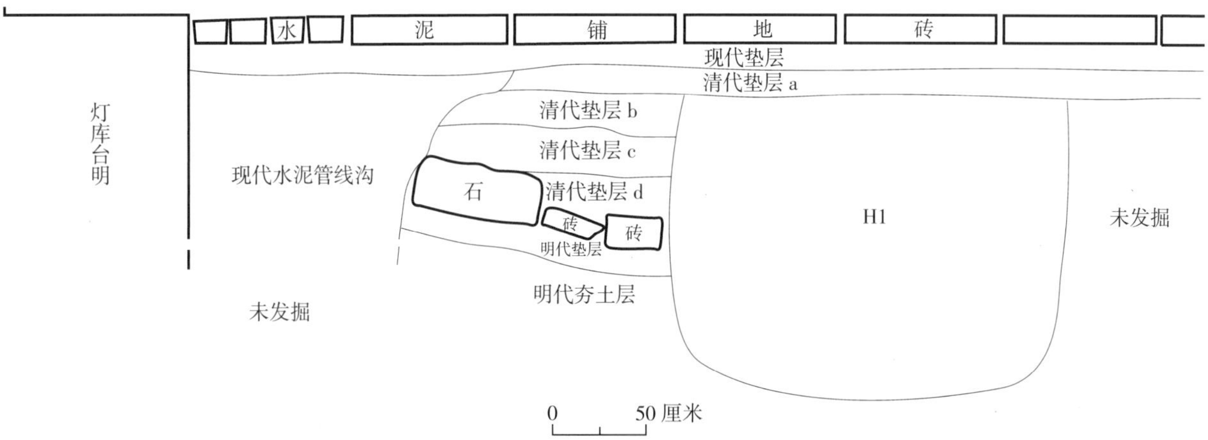

图三 16G10H1剖面图

第 2 层：清代垫层 a，厚 0.07~0.12 米，清代白灰膏垫土层，较纯净，被灰坑 H1 打破。

第 3 层：清代垫层 b，厚 0.1~0.13 米，灰褐色土层，内含琉璃瓦片较多，被灰坑 H1 打破。

第 4 层：清代垫层 c，厚 0.12~0.14 米，黑褐色土层，内含草木灰，炭粒较多，被灰坑 H1 打破。

第 5 层：清代垫层 d，砖铺面层，砖为南北向铺砌，东西排列，被灰坑 H1 打破。推测此为明代原始院落地坪。

第 6 层：明代垫层，厚 0.07~0.12 米，因铺明代砖铺面而夯筑一层的夯土，被灰坑 H1 打破。

第 7 层：明代垫层下即为夯土层，深度未探及。

2. 主要遗迹

瓷片埋藏坑（16G10H1）开口处距地表深 0.3 米，坑深 1 米，坑底部距地表深 1.3 米。坑平面形状呈椭圆形，东西向，上口东西长 1.82、南北宽 1.24 米。四壁成坡状，壁面不规整；底部略平，局部凹凸不平，底部东西长 1.6、南北宽 1.2 米。为详细观察遗物分布状况和规律，全面记录堆积信息，发掘分层进行，坑内共计清理遗物堆积层面 13 层。因坑的中部已被扰动，采集后的瓷片编号另行记录（图四）。

第 1 层：灰褐色土层，距地表深 0.35~0.4、厚 0.05~0.1 米，内含草木灰、炭粒、石块、砖块、板瓦、瓷片等，以青花瓷片为主，编号 1~560 进行瓷片提取工作，另外包含琉璃瓦片、铜饰、铁器、玉石器等遗物。

第 2 层：灰褐色土层，距地表深 0.3~0.4、厚 0.06~0.1 米，内含草木灰、炭粒、石块、砖块、琉璃瓦片、泥质板瓦残片等，以青花瓷片为主，编号 561~1806 进行瓷片提取工作，另外包含琉璃、铜饰残件、玉石残片、铁器等遗物。从此层的瓷片堆积状况看，当时倾倒瓷片垃圾时应该是从东向西倾倒，因而瓷片的堆积情况呈东高西低状。

第 3 层：灰褐色土层，距地表深 0.4~0.5、厚 0.05~0.1 米，内含草木灰、炭粒、石块、砖块、琉璃瓦片、泥质板瓦残片等，以青花瓷片为主，编号 1807~2976 进行瓷片提取工作。

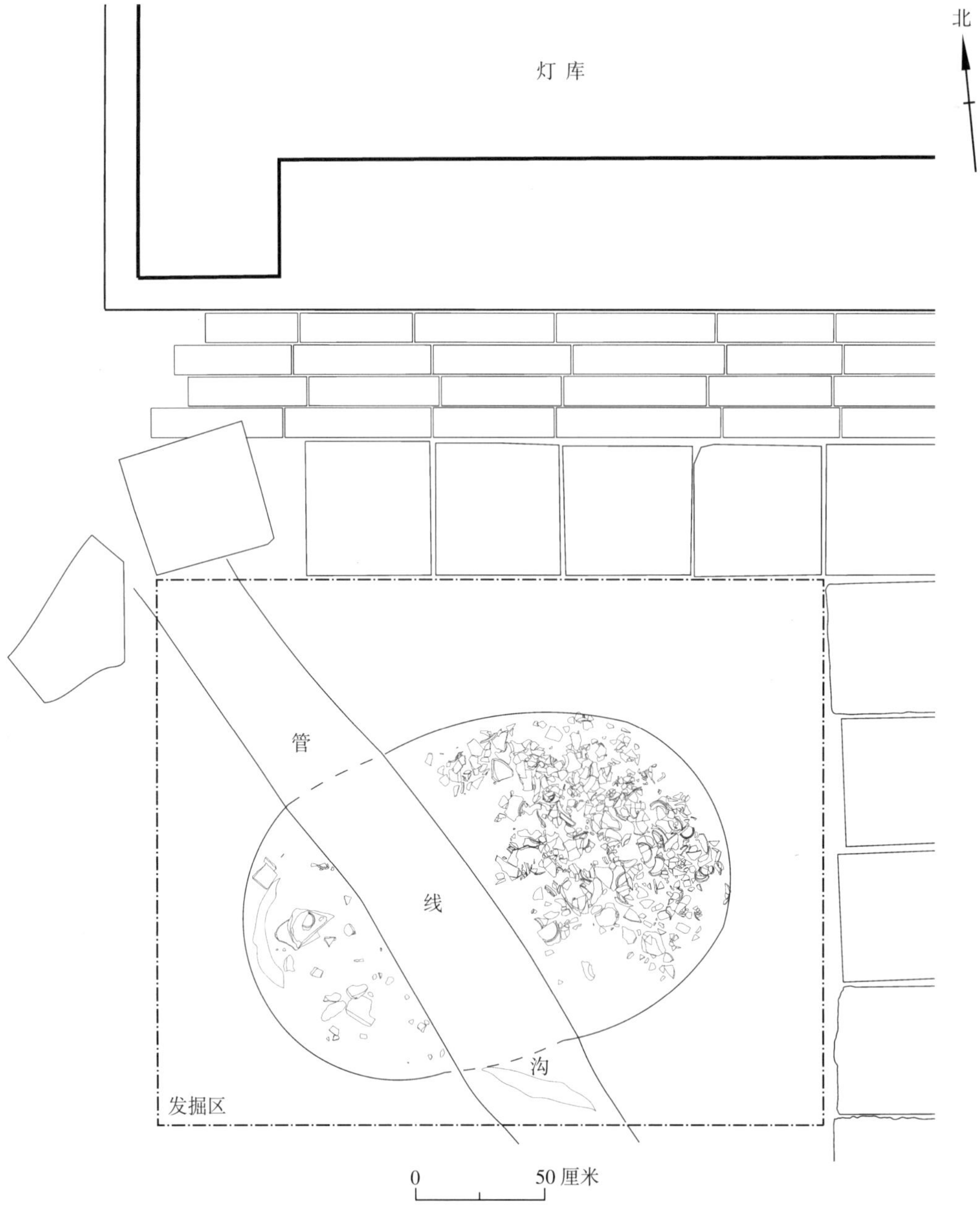

图四 16G10H1平面图

第 4 层：灰褐色土层，距地表深 0.45~0.55、厚 0.04~0.05 米，内含草木灰、炭粒、石块、砖块、琉璃瓦片、泥质灰陶板瓦残片等，以青花瓷片为主，编号 2977~3684 进行瓷片提取工作。此层的青花瓷片明显比上部地层的瓷片粉碎，大部分为器物腹部的残片。

第 5 层：灰褐色土层，距地表深 0.54~0.65、厚 0.04~0.1 米，内含草木灰、炭粒、石块、砖块、琉璃瓦片、泥质陶片、板瓦、筒瓦残片等，以青花瓷片为主。青花瓷片主要分布在灰坑的南部，其他地方也有分散的零星瓷片，编号 3685~4183 进行瓷片提取工作。

第 6 层：灰褐色土层，距地表深 0.57~0.65、厚 0.04~0.05 米，内含草木灰、炭粒、石块、砖块、琉璃瓦片和泥质灰陶板、筒瓦残片等，以青花瓷片为主。瓷片大部分分布在灰坑的南边缘及中间。另外在西部、北部也有瓷片零星分布，编号 4184~4630 进行瓷片提取工作。

第 7 层：灰褐色土层，距地表深 0.6~0.65、厚 0.04~0.05 米，内含草木灰、炭粒、石块、砖块，有完整的砖、琉璃瓦片和泥质灰陶板、筒瓦的残片等，以青花瓷片为主，瓷片分布位于灰坑的南部，偏中部较多，其他地方有零星的瓷片分布，瓷片大部分为碗口、底、腹部的残片，另有盆底、口沿、罐底残片，编号 4631~4949 进行瓷片提取工作。

第 8 层：灰褐色土层，距地表深 0.65 米，内含草木灰、炭粒、石块、砖块、琉璃瓦片等，以青花残片为主，瓷片较多分布在灰坑的南部边缘，其他地方也有零星瓷片分布，编号 4950~5334 进行瓷片提取工作。

第 9 层：灰褐色土层，距地表深 0.67、厚 0.1 米，内含草木灰、炭粒、石块、砖块、动物碎骨等，瓷片大部分分布在灰坑的南边缘处，其他地方也有瓷片零星分布，编号 5335~5528 进行瓷片提取工作，另外包含完整明代砖，规格为长 0.48、宽 0.23、厚 0.12 米。

第 10 层：灰褐色土层，距地表深 0.7、厚 0.03 米，内含草木灰、炭粒、石块、砖块、动物碎骨，瓷片大量分布在灰坑的南部边缘处，其他地方也有瓷片零星分布，编号 5529~5714 进行瓷片的提取工作。

第 11 层：灰褐色土层，距地表深 0.75、厚 0.05 米，内含草木灰、炭粒、石块、砖块、琉璃瓦片、动物碎骨，瓷片较多分布在灰坑的南边缘，叠压瓷片较多，其他地方也有瓷片零星分布，编号 5715~5875 进行瓷片提取工作。

第 12 层：灰褐色土层，距地表深 0.8、厚 0.05 米，内含草木灰、炭粒、石块、砖块、琉璃瓦片、动物碎骨，瓷片在灰坑的南边缘处分布最多，灰坑的其他部分有零星的瓷片分布，编号 5876~6038 进行瓷片提取工作，另外有一块完整的砖也在瓷片的编号之中，砖的规格为长 0.48、宽 0.22、厚 0.12 米。

第 13 层：灰褐色土层，距地表深 0.85、厚 0.05 米，内含草木灰、炭粒、动物碎骨，瓷片在灰坑内零星、无规则地分布，灰坑的西部明显有较多数量的琉璃板瓦、筒瓦残片，编号 6039~6220 进行瓷片提取工作。

从 16G10H1 ⑬往下，因瓷片大部分为填土内的瓷片，属无规则地填入，故没有再做瓷片分层及照相扫描的工作，距地表深 0.85 米处至灰坑底部深 1.3 米到底，编号 6221~6610 进行瓷片提取至结束。

通过对瓷片埋藏坑（16G10H1）的清理，初步判断自地表向下至深 0.8 米处的深度范围内瓷片明显为一次性倾倒而成的瓷片堆积，主要为青花瓷片，年代为清康熙时期。自地表向下 0.8 米以下的瓷片为坑内填土时混杂的瓷片，瓷片种类明显较杂，除官窑瓷片外还有民窑瓷片。

三、出土遗物简述

16G10H1 中清理出来的瓷器碎片编号记录有 6610 片，加上扰土中采集的瓷片，共计 7777 片，绝大多数为清代康熙时期的瓷片，其中青花类瓷片数量占比最高，占比约 90%。器型主要为碗一类的生活用器。现择部分标本介绍如下。

康熙款青花龙纹折沿洗　16G10H1∶35，残。敞口，宽折沿，弧腹，大平底。以青花为饰，内心绘有龙纹一周，中心与沿面分别绘点珠纹。足底露胎无釉，底部青花楷书“大清康熙年制”六字双行双圈款。经拼对后确定此坑仅出土一件不完整器物（图五）。此种器物在 2014 年南大库瓷器埋藏坑中也曾出土过一件。

康熙款青花缠枝莲纹盘　16G10H1∶37，残。口微侈，浅弧腹，圈足。釉质晶莹光洁，盘内外皆绘缠枝莲纹，双勾且分水涂染。盘心绘缠枝莲花三朵；内壁亦饰缠枝莲纹一周，均匀分布六朵莲花，但每朵仅现半朵，枝茎只显局部；外壁则绘完整缠枝莲纹，亦含六朵莲花。底署青花楷书“大清康熙年制”六字双行双圈款。经拼对后确定此坑共出土 6 件，均不完整。口径 15.5、足径 9.5、高 3 厘米（图六）。在 2014 年南大库发现的瓷片埋藏坑中也曾出土相同类型的盘。

康熙款青花龙凤纹碗　16G10H1∶38，残。直口。内壁素白，外壁绘龙凤纹两两相对，龙绘三爪。底部青花楷书“大清康熙年制”六字双行双圈款。口径 15、足径 7、高 7.9 厘米（图七）。经拼对后确定此坑共出土 3 件不完整器物。

图五　康熙款青花龙纹折沿洗（16G10H1∶35）

图六　康熙款青花缠枝莲纹盘（16G10H1∶37）

图七 康熙款青花龙凤纹碗（16G10H1：38）

康熙款青花缠枝宝相花纹碗 16G10H1∶39，残。敞口，圆腹，圈足。里外以青花为饰，碗心双圈内绘一朵略微偏移的宝相花；外壁绘缠枝宝相花四朵，近底处绘变形花瓣纹一周，底部青花楷书“大清康熙年制”六字双行双圈款。口径 12.3、足径 5.5、高 6 厘米（图八）。经拼对后确定此坑出土 3 件，其中两件不完整，一件为碗底残片。

康熙款青花变形万字纹碗 16G10H1∶40，残。底部青花楷书“大清康熙年制”六字双行双圈款。口径 16.8、足径 6.1、高 7 厘米（图九）。经拼对后确定此坑仅出土一件不完整器物。

康熙款青花荷莲纹碗 16G10H1∶41，残。碗口微撇，弧壁，圈足。内外以青花满绘莲花纹，每朵莲花均带有莲蕊，花瓣蓬勃饱满，枝叶卷曲繁密，碗心有落渣现象。底部青花楷书“大清康熙年制”六字双行双圈款。口径 20、足径 8.4、高 8.9 厘米（图一〇）。此类器型碎片数量最多，经拼对后确定此坑共出土 48 件不完整器物。

图八 康熙款青花缠枝宝相花纹碗（16G10H1：39）

图九 康熙款青花变形万字纹碗（16G10H1：40）

图一〇 康熙款青花荷莲纹碗（16G10H1：41）

康熙款青花缠枝莲纹碗 16G10H1∶42，残。侈口，弧壁，斜曲腹，圈足。外壁口沿下绘双圈，腹部绘六组缠枝莲，莲花饱满，花心突出，用分水法晕染，缠绕其间的枝叶单线勾出，枝蔓舒卷；底部饰一周仰莲瓣纹，存在纹饰画错现象。内壁光素，碗心双圈内绘单朵缠枝莲。足壁饰双弦纹，外底绘双圈，底部青花楷书“大清康熙年制”六字双行双圈款。口径 16、足径 6.5、高 7.4 厘米（图一一）。经拼对后确定此坑共出土 20 件不完整器物。在 2014 年南大库发现的瓷片埋藏坑中亦出土相同类型的碗。

图一一　康熙款青花缠枝莲纹碗（16G10H1：42）

图一二　康熙款青花海水江崖云龙纹碗（16G10H1：43）

康熙款青花海水江崖云龙纹碗　16G10H1：43，残。敞口，弧腹，圈足。内壁施白釉；外壁口沿下绘单圈，腹部绘双龙，首尾相接，其间以朵云纹分隔，龙昂首、探足、五爪，其后绘火焰纹，近圈足绘一周海水江崖图样。足壁绘双圈，外底青花楷书“大清康熙年制”六字双行双圈款。口径 11.2、足径 4、高 6 厘米（图一二）。经拼对后确定此坑共出土两件不完整器物。在 2014 年南大库发现的瓷片埋藏坑中也出土相同类型的碗。

康熙款青花海水八卦云鹤纹碗　16G10H1：44，残。敞口，圆腹，圈足。里外以青花为饰，内沿绘一周锦地装饰纹，碗心绘双圈，内饰轮花外围绘海水江崖纹；外壁绘两两相对的飞鹤，间饰四朵云和八

图一三 康熙款青花海水八卦云鹤纹碗（16G10H1：44）

图一四 康熙款青花缠枝牡丹纹碗（16G10H1：51）

卦纹，近底处绘洞石及海水江崖纹。足壁绘三圈弦纹，外底青花楷书“大清康熙年制”六字双行双圈款，款字书写偏软。口径 14.5、足径 5.8、高 7 厘米（图一三）。经拼对后确定此坑共出土 18 件，均不完整。此种碗在当时的清宫中很受欢迎，自康熙朝出现以后，历朝均有大量烧造。在 2014 年南大库发现的瓷片埋藏坑中也出土相同类型的碗。

康熙款青花缠枝牡丹纹碗 16G10H1：51，残。碗口微撇，圆腹，圈足。里外皆绘青花缠枝牡丹纹，碗心绘双犄牡丹一组，外壁近底处绘变形莲花一周，花纹较模糊，推测可能与烧造过程有关。底部青花楷书“大清康熙年制”六字双行双圈款。口径 16.3、足径 7、高 7 厘米（图一四）。经拼对后确定此坑

图一五　康熙款青花牡丹纹碗（16G10H1：52）

共出土 12 件不完整器物。

康熙款青花牡丹纹碗　16G10H1∶52，残。敞口，深曲腹，圈足。外壁口沿下绘双圈，腹部绘缠枝牡丹纹，花瓣边沿留白，点画花心，底部绘一周花瓣装饰图样；碗心绘双圈，内绘一大朵折枝牡丹，画法与外壁相同。足壁绘双圈，外底纹饰模糊，推测可能与烧造过程有关，底部青花楷书“大清康熙年制”六字双行双圈款。口径 12、足径 5.4、高 6 厘米（图一五）。经拼对后确定此坑共出土 3 件，均不完整。在 2014 年南大库发现的瓷片埋藏坑中也出土同类型的碗。

康熙款黄釉暗刻云龙纹碗　16G10H1∶1，残。内壁素白；外壁施黄釉，为双行龙赶珠纹，龙下近足处刻一周海水江崖纹，龙行于云海之间，气势磅礴。底施青花楷书“大清康熙年制”六字双行双圈款。口径 11.3、足径 4.1、高 5.5 厘米（图一六）。经拼对后确定此坑共出土 6 件不完整器物。据《国朝宫史·

图一六 康熙款黄釉暗刻云龙纹碗（16G10H1：1）

图一七 釉里红缠枝花卉纹碗口沿残片（16G10H1：24）

经费一·铺宫》[1]中记载此种盘为皇室日用器皿，专供“皇贵妃”等级使用。

釉里红缠枝花卉纹碗口沿残片 16G10H1∶24，内外釉里红装饰，内外口沿均绘回纹，内外壁均绘缠枝花卉纹。此坑仅出土一片（图一七）。

康熙款釉里红团凤纹碗 16G10H1∶2，残。口沿微撇，弧腹壁，圈足露胎，呈浅淡火石红色。胎体轻薄。内壁素白，碗心有一只釉里红凤凰，翅膀处有一墨点；外壁一周绘制五只图案完全一致的团凤纹。碗底亦施白釉地，底部青花楷书“大清康熙年制”六字双行双圈款。口径 14.5、足径 5.8、高 6.5 厘米（图一八）。经拼对后确定此坑共出土 4 件，其中两件不完整，一件系碗底，一件系口沿。

康熙款釉里红团龙纹碗 16G10H1∶3，残。口沿微撇，弧腹壁，圈足露胎，呈浅淡火石红色。胎体轻薄。内壁素白，碗心有一只釉里红龙；外壁一周绘制五条图案完全一致的团龙纹，发色不够清晰。碗底亦施白釉，底部青花楷书“大清康熙年制”六字双行双圈款。口径 14.6、足径 5.7、高 6.5 厘米

1 （清）鄂尔泰、张廷玉：《国朝宫史》，第 291~294 页，北京古籍出版社，1994 年。

图一八 康熙款釉里红团凤纹碗（16G10H1：2）

图一九 康熙款釉里红团龙纹碗（16G10H1：3）

图二〇 康熙款黄釉暗刻龙纹碗（16G10H1：6）

图二一 黄釉尊底残片（16G10H1：7）

（图一九）。经拼对后确定此坑共出土3件，其中一件不完整，一件系碗底，一件系口沿。

康熙款黄釉暗刻龙纹碗 16G10H1∶6，残。撇口，弧腹，圈足。内壁素白，外壁暗刻双龙戏珠纹，刻纹掩于黄釉之下。底部青花楷书“大清□熙年制”六字双行双圈款。口径14、足径6.5、高7厘米（图二〇）。经拼对后确定此坑仅出土一件不完整器物。据《国朝宫史·经费一·铺宫》[1]中记载此种盘为皇室日用器皿，专供“皇贵妃”等级使用。

黄釉尊底残片 16G10H1：7，厚1.5厘米（图二一）。

1 （清）鄂尔泰、张廷玉：《国朝宫史》，第291~294页，北京古籍出版社，1994年。

图二二 康熙款黄釉碗（16G10H1：8）

图二三 黄地绿彩云龙纹碗残片（16G10H1：17）

康熙款黄釉碗 16G10H1：8，残。敞口，深弧腹，圈足。器形呈椭圆形，应是烧制变形所致。内外皆施黄釉，通体光素，足内施白釉，碗底青花楷书“大清康熙年制”六字双行双圈款。口径 16.6、足径 6.8、高 7.2 厘米（图二二）。经拼对后确定此坑共出土两件不完整器物。据《国朝宫史·经费一·铺宫》[1]中记载此种碗为皇室日用器皿，专供“皇太后、皇后”等级使用。

黄地绿彩云龙纹碗残片 16G10H1：17，口沿外撇，深腹弧壁。内壁素白，外壁饰行龙，于云火间追逐火珠。经拼对后确定此坑仅出土碎片若干，没有底部故未能拼对成型（图二三）。据《国朝宫史·经费一·铺宫》[2]中记载此种盘为皇室日用器皿，专供“贵妃、妃”等级使用。

黄地紫绿龙纹盘残片 16G10H1：32，此坑共出土五片，其中口沿两片，底部两片，腹部一片（图二四）。

康熙款黄地绿彩团龙纹碗 16G10H1：34，碗口外撇，深腹弧壁，圈足。外壁饰五组团龙，内壁中

1 （清）鄂尔泰、张廷玉：《国朝宫史》，第 291~294 页，北京古籍出版社，1994 年。

2 （清）鄂尔泰、张廷玉：《国朝宫史》，第 291~294 页，北京古籍出版社，1994 年。

图二四 黄地紫绿龙纹盘残片（16G10H1：32）

图二五 康熙款黄地绿彩团龙纹碗（16G10H1：34）

心圈内饰有正龙，圈足内施白釉，底部青花楷书“大清康熙年制”六字双行双圈款。口径 14.5、足径 6.2、高 6.5 厘米（图二五）。经拼对后确定此坑仅出土一件不完整器物。据《国朝宫史·经费一·铺宫》[1]中记载此种盘为皇室日用器皿，专供“贵妃、妃”等级使用。

康熙款米黄釉碗底残片　16G10H1∶9，圈足。内外均施米黄釉，圈足内施白釉，底部青花楷书“大清康熙年□”六字双行双圈款。足径 5.7 厘米（图二六）。

康熙款紫金釉碗　16G10H1∶4，残。撇口，深弧腹，圈足。内壁施白釉，外壁施酱釉，通体光素，圈足内施白釉，碗底青花楷书“大清康熙年制”六字双行双圈款。口径 9.3、足径 3.6、高 6.6 厘米（图二七）。经拼对后确定此坑仅出土一件不完整器物。

康熙款白地绿彩龙纹盘　16G10H1∶5，残。微侈口，浅弧腹，平底，圈足。胎质细腻洁白，内壁光素，盘外壁为浅刻海水浪涛暗纹地。盘口内沿及里心各有一圈绿色弦纹，盘心为一绿色五爪立龙，辅以火焰及火珠纹图案，盘外壁绘绿釉二龙逐珠纹图案。除龙爪与肘毛、背毛以绿彩直接绘制外，龙纹其余部位和云纹均先在坯胎上剔去白釉，锥拱出纹饰，复于其间加绘低温绿彩。盘底有青花楷书“大清康熙年制”六字双行双圈款。口径 17.6、足径 10.4、高 4 厘米（图二八）。经拼对后确定此坑仅出土一件不完整器物。

1 （清）鄂尔泰、张廷玉：《国朝宫史》，第 291~294 页，北京古籍出版社，1994 年。

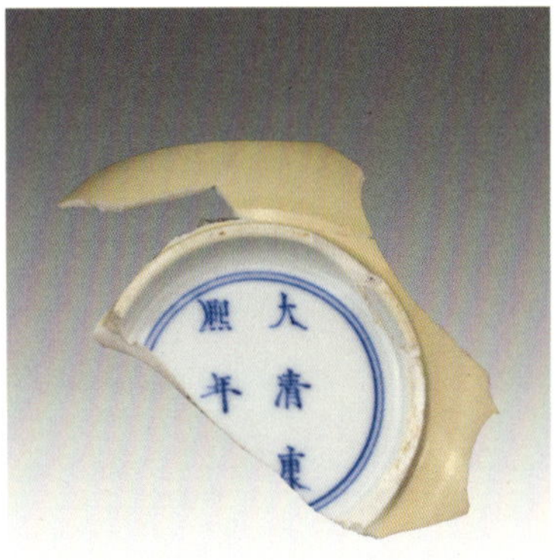

图二六 康熙款米黄釉碗底残片（16G10H1：9）

图二七 康熙款紫金釉碗（16G10H1：4）

图二八 康熙款白地绿彩龙纹盘（16G10H1：5）

图二九 素三彩暗刻云龙花卉纹残片（16G10H1：10）

图三〇 素三彩虎皮釉残片（16G10H1：11）

图三一 仿哥窑釉荸荠瓶残片（16G10H1：13）

素三彩暗刻云龙花卉纹残片　16G10H1：10，素三彩绘花卉纹，内壁素白。外壁饰黄、绿、紫三彩绘花卉纹（图二九）。此坑共出土五片，其中一片为口沿，四片为腹部。

素三彩虎皮釉残片　16G10H1：11，以黄、紫、绿、白四种釉色间隔混杂点染于器上，自然晕散，形成不规则的虎皮斑状纹（图三〇）。此坑共出土两片，其中一片为口沿，一片为腹部。素三彩虎皮斑纹始见于康熙朝，其后亦有制作。

孔雀绿釉残片　16G10H1：12，出土时釉色剥离严重。

仿哥窑釉荸荠瓶残片　16G10H1：13，中间无衔接，圆腹，底部缺失，开片纹不够清晰（图三一）。经拼对后确定此坑仅出土一件不完整器物。

仿哥窑釉盘底残片　16G10H1：15，无款。此坑仅出土一片（图三二）。

天蓝釉底残片　16G10H1：14，此坑仅出土一片（图三三）。

图三二 仿哥窑釉盘底残片（16G10H1：15）

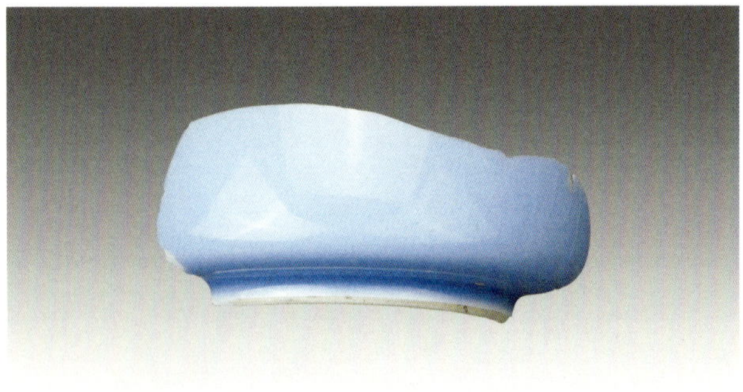

图三三 天蓝釉底残片（16G10H1：14）

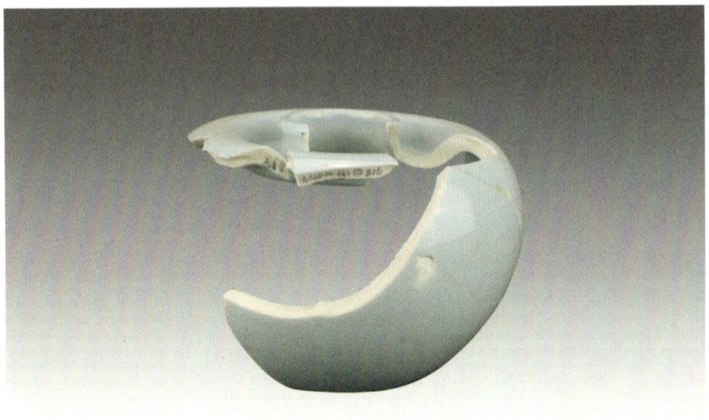

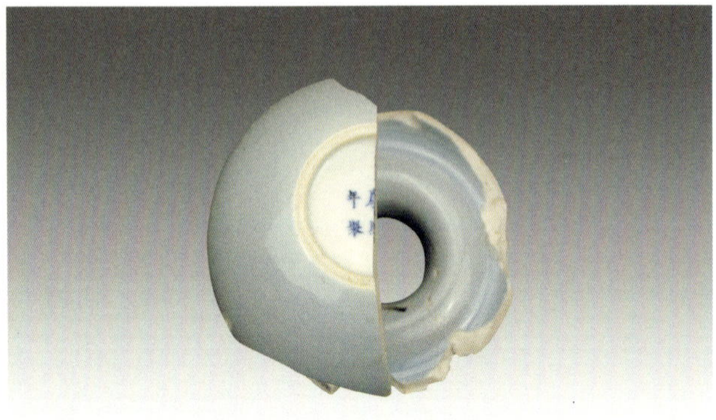

图三四 康熙款天蓝釉苹果尊（16G10H1：16）

康熙款天蓝釉苹果尊 16G10H1∶16，残。小口，短颈，器口内凹，圆肩、圆腹，圈足内凹，形似苹果，属文房用品。通体施天蓝釉，釉色淡雅柔和，釉面光润均匀。器底内凹，施透明釉。底部施白釉，青花楷书“□□康熙年制”六字三行款（图三四）。口径 2.7、足径 4.3、高 7 厘米。经拼对后确定此坑仅出土一件不完整器物。

蓝釉残片 16G10H1∶18，腹部残片。此坑仅出土一片（图三五）。

茄皮紫釉残片 16G10H1∶19，经过地下长期埋藏后出土时出现釉色剥离严重的状况。此坑仅出土三片，两片为腹部，一片为底部（图三六）。

康熙款紫釉暗刻云龙纹碗 16G10H1∶20，残。侈口，弧壁，深腹，圈足。外壁施深色均匀的紫釉，圈足内施白釉，腹部暗刻二云龙赶珠纹，圈足墙外暗刻回纹。圈足内施白釉，碗底青花楷书“大清康熙年制”六字双行双圈款。口径 15.2、足径 5.5、高 7 厘米（图三七）。经拼对后确定此坑共出土 6 件，均不完整。

康熙款黄地青花福寿字云龙纹碗 16G10H1∶21，残。侈口，弧腹，圈足。碗内及底足内施白釉，碗心双圈内绘一腾跃于云中之青花立龙；外壁以黄釉为地，通体以青花描绘纹饰，其上通景绘制两条赶珠龙纹，二龙首尾之间各点缀灵芝一株，其上饰如意形牌，分别书写“福”“寿”，二字间以云龙纹，足沿以莲瓣纹环绕一周。整器纹饰留白之处均以黄釉填满，底部青花楷书“大清康熙年制”六字双行双圈款。

图三五　蓝釉残片（16G10H1：18）

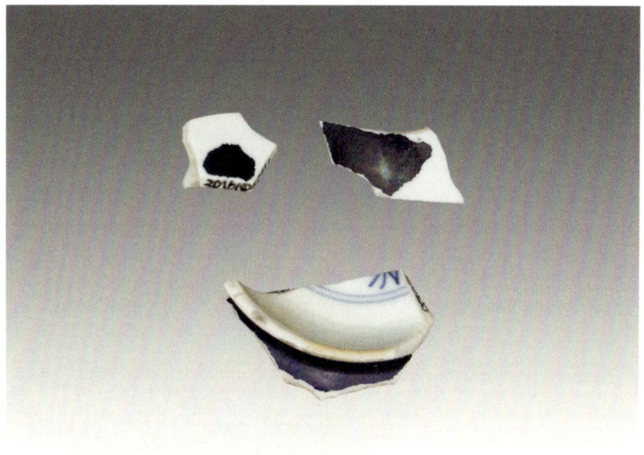

图三六　茄皮紫釉残片（16G10H1：19）

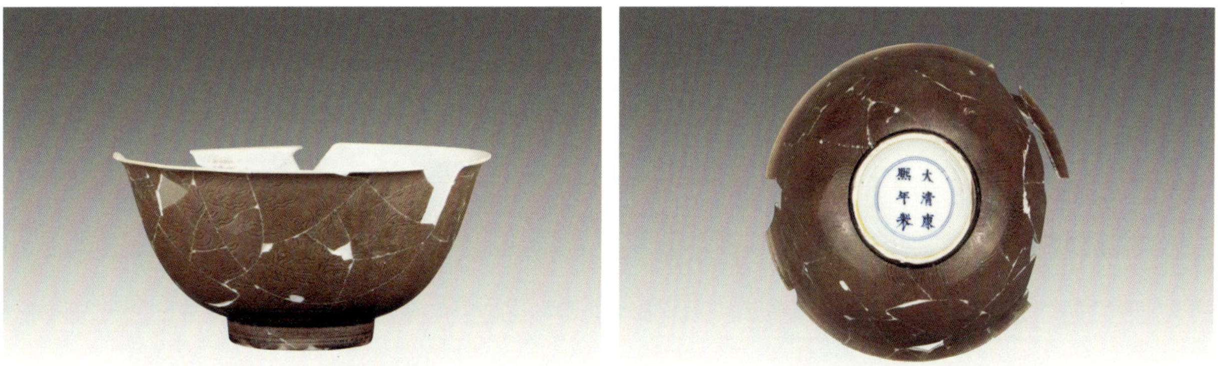

图三七　康熙款紫釉暗刻云龙纹碗（16G10H1：20）

口径 13.1、足径 5.6、高 6 厘米（图三八）。经拼对后确定此坑共出土两件，其中一件不完整，另一件仅有口沿。据《国朝宫史・经费一・铺宫》[1] 中记载此种碗为皇室日用器皿，专供“嫔”等级使用。

康熙款绿地紫龙纹碗　16G10H1∶22，残。敞口微侈，深弧腹，圈足。内壁素白，器外云龙纹先在成型的胎体上刻好，于内底与圈足底部施透明釉后高温烧成，再在外壁涩胎处以绿釉为底色，以紫彩填绘纹样，低温两次烧成，紫彩微过或不到轮廓线。绿彩光亮，紫彩淡雅，折光处呈五色蛤蜊光。碗底有青花楷书“大清康熙年制”六字双行双圈款。口径 11.1、足径 4.2、高 5.8 厘米（图三九）。经拼对后确定此坑共出土两件，其中一件不完整，另一件是口沿残片。据《国朝宫史・经费一・铺宫》[2] 中记载此种碗为皇室日用器皿，专供“贵人”等级使用。在 2014 年南大库发现的瓷片埋藏坑中也出土有同类型的碗。

清康熙款绿地紫彩龙纹盘　16G10H1∶23，残。盘直口，口沿外侈，弧腹，圈足。胎体厚重，通体

1　（清）鄂尔泰、张廷玉：《国朝宫史》，第 291~294 页，北京古籍出版社，1994 年。

2　（清）鄂尔泰、张廷玉：《国朝宫史》，第 291~294 页，北京古籍出版社，1994 年。

图三八 康熙款黄地青花福寿字云龙纹碗（16G10H1：21）

图三九 康熙款绿地紫龙纹碗（16G10H1：22）

施深绿釉，并绘以深紫色云龙纹图案，盘内心有紫色单圈，内绘一条立龙穿行于火焰、云海间，躬身逐珠；盘内、外壁各绘两条紫色赶珠龙，间以火焰、流云纹，外壁下部另有一圈较短须弥纹；盘底部圈足露胎，在白釉底中央有青花双圈，内为楷书“大清康熙年制”六字双行双圈款。口径31.2、足径23.1、高6厘米（图四〇）。经拼对后确定此坑仅出土一件。据《国朝宫史·经费一·铺宫》[1]中记载此种盘为皇室日用器皿，专供“贵人”等级使用。

豇豆红釉瓶残片 16G10H1：25，内壁素白，外壁表面散缀深红色斑点，釉面薄而细腻，呈现出淡雅的桃红色（图四一）。此坑仅出土一片。

豇豆红釉菊瓣纹瓶底残片 16G10H1：26，浅窄圈足，外壁施豇豆红釉，内壁施白釉，近底处凸

1 （清）鄂尔泰、张廷玉：《国朝宫史》，第291~294页，北京古籍出版社，1994年。

图四〇 康熙款绿地紫彩龙纹盘（16G10H1：23）

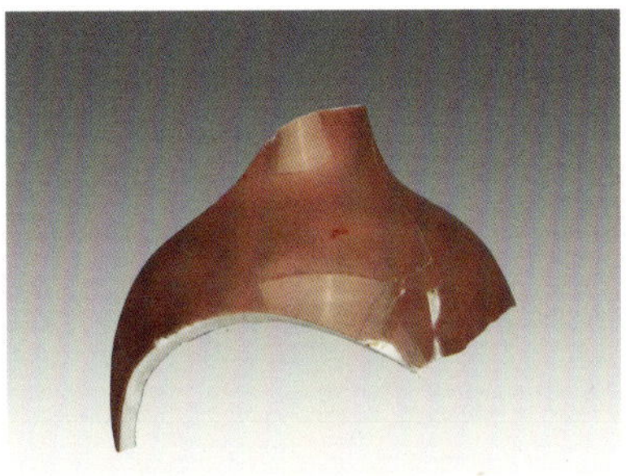

图四一 豇豆红釉瓶残片（16G10H1：25）

图四二 豇豆红釉菊瓣纹瓶底残片（16G10H1：26）

图四三 釉里红加彩花卉纹水盛（16G10H1：27）

雕一周细长的菊瓣纹，釉堆积在近底处，摸起来扎手，系烧制时流淌不均匀所致。外底署青花楷书“大清□□□□”六字三行款。足径残长 4.5 厘米（图四二）。此坑仅出土一片。

釉里红加彩花卉纹水盛　16G10H1∶27，残。小口外侈，卷唇，圆腹，无底。外壁以釉里红加彩饰两组折枝花，釉里红花蕾与釉上彩枝叶交相辉映，表现出高雅的艺术情趣。口径 2.8 厘米（图四三）。经拼对后确定此坑仅出土一件不完整器物。

五彩花卉纹执壶残片　16G10H1∶28，经拼对后仍有口沿、腹部、把手等部位的数片残片。

珊瑚红釉青花碗残片　16G10H1∶33，碗壁直口。外壁罩低温珊瑚红釉；内壁口沿绘席地纹，腹部素白。根据残片判断可能为外珊瑚红釉内青花荷花鹭鸶纹碗。珊瑚红是清初创烧的一种低温铁红釉，釉色均匀光润，呈色红中闪黄，因似天然珊瑚色，故名（图四四）。此坑共出土三片，其中口沿两片，腹部一片。

康熙款白釉盘　16G10H1∶36，残。口沿微侈，弧腹，圈足。通体施白釉，光素无纹饰，釉质肥厚光洁，器形规整厚重，底部青花楷书“大清□熙年□”六字双行双圈款。口径 19.4、足径 12.1、高 3 厘米（图四五）。经拼对后确定此坑仅出土一件不完整器物。在 2014 年南大库发现的瓷片埋藏坑中也出土有同类型的盘。

龙泉窑青瓷残片　16G10H1∶53，灰色胎。此坑共出土三片，均为口沿残片。

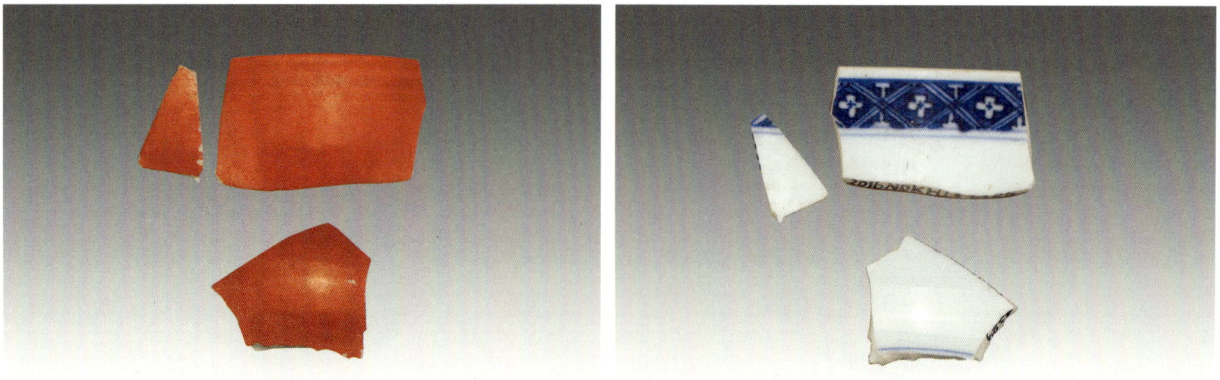

图四四 珊瑚红釉青花碗残片（16G10H1：33）

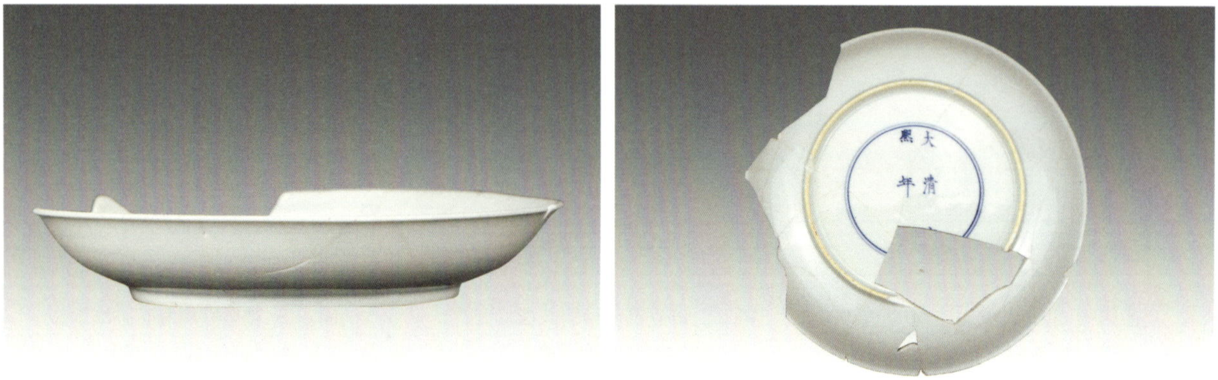

图四五 康熙款白釉盘（16G10H1：36）

四、结语

1. 南大库区域属性

南大库为近现代称谓。该区域在清代存在外瓷器库（瓷器库）、干肉处、激桶处、灯库（灯笼库）、武器库、木库、鞍鞊库等功能分区，目前仅存灯库建筑。根据灯库建筑的明代大木形制特征，结合2015年在此区域发现的明代建筑基础，并查看康熙十八年（1679）的《皇城宫殿衙署图》（图四六），图中该区域绘有两排灯库类库房建筑与2015年的考古发现相吻合，可以推定明代在此区域已有类似灯库形制的连排库房类建筑，但功能不明。

康熙二十八年（1689）在内务府的广储司下增设了茶库和瓷库二库[1]，《钦定总管内务府现行则例》中载："康熙二十八年十二月议覆奏准分设磁库、茶库，各添设员外郎二员，司库二员，库使十五名，

1 （清）雍正：《钦定大清会典事例》卷一五九"内务府·广储司"条载："（康熙）二十八年增设茶库、瓷库。"

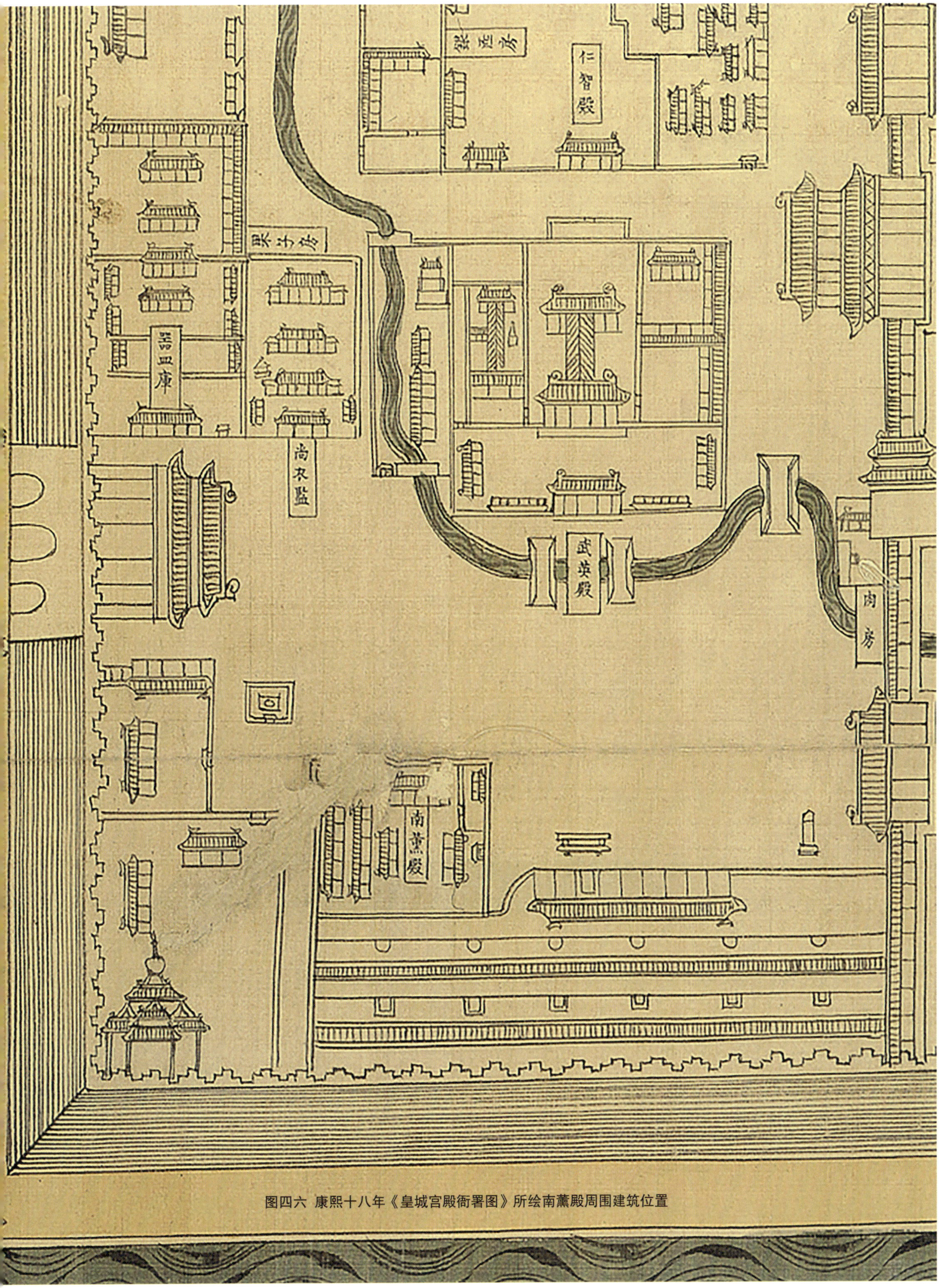

图四六 康熙十八年《皇城宫殿衙署图》所绘南薰殿周围建筑位置

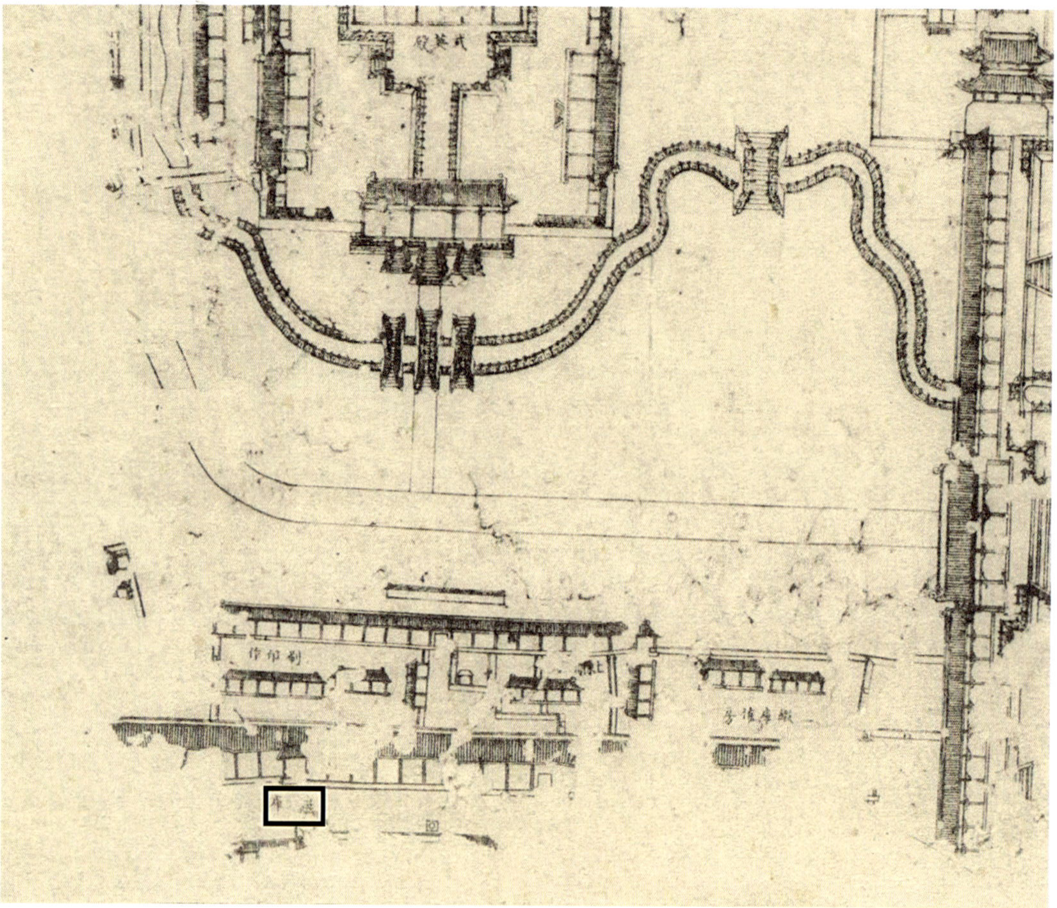

图四七 《清乾隆内府绘制京城全图》所绘“磁库”位置

将磁库令管理银库、皮库之郎中管理，茶库令管理缎库、衣库之郎中管理，添设笔帖式六员。”可知康熙二十八年十二月之后，瓷库才开始建立[1]。

《清乾隆内府绘制京城全图》（图四七）中反映的是乾隆十年（1745）末到乾隆十五年（1750）中期的北京城及紫禁城状况[2]，此时的南大库区域基本与康熙时期一致，图中标注此处曾有建筑作为“磁库”使用。

《日下旧闻考》卷七一“官署”条有载：“……瓷库在中左内外迤西之西配房及武英殿前影壁后连房……”[3]从地理位置上看，“武英殿前影壁后连房”对应的就是南大库区域。另外嘉庆朝与光绪朝《钦

1 《钦定总管内务府现行则例》载：“广储司职掌出纳等事，初名御用监。顺治十八年分为银库、皮库、缎库、衣库，设郎中三员，员外郎八员，笔帖式八员，每库各设库使十名。……康熙二十八年十二月议覆奏准分设磁库、茶库，各添设员外郎二员，司库二员，库使十五名，将磁库令管理银库、皮库之郎中管理，茶库令管理缎库、衣库之郎中管理，添设笔帖式六员。”

2 杨乃济：《〈乾隆京城全图〉考略》，《清乾隆内府绘制京城全图·说明书》，第160页，紫禁城出版社，2009年。

3 （清）于敏中等编：《日下旧闻考》，第1183页，北京古籍出版社，1981年。该书始修于乾隆三十八年（1773），成书于乾隆四十七年（1782）。

图四八 “磁库”石章（故00001235）

定大清会典事例》“工部一·宫殿·外朝之制”条均载：“武英殿之南为外瓷器库。”[1]文献记载：“瓷库专司收存金银器皿并古铜法郎镀金、新旧瓷、铜、锡器等物。银作需用红铜索丝、铜、锡，熟皮作需用铜丝、铜条、铜铃、云口压条、铜幪，铜作需用铜钉、铜丝，衣作需用镀金铜纽，花作需用红铜豆条，俱向瓷库领用。内廷遇喜，分例所用铜、锡、瓷器，不拘数目，据宫殿监督领侍等传交瓷库，照数给与。江西烧造瓷器，烧造赍送呈进拣选留用外，其余交库收贮，以备内廷及各处用。”[2]可知“瓷库”负责收贮金、银、铜、锡器皿，以及江西烧造赍送的瓷器，“呈进拣选留用外”，其余的都留存于瓷库备用。清宫旧藏文物中有一方刻着“磁库”二字的满汉双文印章（图四八），也证明磁（瓷）器库是内府所设官府机构。

《清宫述闻》也载：“武英殿之南，为外瓷器库……”[3]而武英殿南边不远处即为南大库区域，南大库区域曾是清宫瓷器库库址（之一）所在无疑[4]。

据雍正五年（1727）年希尧至景德镇视察时给皇帝奏折中的内容[5]，在康熙十九年（1680）至二十五年（1686）期间一共烧造了御窑瓷器15.2万余件，产量巨大，这是康熙二十八年广储司增设瓷库的原因之一。既然有库存，损伤也在所难免。据《故宫物品点查报告》，1924年清室善后委员会点查各宫物品时，在瓷库发现了“破碎瓷器三十五桶”[6]。可以看出南大库作为清宫瓷器

1 《今古地理述》亦载，“外瓷器库在西华门内武英殿之南”，转引自章乃炜等编：《清宫述闻》，第313页，紫禁城出版社，2009年。

2 故宫博物院编：《钦定总管内务府现行则例二种》，海南出版社，2000年。此外，乾隆朝《钦定大清会典则例》卷一五九“内务府·广储司”条也有相关记载：“……瓷库掌瓷器，及铜锡器皿……瓷器解送到日，进呈拣选留用外，余交库收贮备用。”

3 章乃炜等编：《清宫述闻》四之《述外朝（三）：午门右西华门内》“外瓷器库等处”，第313页，紫禁城出版社，2009年。

4 万依在《故宫词典》中也提到：“外瓷器库库址，位于武英殿对面之南连房，为清内务府六库之一，为与内右门外西配房瓷器库相区分，称此为外瓷器库。”万依：《故宫辞典》，第19页，文汇出版社，1996年。

5 铁源、李国荣：《清宫瓷器档案全集》卷一，第63页，中国画报出版社，2008年。

6 清室善后委员会：《故宫物品点查报告·第五编》第二册卷五，第10页，线装书局，2004年。

库房一直沿用到此时。点查报告中还记录了在多处宫殿区内发现成箱的破损瓷器和瓷片[1]。说明对破损瓷器瓷片的收集和装箱收贮，是一种管理方式。

2. 埋藏物与埋藏坑年代

16G10H1中出土的瓷器可分为两大类，以日用器为主，有少量文房用器，主要是康熙时期的御窑瓷器。除极个别器物或修底过薄，或器形不够周正以外，大多数造型都很规整，无变形现象。瓷器的瑕疵主要体现在釉彩上面，很多器物或釉面粘有灰渣，或釉色发色不正，或纹饰有画错现象，或底款写得不够规整，推测属于宫中整理库房时集中清理品。根据文献记载[2]，康熙二十年（1681）开始在景德镇御窑厂烧造御用瓷器，故此坑瓷器的烧造年代上限不早于康熙二十年。

除此之外，还有另一种可能，则是关于雍正六年（1728）以前的次色瓷处理方式，唐英在奏折中有过提及[3]，所以康熙时期落选的次色瓷应该是如文献记载散存在御窑厂内的，厂内工匠甚至可以随意使用，破损和遗失的数目也无从查证。这说明当时还没有形成次色瓷处理体系，管理是比较混乱的。雍正六年十月唐英到任后，自雍正七年始至乾隆七年（1729~1742），是将落选御用瓷器按年酌情估价，登记造册，与正品御用瓷器一起按年度运京，交内府贮存，或在京变价出售，或以备赏赐时用[4]。故不排除坑中瓷器有可能是在雍正七年以后才通过水路[5]运进宫里的。

综上所述，结合2014~2016年连续三年的发掘收获，可以看出南大库区域是宫内一处集中处理破损瓷器瓷片等宫廷生活损毁器物的掩埋场地，从历年的发掘资料看，清代宫中库房会定期处理废弃物品，采取挖坑掩埋方式是一种普遍现象，亦体现了皇权对御用瓷器的严格管理。

---

1 清室善后委员会:《故宫物品点查报告》，线装书局，2004年。在慈宁宫、上书房、斋宫、承乾宫、奉先殿、茶库、毓庆宫、如意馆、寿药房、敬事房（敬事房后院）、古董房、永寿宫后殿、宁寿宫、寿康宫、体顺堂及各厢房等处均发现有破损瓷器和瓷片。

2 《大清会典事例》卷九百《内务府库藏》载："（康熙）十九年，命内务府，工部司、员各一人，在江西烧造瓷器……二十七年，奏准停止江西烧造瓷器。"

3 （清）唐英:《请定次色瓷器变价之例以杜民窑冒滥折》，乾隆八年二月二十日。"奴才于雍正六年奉差江西，监造瓷器，自十月内到厂，即查得有次色脚货一项，系落选之件，从前监造之人，以此项瓷器向无解交之例，随散驻厂署，听人匠使用，破损遗失，致烧成之器皿与原造之坯胎，所有数目俱无从查核。"

4 权奎山:《江西景德镇明清御器（窑）厂落选御用瓷器处理的考察》，《文物》2005年第5期。

5 （清）蓝浦、郑廷桂著，欧阳琛、周秋生校点，卢家明、左行培注释:《景德镇陶录校注》，第28页，江西人民出版社，1996年。记"附:厂器岁解运数例:《陶成纪事》载:'厂器陶成，每岁秋冬二季，雇觅船只夫役解送圆、琢器皿六百余桶。岁例:盘、碗、钟、碟等上色圆器，由一、二寸口面以至二、三尺口面者，一万六七千件。其选落之次色，尚有六七千件，一并装桶解京，以备赏用。其瓶、罍、樽、彝等上色琢器，由三、四寸高以至三、四尺高大者，亦岁例二千余件。尚有选落次色二三千件不等，一并装桶解京，以备赏用。'"

总 负 责 人： 李　季
参 加 发 掘： 徐海峰、吴　伟、张文青、许国平、张希章
张东生、李树军
遗迹（物）摄影： 吴　伟、宁　霄、马文轩、兰会青
张　灵（实习）
遗迹（物）绘图： 吴　伟、李树伟、张　灵（实习）
刘子瑾（实习）、张晓婉（实习）
遗 物 整 理： 赵　瑾、张文青、许国平、张希章
瓷片拼对实习生
北京联合大学：南　希、何　姗、陈茜茜、高丽丽、江雪辰
北京城市学院：2016 级
谢朝艳、王　丽、常文浩、张紫薇、王雪娇
楼安琪、郑　蓉
2017 级
刘紫涵、顾佳洁、王思雨、杨　颖、贾　萌
李铭玥、李啸鸣、颜祯鑫、金　晴、王雅欣
王赫轩、王晓铮、杜消遥、李泽宇、李　钰
执　　　笔： 赵　瑾、吴　伟

断虹桥桥头西南侧考古试掘报告

故宫考古研究所

断虹桥是紫禁城熙和门以北，武英殿之东横跨内金水河上的一座单孔石券桥，南北向，桥体以纵联式拱券法砌筑，青白石桥面，汉白玉栏杆、栏板、望柱，栏板饰穿花龙浮雕图案，望柱头雕刻神态各异的石狮，堪称内金水河诸桥之冠。

一、位置、工作方法及层位关系

2016 年 4 月 8 日 ~ 4 月 21 日，为配合断虹桥桥头西南侧实施管道开挖工程，故宫考古研究所秉持"最小干预、微创发掘"的紫禁城考古理念，对施工区域进行抢救性考古试掘和清理，兹报告如下。

试掘区域位于断虹桥桥头西南侧，北距内金水河河面 2.5 米，西距武英殿院落东墙 30 米（图一）。依据工程施工位置，我们将施工现场开挖的不规则形坑整治形成一个曲尺形的探方（编号 16G1101T1，"11" 指故宫分区之外朝西路武英殿及宝蕴楼区；"01" 指武英殿区），面积约 20 平方米。探方内现地面及表土层下即暴露遗迹，我们将坑四壁切直以观察地层堆积状况，自上而下逐层清理遗迹，并将揭露出的遗迹全部保留，同时利用施工范围内西北部下挖的 2 米见方的深坑，以局部解剖方式了解断面地层堆积，辅以考古勘探的手段追踪部分遗迹的平面分布范围，同时提取不同深度的土样做进一步的科技检测（图二、图三）。

兹以探方东壁为例说明层位关系如下。

第 1 层：散水及白灰层。卧丁砖对缝平铺一层，以白灰涂抹砖缝，厚 0.1 米；散水下铺垫一层白灰，厚 0.06~0.08 米。

第 2 层：地面。顺砖错缝平铺二层，砖缝间也以白灰涂抹，厚 0.1~0.11 米。

第 3 层：墙体及夯土层。卧丁砖错缝平砌墙体，残存 7~9 层砖，厚 1.04~1.24 米；夯土层，墙体南

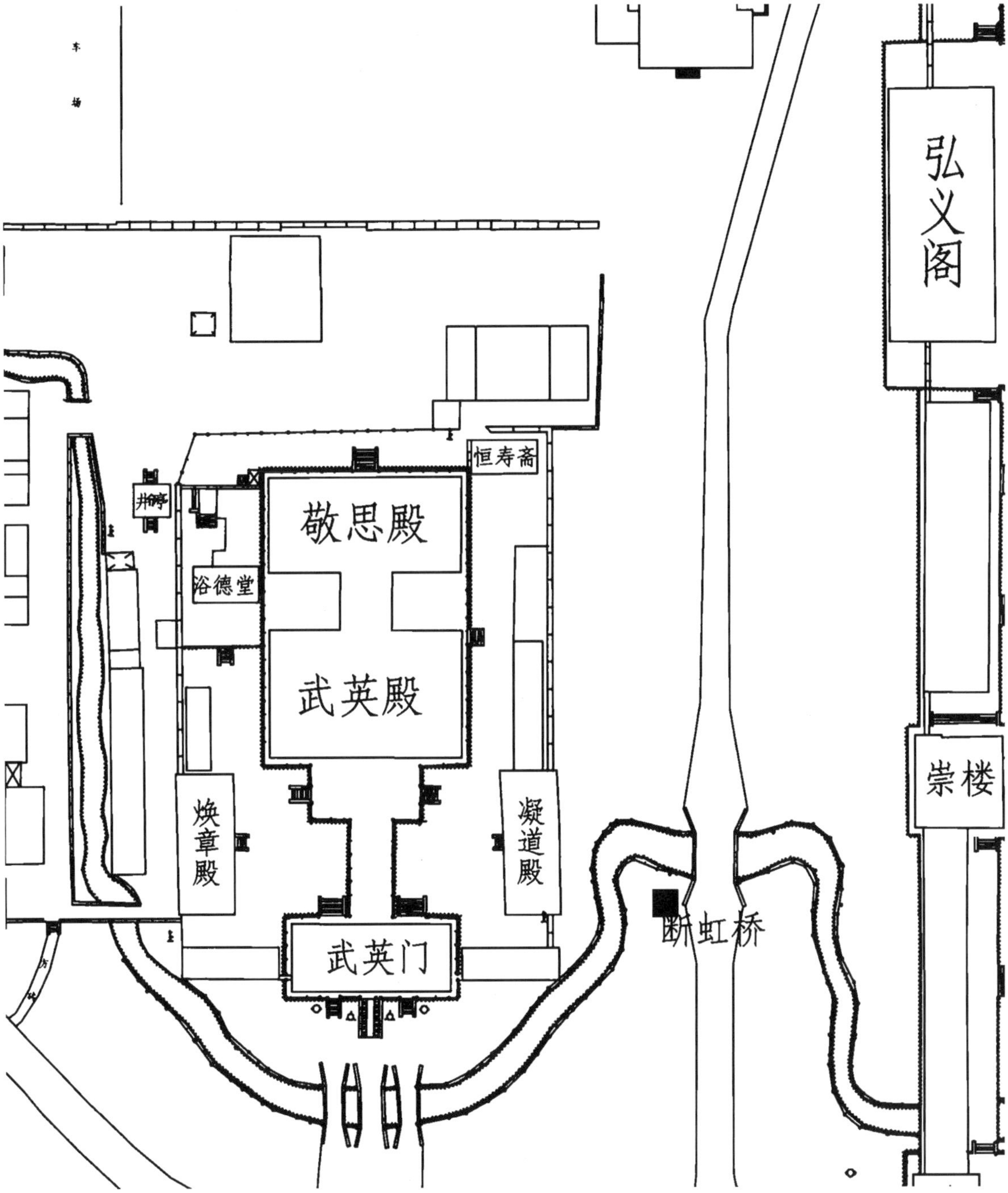

图一 断虹桥试掘位置示意图

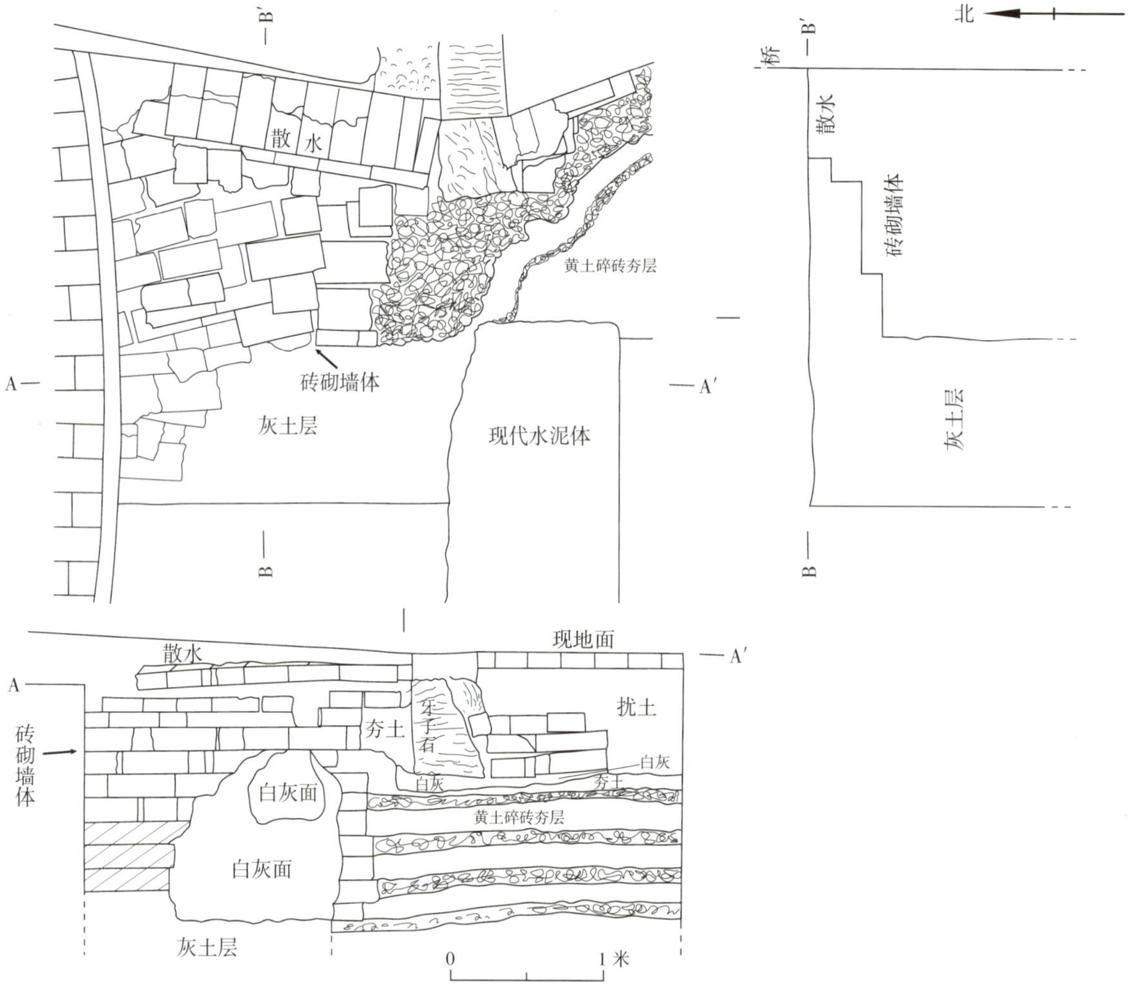

图二 试掘区域平、剖面图

图三 考古试掘现场（西—东北）

侧发现黄土碎砖交互夯层，清理 9 层，编号③ a~ ③ i，厚 0.84~1.44 米，清理不及底。

第 4 层：灰土层。在砖砌墙体外侧发现一种灰土层，呈灰褐色，紧密包裹墙体，致密坚硬，不分层次，深 4.7 米，未及底。

二、遗迹

此次试掘发现并清理出散水及地面、砖砌墙体及夯土层、灰土层三类遗迹。

1. 散水及地面

发现于西南桥头西侧，为桥首靠山兽、桥体栏板地栿、仰天石外侧的散水。现散水只残存南北长 2.34、东西宽 0.5 米的一段，由桥体向外侧（西）倾斜，上部原为现代地面。此段散水为顺砖对缝平砌，也即俗称的“一顺出”或“一封书”做法。该段散水以加工后的条砖砌边，南端直抵桥头牙子石，北部依现状推断应顺桥体延伸，因现代地面覆压及超出施工区域未做清理。该段散水因年久和踩踏，散水面只存两块整砖，余皆中间断裂或缺失成半砖。砖为素面暗青色，规格不一：长 38~44、宽 20~33、厚 7~8.5 厘米。散水下铺垫一层厚约 6 厘米的白灰层，白灰层下又发现了二层顺砖错缝平砌的地面，因施工的原因，西部、南部地面皆缺失，地面用砖与散水相同，从现状推测地面也向南、向西铺展，现地面厚 0.2 米（图四）。

图四 散水（北—南）

2. 砖砌墙体和夯土层

散水及地面之下发现有墙体。墙体为多层砖砌成，砌法为卧丁砖错缝平砌，其中南端和西部到边界，西部发现一块顺砖侧立砌边，北端底部尚残留三层砖向西延伸，与南端墙体形成转折，因此向北向西皆超出施工区域，范围暂不清，从走向观察，从南往北向河面一侧的墙体有逐渐外扩呈阶梯式分布趋势。除北端外，其余墙体保留最多处是 9 层砖，最少处是 7 层砖，砖为素面淡青色，砖体厚重，规格为长 0.48、宽 0.23、厚 0.13 米，从体量看，明显区别于散水用砖，显得厚重坚固。在发掘区内，墙体由桥体向西宽约 1.7~2.6 米，由南端到北端长约 1.4 米。该墙体南

图五 砖砌墙体（西—东）

图六 黄土碎砖交互夯层（西—东）

侧发现黄土碎砖交互夯层，也即一层黄土一层碎砖交替夯打而成。黄土纯净致密，碎砖多为人工砸成的细小砖块压实，整个夯层异常坚硬。在发掘区内共发现有 9 层，其中黄土层 5 层、碎砖层 4 层，厚约 1.15 米。从墙体南端砖面观察，此夯层与墙体无缝相接，是与墙体同期夯筑而成为一体的构筑物。又据此向下钻探到距地表深 2 米处见地下水出露，夯土层未及底。此夯层向南、向西皆延伸出发掘区（图五、图六）。

3. 灰土层

在砖砌墙体外侧近桥身部位和向河面延伸方向发现一种灰土层，灰土层紧密包裹墙体，土层主体呈灰褐色，土质异常致密坚硬，分不出层次，也无法切直剖面观察，只能借助工具钻凿出不规则形土块。肉眼观察土块纯净细腻，无杂质无孔隙，性状如石块，一经与空气接触表面即有一层极薄的白霜状物质。此土层向下清理到 4.7 米深度仍未见生土层，因地下水从砖墙缝隙不断渗出无法清理到底。为了解其分布范围，在施工区外围进行了考古勘探。勘探结果显示，此种土层顺内金水河道走向分布，南北宽约 3.2 米。关于灰土的成分、性状等，经初步检测和分析，是一种建筑胶结材料，系由沙、石灰、黏土构成的三合土，并掺加有机物——糯米汁以改良其性能，具有高致密性和强防水性等特征（检测报告附后）。从以往的勘察情况看，此种灰土在紫禁城内广泛分布，对部分宫殿前广场和庭院地面下灰土的化验分析结果表明，其无机物的主要成分是二氧化硅，占 55.84%，有机物占总量的 0.36%[1]。断虹桥处发现的灰土，无机成分也以二氧化硅为主，有机成

1 白丽娟、王景福：《故宫建筑基础的调查研究》；石志敏：《故宫地基基础综合勘察》，《紫禁城建筑研究与保护——故宫博物院建院 70 周年回顾》，紫禁城出版社，1995 年。

图七 灰土层（南—北）

图八 灰土层北壁局部

图九 灰土层南壁局部

图一〇 清理出的灰土块

分占比不超过 1%，因此说明此处发现的灰土与紫禁城内既往发现的灰土成分相近，性状相同，是具有高强度和抗水性的隔水层和加固层，是紫禁城地下基础的一种常见的做法（图七 ~ 图一〇）。

三、遗物

在黄土碎砖交互夯层中还发现有少量遗物，主要为建筑构件残件和瓷器残片。

建筑构件可辨器型有琉璃瓦、琉璃脊饰残件。琉璃瓦皆为碎块，磨圆度较高，胎呈砖红色，较细腻，釉均脱落。T1 ③ b : 3，琉璃瓦残件，外壁扁平、素面，内壁有模糊的网格纹印痕。残长 10.7、残宽 6、胎厚 2.4 厘米（图一一）。T1 ③ b : 4，琉璃脊饰残件，一面扁平，表面残留有黄釉、绿釉及白色化妆土；一面为凸起的浮雕，有细小的钻孔、浅窝，表面亦残留绿釉。残长 6.9、残宽 3.5、最大厚度 3.1 厘米（图一二）。

图一一 琉璃瓦残件

图一二 琉璃脊饰残件

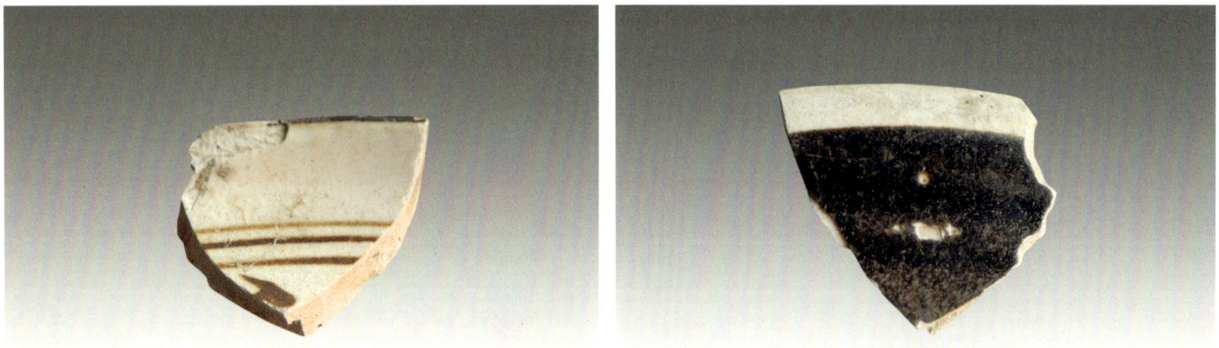

图一三 碗口沿残片

出土的两件瓷器皆为碗残片。T1③b∶5，碗腹部残片，灰白色薄胎，釉皆已脱落直接露胎。残高3.5、残宽3.6厘米。T1③b∶6，口沿残片，敞口、尖圆唇、弧腹，灰白色胎，内壁白釉地上绘褐色平行线纹带，内绘图案；外壁口沿处施一周白釉，唇部及腹部施黑釉。残高3.4、残宽3.7、胎厚0.5厘米（图一三）。

四、结语

试掘发现的散水及地面，从其砌法、用砖等观察，与院内已知的清代散水砌筑方法相一致，是清代于桥体外侧铺设的散水及地面；说明有清一代随着紫禁城活动面的抬升，在断虹桥桥体外侧直接于原地面上铺设散水及地面，保证了桥的使用和与此区域建筑的一体化。此次发现也为断虹桥区域地下遗存的历史变迁提供了证据。

砖砌墙体，根据中国明清官式古桥的结构及作法，一孔券桥由河面至两侧桥头方向依次为金刚墙、雁翅或雁翅上泊岸、河身泊岸、背后砖、背后灰土结构，从此处砖砌墙体结构和所处位置看或可称为背后砖，而背后砖又根据所在的不同部位也有不同的名称，由于在泊岸后边所以或应称为泊岸背后砖。而黄土碎砖交互夯层，从以往对紫禁城地下基础的勘察及近年来在紫禁城内的考古勘探和发掘证实，该夯层是人工构筑的地基垫层，属紫禁城肇建也即明永乐时期构筑的基础，在紫禁城内普遍分布，最薄3~3.5、最厚8~8.5米，而根据建筑等级、功能及格局的不同，夯层的做法、厚度等均有所不同。例如太和殿、保和殿人工夯筑层厚达16~16.5米，太和殿南丹墀底界深达8~8.5米；中左门、中右门前丹墀深达6.5~7米[1]；而在慈宁花园以东发现的此种夯层，夯打严整、规矩，密不透风，最厚达3.4米；在东城墙墙基下及南三所门外建筑遗迹下发现的此种夯层也较为规整、致密，厚达1~1.78米；而在端门广场、南大库、仪仗库等处发现的此类夯层，则夯打较粗疏，厚度不均、硬度不够，厚达1.2~1.8米。这次在桥头发现的这一类夯层，虽不及慈宁花园东院夯层的规则工整，但也夯打密实、分层较匀，体现了较强的整体性和不可分割性，再次证实明永乐建宫城时是统一规划、统一构筑地基的。

灰土层也因在不同部位而有不同的叫法，此处依据中国传统官式石桥的结构，或称为背后灰土。泊岸、背后砖及灰土成为一体化构筑物，完整而坚固，从而有效地防渗、防漏、防冲刷，在目前尚无法了解桥内部结构的情况下，这一区域揭露的遗迹也从一个侧面反映了官式作桥的严整和考究。断虹桥发现的灰土堆积的性状，与以往在紫禁城内广场、庭院、通道地面等基础中发现的灰土性质类似，此种灰土层一般在地面0.5米以下，在地下时呈深褐色，坚韧难挖，挖出后见空气后渐呈白色，泛白霜[2]。此处发现的灰土即有此性状，白色部分为白灰层，经检测是白灰、沙、黏土组成的三合土，外加有机物糯米汁改良其性能,形成高强度和抗水性,而在传统的三合土中添加糯米汁,是一种制作工艺的创新。此次发现，为研究此类胶凝性质的建材又提供了新的证据。

出土遗物中的砖红色胎绿琉璃脊饰及瓦残件在张北元中都遗址[3]、北京后英房元代居住遗址[4]，特别是在紫禁城内东城墙墙基下夯层及慈宁花园以东明早期磉墩周边夯层中也有发现[5]，是具有元代风格的建筑构件。瓷器残片的特征与紫禁城内东城墙墙基夯土基础中出土的同类型遗物相似，也具有金元时期特征。单从遗物来判断，出土此类遗物的夯层年代应不早于该遗物的使用年代。另墙体用砖与已发现的明代青砖形制、规格均一致。综合考虑墙体及其夯层构筑法，并结合上述在紫禁城内已发现的层位关系明确的同一类黄土

1　白丽娟、王景福：《故宫建筑基础的调查研究》；石志敏：《故宫地基基础综合勘察》，《紫禁城建筑研究与保护——故宫博物院建院70周年回顾》，紫禁城出版社，1995年。

2　白丽娟、王景福：《故宫建筑基础的调查研究》；石志敏：《故宫地基基础综合勘察》，《紫禁城建筑研究与保护——故宫博物院建院70周年回顾》，紫禁城出版社，1995年。

3　河北省文物研究所：《元中都（1998~2003年发掘报告）》，文物出版社，2012年。

4　中国科学院考古研究所、北京市文物管理处元大都考古队：《北京后英房元代居住遗址》，《考古》1972年第6期。

5　故宫博物院考古研究所：《故宫东城墙2014年考古发掘简报》，《故宫博物院院刊》2016年第3期；故宫博物院考古研究所：《故宫慈宁花园东院遗址》，《紫禁城》2017年第5期。

碎砖交互夯层，判定其年代当属明早期。因此，也说明至少从目前的考古证据看，断虹桥的始建年代不早于明早期。

关于断虹桥的年代、性质学界聚讼已久，皆因其关乎元大内及紫禁城中轴线位置。一说认为此桥是元代崇天门外周桥，进而推定断虹桥—旧鼓楼大街一线为元大内中轴线[1]；随着元大都考古勘探工作的开展，证实元大内中轴线位置为现今紫禁城中轴线的位置，也即明清紫禁城中轴线与元大内中轴线相重合[2]，因此，"周桥说"不实。一说此桥是元大内周桥之东虹，并非在中轴线上，而大内中轴线在现今武英殿—慈宁宫一线[3]。一说此桥非元代而为明代思善门外桥和清代武英殿东石桥。近来有学者发现了可能是元代周桥三虹之靠山兽，已被移作石屏风的底座，故推测周桥在永乐帝营建紫禁城前被拆除分解，其中虹被移建到武英殿东侧，也即现断虹桥的位置[4]。此亦间接说明断虹桥始建于明初，其桥身栏板、靠山兽等系利用原周桥中虹拆除后的部件，这与桥基之考古发现推测的年代相合。因此，在目前尚无法对桥本身及周边进行考古揭示的情况下，这次局部小范围的揭露和解剖就显得弥足珍贵，且仅从此次考古发掘看，尚无早于明代的证据，故年代上限定为明早期；此桥也非元之周桥，而元宫城中轴线与明清紫禁城中轴线重合，当为可信。

故宫考古研究所 2015 年曾在右翼门西北 23 米，内务府冰窖以东 8.4 米处消防管道开挖的沟槽内发现一段墙体，与冰窖南墙同处一线，东西长 7.4、南北宽 3.2 米，西端残存墙体，距地表深 0.43 米，系顺砖错缝平砌，尚余 5 层砖；东端墙体不存，残存有砖砌印迹的夯土堆积。西端墙体底部南侧发现有直壁基槽，从此处可看出基槽开挖于黄土碎砖交互夯层。在墙体南侧发现有丁字形青砖平铺的面，因被严重破坏并被现代路面覆压无法清理，结构不详，推测其原应为门道地面。从此处发现的砖墙及门道的位置并结合文献记载，初步推断该遗迹应属宝宁门。《明宫史》载："隆宗门外朝西者，亦监官典簿直房也。有井存焉。再南，则宝宁门，门外偏西大殿，曰仁智殿，俗所谓'白虎殿'也，凡大行帝后梓宫灵位，在此停供。其西南曰御酒房。西北曰马房，监官典簿奉旨问刑拷打内犯之所。门外有二大桩，俗云'里马房'者此也。东南曰思善门。门外桥西，曰武英殿，命妇朝皇后于此。"[5] 仁智殿为武英殿后的一座大殿，其位置在宝宁门外偏西，其西南角是御酒房，西北角是马房，东南角为思善门，思善门外桥西是武英殿，桥即今之断虹桥。宝宁门在明代是外朝西路通往内廷的一座重要的人门，与外朝东路之文华殿西北角的宝善门成东西对称。而宝宁门位置的推定也使外朝西路的格局逐渐明晰，也就是由南而北：断虹桥—思善门—宝宁门，所以由此或也说明断虹桥便是明思善门外桥。

---

1 姜舜源：《故宫断虹桥为元代周桥考——元大都中轴线新证》，《故宫博物院院刊》1990 年第 4 期。

2 元大都考古队：《元大都的勘查和发掘》，《中国城市考古学论集》，上海古籍出版社，2015 年。

3 王子林：《紫禁城中轴东移探析》，《故宫学刊》，故宫出版社，2015 年。

4 王子林：《紫禁城建筑之道》（典藏版），故宫出版社，2019 年。

5 （明）刘若愚著，吕毖编：《明宫史·金集·宫殿规制》《明宫史·木集·内府职掌》，北京出版社，2018 年。

此次对于断虹桥随工进行的抢救性清理工作，为进一步认识该桥的性质提供了部分证据，但是囿于工作开展得不够深入，也仅是基于目前考古材料的一种认识，对于其进一步的研究还有赖于多学科多样化的手段，但“见缝插针”式的考古或为最有效的路径之一。

勘探、发掘：张文青、张希章
线　　图：李树伟
电脑制图：邢增锐
摄　　影：徐海峰
执　　笔：徐海峰、郭子莉

附：故宫断虹桥胶结材料成分和形貌测试

北京化工大学材料科学与工程学院　王菊琳

（文物保护领域科技评价研究国家文物局重点科研基地）

一、断虹桥和胶结材料简介

断虹桥位于故宫太和门和武英殿之间，为单孔汉白玉石拱桥，南北走向，全长为 18.7 米，通宽为 9.2 米，呈两头宽、中间细的喇叭腰形，桥之石拱弧度小于 180°，属于圆弧拱桥。断虹桥两侧共有望柱 20 根，每侧 10 根，两两相对，每根望柱上雕刻一圈连珠莲花须弥座，座顶雕刻形态各异的石狮；石狮身上还刻有小狮，或一或二，造型生动，活泼可爱，大小不一，共 34 只。望柱间石栏板镶嵌，两边共有栏板 18 块，每块栏板上部透雕莲花盆景，下部是一前一后双龙追逐嬉戏牡丹宝相花浮雕。桥之建造年代为明初或元代尚未定论。但此桥用料之考究、装饰之华丽、雕刻之精美乃紫禁城内诸桥之冠。

胶凝材料，又称胶结材料，是在物理、化学作用下，能从浆体变成坚固的石状体，并能胶结其他物料，制成有一定机械强度的复合固体的物质。常见的有石灰、石膏、水泥、沥青、天然或合成树脂等。在传统胶结材料中，石灰被广泛应用。三合土——一种黏土、沙子和石灰的混合物，是一种常见的以石灰为胶凝材料的石灰基建筑材料。我国传统的三合土中还创造性地添加了如糯米浆、血料、桐油、蛋清、植物枝干的汁液等各种不同的有机材料以达到改良胶结性能的目的。

本文通过对所取胶结材料样品进行材质物理性能检测、热重 - 差热（DSC-TGA）、傅立叶红外（FT-IR）、X 射线衍射（XRD）、有机物检验实验等分析和扫描电镜（SEM）观察，分析出胶结材料成分及其含量，为断虹桥修建时间的判断和修建时材料的选用提供一定的依据。

二、样品宏观照片及描述

故宫断虹桥胶结材料样品，整体呈现泥灰色，表面沾有一些灰尘。由于使用时搅拌不均匀，在样品表面局部区域可看见白色石灰颗粒。样品总体而言较为致密、坚硬，有一些细小孔隙，推

图一 断虹桥胶结材料实物宏观形貌

测是当时制作胶结材料时，胶结材料中蕴含空气的原因，且样品中存在许多反光的晶莹细小颗粒，推测为黏土中某些矿物成分颗粒（图一）。

三、样品微观形貌及描述

样品电镜照片如图二所示，可见断虹桥胶结材料的微观结构以片状结构为主，结构比较致密。表面大部分区域的颗粒无明显的晶体形貌，且颗粒较小，形状很不规则。局部区域可观察到晶体（可能是方解石型碳酸钙），棱角分明，形状规则，且颗粒较大。

样品的视频显微镜观察结果如图三所示，可见断虹桥胶结材料样品较为致密，无风化等现象。表面

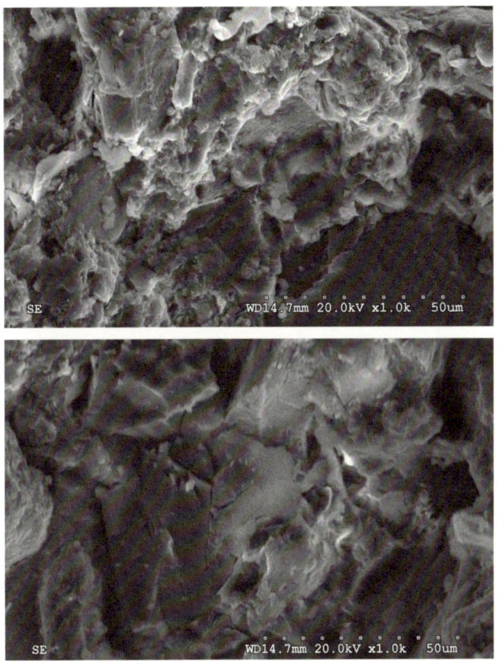

图二 断虹桥胶结材料SEM微观形貌（×1000）

图三 断虹桥胶结材料视频显微镜测试结果（×200）

分布着大量白色颗粒物（可能是石灰），样品表面底层呈土黄色，其中有许多黄色、黑色、红色等的较大颗粒物，推测为黏土、沙子及其中一些金属矿物成分。

四、样品物理化学性质测试及比对

由表一可知，断虹桥胶结材料的回弹强度比砖和夯土低，表面硬度低于砖的表面硬度。根据pH值测试结果，胶结材料呈现碱性，可能是胶结材料中加有石灰，石灰与水反应生成氢氧化钙。砖呈现酸性，可能是长期受酸雨的影响导致。根据文献及相关测试结果，砖与夯土吸水率较大，与之相比，胶结材料吸水率较小。综上可以看出，胶结材料与砖所用材料不同。

表一 断虹桥胶结材料物理性能测试结果

检测内容 样品名称	回弹值	表面硬度 /HL	P=pH 值	吸水率 /%
胶结材料	12	417	9.70	7.33
砖	26	656	4.74	15~20
夯土 1	–	–	7~8	15~20
夯土 2	30~40	–	–	–

注：根据相关文献以及测试结果，对比所用的砖材为故宫所用明代城砖，夯土为故宫城墙内部夯土及福建土楼墙身所用夯土。

五、样品组成分析

1. X射线衍射分析（XRD）

XRD结果如图四所示，断虹桥胶结材料中的物相是以石英（SiO_2）和方解石（$CaCO_3$）为主，含有少量水合硅铝酸钙矿物（$CaAl_2Si_2O_8 4H_2O$）等。存在方解石的峰，说明当时制作断虹桥胶结材料时添加了石灰，石灰与空气中的CO_2、H_2O经过长时间的反应形成$CaCO_3$;SiO_2含量较高，其峰较其他成分要高出许多，说明其含量或结晶程度较高，SiO_2是沙与黏土的主要成分；对于水合硅铝酸钙矿物而言，推测在断虹桥所处的地理位置条件下（断虹桥临近水源，夏天高温），由黏土中的硅酸盐矿物、氧化铝及所加的石灰，经过长时间的水热化学反应形成。

综上可得，断虹桥胶结材料制作工艺推测为以沙、石灰、黏土所制得的三合土。

2. 傅立叶红外分析（FT-IR）

样品红外测试结果如图五所示，从图中可以得到，波数在3402，1642cm^{-1}的峰分别是O-H伸缩振动峰与弯曲振动峰，归属于样品中的结晶水和氢氧化钙。根据峰的强度，可知该样品较为干燥，说明经过长时间与空气接触和在流水的桥上使用，其中的水分很少，吸水性、透水性很小。波数在783cm^{-1}

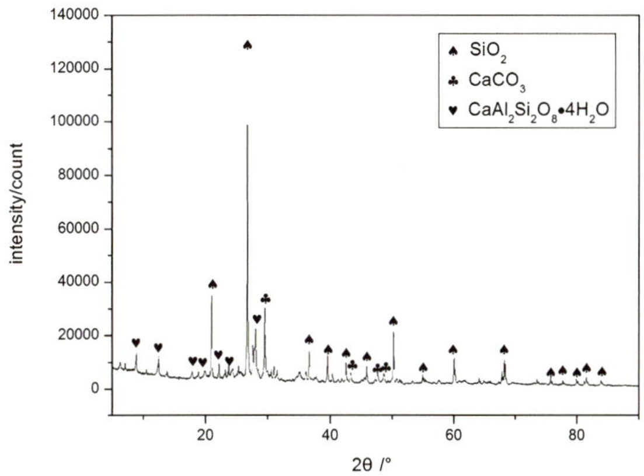

图四　断虹桥胶结材料XRD检测结果

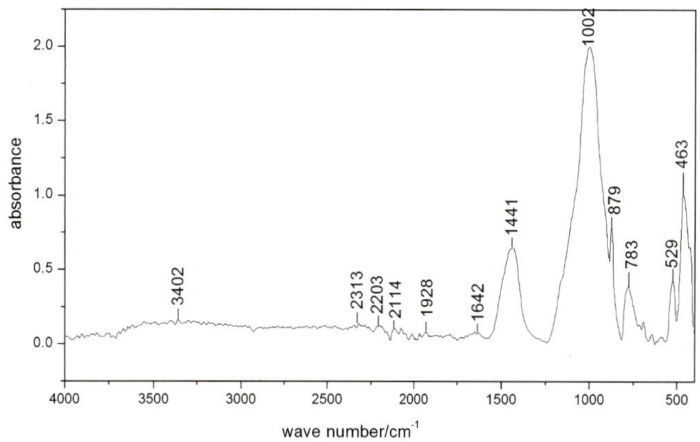

图五　断虹桥胶结材料红外测试结果

的吸收峰归属于石英。波数在1441，879cm^{-1}的峰分别代表了方解石晶体中O-C-O的不对称伸缩振动峰和面外弯曲振动峰，说明样品中石灰发生了碳酸化，生成了碳酸钙。波数在1002，463cm^{-1}的吸收峰归属于Si-O的伸缩振动峰与弯曲振动峰，且波数为529cm^{-1}的吸收峰代表了Si-O-Al四面体的双环结构的对称伸缩振动峰，说明样品中存在石英、硅酸盐以及硅铝酸盐，与XRD分析相符合。波数在1642，1441，1002cm^{-1}的特征峰同时存在，根据相关文献，被认为可能存在糯米成分。波数在2313，2203，2214，1928cm^{-1}等一系列杂峰，分析认为可能是受空气中CO_2的影响。一方面更进一步证实了该样品中有石灰，另一方面可能加有糯米浆。

3.热重-差热分析（DSC-TGA）

样品热重分析结果如图六所示，从图中TGA线可以看出，样品从40℃开始缓慢失重，在40℃~160℃之间失重约1.13%，在160℃~400℃之间失重约0.76%，然后失重曲线开始变陡，在400℃~900℃之间失重约8.47%。从图中DSC线可以看出，在100℃及720℃各存在一个吸热峰，在320℃存在一个较小的放热峰。胶结材料大致的热失重机理是：在160℃之内，主要是样品中游离水的蒸发导致失重，失重约1.13%，再次说明样品中所含水分很少；在160℃~400℃之间，失重的主要原因归结于吸附水的流失以及有机物的分解；在400℃~900℃之间，随着温度升高，温度在720℃左右时，碳酸钙开始分解，放出大量CO_2，导致样品

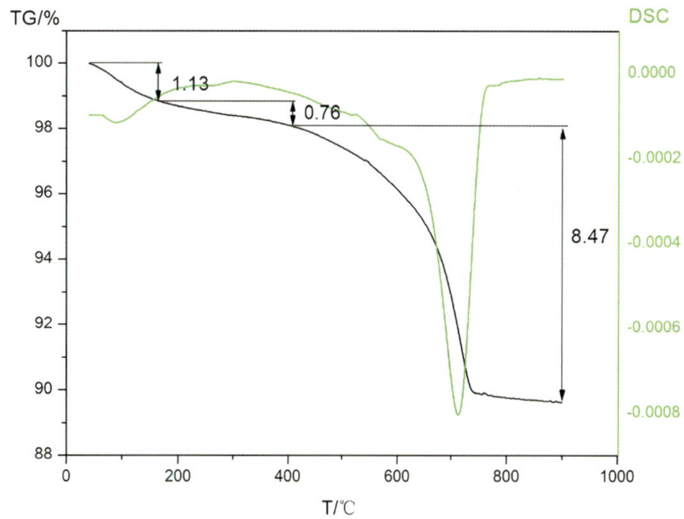

图六　断虹桥胶结材料热重测试结果

快速失重。根据区间的质量损失换算，样品中碳酸钙含量约为 20%，根据碳酸钙含量推断生石灰的用量大致为 15%。根据 TGA 图线可以看出，有机物的含量不超过 1%。

4. 有机物检验实验等分析和扫描电镜（SEM）分析

样品 SEM-EDS 测试结果如表二所示，从表中可知，在样品中 O、Si 元素含量较多，Ca 元素含量较低，可以判断样品中含有较多二氧化硅或硅酸盐及部分石灰。样品中存在 Al、Fe、Mg、K、Si、O 等元素，可以判断样品中存在黏土成分。Nb 元素的存在且含量较高，可能是测试点处的黏土中有含 Nb 的金属矿物，如铌铁矿，铌铁矿本身呈现黑色或褐黑色，与视频显微镜结果中的黑色颗粒可能相对应。

表二 断虹桥胶结材料 SEM-EDS 测试结果

元素	O	Mg	Al	Si	Nb	K	Ca	Fe
Wt%	31.69	1.42	6.21	34.32	10.31	2.32	9.04	4.70
At%	49.88	1.47	5.79	30.77	2.80	1.49	5.68	2.12

5. 显色反应

样品碘-淀粉显色测试结果如图七所示，从图中可以看出，显色结果并不明显，主要原因归结于两个：一是样品中淀粉本身含量较低，根据热重分析结果有机物含量不超过 1%，含量较低的有机物导致显色结果并不明显；二是样品本身土色及碘液颜色的影响，糯米的主要成分为支链淀粉，直链淀粉遇到碘形

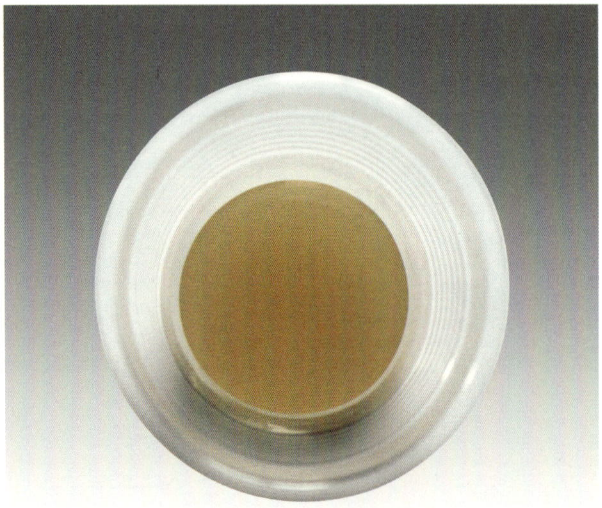

（a）滴加碘液前

（b）滴加碘液后

图七 断虹桥胶结材料滴加碘液显色结果

成蓝色络合物，而支链淀粉遇碘呈紫红色。在淀粉本身含量较低的情况下，样品自身的土黄色就会对测试结果的观察带来较大的影响，很难观察到较理想的结果。

六、初步结论

本文通过对断虹桥胶结材料的成分及形貌进行研究，查阅相关资料，结合测试结果，初步得出以下结论。

第一，该灰色样品具有较高的致密性、呈碱性，吸水性小。

第二，根据胶结材料 SEM-EDS、视频显微镜、XRD、FT-IR 测试结果，可得出胶结材料中无机成分主要为二氧化硅、碳酸钙、硅酸盐、硅铝酸盐及金属矿物。

第三，根据胶结材料 FT-IR、DSC-TGA、显色反应测试结果，可得出胶结材料中有机成分可能主要为糯米汁。

第四，根据胶结材料 DSC-TGA 测试结果，可得出胶结材料中石灰添加量约 15%，有机物添加量不超过 1%。

第五，总结全文，对于断虹桥胶结材料而言，判断其是一种由石灰、沙、黏土组成的三合土，可能外加糯米汁来改良其性能。

七、展望

由于建筑材料本身的复杂性，以及经费和测试时间的限制，本分析测试虽然取得了一些初步结果，但仍存在许多问题还未解决。

故宫 2018 年南薰殿明清建筑遗址考古与收获

故宫考古研究所　故宫工程管理处

南薰殿始建于明代，位于外朝西路，武英殿西南（图一）。殿面阔 5 间，黄琉璃瓦单檐歇山顶。殿内明、次间原各设朱红漆木阁，分 5 层，奉历代帝王像。

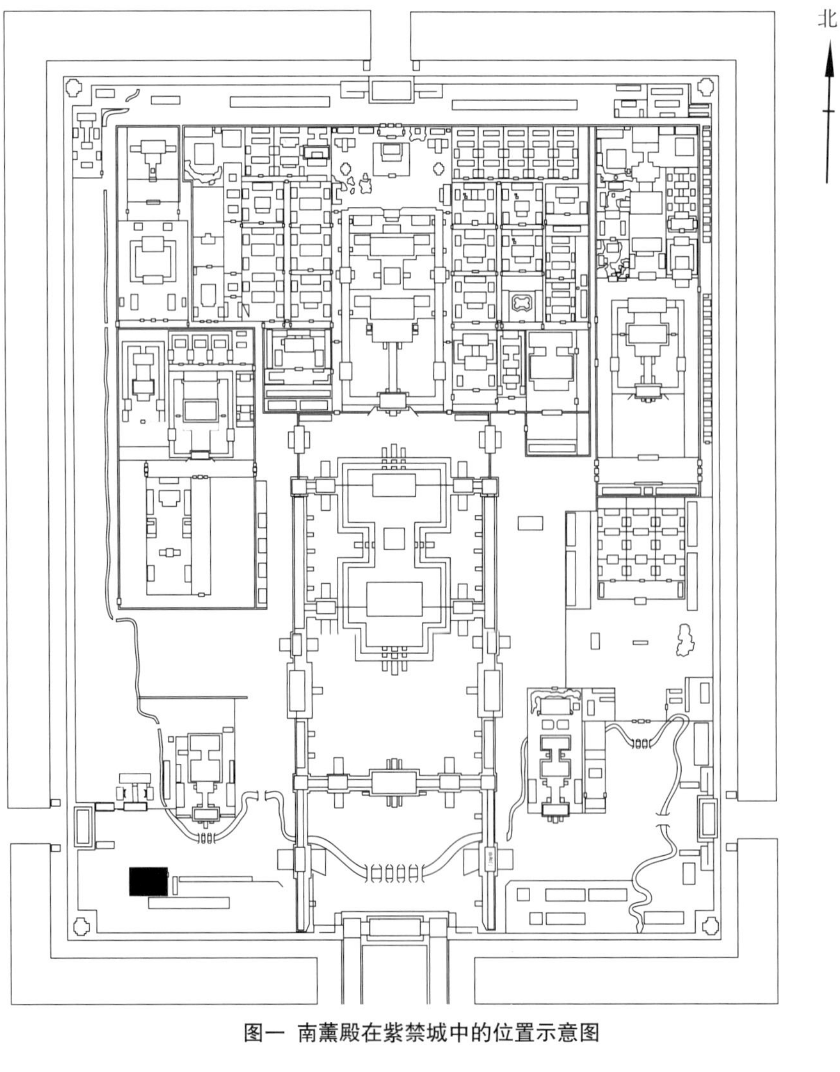

图一　南薰殿在紫禁城中的位置示意图

图二 发掘前清理完现场的南薰殿院落

南薰殿地处一独立院落，四周有院墙围绕。东院墙北端开门，门朝东。院落南北长 31.8、东西宽 44.6 米，占地面积约 1400 平方米。院落中除正殿南薰殿之外原另有东、西配殿等建筑。现仅存南薰殿建筑本体，两配殿仅有若干柱顶石暴露于地表，原有院落地面也因湮没抬升而不知原迹（图二）。

一、发掘经过

2018 年，因故宫博物院拟对南薰殿院落进行保养性修缮，委托故宫考古研究所承担南薰殿的考古勘察与发掘工作，故宫考古研究所在前期收集资料和现场调研的基础上，组织发掘队伍，根据工程管理部门提供的施工计划和方案，决定对南薰殿所在施工区域先行开展考古发掘工作，以全面、完整地揭露考古遗址，为后期的考古研究、遗址保护及保养施工做好准备工作。经国家文物局批准，故宫考古研究所于 2018 年 10~12 月对南薰殿院落明清建筑遗址进行了正式的发掘清理，发掘面积总计 1000 平方米。现将这此次发掘主要收获简报如下。

二、探方分布与地层堆积

1. 探方分布

根据紫禁城考古的特殊和南薰殿方正的院落条件，决定将发掘区的西南基点设在南薰殿院落西南角，并以南薰殿院落为正方向在院落内布方。共布置探方 44 个，其中标准布方 5 米 ×5 米探方 30 个，其余探方根据建筑空间格局进行扩大或缩小。

2. 地层堆积

南薰殿院落的地层堆积比较简单，普遍分为三层。

第 1 层：现代铺装层，厚 0.16~0.25 米，院落内原先盖有多个临时库房建筑，地面做水泥铺装。室外则铺装为水泥方砖或利用旧砖铺装，几乎覆盖整个遗址发掘区。

第 2 层：近现代垫土层，厚 0~0.13 米，土质松软，较为纯净。

第 3 层：现代浅灰褐色垫土层，厚 0~0.32 米，土质较松软，内含碎砖、瓦块、石块、白灰块等明、清及现代建筑构件、生活物品、陶瓷片及其他遗物。

第 3 层之下开始出现相关遗迹与遗物。

三、遗迹

通过本次发掘，揭露出南薰殿明、清两代使用的院落地面、甬路、井、排水设施等遗迹，以及南薰殿的月台和东、西配殿等建筑基址（图三），下面分类介绍。

（一）建筑遗址

1. 月台基址

南薰殿月台基址位于南薰殿南侧正中，与南薰殿前檐台基相连。平面呈长方形，东西长 13.97、南北宽 3.63 米，高出原有院落地坪 0.25 米。月台整体为砖砌，东南角及西南角砌有埋头石，其下有角土衬石，位于地面之下。月台表面铺砖面不存，仅存垫层砖和白灰面，即用整砖或残砖错缝平砌，并浇灌白灰。城砖尺寸不等。推测月台表面原应铺设方砖地面，边缘使用阶条石（图四）。

月台南边正中接御路垂带踏跺，残损严重，东西长 3.4、南北宽 2.5 米。御路石不存，后在院落晚期的填埋坑里发现一小块御路石残件，雕龙纹，疑为南薰殿月台所有。尚存的其余构件有如意石、土衬石、垂带 - 砚窝（连做）石及三阶一体的踏跺石。月台东西两边中部接抄手垂带踏跺，同样残损严重，东、西抄手踏跺均仅存一块砚窝石，原应为两级踏跺。

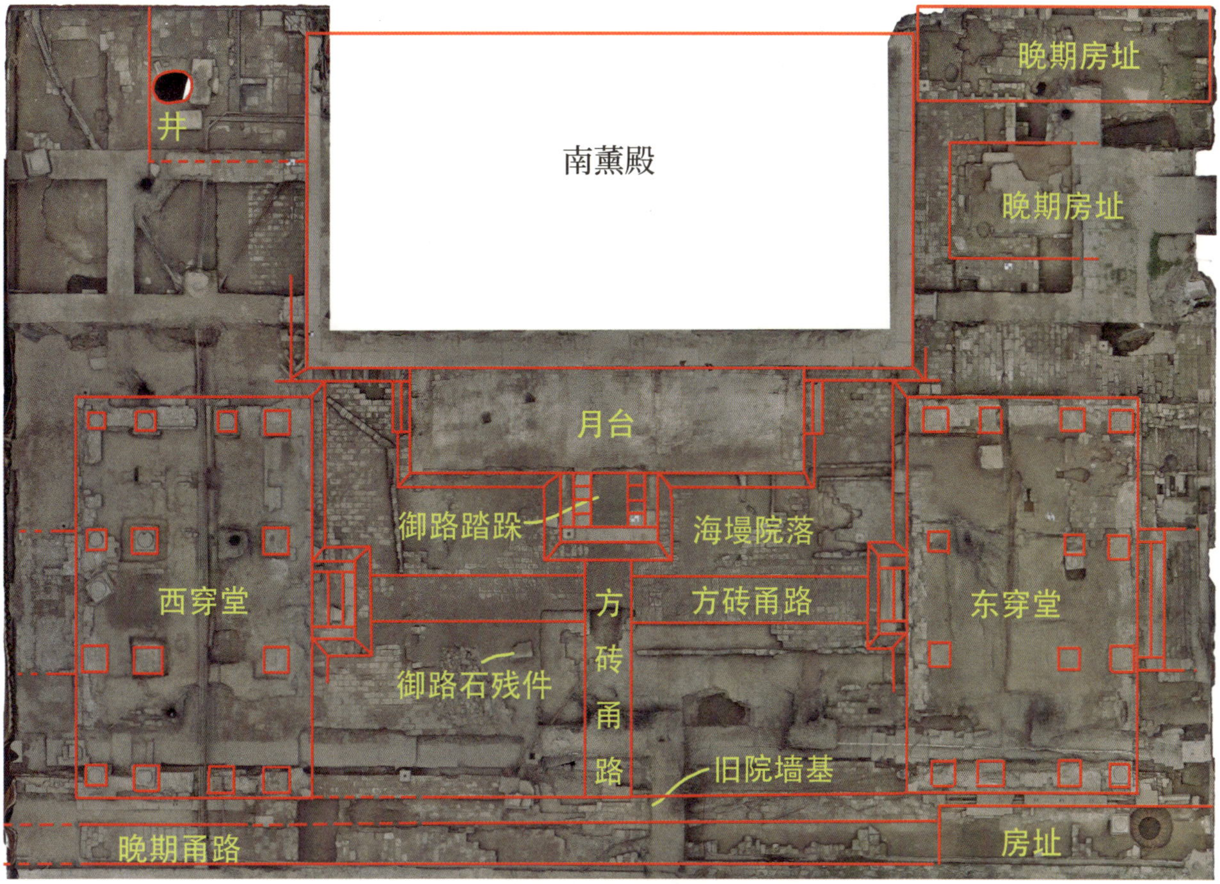

图三 南薰殿院落明清建筑遗址正射影像

月台周边发现有月台散水砖，仅存月台东西两侧局部，月台南侧散水几乎不存。根据残存散水观察，散水铺装形式为“一顺出”，宽 0.55 米。

图四 月台全景

2. 西配殿基址

东、西两配殿基址相对，从发掘情形看，两殿规模形制基本相同。

西配殿坐东朝西，现仅存台基部分，柱顶石之上部分无存。根据柱顶及磉墩分布推测南北向面阔 3 间、东西向进深 3 间。通面阔长约 12.4、明间面阔 4.2 米，南、北次间各面阔 4.1 米；通进深 6.4、前檐廊深 1.75、房间进深 4.65 米。整体台明南北长 13.95~13.98、东西宽 8.36、高约 0.6 米（图五）。

西配殿台基为砖砌台基，四角带埋头石，但是阶条石已无存。四角埋头石之间为砖砌台帮，包围

图五 西配殿鸟瞰

砖砌檐磉墩和山磉墩的外侧，形成西配殿的下檐出，各边宽度不一。台帮由外皮和背里两部分组成，外皮用青砖干摆，磨砖对缝，共计六层。背里多为残砖拼砌并由白灰勾缝，部分区域为整砖平砌。在台基范围内共有磉墩 14 个，其中角磉墩 4 个，檐磉墩 4 个，金磉墩 2 个，山磉墩 4 个。磉墩均为青砖垒砌白灰勾缝，垒砌方式类似步步锦，磉墩平面近方形，边长约 0.96~1 米。其上残存柱顶石 8 个，其中一柱础为被扰动放置。柱础形制为鼓镜式，边长 0.65、厚 0.48 米，露明部分制作光滑，深埋部分表面粗糙。其中，明间北缝金柱础和北山西一缝柱础鼓镜刻有榫槽，两柱础榫槽南北对应，推测此处原设置有门槛。另外发现前檐北一缝柱础鼓镜东北部刻有一直角，初步推测为二次利用。

西配殿除北次间东部残存部分垫砖层外，其他区域包括明间及南次间均为黄褐色夯土层，只在角磉墩、檐磉墩及山磉墩之间设置拦土墙，宽约 1 米。初步勘探得知拦土墙为黄褐土夯层和夯砖层交替夯筑而成，其中不同位置的拦土墙层数和做法均有所区别。另外在南次间和北次间夯土中部还发现残存的东西向砖砌烟道遗迹。

西配殿前、后檐均有踏跺遗迹，其中前檐明间正中踏跺已被破坏无存，仅存踏跺的基础垫层砖及少量磨砖干摆的象眼砖。踏跺基础南北宽 5.07、残长 2.1 米。后檐明间正中踏跺保存比前檐稍好，根据残存的踏跺石及砚窝石，可知后檐踏跺南北宽 2.73 米，窄于前檐，且西配殿后檐的建筑散水也保存更好，形制为“一顺出”，宽 0.55 米。在南山台帮外侧则有砌筑的石质排水暗沟，宽 0.14 米，排水沟覆盖有石盖板，盖板表面凿有荷叶沟和沟漏。

3. 东配殿基址

东配殿坐西朝东，现仅存台基部分，柱顶石之上部分无存。根据柱顶及磉墩分布推测南北向面阔 3 间、东西向进深 3 间。通面阔约 12.4、明间面阔 4.2 米，南、北次间各面阔 4.1 米；通进深 6.4、前檐廊

图六 东配殿鸟瞰

深 1.8、房间进深 4.6 米。台明南北长 13.95~13.97、东西宽 8.3、高 0.59 米（图六）。

东配殿台基为砖砌台基，四角带埋头石，但是阶条石已无存。四角埋头石之间为砖砌台帮，包围砖砌檐磉墩和山磉墩的外侧，形成东配殿的下檐出，各边宽度不一。台帮由外皮和背里两部分组成，外皮用青砖干摆，磨砖对缝，共计五层。背里多为残砖拼砌并由白灰勾缝，部分区域为整砖平砌。在台基范围内共有磉墩 12 个，其中角磉墩 4 个，檐磉墩 4 个，金磉墩 2 个，山磉墩 2 个。磉墩均为青砖垒砌白灰勾缝，垒砌方式类似步步锦，磉墩平面近方形，边长约 0.9~0.95 米。其上柱顶石现仅存 3 个，其中房址东南角柱顶未被破坏移动，保存较好，形制为鼓镜式，边长约 0.65、高 0.48 米，另外两处柱础已移位。

东配殿除北次间东部残存部分垫砖层外，其他区域包括明间及南次间均为黄褐色夯土层。只在角磉墩、檐磉墩及山磉墩之间设置拦土墙，宽约 0.9 米。初步勘探得知拦土墙为黄褐土夯层和夯砖层交替夯筑而成，其中不同位置的做法并不一致。

东配殿前、后檐均有踏跺遗迹，其中前檐明间正中踏跺石和垂带石均无存，仅存砚窝石。砚窝石南北总长 5 米，共由五块拼接而成。另外在台明西北部残存有类似如意踏跺石一层，共有两块，东西总长 0.77、南北宽 0.39、高 0.11~0.13 米。后檐明间正中踏跺石残存，由三块条石组成，南北总长 1.92、宽约 0.44~0.46 米，露明部分宽 0.38~0.42 米，根据踏跺石表面叠压痕迹可确定上部还有一层踏跺石。此层踏跺石西叠压有砚窝石，砚窝石南北总长 2.73 米。经考古发掘后对踏跺石的勘察，踏跺石下部未直接叠压下部砚窝石的卡槽内，推测踏跺石在晚期重修过。

东配殿的散水主要位于后檐和北侧台帮处西部，中东部未发现散水面，而在前檐也未发现散水。散水由青砖铺砌，方式为“一顺出”。散水面宽 0.55 米，而南侧台帮外则砌有石质的排水暗沟，宽 0.18、深 0.26 米。排水沟覆盖有条石盖板，盖板表面凿有荷叶沟和沟漏。

根据东、西配殿的考古发现，推测两殿均在明间设门，为进出南薰殿院落的穿堂式建筑。

4. 附属房址

位于南薰殿院落东北角。考古发掘时发现几处相连的墙基基础，并设有柱础，结合历史资料和现场发现定为一处房址。该房址坐北朝南，面阔三间，东西总长约 10.7 米，东西次间面阔 2.8 米，南北总长 2.98 米，进深约 2.6 米。整体破坏严重，现存部分北、西、南墙基，其中北墙基搭建在南薰殿北院墙根下废弃的排水沟之上。该房址室内明间残存有取暖遗迹，局部有地面铺砖，西次间地面有南北排列的简易灶。

（二）院落地面及甬路遗址

院落内其他位置还发现清代至近代增建的建筑基址，院落内的海墁地面、散水、排水沟都在不同时期有过修葺、改动的痕迹，并且在院落内发现多个后期挖掘的埋藏坑，分别填埋废弃的石构件、瓷片、琉璃瓦、砖块等。不同于故宫南大库发现的瓷器埋藏坑，南薰殿内发现的埋藏坑多为倾倒垃圾而填埋，各坑里出土遗物并不单一，时代延续较长，且出土器物如青花瓷器均为民窑产品，几乎无皇室使用的产品（图七）。

1. 海墁院落地面

经过考古清理，南薰殿院内原有地面为海墁砖铺地面。基本东西向错缝平铺，砖面风化损坏及被晚期破坏较严重，尤其院内南部大面积已被扰毁。所用青砖规格多为长 0.44、宽 0.21、厚 0.1 米，少量砖块规格为边长 0.46、厚 0.28 米和边长 0.42、厚 0.3 米，推测此类型砖块为废弃方砖打磨加工制成。根据砖面被扰坏处观察，砖面下为三层堆积：第 1 层为厚 0.11 米的灰土垫土层（由黄褐土和白灰混合形成）；第 2 层为垫土层下的垫砖层，垫砖层根据已发现的砖面观察多为残砖南北向错缝平砌，所用青砖规格为长 0.365、宽 0.165、厚 0.09 米和边长 0.21、厚 0.1 米；第 3 层为黄褐色夯土层，厚 0.8~0.95 米。第 3 层下为黄绵土（生土层）（图七）。

除此之外，南薰殿东侧、东配殿基址北部的砖铺地面略有不同，为南北向错缝平铺，砖面高度与院内东西向海墁砖面持平，但通过东配殿台基北侧现存散水勘察，为后期重新铺设。在这一片铺地砖面上还发现在地表有规律地砌筑有三个方鼓镜柱础及六块方砖，根据位置所形成的平面形状推测原来有棚类建筑，在此处砖面还发现一长方形青砖磨角陡砌的池状遗迹，长 1.82、宽 0.88 米，内长 1.6 米，性质不明。

在院落地面西南部发现一近方形埋藏坑，东距御路约 2.5 米，南距原南院墙约 2.6 米。扰坑打破院内砖面、垫土和垫砖层及黄褐色夯土层。扰坑边长 2.3~2.5 米，斜壁不规整，深度不详，因坑内堆积有大量石构件，多数为建筑构件如柱础、阶条石、碑刻等，有一块为御路石残块，还有若干琉璃瓦埋藏坑，为晚期建筑垃圾填埋坑（图八）。

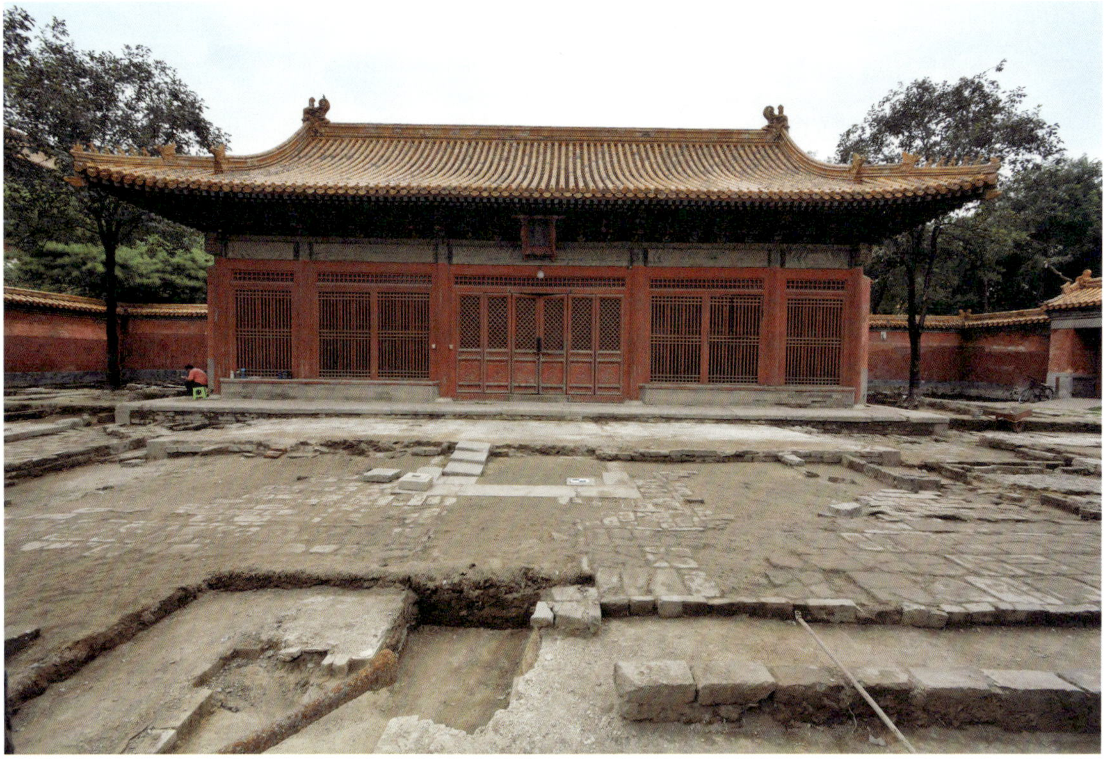

图七 院落地面全景

图八 院落里的石构件埋藏坑

2. 院内甬路

南薰殿院内甬路主要有三段，一段南北向，位于南薰殿的南北中轴线上，北端与南薰殿月台南侧的丹陛台阶相连，南端抵南薰殿原南院墙。南薰殿东、西配殿后檐踏跺分别接东、西两段甬路并与南北向甬路两侧相交，平面在院落里形成呈“十”字形的路网（图九）。

南北向甬路由三趟方砖错缝平铺，东西两侧由条砖陡砌路牙，南北长 8.35 米，东西宽 1.7 米。路面被破坏较严重，仅零星呈部分残存。御路所用方砖规格边长 0.5、厚 0.08 米，路牙砖规格为边长 0.44、厚 0.1 米。

甬路分东、西两段，均为三趟方砖错缝平铺，南北两侧由条砖陡砌路牙，与御路铺设方式相同。东段甬路东西长 8.25 米，西段甬路东西长 7.6 米，两者南北宽均为 1.7 米，路牙宽 0.09~0.1 米。所用方砖规格边长 0.5、厚 0.08 米，路牙砖规格为长 0.44、厚 0.1 米和长 0.38、厚 0.09 米。两段甬路均残损严重。

3. 东配殿外甬路

甬路位于东配殿前檐踏跺至南薰殿东院墙根之间。南北总宽 5 米，东西长 1.16 米。甬路由青砖面和牙子石两部分组成，青砖面为青砖南北错缝平铺，青砖规格为长 0.44、宽 0.2、厚 0.1 米。南北两侧牙子石各两块，宽 0.4~0.44 米。甬路东端至院墙根下有一条石，南北长 5.97、东西宽 0.5~0.57 米。东侧有宽 1.65 米的门洞痕迹，底部有门槛类的石构件被现代东院墙叠压着（图一〇）。

4. 南墙外甬路

南院墙外甬路位于南薰殿原有南院墙遗址南侧，东西走向，东端似被一房址打破，西端一直延伸至西院墙，仅西配殿南侧一段保存较好，其余残缺不全。甬路北侧距南山墙 0.83 米，宽 1.28 米，甬路主体采用条砖错缝铺法，所用的青砖规格大小不一，为长 0.48、宽 0.23 米和长 0.38、宽 0.19 米不等，两侧牙子砖宽 8 ~ 9 厘米，大部分所用的青砖是残砖，包括牙子砖。根据形制和层位关系推测此条甬路为清代及后所铺的晚期甬路（图一一）。

图九 东段甬路全景

图一〇 东配殿外甬路全景

图一一　南墙外甬路全景

图一二　南院墙遗址

图一三　砖井俯视照

（三）墙基、井

1. 墙基

在南薰殿东、西配殿基址南侧，有一段东西走向的院墙遗迹，墙基宽1米，墙基里外皮的砖均采用“三顺一丁”砌法，墙基“内馅”用残砖砌筑，整砖规格为长0.48、宽0.235、厚0.13米。东西两端与东、西配殿相交，将南薰殿形成封闭的院落空间。南薰殿月台御路踏跺连接南北向甬路一条，甬路直撞院墙，但未发现墙门的痕迹（图一二）。

2. 井

在南薰殿院落西北角发现一处井遗迹，井壁距南薰殿西侧台帮4.1米，距南薰殿北院墙2.15米。井口近似椭圆形，有井口石。井口内壁东西长1.35、南北宽1米，内径约1.7米，井壁用城砖错缝平铺垒砌，剖面为桶状。井内发掘深度为3米，井口至深度1.1米处包含物为大量的碎青砖块、白灰块、黄琉璃瓦块、青灰块、红灰块，以及少量瓷片。1.1米向下主要是灰褐色渣土掺杂白灰粒，包含有瓦块石块和少量青花瓷片。4米以下未及，不详（图一三）。

四、遗物

南薰殿院落遗址上清理出较多石、砖、瓦等建筑构件，亦有不少残陶瓷器、铜钱等遗物。此外，在院落内已经发现数个埋藏坑，有建筑垃圾坑、瓷器埋藏坑，其坑的具体年代和性质还需要进一步整理并分析。在已采集的遗物中，瓦件较为丰富，绝大多数均为黄琉璃瓦件，有筒瓦、板瓦、勾头、滴水、脊件、套兽（图一四）等。瓦件中有同类纹饰但属于不同类型的，很多尺寸也不尽一致，部分带款识显示出不同的来源。发现的石构件中重要的有御路石残件（图一五）、碑刻残件（图一六），以及沟盖板、

图一四 琉璃套兽

图一五 丹陛残块

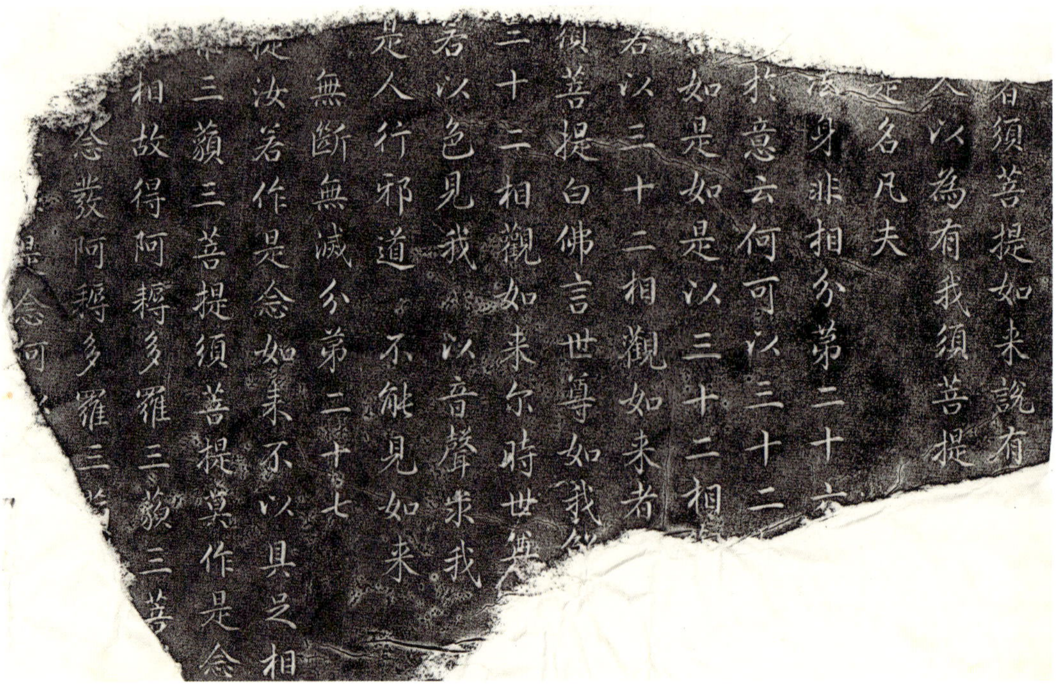

图一六 出土石碑拓片

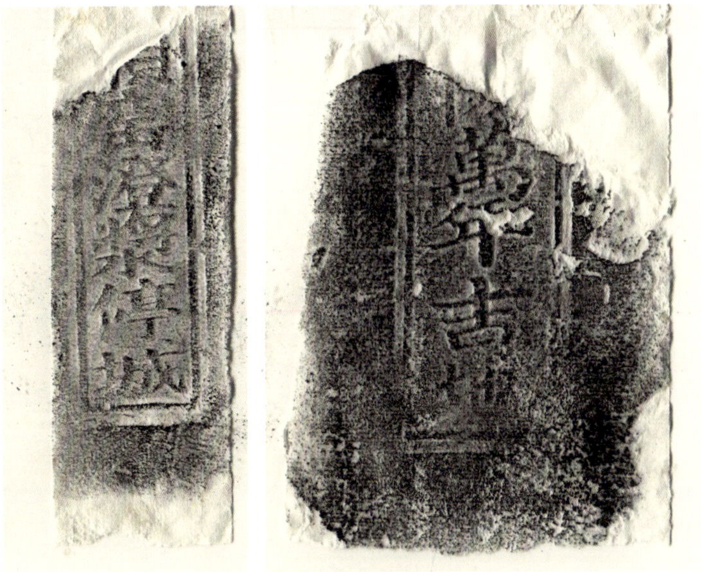

图一七 出土城砖铭文拓片

柱顶石、阶条石等建筑石构件。出土的陶瓷器绝大多数均来自民窑的产品。此外还发现不少带款的城砖（图一七），也显示出不同的来源。

五、结语

1. 年代与性质判定

明代文献中最早涉及南薰殿者是明《倪文僖公集》，其中记载徐旸生平："正统九年，皇上选宫写经，赐楮币以琴直南薰殿。"[1] 由此可得，南薰殿建成年代最晚不超过正统九年（1444）。在建筑形制研究方面，徐怡涛在《明清北京官式建筑角科斗拱形制分期研究——兼论故宫午门及奉先殿角科斗拱形制年代》一文中认为，南薰殿的斗拱形制特点跨越第一、二期，由此推断其是一处永乐十八年到景泰元年之间（1420~1450）的建筑[2]。胡南斯也在其研究中对南薰殿建成的具体年代进行了推测。他通过对比南薰殿与另一明代早中期官式建筑智化寺发现，智化寺中的各殿均为中等规模，建筑开间规模、屋顶形式、斗拱形制和斗口尺寸都与南薰殿相近，于是推测二者应当是同一时期的做法，智化寺之万佛阁建成于明正统九年（1444），南薰殿应当也与之相近[3]。可见南薰殿建筑形制研究支持前述文献中的证据。

1 （明）倪谦：《倪文僖公集》卷二十八，清武林往哲遗著本。

2 徐怡涛：《明清北京官式建筑角科斗拱形制分期研究——兼论故宫午门及奉先殿角科斗拱形制年代》，《故宫博物院院刊》2013 年第 1 期。

3 胡南斯：《北京紫禁城南熏殿建筑形制与修缮设计研究》，硕士学位论文，清华大学建筑学院，2014 年。

清代文献中，通过清康熙十八年（1679）绘制的舆图《皇城宫殿衙署图》（以下简称《康熙图》；图一八）以及清乾隆十五年（1750）的舆图《乾隆京城全图》（以下简称《乾隆图》）的描绘可以看出（图一九）：

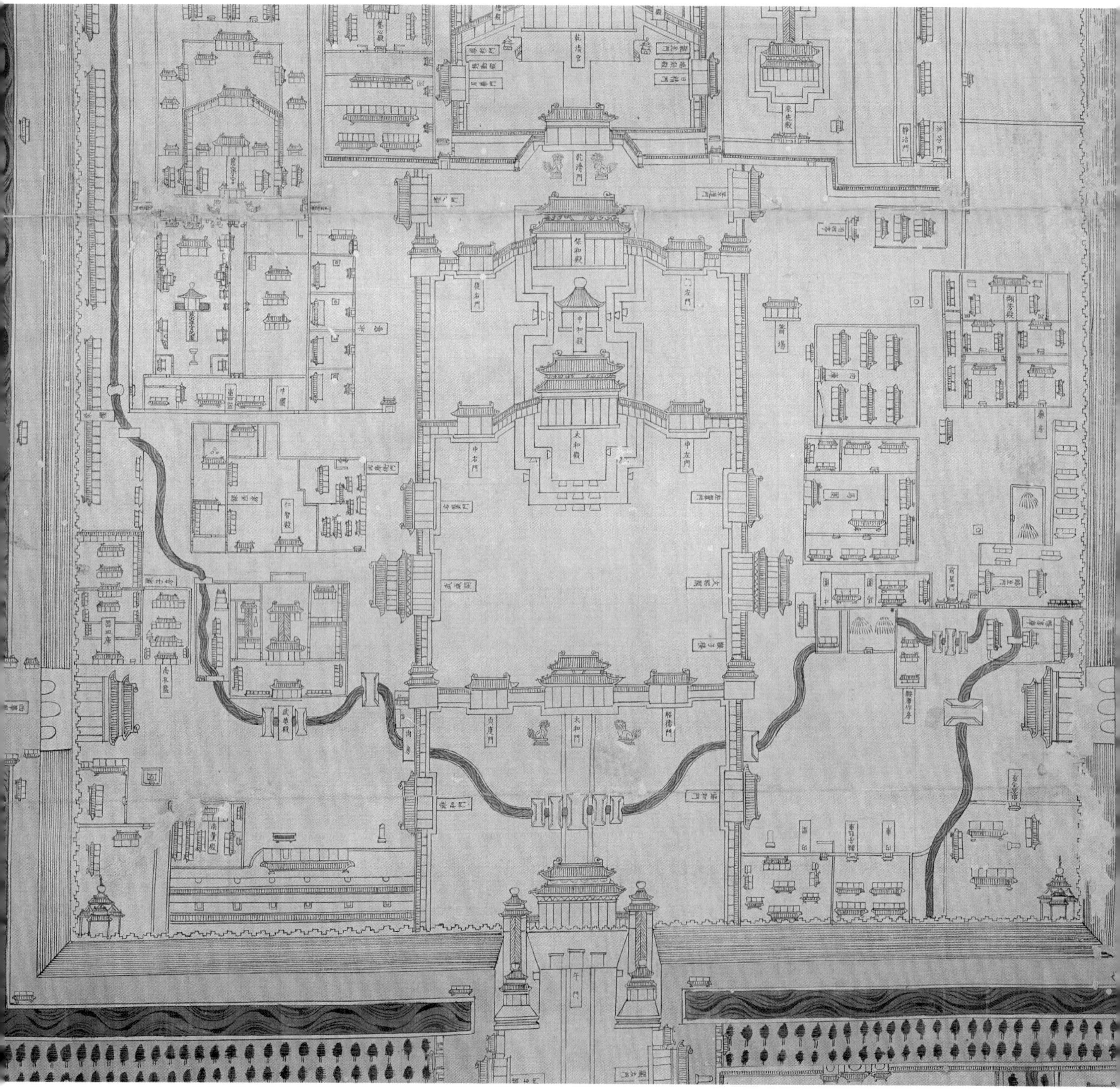

图一八　《康熙图》中的南薰殿建置格局

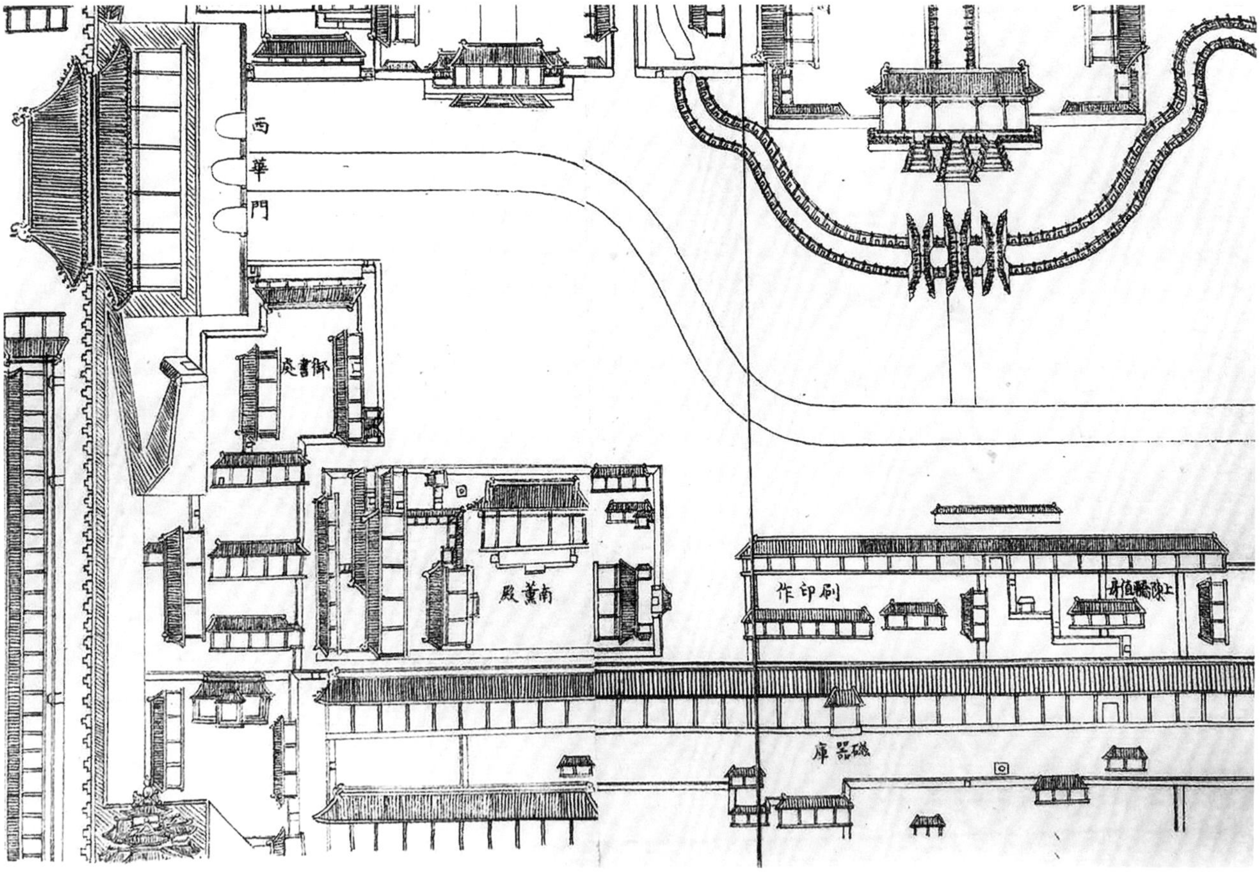

图一九 《乾隆图》中的南薰殿建置格局

第一,《康熙图》与《乾隆图》均详细绘制了南薰殿的院落空间格局,其中又以《乾隆图》更为详细,两者在南薰殿主殿,东、西配殿,东北角的值房以及东院墙上的随墙门均保持一致,因此可见南薰殿东、西配殿,东北角的值房以及东院墙上的随墙门最晚在康熙十八年就已经存在了。

第二,《乾隆图》中绘制的部分南薰殿建筑在《康熙图》中不见,如月台。但这并不代表康熙时期没有月台,也有可能是《康熙图》并没有绘制这个细节。结合考古发掘情况来看,东、西配殿及南薰殿月台基础与南薰殿本体在建筑工艺上没有大的差异,也没有明显的叠压打破关系。此外,通过局部解剖的情况和考古发现的明代工艺特征来看,南薰殿、月台及东、西配殿可能沿用了明代始建时期的格局。因此推断,月台是一直存在的。另外,《乾隆图》西北角绘制了井,而《康熙图》在西北角处漫漶不清,无从判断是否绘制了井。

第三,《康熙图》及《乾隆图》上可以看出:东配殿外原有一墙门,这与考古发掘人员在东院墙下发现的门类石构件能相互印证。这也侧面反映了东院墙的边界一直存在,现在进入东院墙北端的小门是民国时增开的。此外,西院墙是后期砌筑的。除外,《康熙图》和《乾隆图》均没有在南薰殿南墙上设门,这也与考古发现相吻合。

第四，南薰殿东北角的附属房址与《康熙图》《乾隆图》中有一致的地方，也有其他变化的地方。据此查到南薰殿在清代《奏销档》的建修档案如表一。

表一 南薰殿清代建修档案表

档案编号	档案名	原纪年	重要内容	备注
05-0089-074	奏为将历代帝王图像敬谨存贮南熏殿事	乾隆十二年十月二十六日	乾隆十二年十月二十四日内阁奉上谕朕阅内务府库所藏历代帝后图像……南熏殿正殿五间，配殿六间，内正殿正中三间安设朱红油木阁三座，高一丈一尺，正中一间面阔一丈六尺，二次间面阔一丈一尺，通进深三尺，顶底各五层，此三阁内另造楠木色杉木小匣安奉历代帝像……殿东一间亦安设朱红油漆木阁一座，高一丈一尺，面阔七尺，进深三尺，顶底五层，安放后像……殿西一件置造朱红油漆木柜……南熏殿屋宇有渗漏修补之处交营造司量行修葺……	记录了南熏殿正殿内部为了储存画像而做的整修，并记录了内部三座木阁的具体尺寸
1766-06-03	奏为修理南熏殿等处约估银两事	乾隆三十一年五月初八日	南熏殿等处房间墙垣栏杆等项内有糟朽塌陷之处……	南熏殿损坏报修
05-08-006-000074-0036	为支领修理南熏殿房间等项活计添买松木等物所需工价银钱事	嘉庆六年三月二十五日	南熏殿正房三间，后檐柱沉陷，头停渗漏，席箔糟烂，瓦片脱节，墙垣间有闪裂坍塌，椽木间有糟朽，西厢房二件头停渗漏……东厢房一间头停渗漏……呈明相应咨行营造司查照办理等因前来随派库掌老格官敏等踏勘得，南熏殿正房三间，面阔一丈二尺，次间面阔一丈一尺，进深一丈五尺，外前廊深四尺五寸，柱高八尺五寸，径七寸……	出现南熏殿正房，疑似为除东西配殿以外的另一配殿，并记录了正房的尺寸
05-08-006-000074-0038	木库嘉庆六年南熏殿正房三间粘修清册	嘉庆六年三月二十五日	南熏殿正房三间檐柱陈旧，头停椽木间有糟朽，应行修理据此。正房一座计三间，内明间面阔一丈二尺，次间各面阔一丈一尺，进深一丈五尺；外前廊深四尺五寸，柱高八尺五寸，径七寸六……	出现南熏殿正房，疑似为除东西配殿以外的另一正房，并记录了正房的尺寸
05-08-006-000111-0017	为支领抹事南熏殿门外南墙等添买旧样城砖等事项所需银钱事	嘉庆八年六月十五日	南熏殿门外南墙抹饰红灰提浆一段，长五尺高四尺	
05-08-006-000162-0026	为支领修理武英殿占用南熏殿房间等项添头方砖等物所用工价银钱事	嘉庆十一年十一月初八	武英殿修书处文开本处由堂抄出，据内务府奏准，将本处校对书籍正房并办书值房书做房间拨给宝录馆，应用本处校对书籍，并作房等处暂行移至南熏殿西边九间房内，奏准移挪。在案查此房系东厢房四间头停渗漏，锡箔糟烂，内北间后檐坍塌，西厢房五间头停渗漏，锡箔糟烂，明间应添做门二扇，南间窗户破坏必须先行修整方可挪移彼处	
05-08-002-000209-0007	为呈请修理南熏殿等处房间等项事	嘉庆十五年二月十八日	南熏殿五间头停渗漏瓦片脱节，西库房三间头停渗漏，瓦片脱节，正脊坍塌，檐头飞檐椽望板糟朽，东库房三间内穿堂一间头停渗楼，瓦片脱节，南山垂脊坍塌，檐头檐椽望板糟朽穿堂门木過木枕框门扇糟朽，后檐墙坍塌一段	

续表

档案编号	档案名	原纪年	重要内容	备注
05-08-006-000228-0033	木库嘉庆十五年南熏殿东西库房六间清册	嘉庆十五年八月初四日	南熏殿五间，内明间一丈九尺二，二次间各面阔一丈三尺二，二梢间各面阔八尺，通进深三丈，檐柱高一丈六尺，径一尺四寸七…… 西库房一座计三间，各面阔一丈四尺，进深二丈二尺，柱高一丈二尺，径一尺五；东库房一座计三间，内穿堂一间，各面阔一丈四尺，进深二丈二尺，柱高一丈二尺直径一尺五	记录了东西配殿之尺寸，此处称为“库房”
05-08-006-000228-0058	房库南熏殿等处成造头停添安瓦料等项清册	嘉庆十五年八月	南熏殿一座计五间，内明间一丈九尺，二次间各面阔一丈三尺，二梢间各面阔八尺，通进深三丈，檐柱高一丈六尺，径一尺四寸七……西库房一座计三间，各面阔一丈四尺，进深二丈二尺，柱一丈二尺，径一尺五……东库房一座计三间，各内穿堂一间，各面阔一丈四尺，进深二丈二尺，柱高一丈二尺，径一尺五……	记录南熏殿正殿以及东、西配殿尺寸，此处称“库房”

档案来源：中国第一历史档案馆。

由上述文献可知，清代南薰殿较大的修建项目主要发生在乾隆和嘉庆年间，乾隆年间主要修补了殿内渗漏之处，并增添了木阁家具等以便存放、安奉画像。而嘉庆年间的修缮规模则相对较大，不仅对正殿进行了修缮，还对正房、东西厢房和院墙等进行了装修。需要注意的是，虽然嘉庆时多称东、西配殿为“库房”，但也提到“内各穿堂一间”，这与考古发现东、西配殿是穿堂门的属性吻合。另外，对东、西配殿尺寸的记载也与实际考古发现较为吻合。

民国时期对南薰殿的改动也比较大，1915 年就有南薰殿损坏需要修缮的记录。

七月十九日下午十时南熏殿西次间檐椽飞头忽行坍塌，当经详查，实因该殿年久失修，近又连遭大雨，遂致折脱，计宽一丈二尺余。[1]

中国营造学社现有之测稿中也保存有南薰殿 1926 年的测稿，1932 年梁思成为故宫南薰殿拟定了修理计划，亦与 1932 年《关于本所修理南薰殿工程计划》之档案相吻合。

南薰殿因年久失修，上顶角梁飞檐连椽瓦口椽子等项多有糟朽……现拟将殿座全部补修，油饰贴金，西南两面砖墙拆卸重砌。刨平土堆，拔除野草，沿墙建筑游廊陈列石刻，并于院中堆砌山石植树栽花以壮观瞻。[2]

1 故宫博物院藏：《南熏殿修缮工程》jfqgwxjgcl00020。

2 故宫博物院藏：《关于本所修理南熏殿工程计划》jfqgwxjgcl00072。

除此以外，还详细记录了修缮计划的细节，共分为南薰殿建筑本身、围墙及游廊、院内布置三部分，其中后两部分则与空间布局紧密相关。

第一节：围墙及游廊

由东北端大门出入并将该门及门道修饰见新。

自门道影壁西头起砌砖墙一座至南面皇墙止，门西旧房一排现为保安队所住者一律拆去。

殿东有旧房一所，稍加修理改做玻璃窗为看守者休息室。

南面皇墙拆卸，照旧创槽打灰土地基砌墙，砌做抹灰刷红浆配齐琉璃瓦料，其他砖墙一律补修齐整。

自东头门道起，沿墙建筑游廊

第二节：院内布置

（三）出入路线现暂定自大门门道进东头游廊参观石刻，出殿西北面廊子至南薰殿后东行仍出东头大门，如以后感有不便，再行变更。

（四）院中行道皆铺墁方砖并做暗沟泄水[1]

值得注意的是，1937 年有关南薰殿的修缮报告共有四则，六月二十三日记载“贵所南薰殿及宝蕴楼等修缮工程，业经本处标由恒茂本厂承修，拟于日内开工，相应函达，即希照予以便利为荷”[2]。另一则十一月十九日的档案记载“本所南薰殿工程行将完成，兹复查得……”[3]可见，在 1932 年的计划提出之后，一直到 1937 年的六月至十一月之间，南薰殿经历了一次系统维修，涉及南薰殿墙身、屋顶、门窗天花、油饰彩画、东侧小房、院墙、新大门等。

《南薰殿等修缮工程做法说明书》中更详细地记录了各部分的情况，其中主要涉及院落的有以下内容。

四、东侧小房两间 南薰殿东侧旧有小房两间，全部拆去，清除地面拆下旧料，未残破者准许用在本工程相当之处，剩余旧料不得运走。

五、院墙

拆去南面西头院墙一段，墙外旧屋山墙一面。添筑东西两面院墙各一道，照北面院墙原有式样成做……

六、添新大门一座

东面院墙拆去一段，添筑新大门一座，式样及地位为参照图样办理。

七、院内地面及甬道散水

1 故宫博物院藏：《关于本所修理南熏殿工程计划》jfqgwxjgcl00072。

2 故宫博物院藏：《南熏殿及宝蕴楼修缮工程标由恒函做函达查照由》jfqgwxjgcl00095。

3 故宫博物院藏：《函请转饬恒茂厂商添做南熏殿匾额一方随悬挂以重古迹由》jfqgwxjgcl00096。

院内地面积土砖瓦一律清除，运至西面院墙外空地，院内大下碑文石排列齐整，门楼及殿基四周散水、院内甬路及大门外甬路均用旧砖铺墁。[1]

结合修缮前的南薰殿状况，显然《南薰殿等修缮工程做法说明书》的工作内容更符合实际情况，除了拆去南薰殿东侧的小房两间，并在东院墙北端开门外，此时的南薰殿院落内已经没有配殿等其他建筑物。可见，南薰殿发现的月台、西值房建筑等应该在清末就已经消失殆尽了。

结合考古发现、史料档案及建筑特征，我们推测，南薰殿考古发现的月台和东、西配殿建筑基址始建年代应和南薰殿的始建年代一致，消失时间大概在清末至民国初年，而院落东北角的房址则很有可能是清代中后期频繁建修改动的结果。

2. 发掘价值与意义

南薰殿院落明清建筑遗址的考古发掘，不仅印证了南薰殿建筑本体的营造时代，揭示了南薰殿院落早期建筑格局及明清沿用的历史沿革，更对当下的修缮保护提供了更翔实准确的考古依据，对完整保护和展示南薰殿的历史信息至关重要。在南薰殿发掘后，故宫博物院根据考古发掘的初步研究成果调整了南薰殿的院落展示利用方案，在对遗址区域进行保护性回填的基础上，在修缮后的地表保存柱顶石，并标示出考古发掘出的主要遗迹，如南薰殿月台和东、西配殿建筑的轮廓，将紫禁城地下的历史信息完整地展示给观众。

总负责人：李　季、徐海峰
发掘领队：冀洛源
参加发掘：吴　伟、张文青、张希章
许国平、兰会青
拍　　照：吴　伟、张希章、兰会青
绘　　图：吴　伟
整　　理：吴　伟、赵　瑾
执　　笔：吴　伟、李　静、赵　瑾

1 故宫博物院藏：《函请转份恒茂厂商修理南熏殿原有帝王牌位等项以复旧观由附：南熏殿宝蕴楼等修缮工程说明书》jfqgwxjgcl00097。

中篇

国内考古

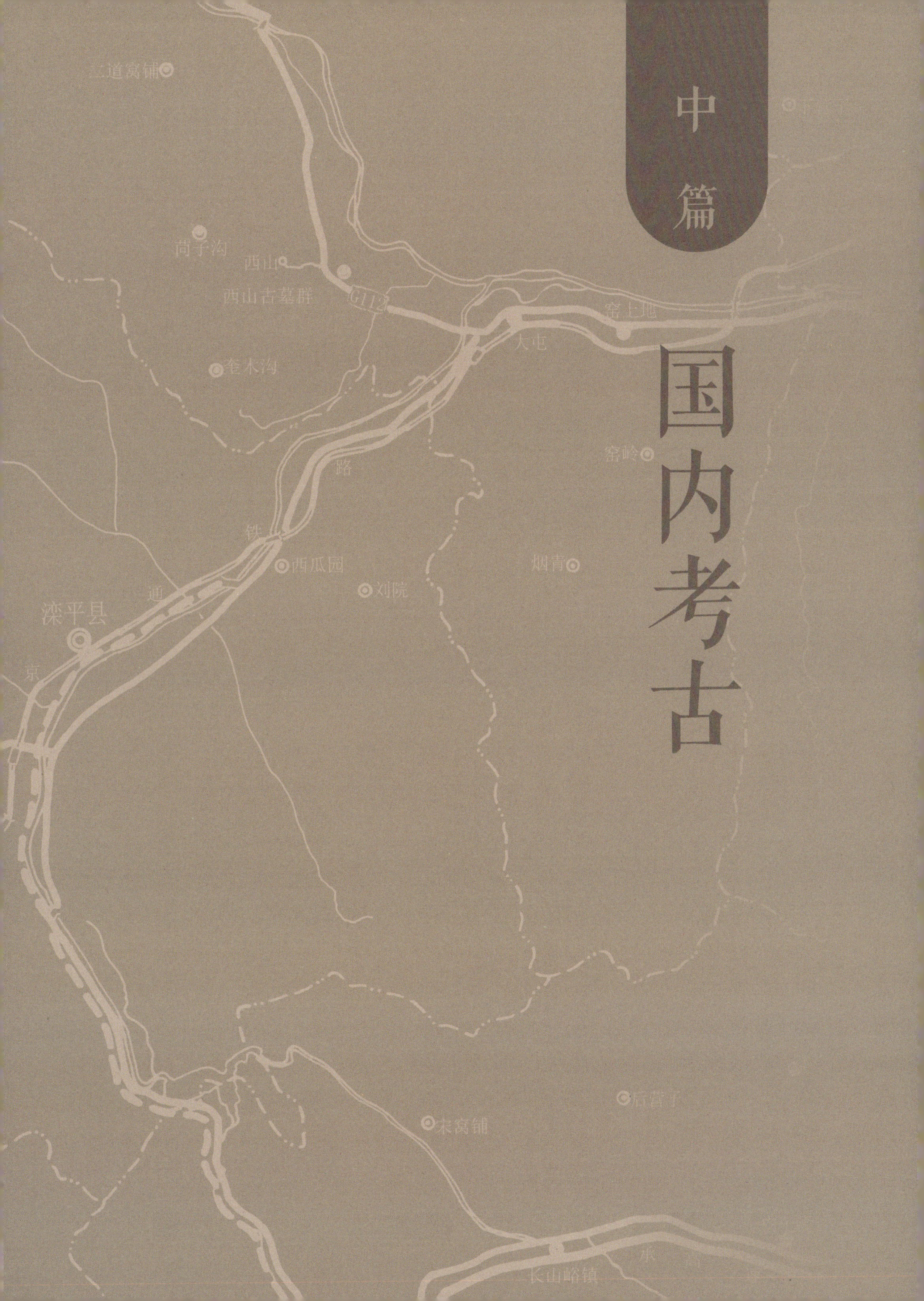

滦平县西山墓地考古发掘报告

河北省文物考古研究院　承德市文物局
滦平县文物管理所　故宫考古研究所

西山墓地与遗址位于滦平县大屯乡小城子村西北400米处，南临和尚沟，东距河北省文物保护单位小城子汉城遗址及112国道420米，东距滦河支流兴洲河1200米，遗址及墓地地处山岗坡地（当地俗称“西山”），属燕山山脉中段北麓，海拔高程514米。地理坐标：东经117° 21′ 56.9″、北纬40° 59′ 40.3″。现地表种植玉米、粟、黍等农作物（图一、图二）。

为配合张唐铁路建设工程，河北省文物考古研究院会同承德市文物局、滦平县文物管理所组成考古队于2011年4~9月对线路所涉的西山墓地与遗址实施了抢救性考古发掘，共计清理夏家店下层文化时期墓葬1座、夏家店上层文化时期灰坑25座及西汉时期墓葬50座，因以墓葬为主，故名为西山墓地。发掘总面积2000平方米，依地段不同分为三个区，分别编号第Ⅰ、Ⅱ、Ⅲ区（图三）。兹按时代顺序报告如下。

一、夏家店下层文化时期墓葬

墓葬（编号ⅡM11）位于第Ⅱ发掘区中部偏东处，地处坡地，墓口依地势由西向东倾斜，高差约0.3米。

竖穴圆角长方形土圹墓，填土为红胶土夹杂灰褐土、黄沙土质，以红胶土为主，土质致密坚硬，包含物极少。在距开口0.8~1.1米深处，填土中含有少量灰褐土，花土性状较明显；在距开口1.4米深处，填土中发现少量板灰。

墓圹平面略呈圆角长方形，上口东西长3.36、南北宽1.6米、深0.15~0.2米。墓圹壁不规整，东壁略倾斜，西壁向下略外张呈袋状，南北壁较直。壁表面未经修整，立面粗糙，墓圹底部较平，底东西长3.34、南北宽1.58米。

在墓圹底中部偏北发现呈断续分布的板灰痕，应为棺的残迹。平面略呈长方形，残高0.16~0.2米，

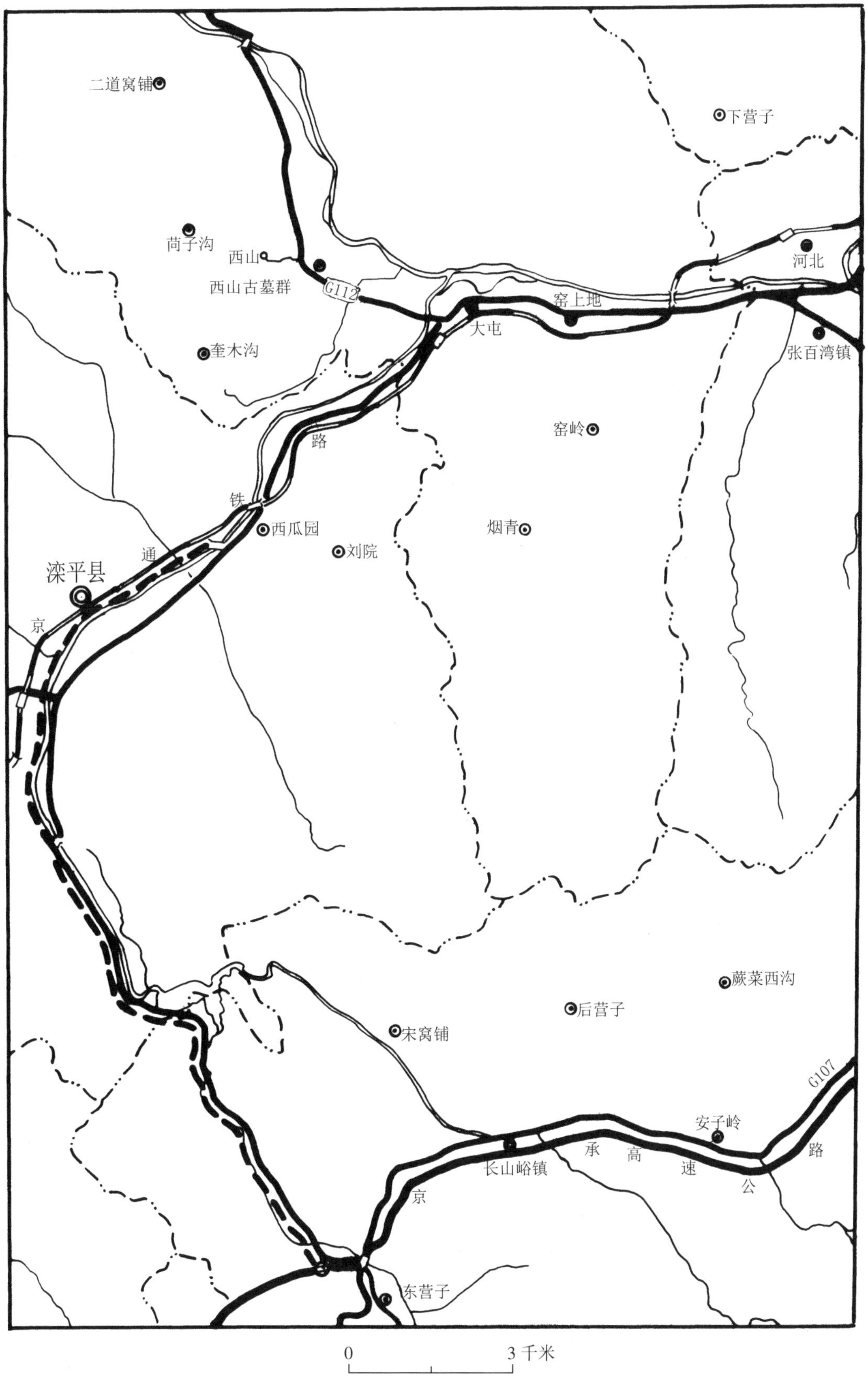
二道窝铺
下营子
苘子沟
西山
西山古墓群
G112
河北
窑上地
大屯
张百湾镇
奎木沟
窑岭
路
铁
西瓜园
烟青
刘院
通
滦平县
京
蕨菜西沟
后营子
宋窝铺
G107
安子岭
长山峪镇
承
高
速
公
路
京
东营子
0
3千米

图一 地理位置图

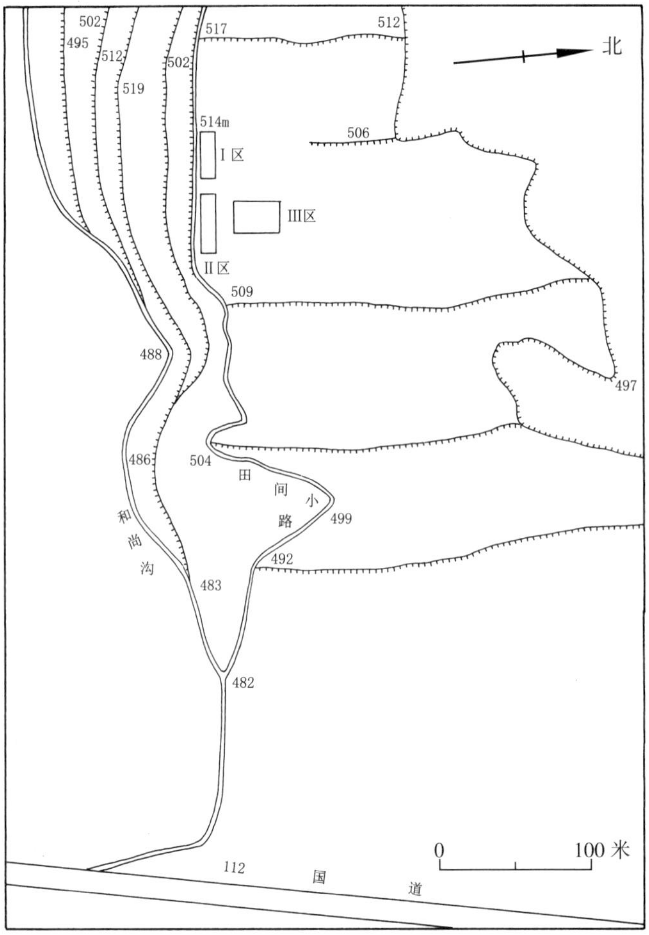

图二 地形图

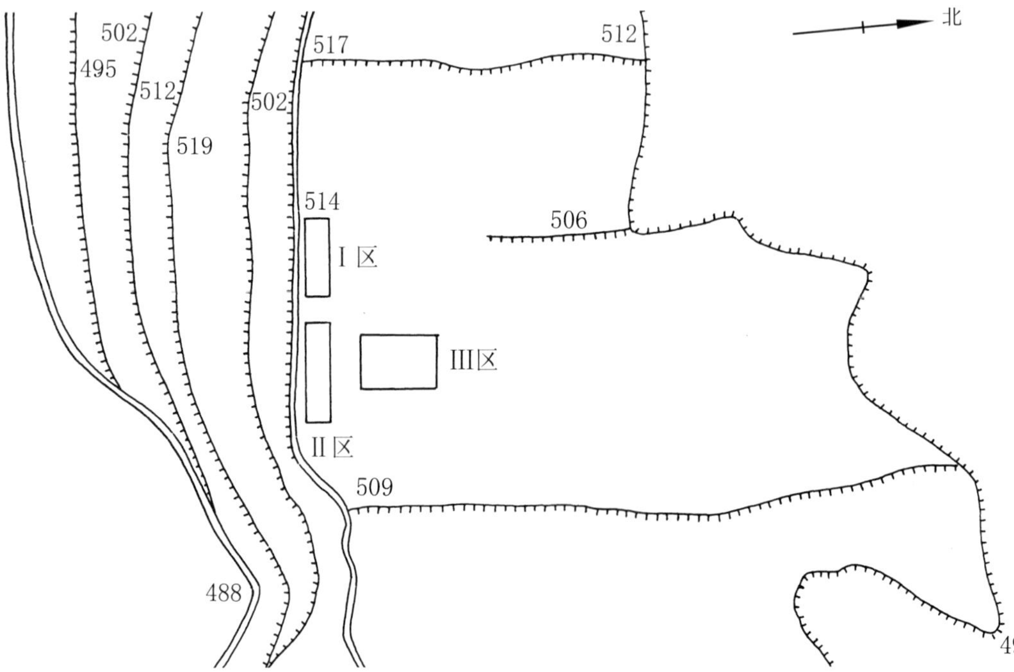

图三 墓葬分区示意图

东西最大长 2.1、南北最大宽 0.92 米。在棺内东北角、东南角和西北角随葬有陶器。

棺内只发现有零星的人骨碎片及骨质粉末，葬式不清。在棺底人骨东部发现有小件随葬品，据此推测人骨头向应朝东，方向 96°（图四～图六）。

棺内共发现 11 件随葬品，其中东北角发现陶鬲 1 件、罐 1 件、簋形豆 1 件，东南角发现陶鬲 1 件、罐 2 件，西北角发现陶尊 1 件，东部发现金臂钏 1 件、石羊 1 件、水晶管饰件 1 件及绿松石牌饰 1 件。

陶鬲　2 件，可复原。皆为夹细砂和云母灰陶，表面磨光。整体形状呈扁方体。

ⅡM11∶1，敛口窄折沿尖圆唇，口部倾斜，束颈，折肩，斜腹，粗锥状足无实足根，足尖圆钝。器表有修整的刮削痕，表面施白色陶衣，颈部和肩部均以红彩分别绘一周左向曲尺形几何纹，其中颈部是填充式，肩部以下是细线勾勒式，肩部则以红彩绘一周竖线条纹带将两组几何纹分隔。纹饰多处脱落，模糊不清。口径12.9、肩径13.2、最大高12厘米（图七，1）。ⅡM11∶2，形制与ⅡM11∶1相同，只形体较大。器表纹饰脱落，依稀可见红彩（图七，2）。

陶罐　共 3 件。分二型。

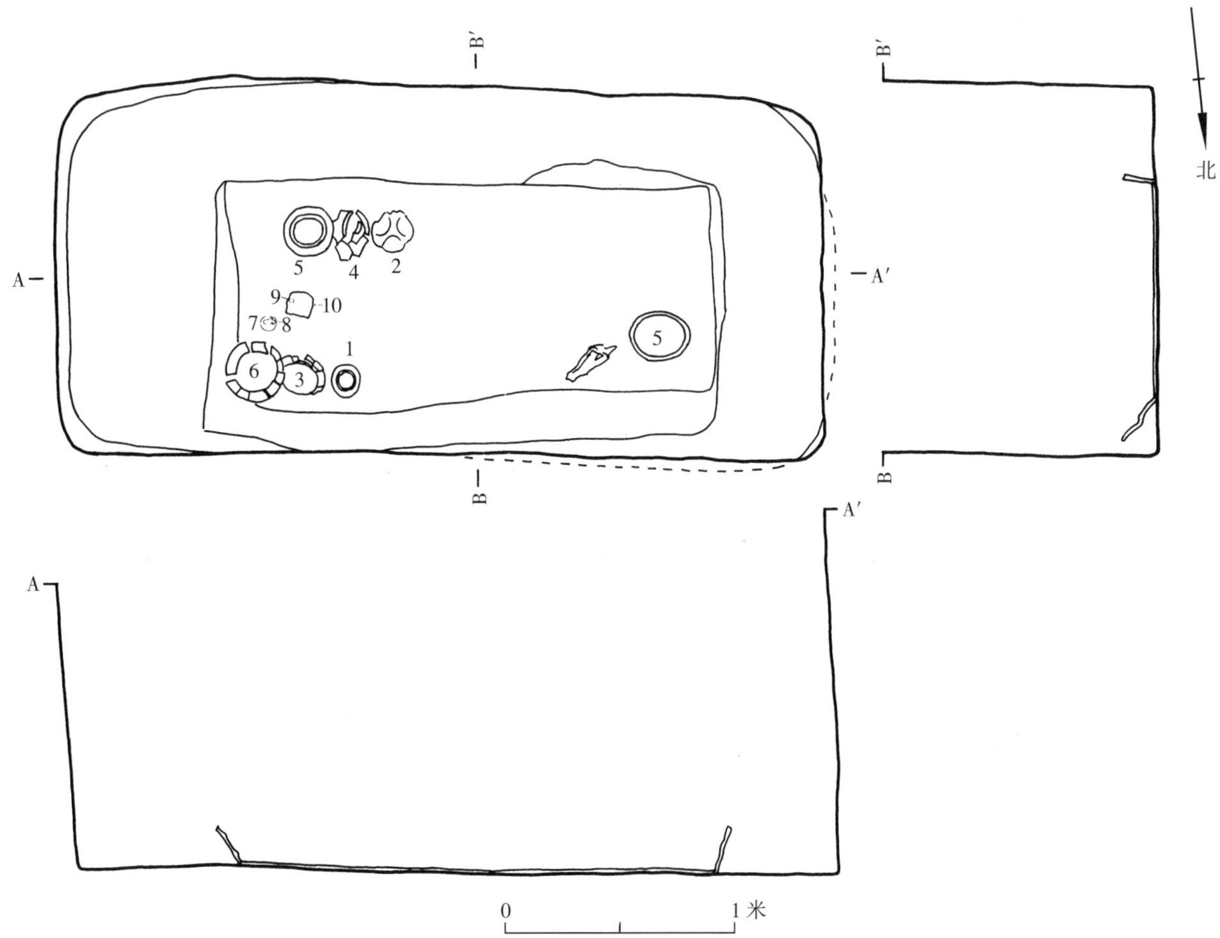

图四　ⅡM11平、剖面图

1、2. 陶鬲　3、4. 陶罐　5. 折腹盆　6. 簋形豆　7. 金臂钏　8. 玉羊　9. 绿松石饰件　10. 水晶饰件

图五 ⅡM11

A型　深腹罐。1件。ⅡM11∶7，夹砂褐陶。敞口圆唇，束颈，折肩，深弧腹，平底。肩部涂有红彩，多处脱落。腹部及底部饰不规则细绳纹，绳纹地上有抹掉痕。口径16、肩径20、底径12.4、高20厘米（图七，3）。

B型　浅腹罐。2件，可复原1件。ⅡM11∶3，夹细砂褐陶。敛口窄折沿尖圆唇，束颈，折肩，浅弧腹，平底。颈部绘红彩几何纹，纹饰大多脱落，模糊不清。腹部饰繁密的竖向细绳纹，底部饰交错细绳纹。口径15.9、肩径18.9、底径10.2、高13.5厘米（图七，4）。

尊　1件。ⅡM11∶5，泥质灰陶。敞口宽折沿方唇，斜腹近底部缓折，平底略内凹。沿面绘一周红彩三角曲线纹，上腹部绘两周左向曲尺形纹，中间以竖线条纹带相隔，其中最上一周为填充式，最下一周为线条勾勒式，构图与陶鬲相同。下腹部饰繁密的竖向细绳纹，底部饰交错细

图六 ⅡM11出土陶器组合

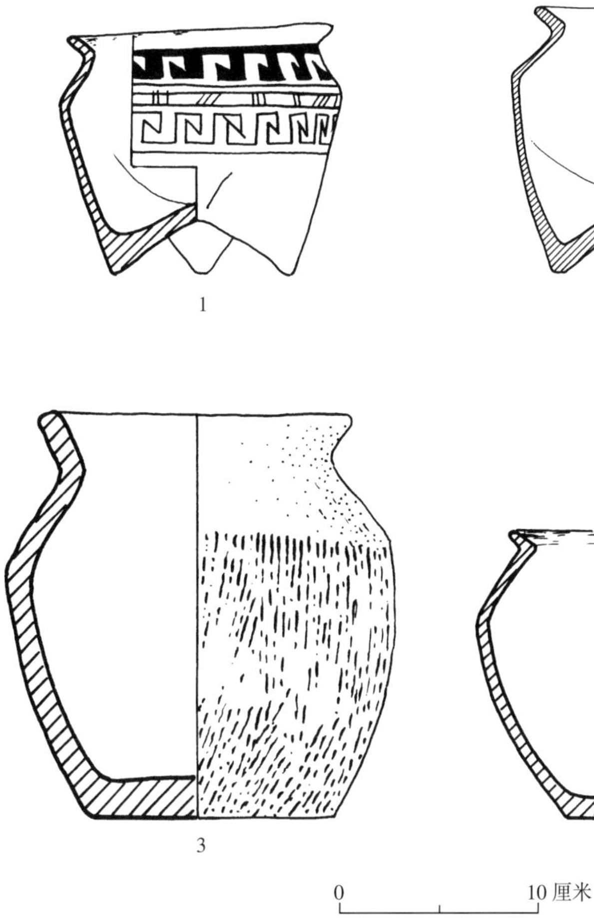

图七　ⅡM11出土陶器

1、2. 鬲（ⅡM11：1、ⅡM11：2）　3. A型罐（ⅡM11：7）　4. B型罐（ⅡM11：3）

绳纹。口径23.4、最大腹径15.9、底径9.3、高13.2厘米（图八，1）。

簋形豆　1件。ⅡM11：6，泥质灰陶。敞口折沿圆唇，深弧腹，圜底，束腰喇叭形高圈足。腹部涂有红彩，沿面也绘有红彩，大多脱落，底部饰不规则细绳纹。口径27.2、最大腹径19.2、足径13.2、高16.8厘米（图八，2）。

石羊　1件。ⅡM11：8，叶蜡石质，裂隙明显，颜色偏黄，不透明，硬度较低。以象征手法雕刻出羊犄角，长6.1、最大宽1.8厘米（图八，3）。

管饰件　1件。ⅡM11：9，玉髓质，翠绿色，半透明，布满裂隙，圆管状，一端粗一端细，中有对钻的圆孔。长2、孔径0.6、粗端径1.5、细端径1.1厘米（图八，4）。

金臂钏　1件。ⅡM11：10，系用直径0.2厘米的金条制成，整体稍有变形，两端略作扇形，相对成环，最大环外径7.3厘米（图八，5；图九）。

绿松石牌饰　1件。ⅡM11：11，碎裂成形状各异、大小不一的残片，无法拼合（图一〇）。

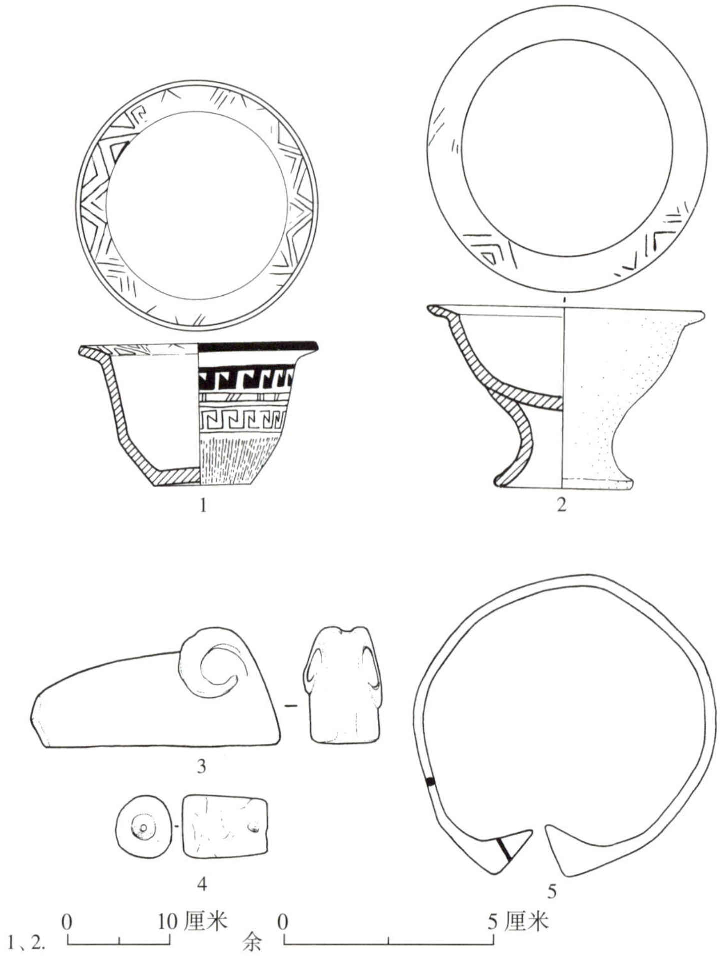

图八 ⅡM11出土遗物

1.陶尊（ⅡM11：5） 2.簋形豆（ⅡM11：6） 3.石羊（ⅡM11：8）
4.管饰件（ⅡM11：9） 5.金臂钏（ⅡM11：10）

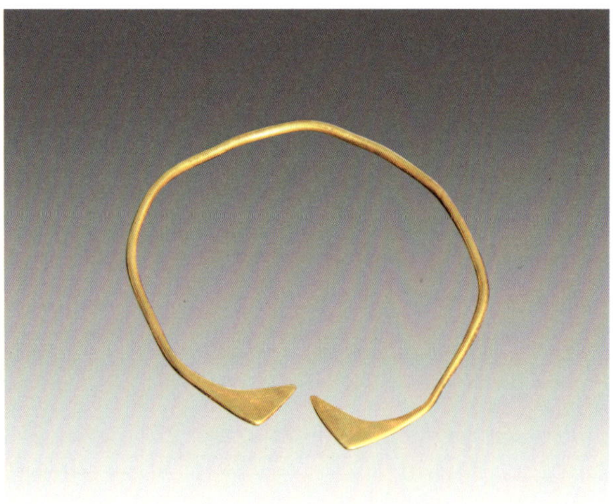

图九 金臂钏（ⅡM11：10）

图一〇 绿松石牌饰（ⅡM11：11）

二、夏家店上层文化时期灰坑

灰坑与墓地处于同一区域，仍按分区发掘，共发现25个灰坑，皆开口于耕土层下，且大多被西汉时期的墓葬打破，坑口平面形状有近圆形、椭圆形和不规则形三种，坑体结构有直壁平底、斜壁平底、斜壁圜底三类，除个别为人工有意挖掘的坑外，余皆为自然形成的浅坑或低洼地。灰坑出土物有陶、石、骨器等（图一一、图一二）。

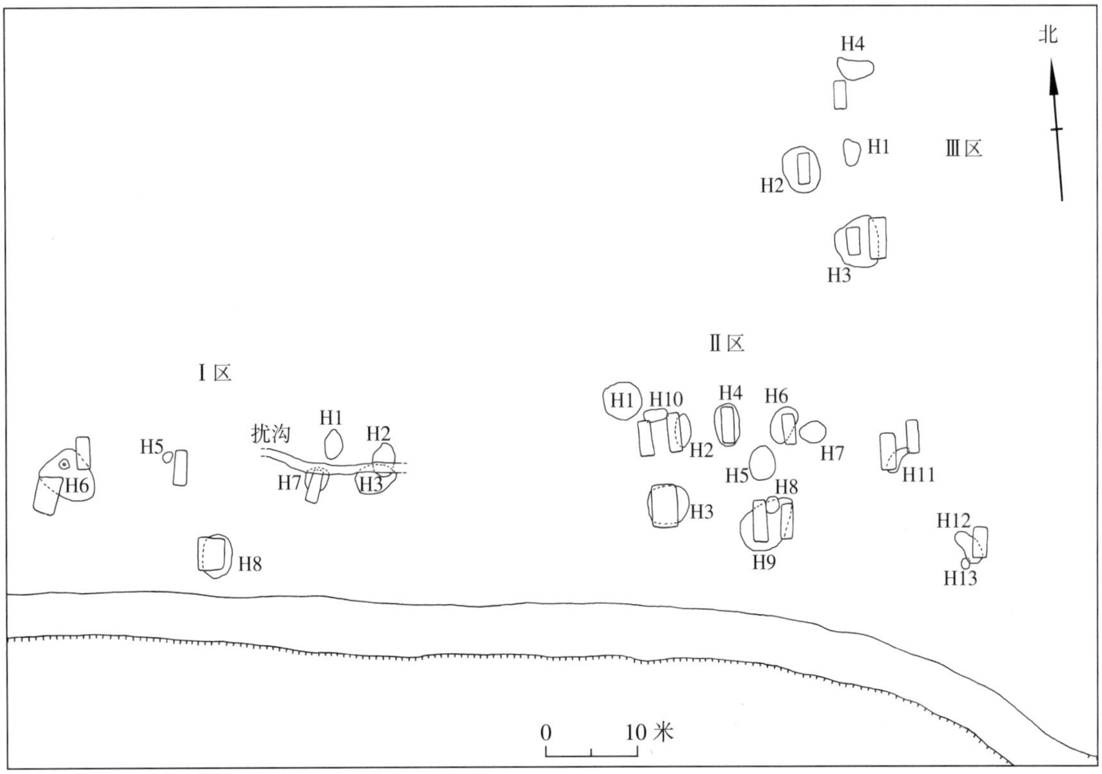

图一一　灰坑平面分布图

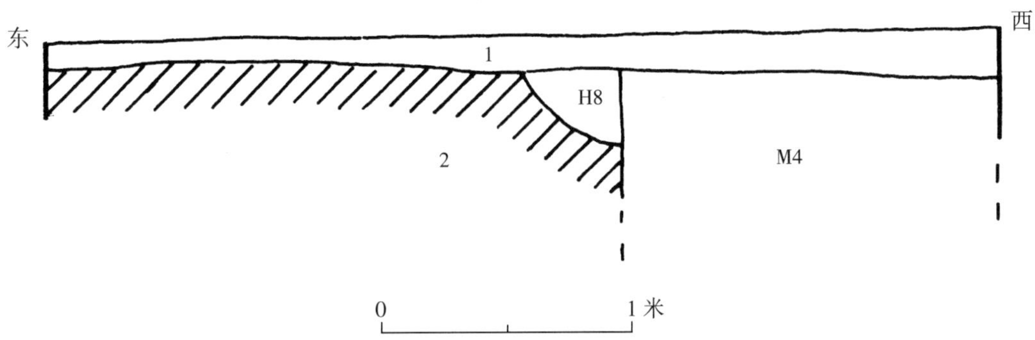

图一二　Ⅰ区T6南壁剖面图

1.耕土　2.生土

兹择取典型灰坑介绍如下。

ⅡH1　平面近圆形，斜壁，底较平。填土为黑灰土，含大量红烧土颗粒、炭粒、草木灰、腐殖质及少量碎石子等，较硬。口径2.6~2.9、底径2.2~2.5、最大深0.26米。底部出土有陶、石、骨器等。陶器质地有夹砂红褐陶、夹砂灰褐陶两类，以夹砂红褐陶为主，可辨器型有鬲口沿、鬲裆、鬲足、甗腰、豆座及罐、盆、瓮口沿等；石器有穿孔石刀，骨器有骨笄、骨锥、骨针、骨镞及鹿角等（图一三、图一四）。

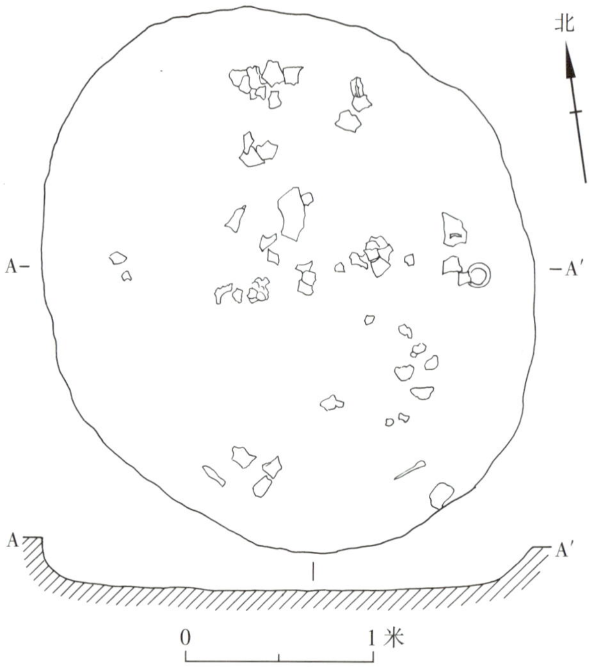

图一三　ⅡH1平、剖面图

图一四　ⅡH1（北—南）

Ⅰ H8 平面略呈椭圆形，斜坡状壁，底被Ⅰ M4打破，结构不详。填土为灰褐土，含少量红烧土粒、炭粒等，较致密坚硬。南北最大口径3.25、东西最大口径2.15米，深无可考。出土有夹砂红褐陶、夹砂灰陶器残片，可辨器型有鬲、罐等（图一五）。

Ⅱ H7 平面略呈椭圆形，直壁、平底，壁、底皆较规整。填土为灰褐土，含少量红烧土粒、炭粒等，略硬。东西最大口径1.94、南北最大口径1.58、深0.3米。出土有夹砂红褐陶、夹砂灰陶器残片，可辨器型有鬲口沿、罐口沿、甗腰及豆残片等（图一六）。

Ⅱ H11 平面呈不规则形，口部由北向南倾斜，斜壁，底略平，其中西北部、东北角分别被Ⅱ M14、Ⅱ M15所打破，东端与一残土坑灶相连。填土为灰褐土，含较多红烧土颗粒、炭粒、草木灰等，土质较致密、坚硬。东西残长1.98、南北残宽1.7、最大深0.27米。出土三件可复原夹砂红褐陶敞口、斜腹、粗柄、喇叭形高圈足簋形豆（图一七）。

该时期文化遗物以陶器为主，另发现少量石器和骨器。陶器以夹砂红褐陶为主，约占88.98%；其次为夹砂红陶，约占4.64%；再次为夹砂灰陶，约占4.58%；还有少量泥质灰陶和泥质红陶，分别约占1.06%和0.73%（附表一）。陶器火候普遍低，陶质酥脆，制作粗糙，绝大多数为素面，约占93.3%，施纹饰者极少。可辨器型有鬲、罐、盆、豆及器耳等。除三件簋形豆为完整器外，余皆为器物残件。石器

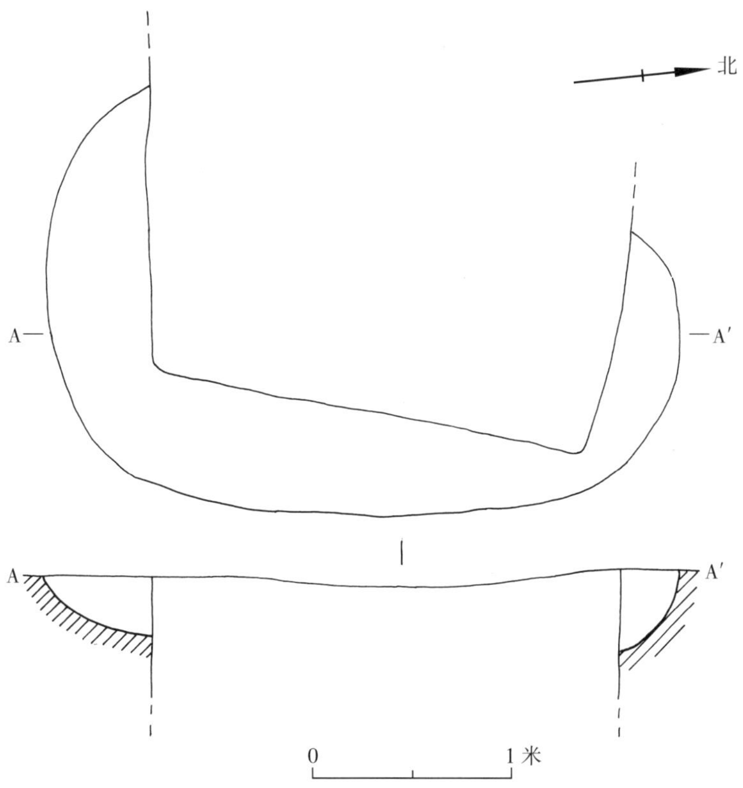

图一五 Ⅰ H8平、剖面图

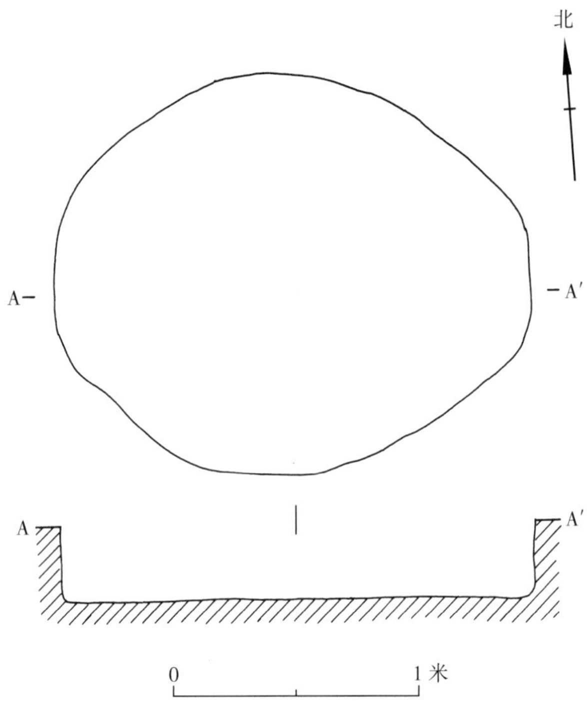

图一六 ⅡH7平、剖面图

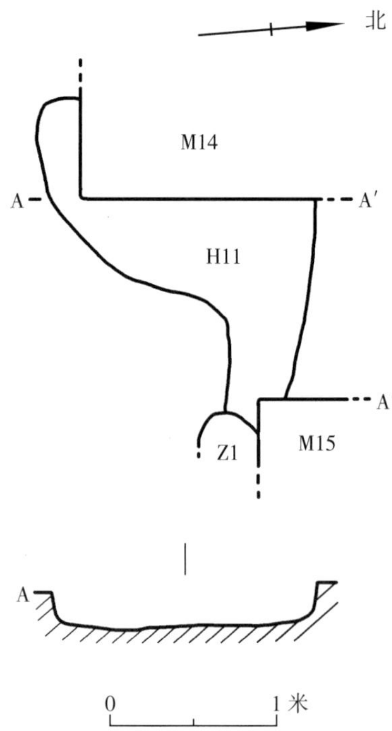

图一七 ⅡH11平、剖面图

有长方形扁平穿孔刀等；骨器有笄、锥、针及三棱状镞等，另发现少量鹿角残段。

鬲 数量较多，皆为口沿、耳部、足部残片，无可复原器，均为夹砂陶，陶质疏松，火候不匀，素面，陶色多斑驳不一。根据口沿形制不同分三型。

A型 侈口高领。ⅡH1∶1，夹砂红陶。方唇，鼓腹。口径25.8、残高6.6厘米（图一八，1）。ⅠH5∶1，夹砂褐陶。圆唇，斜直腹，素面。口径18.6、残高5.7厘米（图一八，3）。ⅠH8∶1，夹砂红陶。方唇，直腹，素面。口径21.6、残高6.6厘米（图一八，2）。

B型 直口叠唇。ⅡH1∶2，夹砂灰陶。弧腹。口径26.7、腹最大径27.6、残高12.9厘米（图一八，4）。ⅡH1∶3，夹砂褐陶。直腹。口径16.2、残高7.2厘米（图一八，5）。

C型 敛口环耳。ⅠH3∶1，夹砂红陶。口部附环形耳，表面有刮修痕。耳外径4.5、残高6.9厘米（图一八，6）。ⅢM5∶1，夹砂褐陶。口部附环形耳。耳外径3.9、残高4.5厘米（图一八，7）。

鬲足 发现较多，皆为实足根，粗锥状。ⅢH3∶1，夹砂红陶，足尖圆锐。残高6.9厘米（图一八，8）。ⅠH3∶2，夹砂灰陶。粗锥状，足尖圆锐。残高7.2厘米（图一八，9）。ⅠH3∶3，夹砂红陶。足尖圆钝，足根处露出包制的痕迹，残高6.6厘米（图一八，10）。

罐 发现较少，皆为口沿残片。形制相同，均为侈口。ⅠH6∶1，夹砂红陶。宽卷沿厚方唇，鼓腹，素面。口径37.5、残高9厘米（图一九，1）。ⅡH11∶1，夹砂红陶。宽折沿厚圆唇，鼓腹，素面，

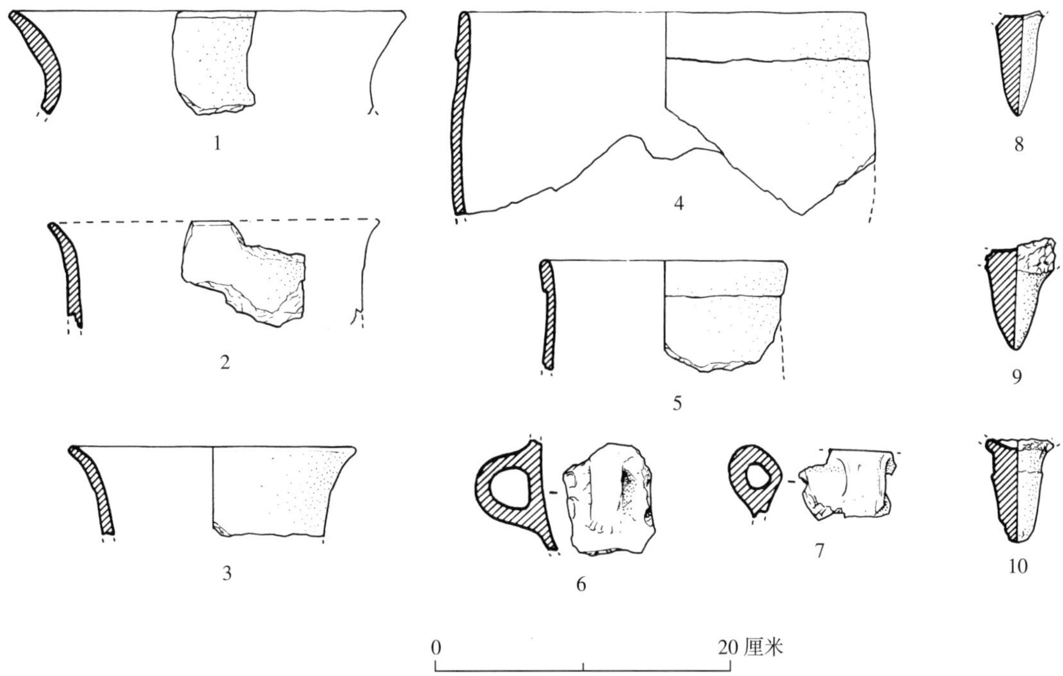

图一八　陶鬲残件

1～3.A型（ⅡH1：1、ⅠH8：1、ⅠH5：1）　4、5.B型（ⅡH1：2、ⅡH1：3）
6、7.C型（ⅠH3：1、ⅢM5：1）　8～10.鬲足（ⅢH3：1、ⅠH3：2、ⅠH3：3）

器表有刮修的印痕。口径27.6、残高7.8厘米（图一九，2）。ⅡH1∶4，夹砂褐陶。折沿圆唇，鼓腹，素面。口径22.5、残高5.4厘米（图一九，3）。ⅠH6∶2，夹砂灰陶。窄折沿圆唇，折沿处有泥条修补的印痕，鼓腹，上腹部有环耳脱落的痕迹，腹部饰数周指甲形戳刺纹。口径15、最大腹径20.1、残高12.6厘米（图一九，4）。

盆　发现较多，除一件小盆复原外，余皆为口沿残片、器耳等。ⅠH3∶4，小盆。夹砂红陶。敞口，尖圆唇，弧腹，平底，素面。口径12、底径6.6、高5.4厘米（图二〇，4）。ⅠH3∶5，夹砂褐陶。口微侈，叠唇，弧腹，素面。口径21.6、残高4.5厘米（图二〇，1）。ⅡH9∶1，夹砂红陶。敞口圆唇，口部下附对称的鋬耳，斜直腹。口径19.5、残高4.5厘米，鋬耳长5.4厘米（图二〇，2）。ⅡH1∶4，夹砂褐陶。敞口，圆唇，弧腹，素面，腹部附方形鋬耳。残高15.6厘米，鋬耳长3.3厘米（图二〇，3）。ⅡH1∶5，夹砂褐陶。宽厚方形鋬耳。残高5.1厘米，鋬耳长5.7厘米（图二〇，5）。ⅡH9∶1，夹砂红陶。宽厚方形鋬耳，略下垂。残高5.7厘米，鋬耳长4.8厘米（图二〇，6）。ⅠH3∶6，夹砂褐陶。方形鋬耳下垂，残高6.6厘米，鋬耳长4.2厘米（图二〇，7）。

豆形器　发现较多，可复原5件。皆为夹砂陶，素面。据圈足高矮不同分为二型（图二一）。

A型　高圈足，复原3件，皆出于ⅡH11，整体制作粗糙，素面。ⅡH11∶1，夹砂红褐陶。敞口尖圆唇，斜直腹，平底，喇叭形高圈足。口径14.1、足径8.8、高10.2厘米（图二二，2）。ⅡH11∶2，夹

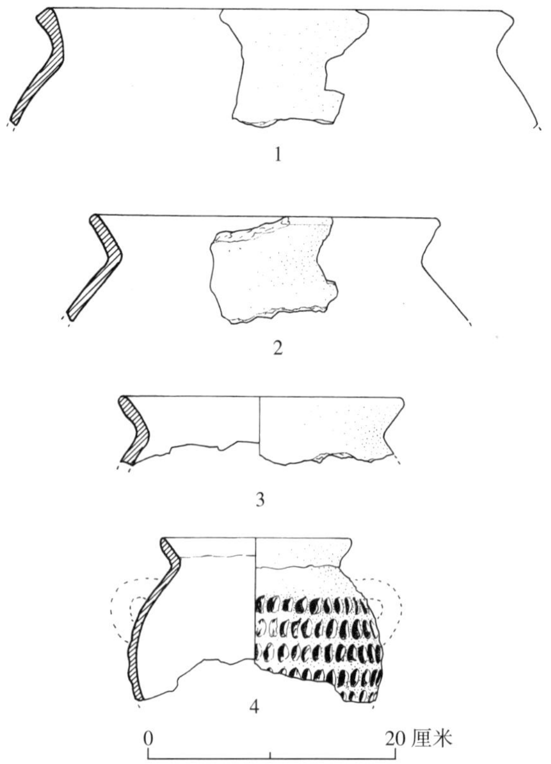

图一九 陶罐残件

1. ⅠH6：1 2. ⅡH11：1 3. ⅡH1：4 4. ⅠH6：2

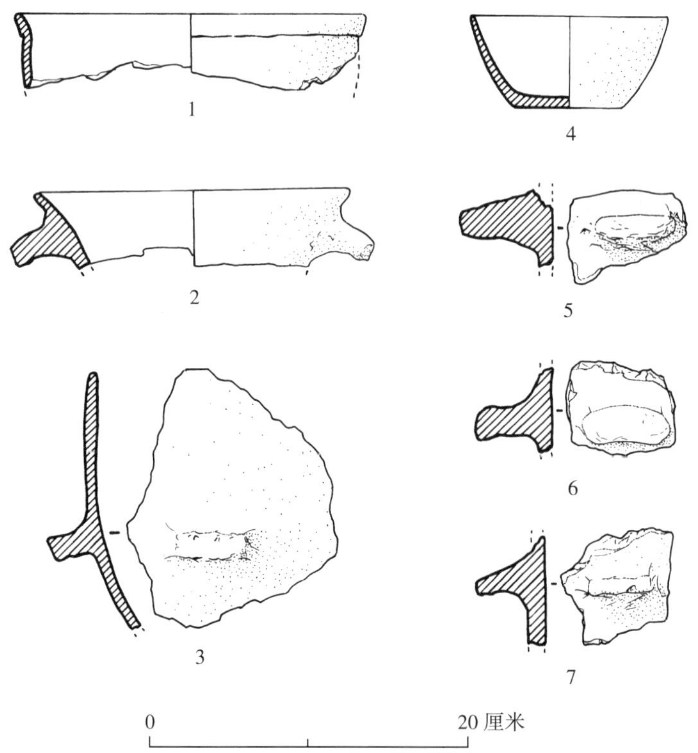

图二〇 陶盆残件

1. ⅠH3：5 2. ⅡH9：1 3. ⅡH1：4 4. ⅠH3：4 5. ⅡH1：5 6. ⅡH9：1 7. ⅠH3：6

图二一　ⅡH11出土豆形器

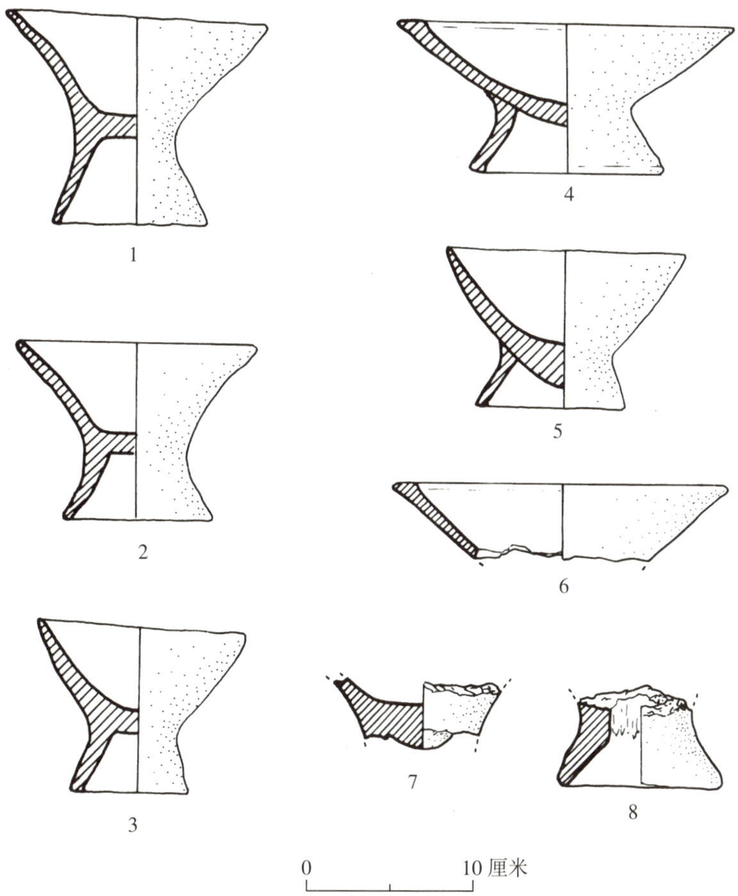

图二二　陶豆形器及残件

1～3. A型（ⅡH11：3、ⅡH11：1、ⅡH11：2）　4、5. B型（ⅠH5：2、ⅢH4：1）
6. 口部残片（ⅠH5：3）　7. 器柄（ⅡH1：5）　8. 圈足（ⅡH12：1）

砂红褐陶。敞口尖圆唇，口部略倾斜，弧腹，平底，喇叭形高圈足。口径12、足径6.9、高9.6厘米（图二二，3）。ⅡH11：3，夹砂红褐陶。敞口尖圆唇，口部倾斜，斜直腹，平底，喇叭形高圈足。口径15.3、足径9.2、高12厘米（图二二，1）。

B型　矮圈足，复原2件。ⅠH5：2，夹细砂红褐陶。敞口平沿尖圆唇，斜弧腹，圜底，底部附加外撇式喇叭形矮圈足。口径19.8、足径11.4、高8.4厘米（图二二，4）。ⅢH4：1，夹粗砂红陶。敞口尖圆唇，弧腹，尖圆底（卵形），喇叭形矮圈足。口径14.1、足径9、高9厘米（图二二，5）。

豆型器口部残片　1件。ⅠH5：3，夹砂红陶，敞口、微出沿，斜腹。素面，表面陶色不匀。口径19.8、残高4.5厘米（图二二，6）。

豆型器器柄　6件。Ⅱ H1：5，亚腰形，内底较平，外底呈卵形，表面磨光。残高2.4厘米（图二二，7）。

豆型器圈足　2件。ⅡH12：1，夹砂褐陶，喇叭形，表面粗糙，陶色不匀。足径9.6、残高6厘米（图二二，8）。

另发现少量石器，包括铲、刀两类。ⅠH6：2，石铲。磨制，表面局部有打制的疤痕。顶端残断，一侧边残，有打制的疤痕，另一侧边平直，弧刃，圆钝，局部残。残宽10、残高11.2、残厚0.6厘米（图二三，1）。ⅡH1：7，穿孔石刀。仅见前端一小部分，磨制，表面布满疤痕，拱背，断面平直，弧刃圆钝，

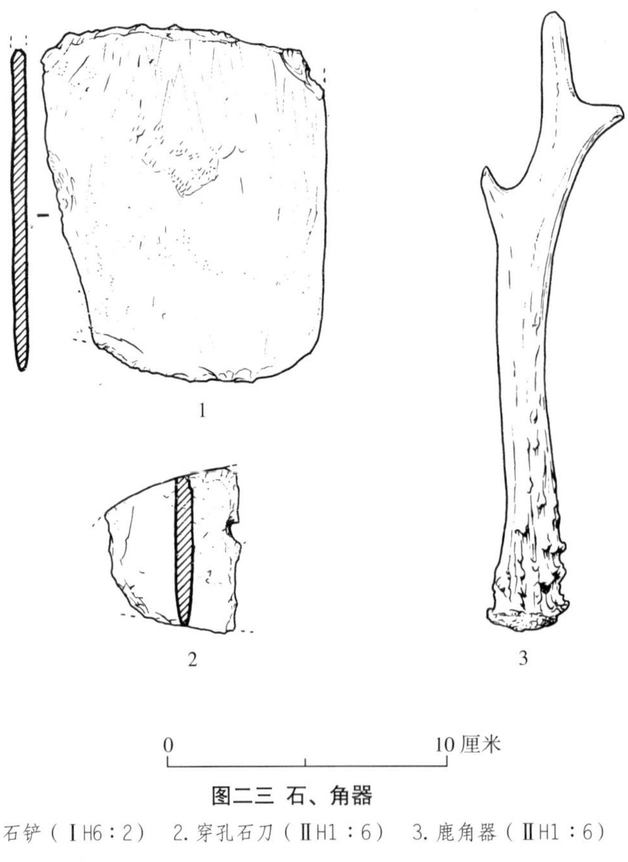

图二三　石、角器

1.石铲（ⅠH6：2）　2.穿孔石刀（ⅡH1：6）　3.鹿角器（ⅡH1：6）

中部偏上有对钻的穿孔，残存一半。残长4.6、最大残高5.8、孔径0.8、厚0.6厘米（图二三，2）。

鹿角器　1件。ⅡH1∶6，根部磨平，角部圆钝，表面光滑。长21.6厘米（图二三，3）。

三、西汉时期墓葬

（一）墓葬概况

共清理墓葬50座，其中Ⅰ区11座、Ⅱ区22座、Ⅲ区17座。墓葬皆分布于西山南坡，随坡势上口多由西至东倾斜，部分墓葬上口由北至南倾斜。墓葬均开口于耕土层下，其中有16座墓打破夏家店上层文化时期灰坑。墓葬皆为小型长方形土坑木椁墓，坑体结构除4座为直壁（口底同宽）外，余均为袋形（口小底大），坑壁上部较规整，近底部向四周掏挖，壁多不规整，在底部构筑木椁，然后置棺。棺椁大多残留有板灰，呈灰白色，因棺、椁塌陷、朽烂，板灰混杂一起，极难辨认。填土为红胶土、黄褐色黏土、白沙土三合一，均经夯打，致密坚硬。墓葬以朝北向为多，朝东向较少，排列有序（图二四；附表二）。

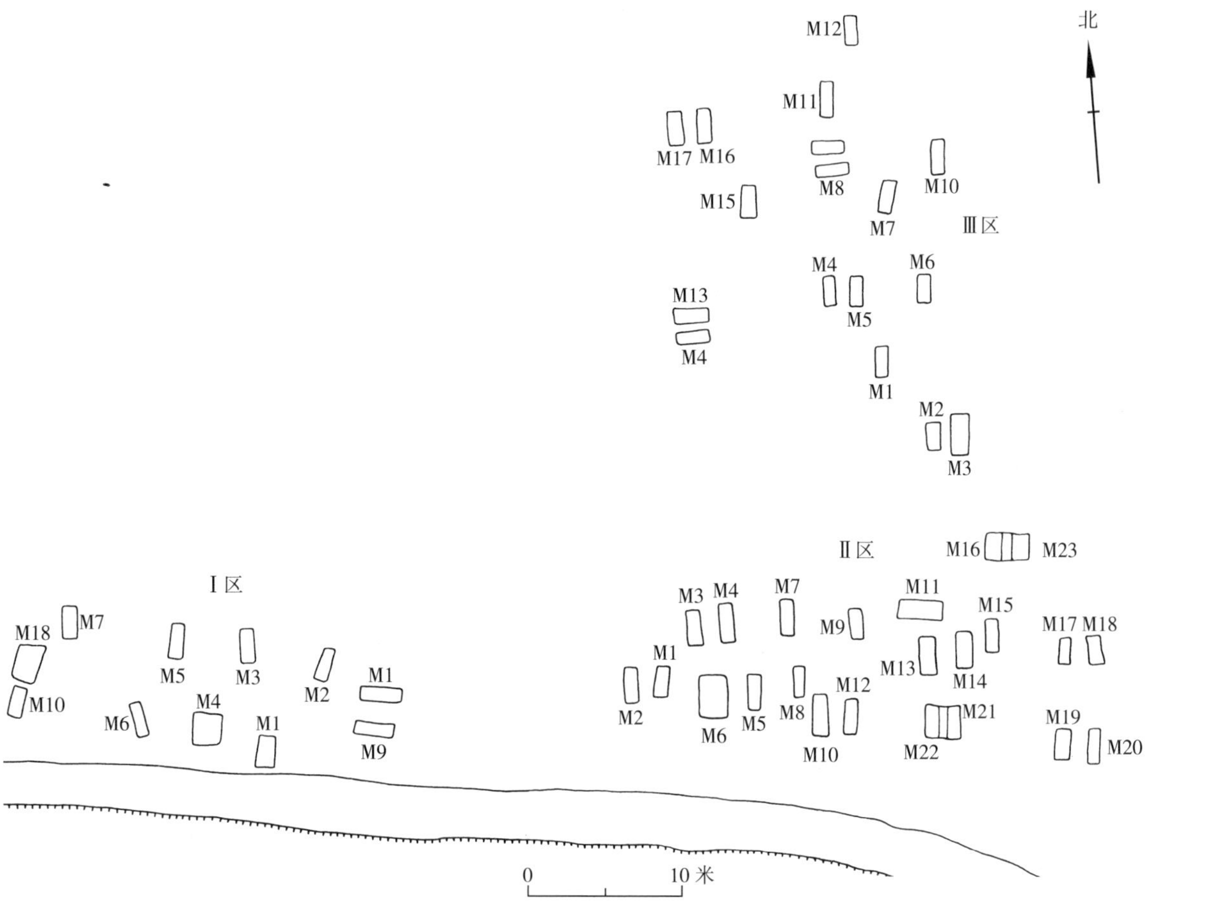

图二四　墓葬分布总平面图

（二）墓葬形制

根据墓椁的多寡和有无分述如下。

1. 一椁一棺墓

共发现43座，Ⅰ区8座、Ⅱ区20座、Ⅲ区15座。其中成组排列者有13组26座，Ⅰ区1组2座、Ⅱ区7组14座、Ⅲ区5组10座。

（1）Ⅰ区

ⅠM1　方向95°。上口平面呈长方形，长2.96、宽1.2米，坑壁规整平直；底部平整，长3.62、宽1.52、深4.34米；底中部置一椁一棺，棺椁皆朽烂成板灰，从灰痕观察，椁东、西壁紧贴坑壁，分别残高0.8、0.42米；南北壁与坑壁间隔，以填土夯实。椁底部发现两道东西向的垫木灰痕，两端直抵坑壁，宽0.14、灰痕厚0.02、相隔0.8米。椁长3.42、宽1.16、板灰厚0.06米；椁内中部置棺，棺南北帮变形，略内凹，长2.44、最大宽0.74米，灰痕残高0.36、厚0.04米。棺内人骨已朽成粉末状，几无存，葬式不清。棺内东部出土1件铜带钩，椁内东北角出土1件陶罐，西北角发现有动物遗骨（图二五、图二六）。

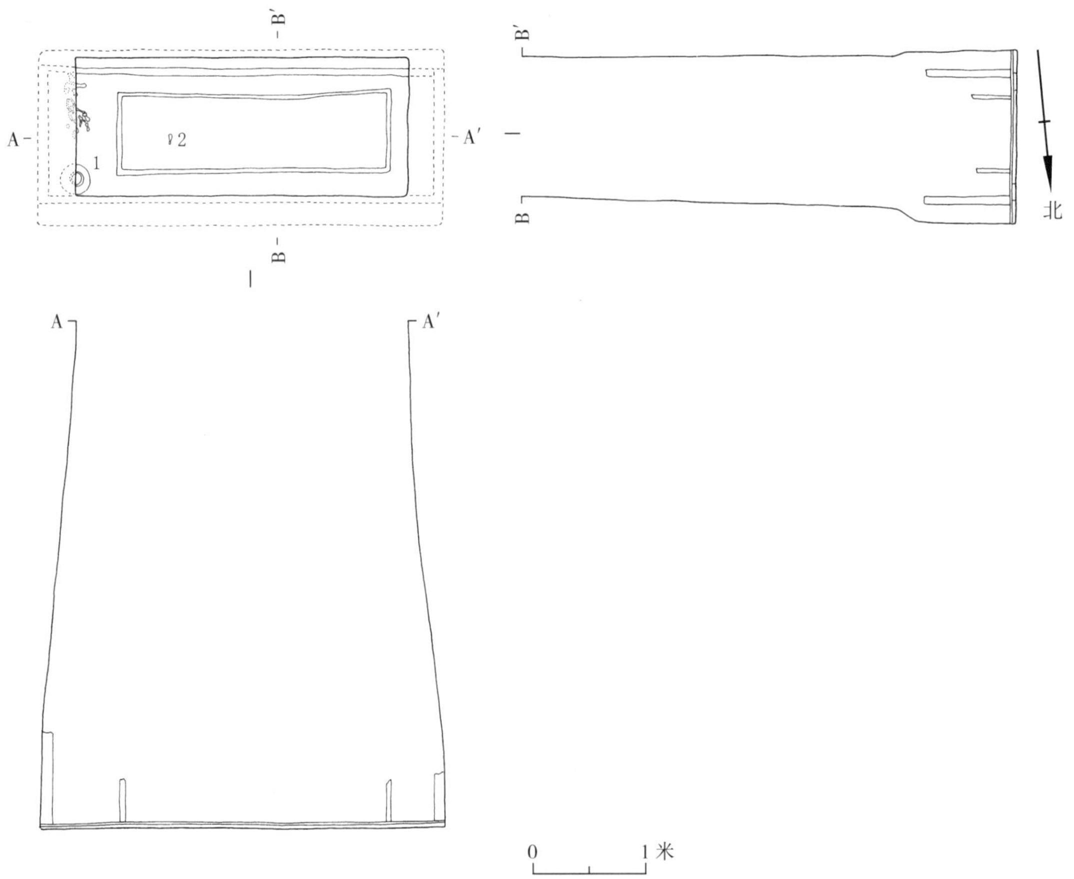

图二五　ⅠM1平、剖面图

1. 陶罐　2. 铜带钩

图二六 ⅠM1（北—南）

ⅠM3 方向0°。上口由西向东倾斜，平面不规则，南端略宽于北端，上口长2.38、南端宽0.88、北端宽0.84米。坑壁较规整，南壁中部偏下处坍塌一部分成一浅坑；底部平整，东南角外伸，南端也宽于北端，墓底长2.76、宽1.1~1.26、最大深2.66米。底中部发现有椁板灰痕，平面呈长方形，南端亦宽于北端，长2.52、宽0.84~0.94米，椁板灰残高0.3、厚0.02米。椁内未见棺板灰，发现一具人骨，头向北，头骨碎裂不全，仰身直肢，现场鉴定为女性青壮年。头骨上方椁内东北角出土1件陶碗和1件陶罐，碗倒扣于罐之上，在罐西侧发现1件动物下颌骨（图二七）。

ⅠM5 方向5°。上口较规整，长2.7、宽1.06米。壁规整，底部平整，长2.88、宽1.16、深2.84米。底部发现有椁，四壁皆紧贴于坑壁，椁板灰残高0.34~0.56、厚0.02米。椁底部偏南处发现有棺板灰痕，其中棺南帮紧贴椁壁，宽0.88、厚0.02米。棺内发现一具人骨，头骨碎裂，多处缺失，上肢、肋骨也大部缺失，仰身直肢，现场鉴定为女性老年。头部东侧出土1件铁带钩，椁内东北角出土1件陶罐，其西侧为动物遗骨（图二八）。

ⅠM6 方向350°。上口由西向东倾斜，平面较规则，长2.28、宽0.84米；坑壁较规整；底部平整，长3.04、宽1、深3米。底部发现有椁板灰，其中南、北壁紧贴坑壁，长2.86、残高0.3~0.42、厚0.04米。椁底中部偏南发现有棺板灰，仅余北帮板灰，高0.52、厚0.02，长度不详。棺内发现有零星人骨残片，可辨有头骨、肢骨，从残迹观察葬式也应为仰身直肢，性别年龄无可考。棺内人骨东侧出土1件铁削

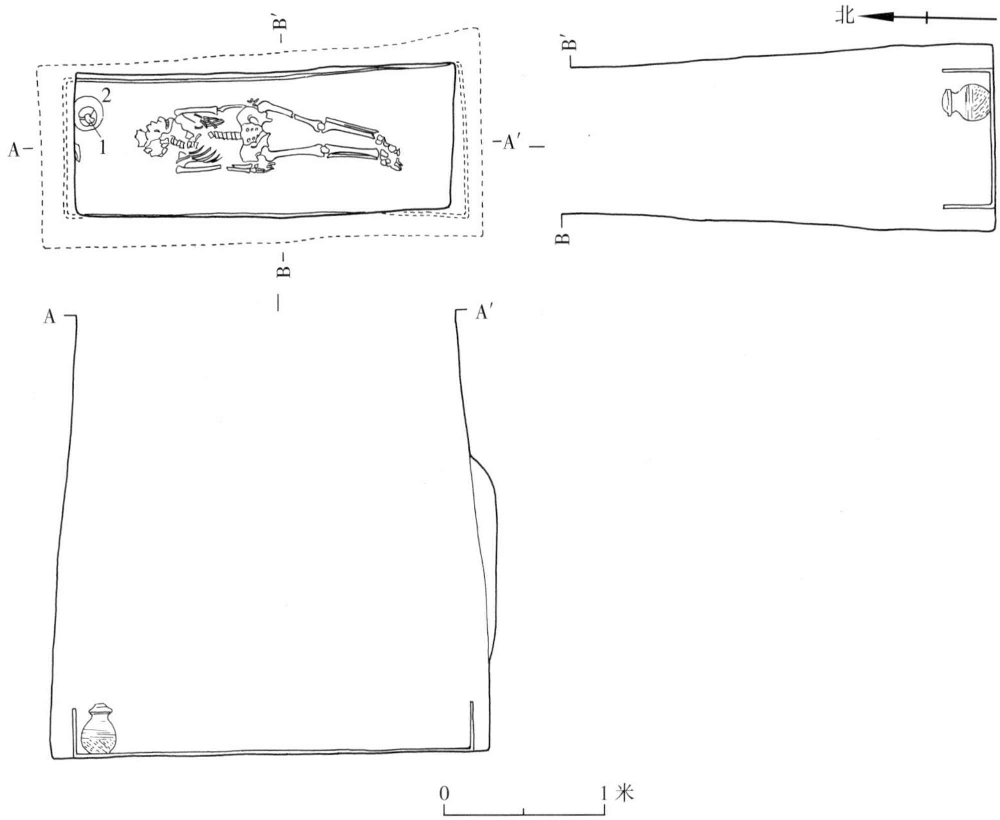

图二七 ⅠM3平、剖面图

1. 陶碗 2. 陶罐

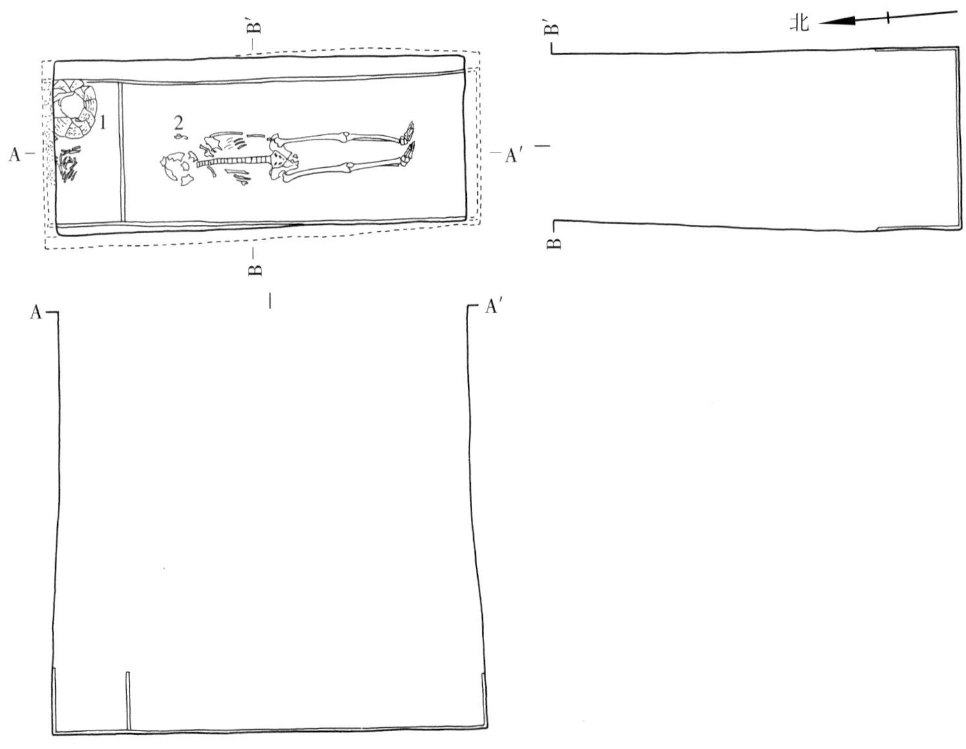

图二八 ⅠM5平、剖面图

1. 陶罐 2. 铁带钩

刀，椁内北端出土2件陶罐及部分动物遗骨（图二九、图三〇）。

Ⅰ M9　方向100°。上口呈长方形，不规整，长2.88、最大宽1.14米；壁上部较规整，近底部不规整；底平整，长3.34、宽1.4、深3.12米。底部发现有一椁一棺板灰，椁平面呈“Ⅱ”形，长3.12、中间宽1、两端宽1.4米，板灰残高0.48~0.56、厚0.04~0.1米。棺置于椁内中部偏西位置，长2.34、宽0.7、残

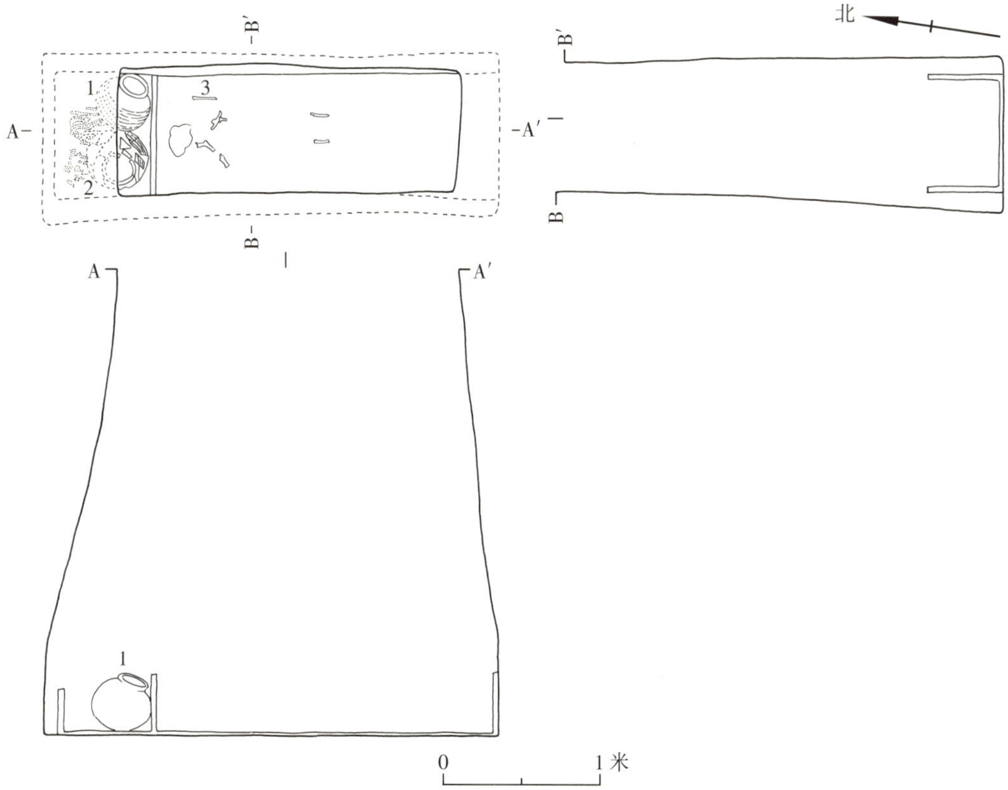

图二九　Ⅰ M6平、剖面图

1、2. 陶罐　3. 铁削刀

图三〇　Ⅰ M6出土陶罐组合

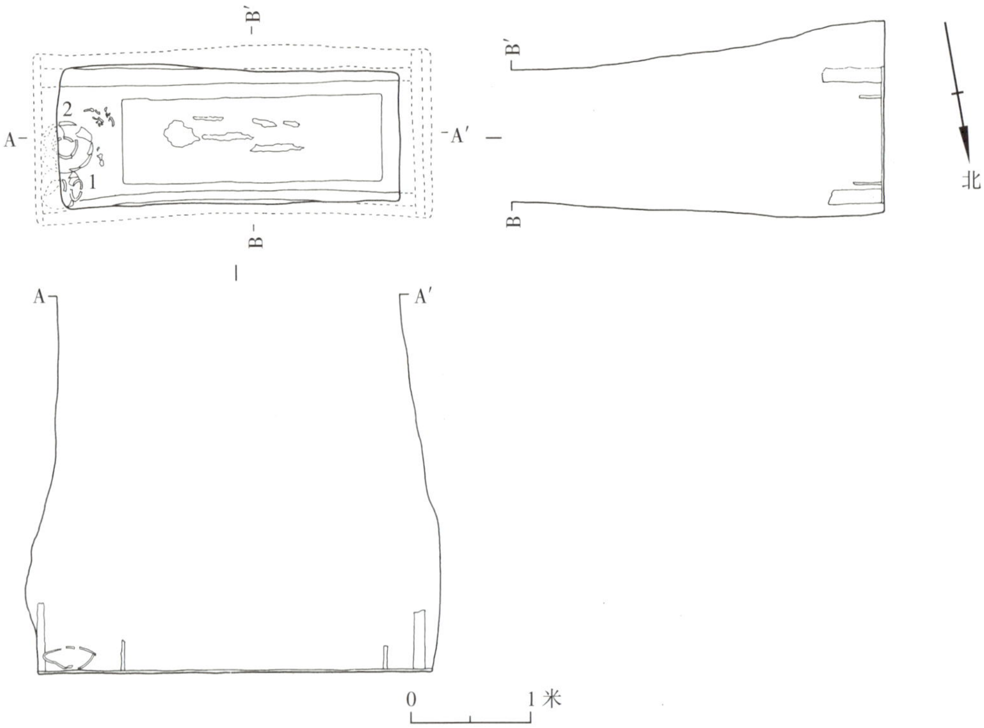

图三一 Ⅰ M9平、剖面图

1、2. 陶罐

图三二 Ⅰ M9

高0.2~0.24米，板灰厚0.02~0.04米。棺内人骨也成粉末状，从残迹观察应为仰身直肢，性别、年龄不详。椁内东北部出土2件陶罐及动物遗骨碎片（图三一、图三二）。

（2）Ⅱ区

ⅡM1 方向355°。上口略有变形，由西向东倾斜，长2.4、宽0.96米；坑壁不规整，其中北壁向里掏挖程度大于南壁，东壁略呈斜坡状、西壁呈袋形，整体向东偏；底部平整，长3.06、宽1.16、深3.56米。底中部发现一椁一棺板灰，椁平面呈长方形，东、西壁略向内凸，长3、宽0.94、残高0.22米。椁内中部置棺，长2.06、宽0.58、残高0.16米。棺内发现一具人骨，保存极差，几成粉末，从残迹观察为仰身直肢，性别、年龄不详。椁内西北部出土1件陶罐和1个动物头骨（图三三、图三四）。

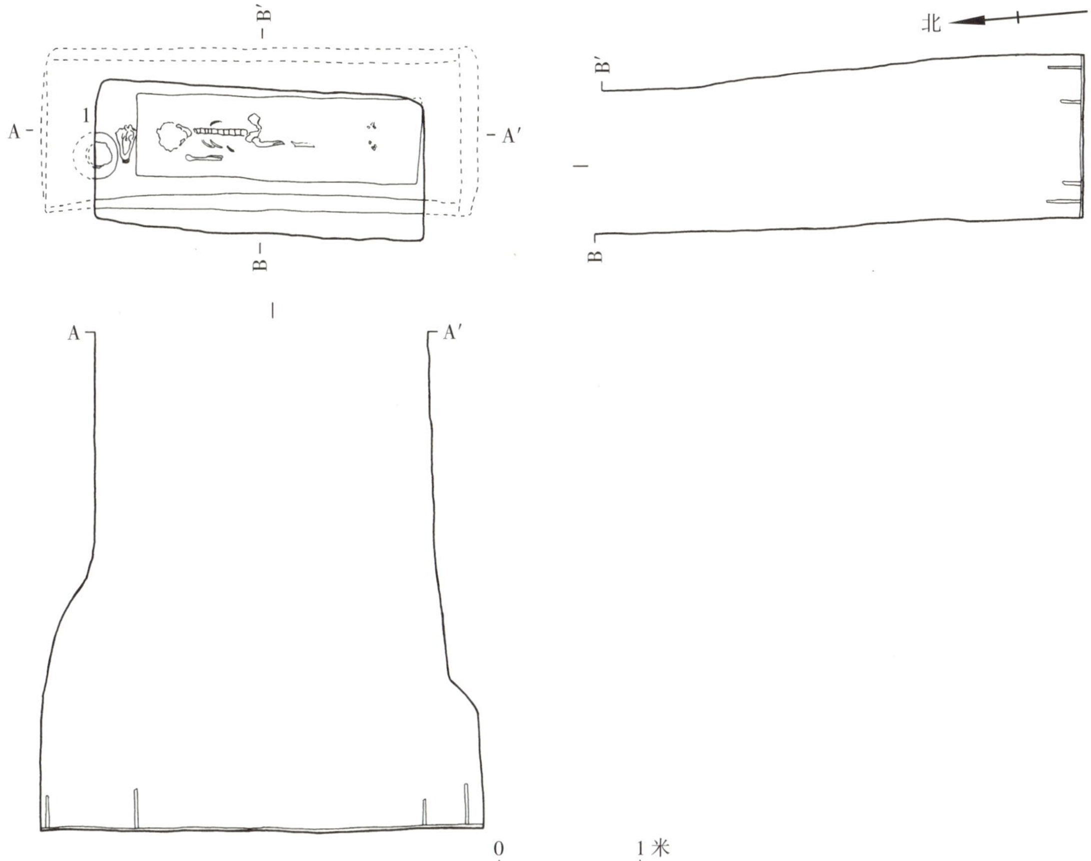

图三三　ⅡM1平、剖面图

1.陶罐

图三四　ⅡM1（东—西）

ⅡM2 方向355°。上口由西向东倾斜，平面略规则，长2.66、宽1.02米；坑壁南、北壁较规整，西壁呈袋形，东壁略呈斜坡状，整体向西偏；底部平整，长3、宽1.08、深3.5米。底部发现有一椁一棺板灰，椁紧贴坑壁，残高0.84米；椁底中部偏南发现棺板灰，平面不规则，长2.2、最大宽0.68、残高0.38米。棺内人骨成粉末状，从残迹观察为仰身直肢，性别年龄无可考。椁内北端出土1件陶罐（图三五、图三六）。

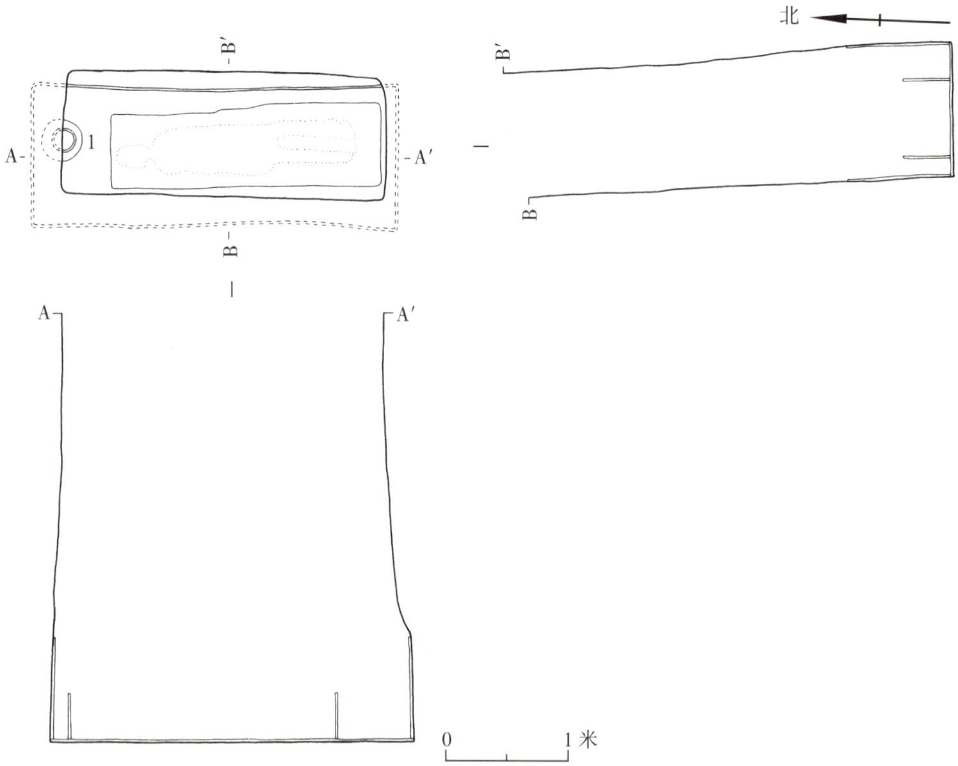

图三五 ⅡM2平、剖面图

1. 陶罐

图三六 ⅡM2（东—西）

ⅡM3　方向358°。上口由西向东倾斜，平面不规则，长2.8、宽1.08米；坑南、北壁较平整，东壁斜直；底部平整，长3.78、最大宽1.24、深4.2米。底中部发现一椁一棺板灰，椁长3.48、宽1、残高0.48~0.68米。椁底中部偏南置棺，棺板灰痕向内凹，长2.26、宽0.72、残高0.54米。棺内发现一具人骨，头骨碎裂，面部缺失，肢骨、肋骨也大部无存，下肢错位呈弯曲状，现场鉴定为女性，年龄无可考。椁内北部出土2件陶罐，西北部出土部分动物遗骨（图三七、图三八）。

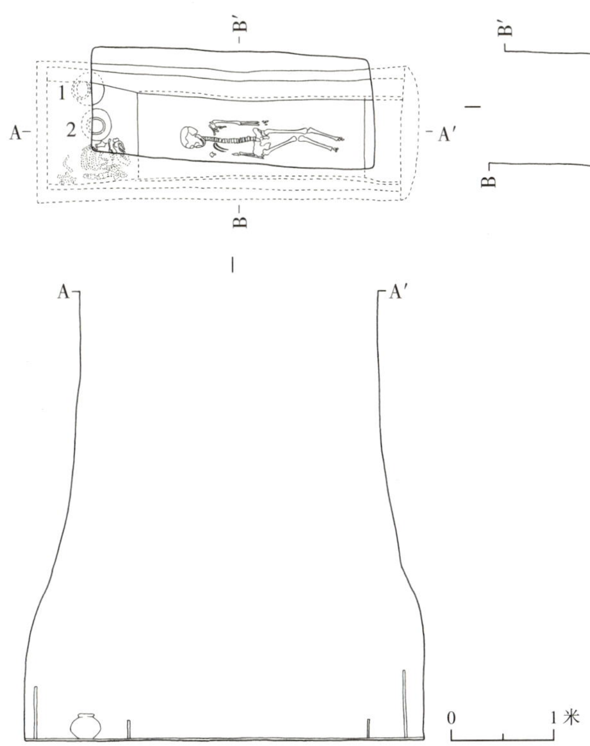

图三七　ⅡM3平、剖面图

1、2. 陶罐

图三八　ⅡM3出土陶罐组合

ⅡM5　方向358°。上口由北向南、由西向东倾斜，平面较规则，长2.74、宽0.86米；直壁规整；底部平整，深1.4米。底部发现一椁一棺板灰，椁除北壁外，余均紧贴土坑壁，长2.44、宽0.84、残高0.30~0.36米。椁底中部偏南置棺，长1.96、宽0.64、残高0.1~0.12米。棺内发现一具人骨，头骨碎裂，面部无存，肢骨多处缺失，仰身直肢，现场鉴定为老年女性。椁内东北角出土1件陶罐及部分动物遗骨（图三九）。

ⅡM14　方向358°。上口平面不规整，由西向东倾斜，长2.94、最大宽1.36米；东、西壁较直，南、北壁呈袋状；底部平整，长3.1、最大宽1.24、最大深1.4米。底部发现一椁一棺板灰，椁平面呈"Ⅱ"形，长2.94、宽0.9、残高0.48米，板灰厚0.02~0.04米。椁底中部偏南置棺，长1.84、宽0.56、残高0.06米，板灰厚0.02~0.06米。棺内发现一具人骨，头骨碎裂，多呈粉末，上身除椎骨外基本无存，下肢尚存，性别年龄无可考。在人骨上身左侧出土1件红髓质串珠，椁内北端出土2件陶罐、2件青铜镞及少量动物遗骨（图四〇）。

ⅡM15　方向2°。上口平面较规则，由北向南倾斜，长2.5、宽0.92米；壁较规整；底部也平整，长3.2、宽1.08、最大深2.24米。底部发现一椁一棺板灰，皆变形，略内凹，椁长2.68、宽0.88、残高0.52

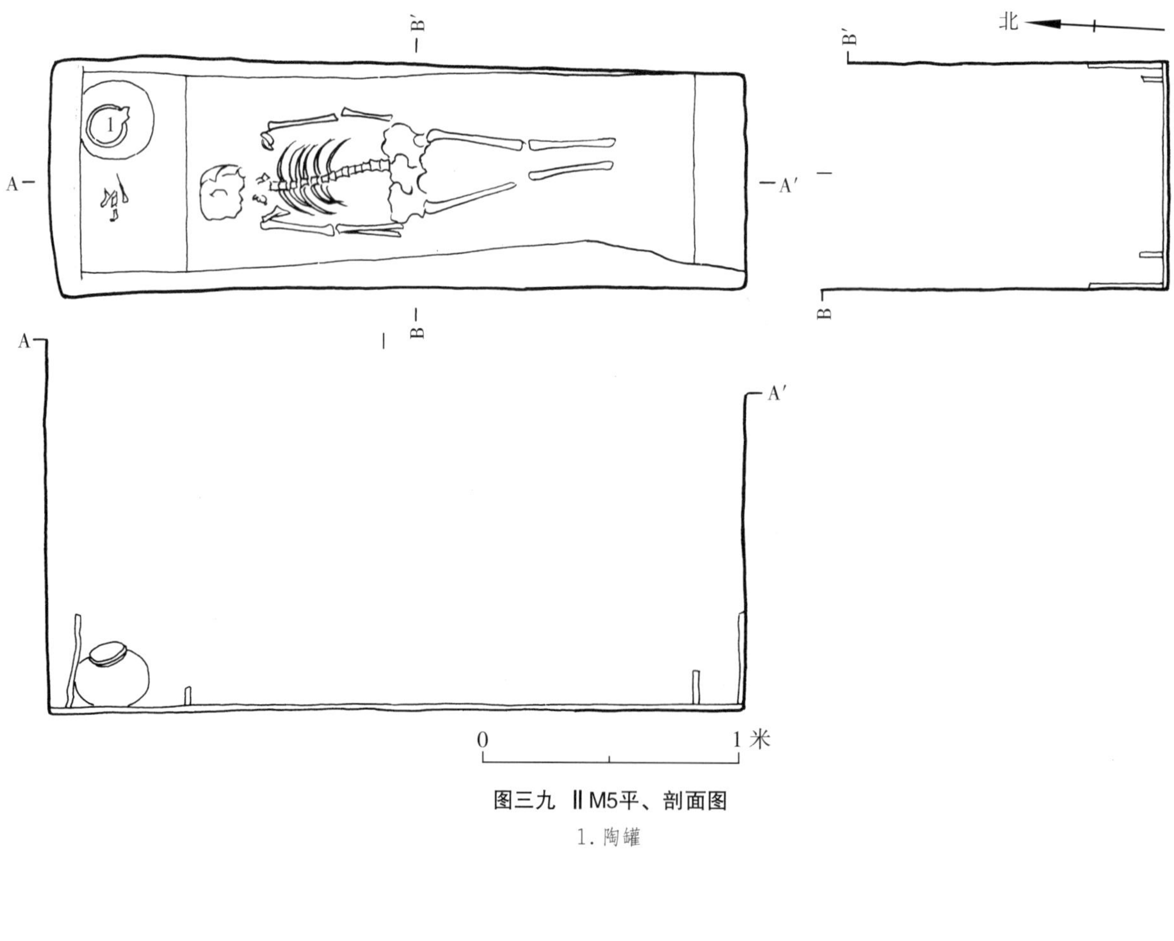

图三九　ⅡM5平、剖面图

1. 陶罐

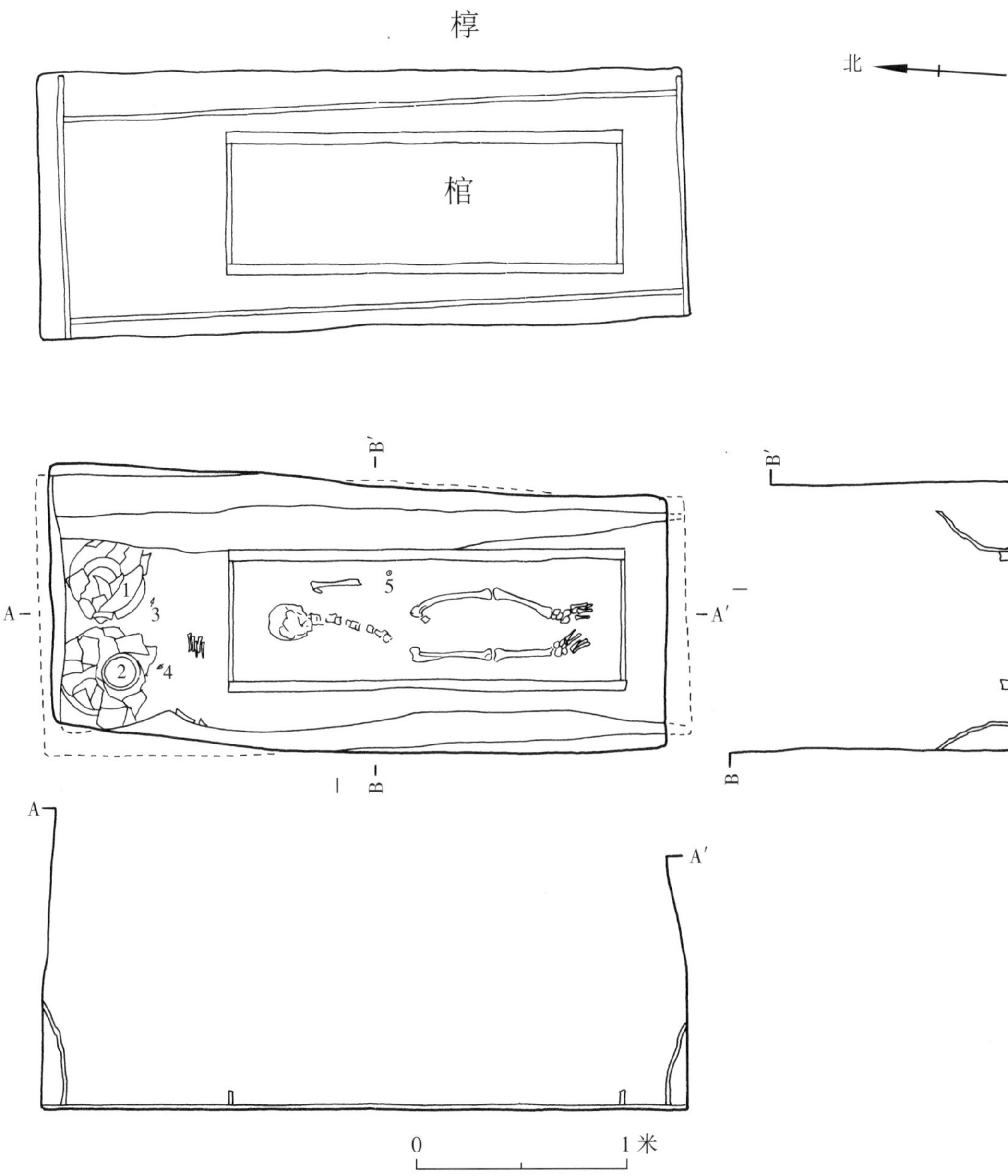

图四〇　ⅡM14平、剖面图

1、2. 陶罐　3、4. 铜镞　5. 玛瑙串珠

米，板灰厚0.02米。椁中部置棺，长2.1、宽0.72、残高0.06米，板灰厚0.02米。棺内发现一具人骨，头骨只余碎片，上肢大部缺失，下肢残存，多处呈粉末状，性别、年龄无可考。在头骨处出土1件水晶饰件，椁内东北角出土1件陶罐，西北角出土少量动物遗骨（图四一）。

ⅡM19　方向2°。上口由西向东倾斜，平面不规则，长2.32、最大宽1.04米；壁较规整，其中东壁为直壁；底部平整，长3.08、宽1.2、最深2.8米。底部发现一椁一棺板灰，其中在局部发现椁板灰上有草拌泥块，断面可见清晰的草叶印迹，椁长2.92、宽0.84、残高0.44~0.6米，板灰厚0.04米。椁底部发现两道南北向垫木灰痕，残长2.06、相距0.54米，木灰厚0.06米；垫木下发现椁底铺板灰痕，垫木上置

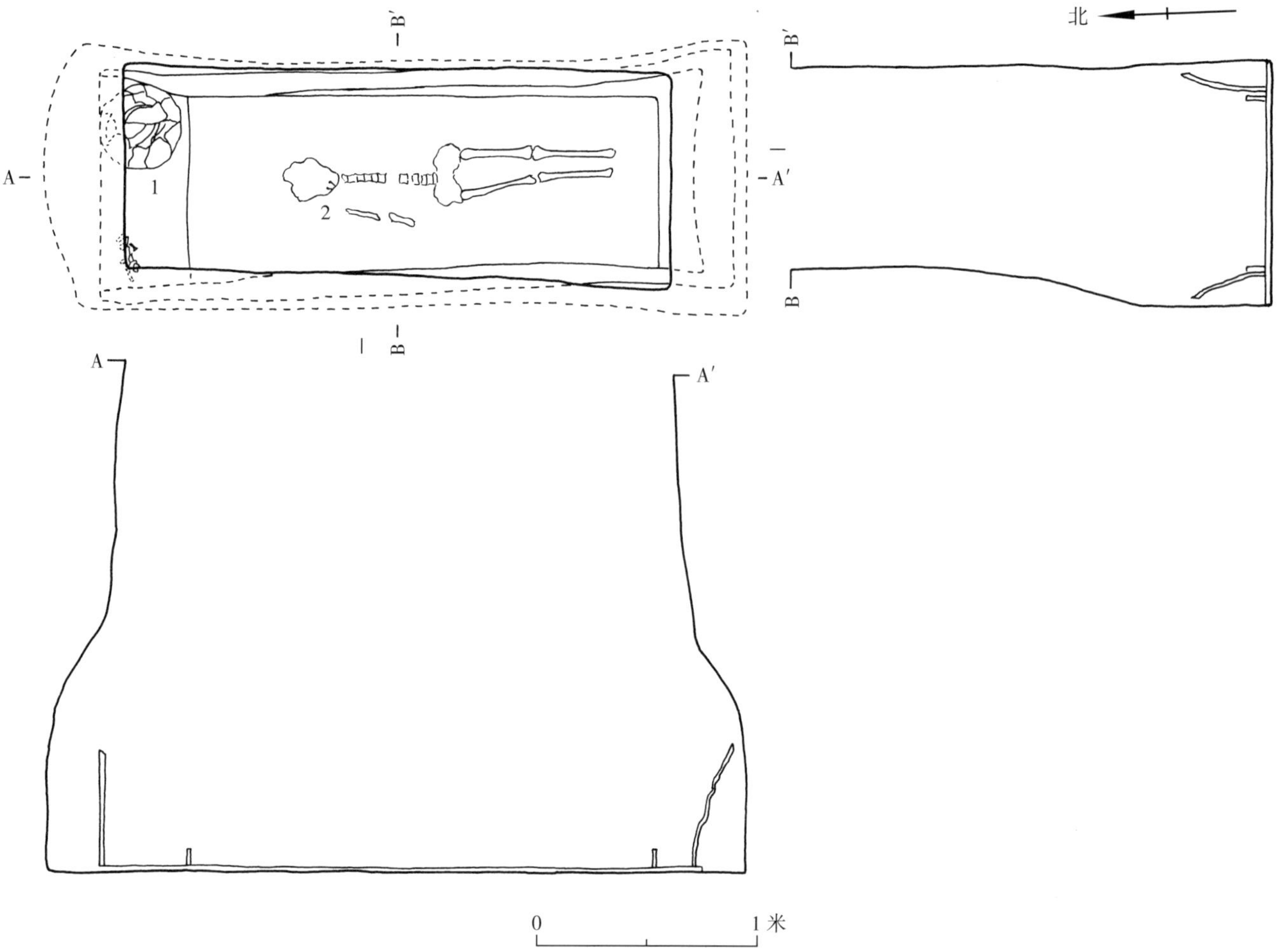

图四一 Ⅱ M15平、剖面图

1. 陶罐 2. 水晶制品

棺，棺长2.16、宽0.7、残高0.12米，灰痕厚0.02米。棺内发现一具人骨，保存极差，多处呈粉末状，从残迹观察为仰身直肢，现场鉴定为老年男性。棺内头骨上方出土1件铜带钩，椁内北端分别出土1件陶壶和1件陶罐，陶罐周围还发现有动物遗骨（图四二）。

Ⅱ M20 方向0°。上口由西向东倾斜，平面不规则，长2.74、最大宽0.97米；壁较规整；底部平整，长3.1、宽1.06、深3.1米。底部发现一椁一棺板灰，椁平面呈“Ⅱ”形，椁盖板灰尚存，可辨为8块组成，单块椁盖板宽0.2~0.52、厚0.02、残高0.3~0.32米。椁底中部置棺，棺长2.24、宽0.6、残高0.06~0.1米，板灰厚0.02米。棺内发现一具人骨，头骨碎残裂不成形，肢骨多处呈粉末状，从残迹观察为仰身直肢，现场鉴定为女性，年龄不详。椁内东北角出土1件陶罐，陶罐周围发现有散乱分布的动物遗骨（图四三）。

（3）Ⅲ区

Ⅲ M8 方向87°。上口由西向东倾斜，平面较规则，长2.6、宽0.92米；东、西壁较规整，南、北壁变形略内凹；底部较平整，长2.96、宽1.08、深2.52米。底部发现一椁一棺板灰，椁平面呈“Ⅱ”

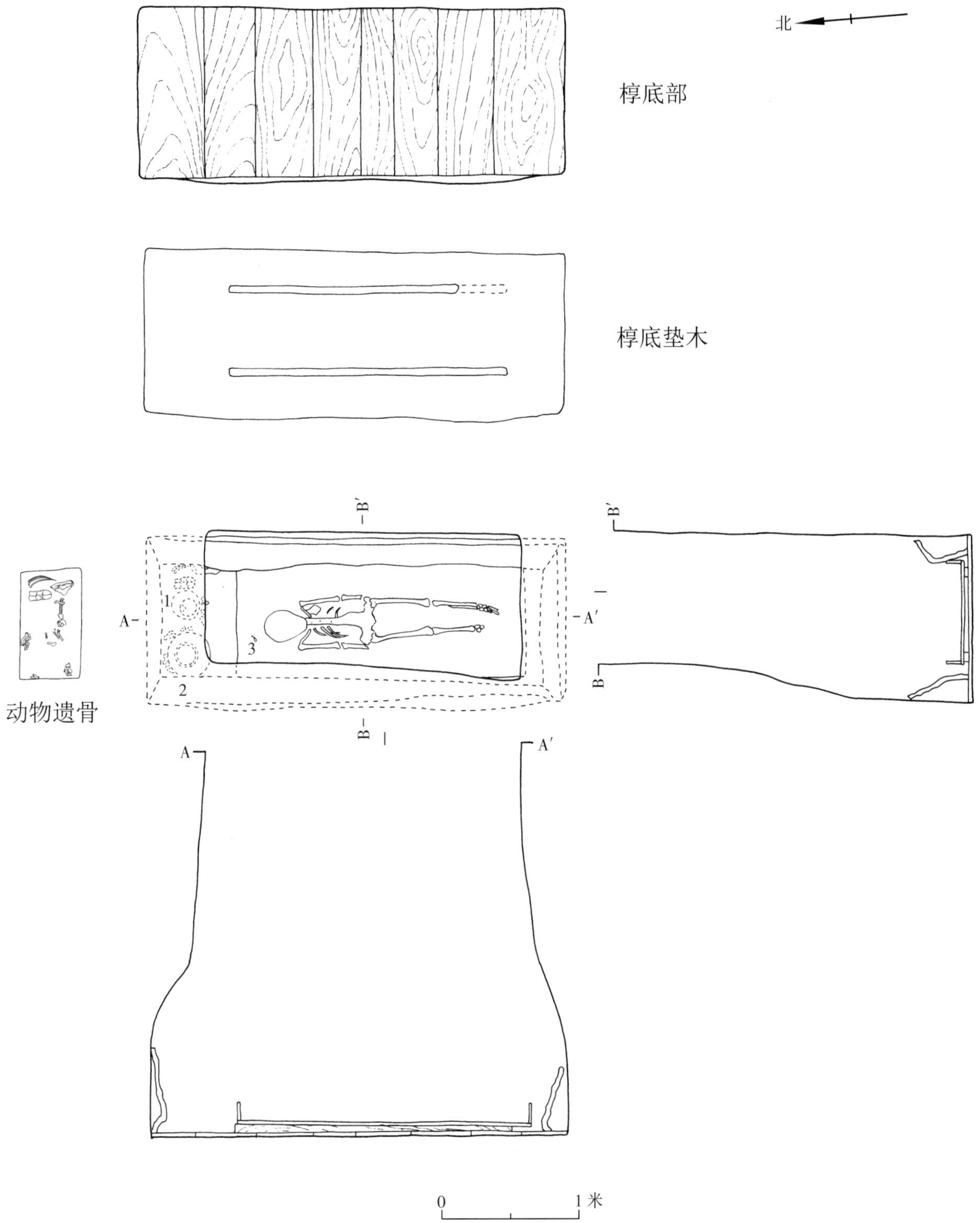

图四二　ⅡM19平、剖面图

1. 陶壶　2. 陶罐　3. 带钩

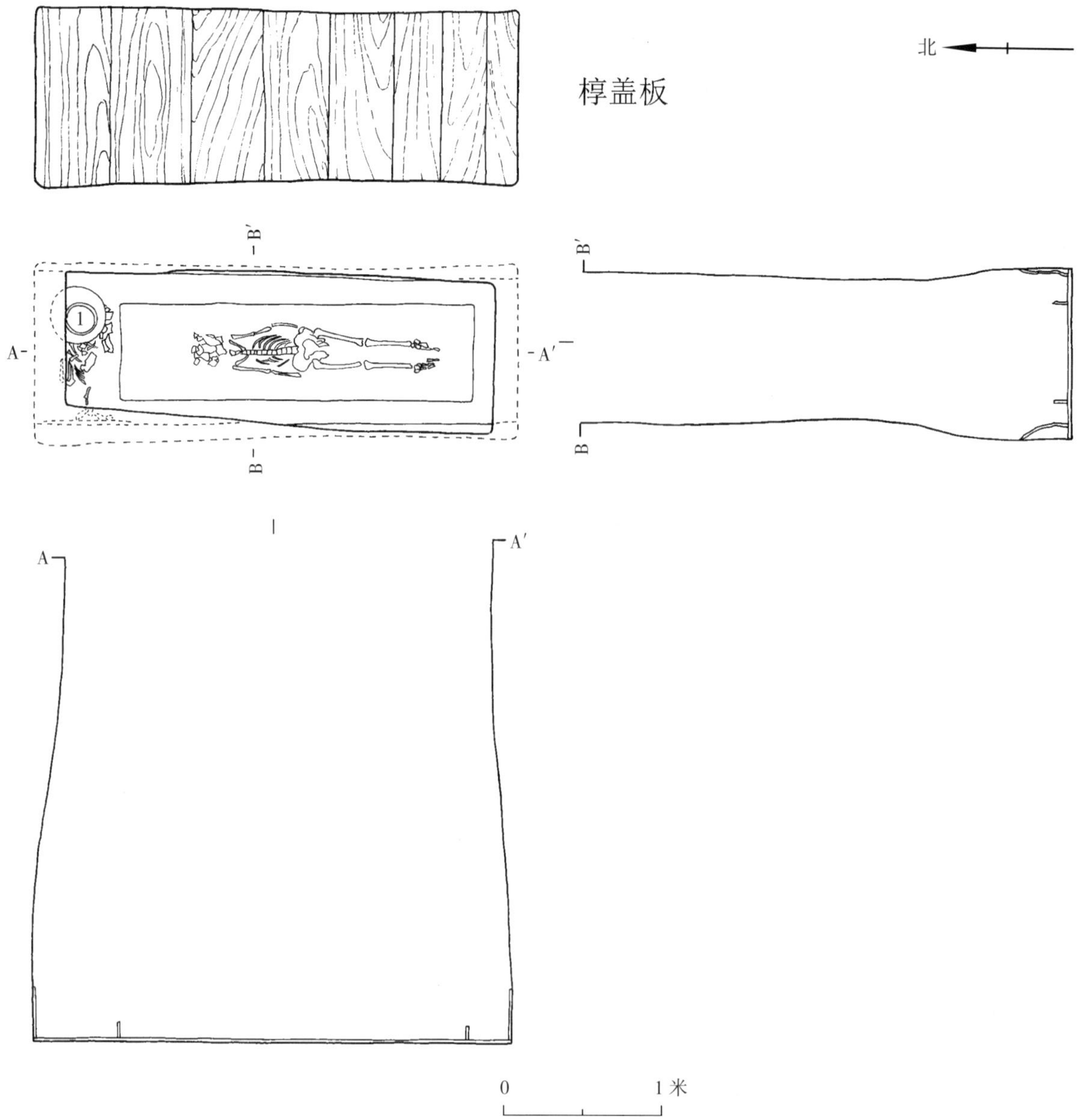

图四三 ⅡM20平、剖面图

1. 陶罐

形，宽1、残高0.54米，板灰厚0.02~0.03米。椁中部偏西处置棺，棺平面较规则，长2.1、宽0.96、残高0.18~0.2米，板灰厚0.01~0.03米。棺内发现一具人骨，保存极差，呈粉末状，从残迹观察为仰身直肢，性别、年龄无可考。棺内人骨处出土有串珠及铁环，椁内东南角出土1件陶罐，东端散置有动物遗骨（图四四）。

ⅢM13　方向92°。上口由西向东倾斜，平面较规则，长2.36、宽0.98米；壁较规整，其中南、北壁略直；底部较平整，长2.8、宽1.02、深2.82米。底部发现一椁一棺板灰，椁平面呈长方形，角部板灰较清晰，系斜边对缝拼接，椁长2.6、宽0.8米。椁中部置棺，棺长2.18、宽0.64米。棺内发现一具人骨，呈粉末

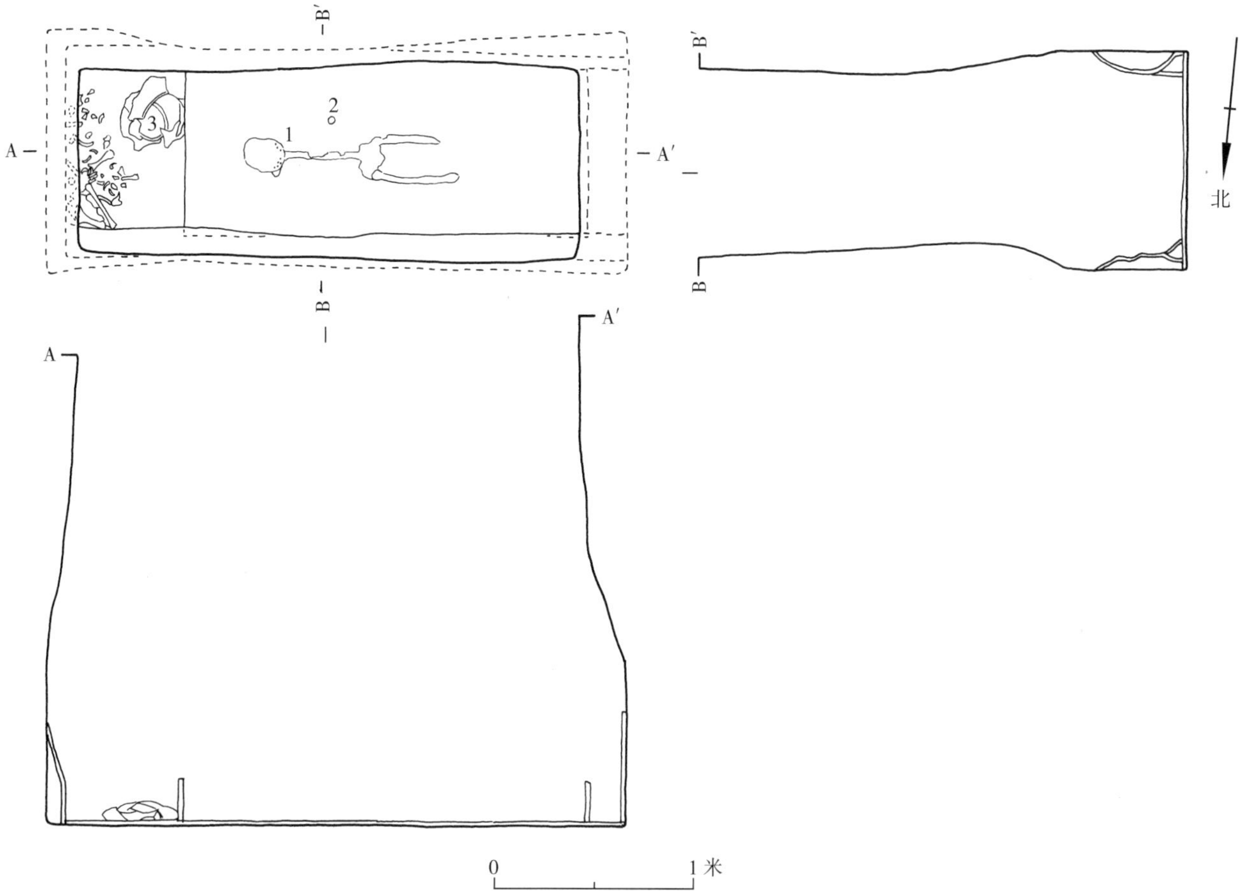

图四四 ⅢM8平、剖面图

1. 珠子 2. 铜环 3. 陶罐

状，从残迹观察，头向东，应为仰身直肢，性别、年龄无可考。椁内东端出土1件陶罐，紧贴椁北壁分别出土铁剑、铁矛及铜镈各1件（图四五）。

ⅢM14 方向83°。上口由西向东倾斜，长2.3、宽0.94米；壁不规整；底部较平整，长3.32、宽1.3、深3.26米。底部发现一椁一棺板灰，其中椁盖板灰残留，中部塌陷，从残状观察，由8块组成，宽窄不一，单块宽0.28~0.68、厚0.02~0.04米；椁底较平整，角部板灰也较清晰，结构同ⅢM13；椁长3.04、宽0.84、残高0.42米。椁中部偏西处置棺，棺板灰极薄，极难分辨，长2.14、宽0.72、残高0.14米，板灰厚0.02米。棺内人骨也呈粉末状，从残迹观察也应为仰身直肢，性别、年龄无可考。人骨处出土有铜钱，椁内东端出土2件陶罐（图四六）。

2. 一椁二棺墓

共发现2座：Ⅰ区1座、Ⅱ区1座。

ⅠM8 方向350°。上口略有变形，长（最大）2.52、宽1.9米；坑壁较平整；底部平整，长3.16、宽2.48、深3.28米；底中部置一椁二棺。椁顶部残留盖板板灰，中部塌陷，中间纵置一道方木覆压盖板，

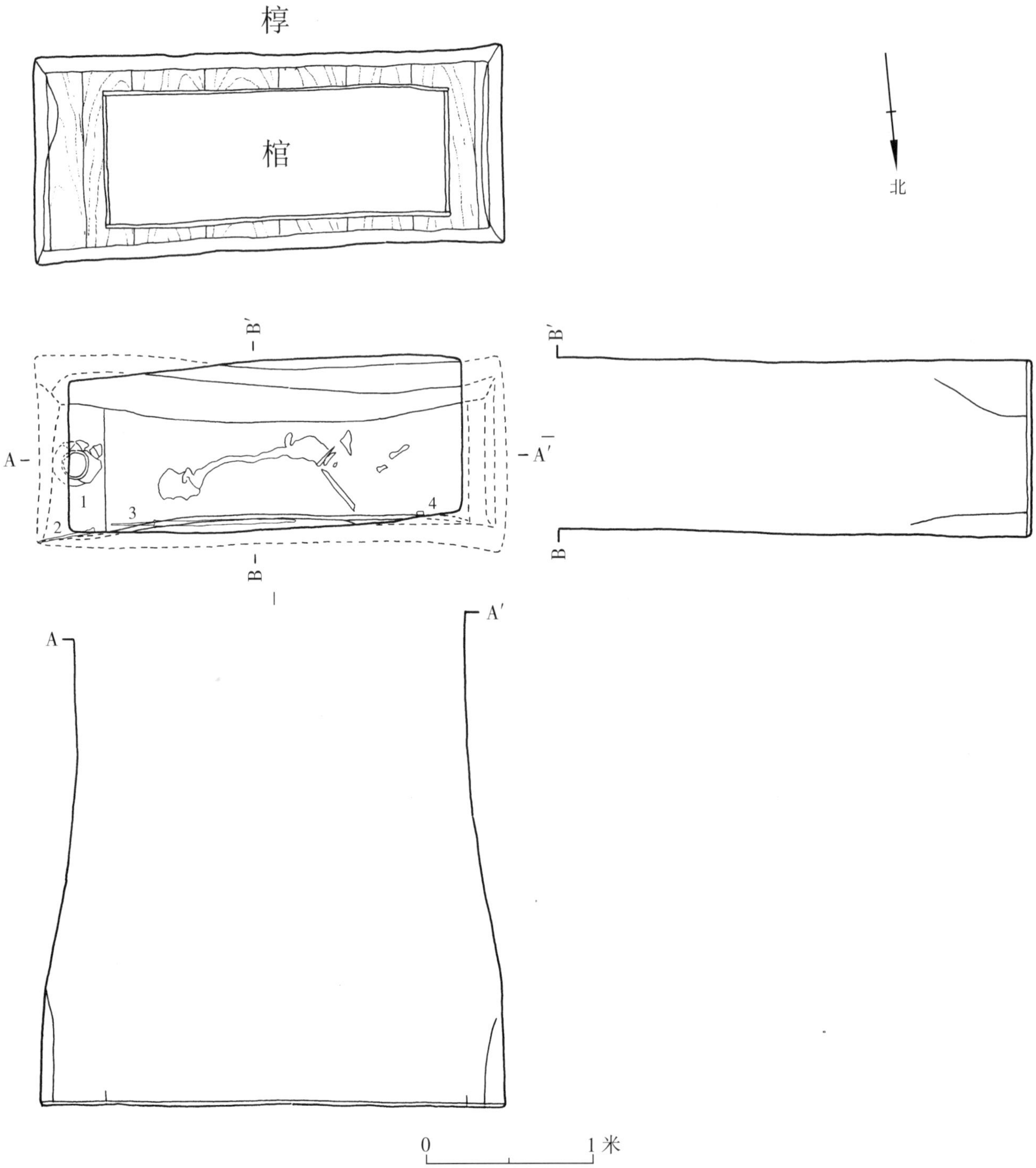

图四五 ⅢM13平、剖面图

1. 陶罐 2. 铁矛头 3. 铁剑 4. 铜镈

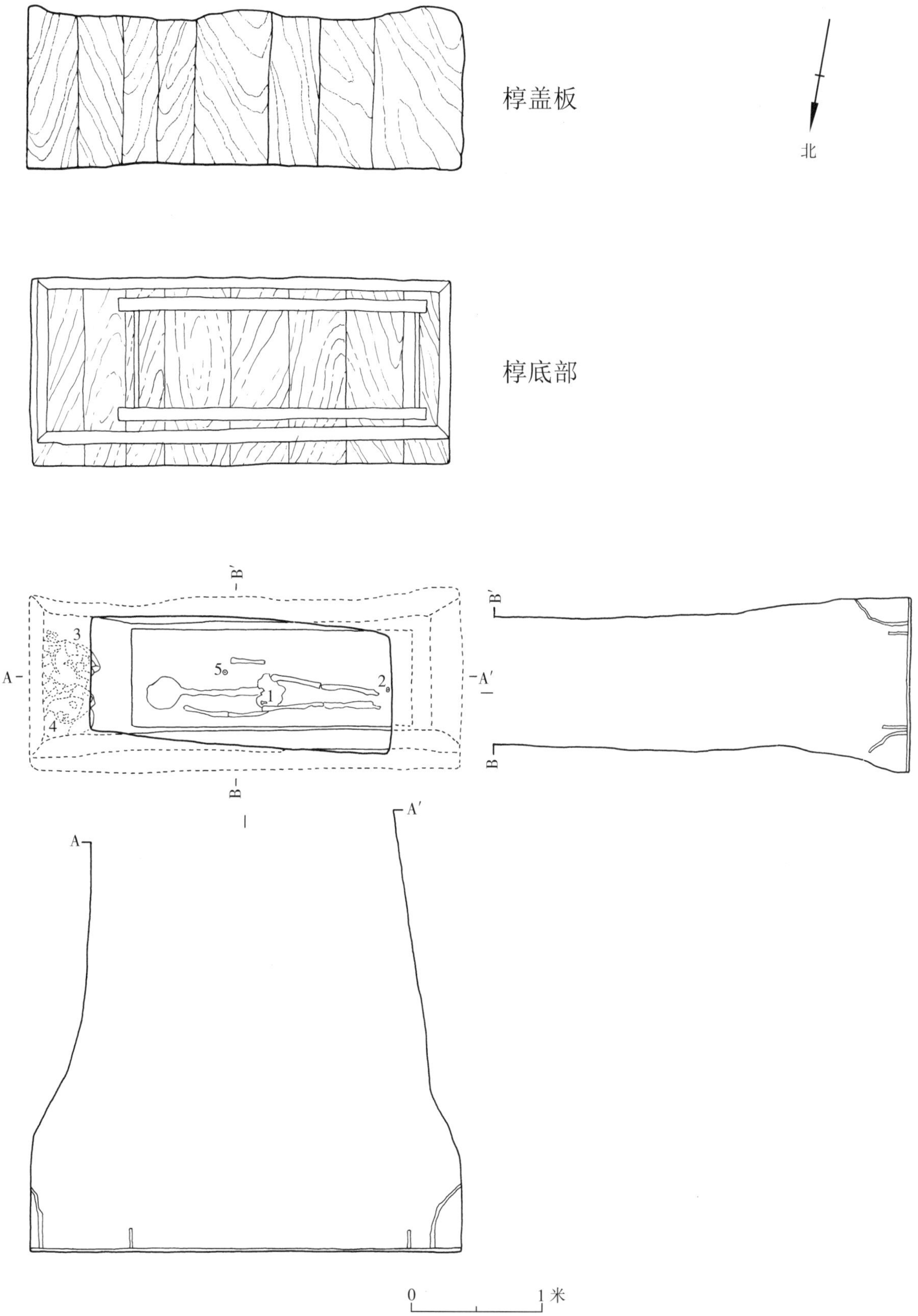

图四六　ⅢM14平、剖面图

1. 石料件　2. 铜钱　3、4. 陶罐　5. 铜钱

盖板宽0.4~0.5米，从板灰痕迹观察共7块，并排平铺；椁底呈“Ⅱ”形，长3.06、中间宽1.7、两端宽2.48米，板灰厚0.06、残高0.54~0.66米。椁内中部并排置双棺，长宽一致，长1.98、宽0.66、残高0.4米，板灰厚0.06~0.08米。棺内各发现一具人骨，保存极差，头骨碎裂不成形，肢骨多处缺失，仰身直肢；现场鉴定西棺人骨为男性，东棺为女性，年龄皆不详。在西棺、东棺外北端各发现1件陶罐；东棺外陶罐处还出土1件铁镞及漆器残迹，器型不辨（图四七、图四八）。

ⅡM6　方向5°。上口呈圆角长方形，东西壁略向外凸，长3.22、最大宽2.22米；坑壁较规整；底部平整，长3.88、宽2.64、深3.36米。底中部置一椁二棺，椁盖板灰残留，从痕迹判断共9块，并排平铺，宽0.34~0.46、厚0.04米；椁底发现三道平行的南北向垫木，两端直抵坑壁，彼此相隔，每道垫木宽0.16、厚0.06米；椁长3.84、宽2.28、残高0.7米。椁底中部偏南并排置双棺，其中东棺较西棺靠北，西棺长2.14、宽0.9米，东棺长2.12、宽0.78米。棺内各置人骨一具，皆仰身直肢，其中西棺内人骨保存极差，头骨不全，多处呈粉末状；东棺内人骨保存较差，头骨碎裂，略有移位，肋骨、肢骨多处缺失；

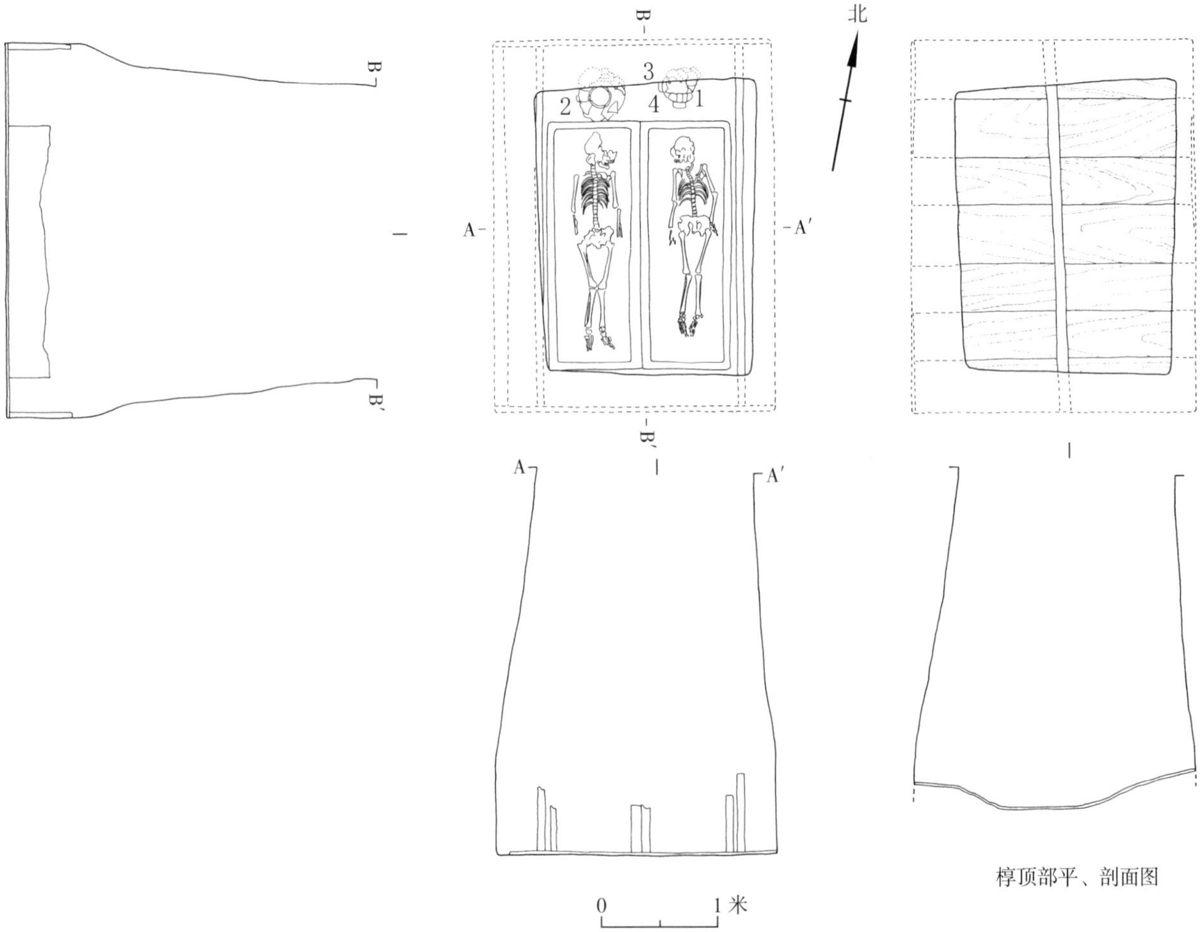

图四七　ⅠM8平、剖面图

1、2. 陶罐　3. 铁镞　4. 漆器

图四八 ⅠM8

现场鉴定东棺人骨为女性，西棺人骨为男性，年龄不详。在椁内东北角出土2件陶罐，西北角出土1件铁臿，东棺内人骨左下肢膝盖处也出土1件铁臿（图四九、图五〇）。

3. 二椁二棺墓

共发现 1 座。

ⅠM4 方向5°。上口平面略呈圆角长方形，长3.08、宽2.14米；坑壁不规整，东壁受力挤压变形向内凸起，西壁较平直，南壁、北壁也有变形；底部不平，东部为高0.44米的生土二层台，长3.3、中部宽1.16、两端宽1.46、深2.98米；西侧土坑较东侧土坑向北外扩0.46米，呈弧壁形，长3.74、宽1.44、深3.44米。坑底置二椁二棺，距墓口深0.22米发现有椁盖板灰，南部塌陷，从灰痕观察为木板对缝平铺，中部断裂，板灰极薄，宽0.2~0.32、厚约0.01米。西侧椁盖板西北部出土1件铁削刀、1件残铁器和1件铜镞。椁盖板灰清理后发现了东西两椁底部板灰，皆呈“Ⅱ”形，其中西椁底部发现有两道纵向（南北）的垫木，其中部还发现被两道横向（东西）的垫木所压，呈“井”字形，垫木两端皆直抵坑壁；纵向垫木灰

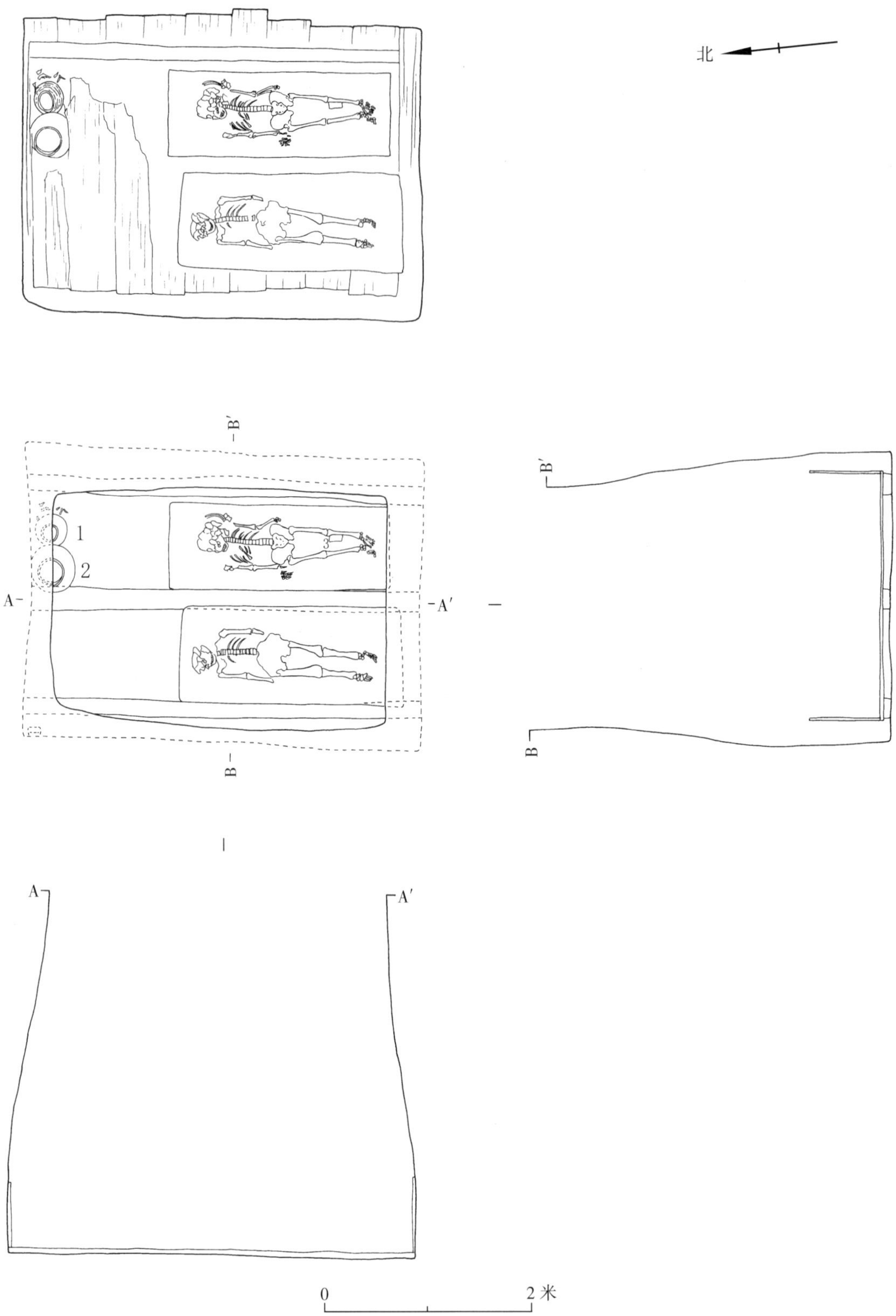

图四九 ⅡM6平、剖面图

1、2. 陶罐 3、4. 铁镬

图五〇　ⅡM6（南—北）

痕宽0.12~0.14、厚0.04米，两道垫木间隔0.6米；横向垫木灰痕宽0.1、厚0.03、间隔0.52米。垫木上均发现有搭建的椁底板灰，宽0.24~0.28、厚0.04米；西侧椁长3.5、宽1.34米，东侧椁长3.04、最大宽1.1米。椁内皆发现有棺的痕迹，其中东侧棺板灰极薄，分布于椁底中部，平面呈长方形，长1.74、宽0.56米；西侧棺板灰分布于椁底中部偏南位置，长2.12、宽0.64米，板灰残高0.18米。东西棺内皆发现一具人骨，保存极差，西棺人骨头骨碎裂不全，上肢骨、肋骨残缺，仰身直肢；东棺人骨头骨面部缺失，仰身直肢；经现场鉴定，西侧人骨为男性、东侧人骨为女性，均为青壮年。在西棺男性头骨上方东北角出土铜印章、铜带扣各1件，棺内北端出土陶罐2件，另发现有漆耳杯残迹，无法提取；东棺内北端也出土陶罐2件，并发现有动物遗骨残片。该墓为二次迁葬的夫妇合葬墓（图五一）。

4. 无椁墓

共发现 4 座，Ⅰ区 1 座、Ⅱ区 1 座、Ⅲ区 2 座。

ⅠM2　方向10°。上口由西向东倾斜。上口长2.54、宽0.98米；坑壁不规整，北壁下部向里掏挖成

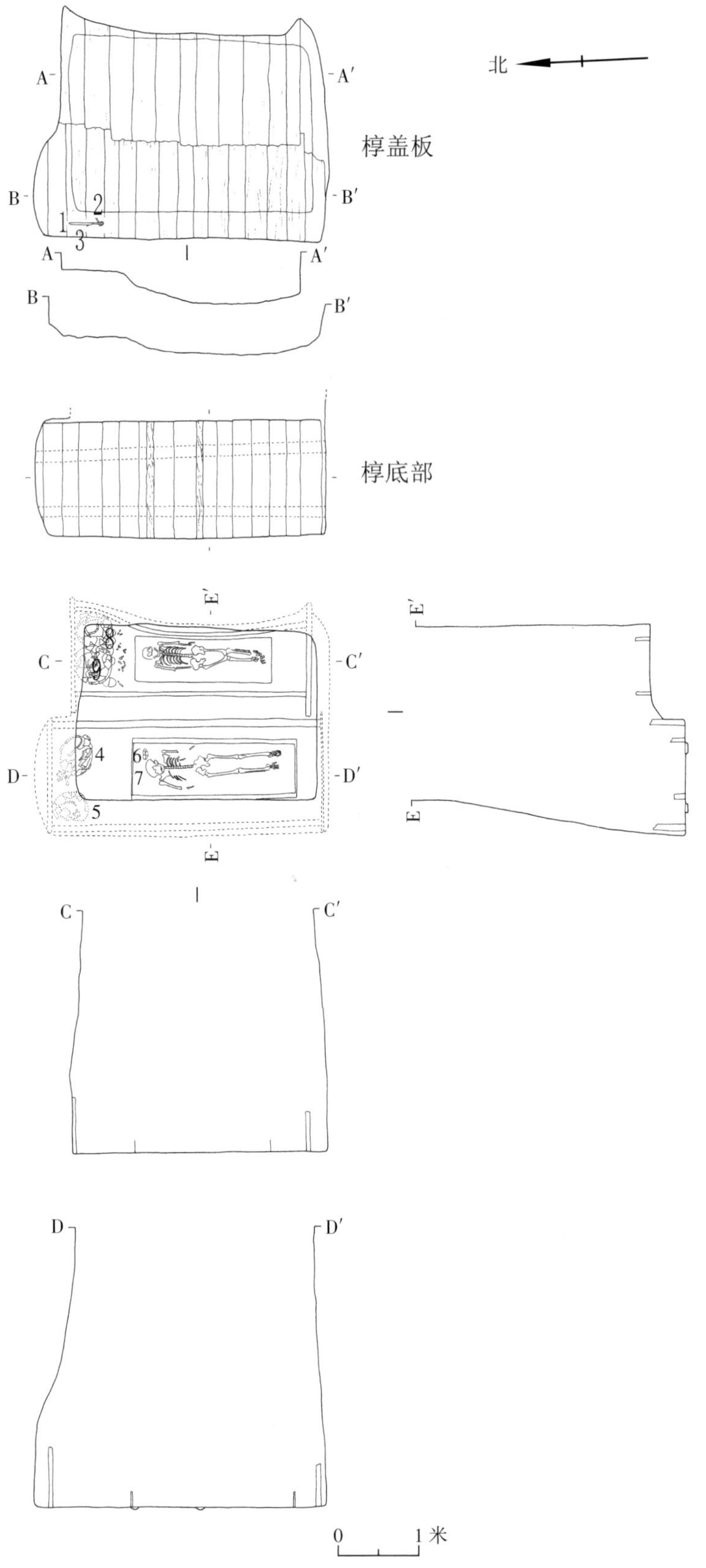

图五一 Ⅰ M4平、剖面图

1. 环首刀 2. 铁器 3. 铜镞 4、5、8、9. 陶罐 6. 铜印 7. 饰件

洞穴状，南壁下部略外张，东、西壁略呈袋形；底部平整，长3.12、宽0.96、最大深2.9米。底部未发现椁的痕迹，在中部发现棺板灰，极薄，手触即落，厚不及0.01米，长2.18、宽0.6、高0.2~0.32米。棺内发现一具人骨，头朝北，只存颅骨残片，面部不存，肢骨保存较完整，仰身直肢，现场鉴定为青壮年男性。在人头骨北侧洞内发现陶碗和陶罐各1件，陶碗置于陶罐之上，人骨右脚处发现1件铁带钩（图五二）。

ⅡM8　方向357°。上口平面呈圆角长方形，长2.34、宽0.78米，直壁规整，底部平整，深1.38米。未发现椁的痕迹。底中部发现有棺板灰，从灰痕看，北端略宽于南端，长2.06、宽0.45~0.53米。棺内发现一具人骨，头骨错位碎裂，面朝东，肋骨多处缺失，从残迹观察为仰身直肢，现场鉴定为男性，年龄不详。未发现随葬器（图五三、图五四）。

ⅢM9　方向90°。上口由西向东倾斜，平面规则，长2.34、宽0.94米，直壁规整，底部较平整，深1.02米。未发现椁的痕迹。底中部发现有棺板灰，长2.1、宽0.7、残高0.1~0.14米，板灰厚0.02米。棺内发现一具人骨，头骨碎裂，肢骨多处缺失呈粉末状，从残迹观察为仰身直肢，现场鉴定为男性，年龄不详。棺内东南角出土1件铜带钩，右下肢处出土1件铁马衔（图五五、图五六）。

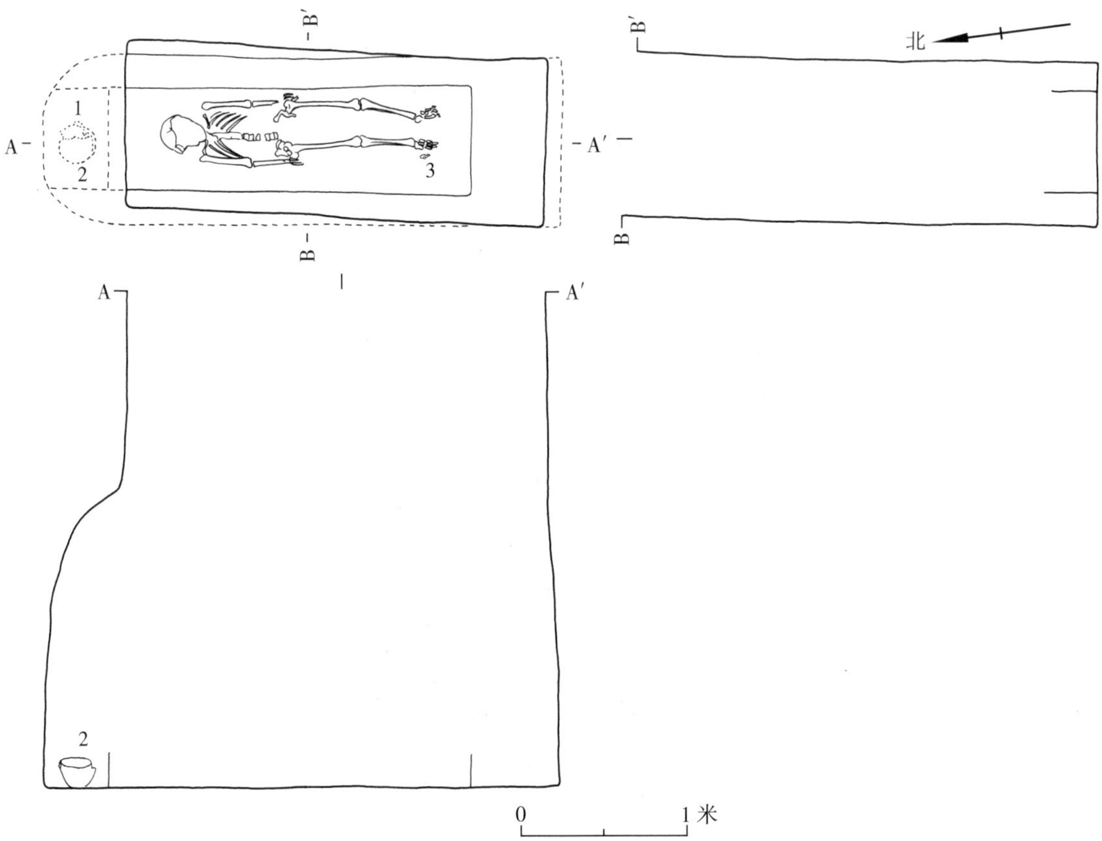

图五二　ⅠM2平、剖面图

1. 陶盆　2. 陶罐　3. 铁带钩

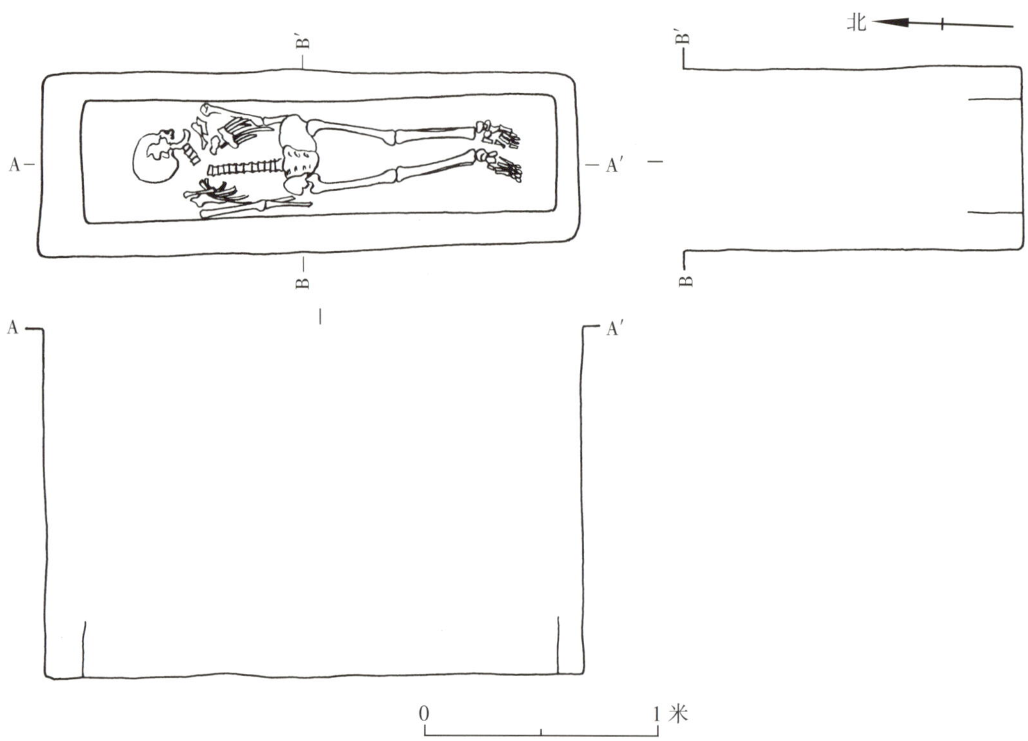

图五三 Ⅱ M8平剖面图

图五四 Ⅱ M8（南—北）

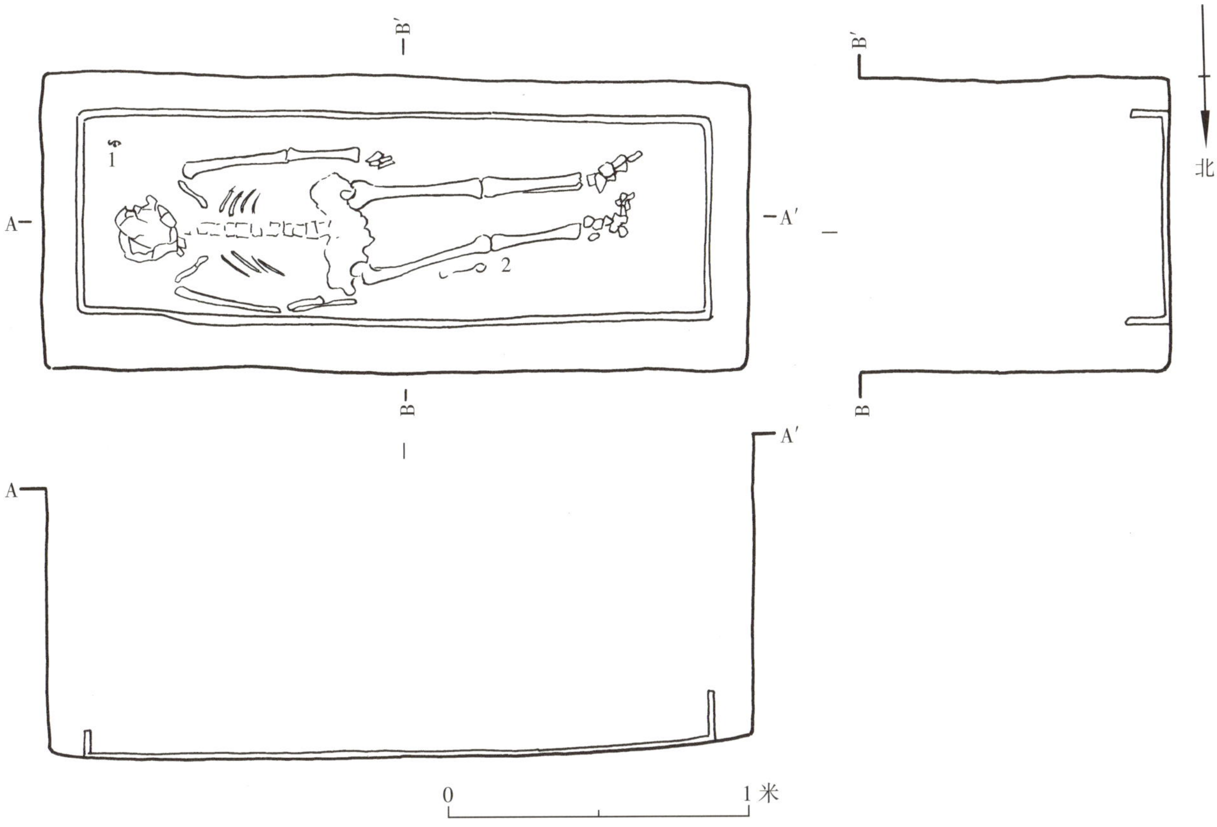

图五五　ⅢM9平、剖面图

1. 铜带钩　2. 铁马衔

图五六　ⅢM9（北—南）

ⅢM12　方向3°。上口由北向南倾斜，长2.24、宽0.96米，直壁较规整，底部较平整，深1.9米。未发现椁的痕迹，底中部发现有棺板灰，长2.1、宽0.62、残高0.26米，板灰厚0.02~0.04米。棺内发现一具人骨，头骨移位，面朝东，肢骨多处缺失，从残迹观察为仰身直肢，现场鉴定为女性，年龄不详。未发现随葬品（图五七）。

（三）出土遗物

出土遗物共计159件，其中陶器82件、铜器16件、铁器27件、钱币27枚、水晶饰件3件、玛瑙饰件4件，包括生活用器、兵器、工具、货币及装饰品五类。

1.陶器

除1件为泥质红褐陶外，余皆为泥质灰陶。器类以罐为大宗，约占85%;次为瓮、碗、壶、鼎、盘、豆等。器表大多施有纹饰，以各式罐肩部的凸棱、戳印纹及下腹、底部的细绳纹为最多，瓮肩部的网格纹次之，还有少量彩绘陶等，部分罐、盘腹部有刮削的痕迹。陶器普遍烧造火候高，皆为轮制。

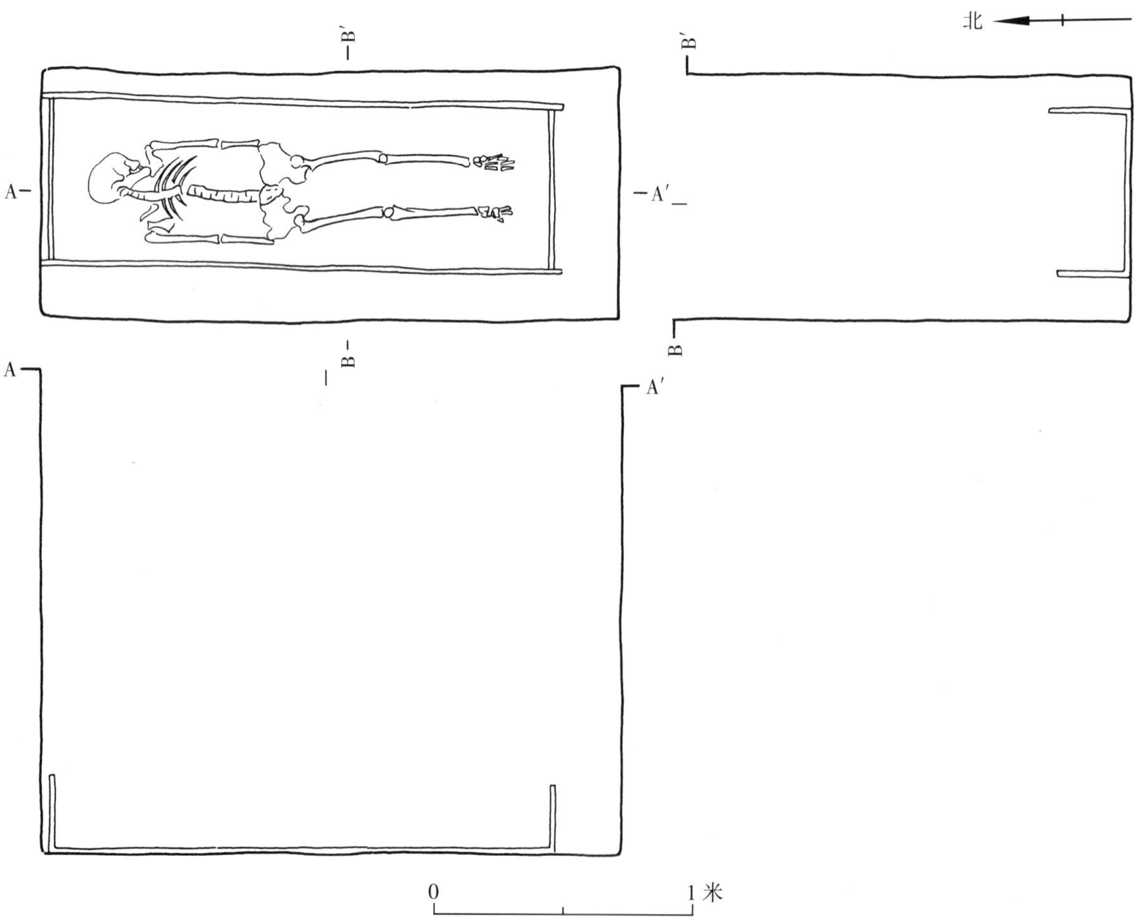

图五七　ⅢM12平、剖面图

（1）罐

69件，根据领、腹形态之不同分为五型（图五八、图五九）。

A型　7件。高领，又可分为二亚型。

Aa型　3件。侈口。ⅡM17：2，斜折沿方唇，溜肩，弧腹，小平底略内凹。肩部饰数周凸棱，下腹及底部饰不规则细绳纹。口径9.5、腹径21、底径8、高23.5厘米（图六〇，1）。ⅡM18：1，平折沿方唇，溜肩，弧腹，小平底。肩部饰数周凸棱，下腹及底部饰不规则细绳纹，绳纹地上有不规则细线划纹。口径14.5、腹径21、底径7.5、高24（图六〇，2）。ⅡM21：1，平折沿方唇，溜肩，弧腹，平底。肩部饰数周凸棱，下腹及底部饰素面。口径12.5、腹径20、底径9.5、高21.5厘米（图六〇，3）。

Ab型　4件。直口。ⅠM3：2，折沿方唇，溜肩，弧腹，小平底。领部、上腹饰数周凸棱，下腹及底部饰不规则细绳纹。口径13、腹径23.5、底径9、高25.5厘米（图六〇，5；图六一）。ⅡM3：1，窄折沿尖圆唇，溜肩，鼓腹斜收，小平底略内凹。肩部饰数周不规则形戳印纹，下腹及底部饰不规则细绳纹。口径18、腹径32.2、底径10、高33.5厘米（图六〇，4）。ⅡM7：2，折沿方唇，溜肩，弧腹，平底。上腹饰数周凸棱，下腹及底部饰篮纹。口径11.5、腹径22.2、底径10、高26.5厘米（图六〇，6；图六二）。ⅡM17：1，折沿方唇，溜肩，弧腹，小平底。下腹及底部饰不规则细绳纹。口径12.5、腹径20、底径8、高23厘米（图六〇，7；图六三）。

B型　9件。矮领，又可分为二亚型

Ba型　6件。侈口。ⅡM9：1，折沿方唇，溜肩，鼓腹，平底。肩部饰二周戳印纹，下腹及底部饰不规则细绳纹。口径17.5、腹径24、底径11.5、高20.5厘米（图六四，1）。ⅡM9：2，折沿方唇，溜肩，鼓腹，平底。上腹饰一周不规则断续戳印纹，下腹及底部饰不规则细绳纹。口径20、腹径23.7、底径11.5、高20厘米（图六四，2）。ⅢM16：2，斜折沿尖圆唇，圆肩，斜腹，平底。肩部有数周不明显

图五八　ⅡM10出土陶器组合

图五九　ⅢM5出土陶器组合

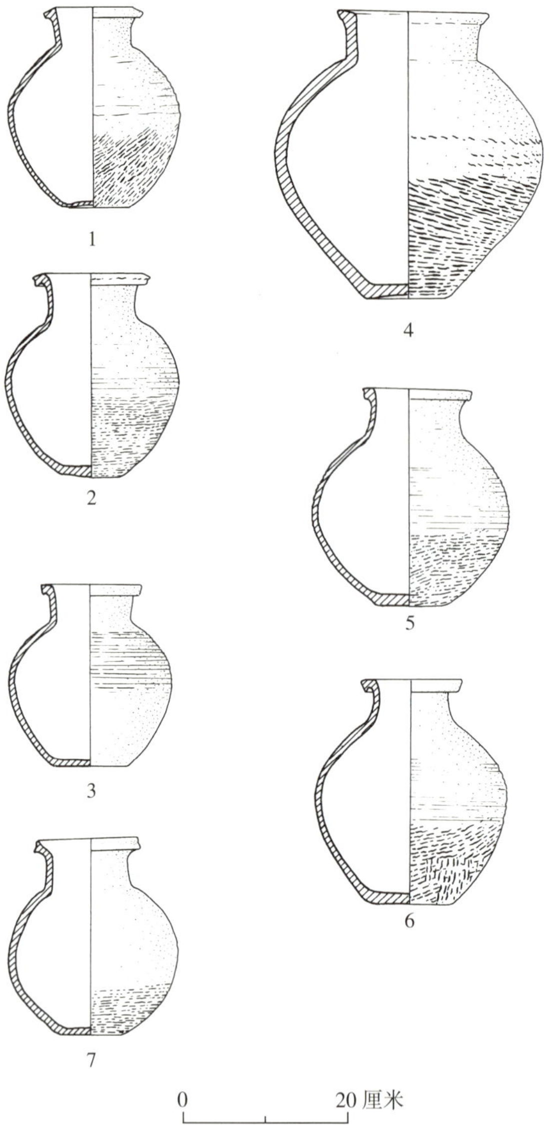

图六〇 A型罐

1～3. Aa型（ⅡM17：2、ⅡM18：1、ⅡM21：1） 4～7. Ab型（ⅡM3：1、ⅠM3：2、ⅡM7：2、ⅡM17：1）

图六一 ⅠM3：2

图六二 ⅡM7出土陶器组合

图六三 ⅡM17：1

的凸棱，下腹及底部饰不规则细绳纹。口径16.5、腹径25.5、底径12、高21厘米（图六四，3）。

Bb型　3件。直口。ⅢM17：1，平折沿方唇，溜肩，鼓腹，平底。肩部饰一周浅细戳印纹，下腹及底部饰不规则细绳纹。口径18、腹径23.7、底径10、高20.5厘米（图六四，4）。ⅢM17：2，平折沿方唇，圆肩，斜腹，平底。肩部饰二周不规则细线戳印纹，下腹及底部饰不规则细绳纹。口径19、腹径25.2、底径10、高22厘米（图六四，5）。

C型　2件。矮领大罐。ⅠM7：2，侈口窄折沿方唇，圆肩，斜腹，平底。肩部有细线刻划纹，鼓肩处及下腹有数周断续不规则戳印纹。口径13.7、腹径32.7、底径14、高30.5厘米（图六五，1）。ⅡM14：1，敞口平折沿方唇，广肩，斜腹，平底。肩部饰数周凸棱及三周不规则细线戳印纹，肩部有四个刻划的文字“依容八斗”，下腹及底部饰不规则细绳纹，绳纹局部有抹掉痕。口径21.5、腹径37.2、底径17.5、高34厘米（图六五，2）。

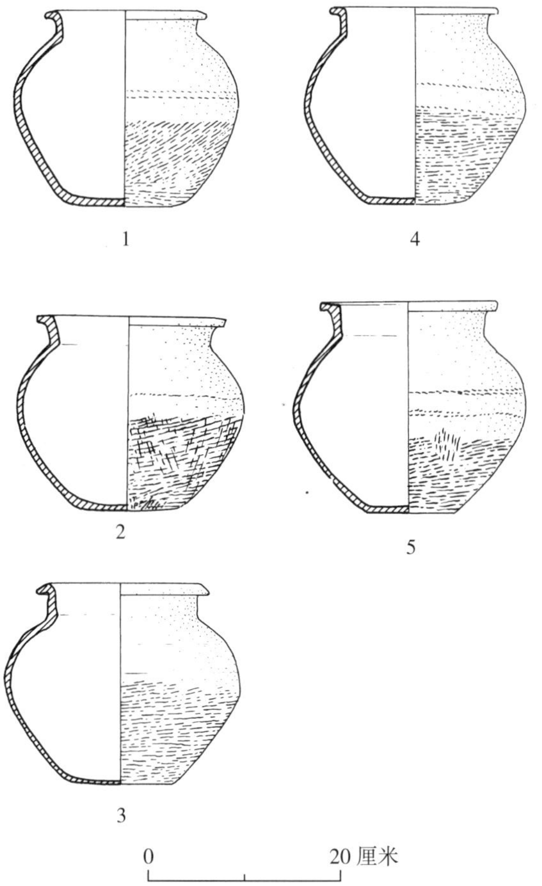

图六四　B型罐

1～3. Ba型罐（ⅡM9：1、ⅡM9：2、ⅢM16：2）

4、5. Bb型罐（ⅢM17：1、ⅢM17：2）

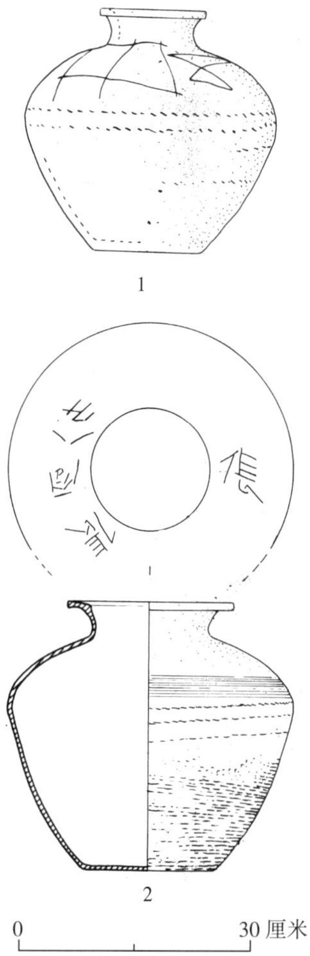

图六五　C型罐

1. ⅠM7：2　2. ⅡM14：1

D型　45件。束颈。可分为二亚型。

Da型　37件。侈口。ⅠM4：5，卷沿方唇，溜肩，球腹，平底。上腹饰数周凸棱，下腹饰横向细绳纹，底部饰交错细绳纹。口径17、腹径34、底径14.5、高30.5厘米（图六六，1）。ⅠM8：1，卷沿方唇，溜肩，球腹，平底。肩部饰数周凸棱，下腹及底部饰不规则细绳纹。口径16、腹径28.2、底径12、高25.5厘米（图六六，3）。ⅠM9：2，卷沿圆唇，圆肩，鼓腹，平底。上腹饰数周凸棱，下腹饰横向细密的绳纹，底部饰不规则细绳纹。口径20.2、腹径35、底径11、高30.5厘米（图六六，2）。ⅡM4：3，卷沿方唇，圆肩，球腹，平底。肩部饰数周凸棱，下腹表面有凹凸感，下腹饰横向细绳纹，绳纹局部有抹掉痕，底部饰交错细绳纹。口径21、腹径35、底径14、高29厘米（图六六，4）。ⅡM16：1，卷沿方唇，溜肩，球腹，平底。颈部刻划有“大孙”字样，肩部饰数周粗细不均的凸棱，下腹饰繁密的横向细绳纹，底部饰交错细绳纹。口径18.5、腹径34.5、底径13.5、高28.8厘米（图六六，5）。ⅡM16：2，卷沿方唇，溜肩，球腹，平底。颈部有刻划的符号，肩部饰数周凸棱，下腹及底部饰不规则细绳纹，细绳局部有抹掉痕。口径18.5、腹径34、底径15、高28.5厘米（图六六，6）。ⅢM1：2，卷沿方唇，溜肩，球腹，平底。上腹饰数周凸棱，下腹及底部饰不规则细绳纹。口径17、腹径29.7、底径14.5、高25厘米（图六七，1）。ⅢM2：2，卷沿方唇，溜肩，球腹，平底。上腹饰数周凸棱，下腹及底部饰不规则细绳纹。口径17、腹径30、底径15、高25.5厘米（图六七，2）。ⅢM14：4，卷沿圆唇，溜肩，球腹，平底略内凹。上腹饰数周凸棱，下腹有刮削的泥条痕，下腹近底部饰横向细绳纹，底部饰交错细绳纹。口径23、腹径38、底径17.5、高31.5厘米（图六七，3）。

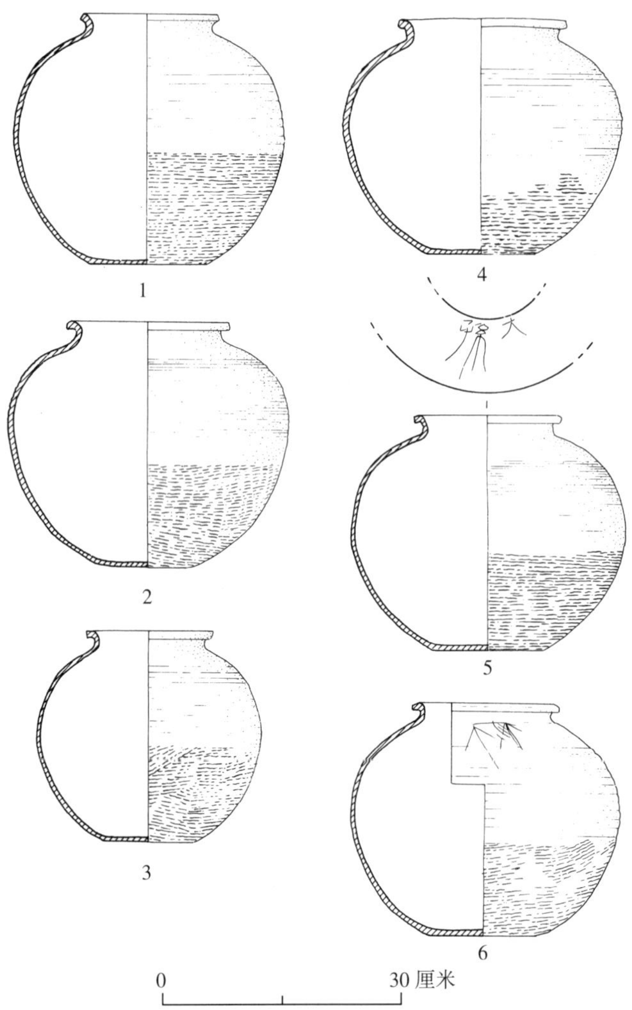

图六六　Da型罐

1. ⅠM4：5　2. ⅠM9：2　3. ⅠM8：1
4. ⅡM4：3　5. ⅡM16：1　6. ⅡM16：2

Db型　8件。直口。ⅠM2：2，卷沿方唇，溜肩，鼓腹，平底。肩部饰数周凸棱，下腹饰不规则细绳纹，底部饰交错细绳纹。口径14.8、腹径25、底径11.5、高22.5厘米（图六八，3）。ⅠM8：2，折沿方唇，溜肩，鼓腹，平底。肩部饰数周凸棱，下腹及底部饰横向粗绳纹。口径22、腹径36.2、底径12.5、高29.5厘米（图六八，1）。ⅢM5：1，折沿方唇，溜肩，鼓腹，平底。上腹素面，下腹及底部饰不规则细绳纹。口径18.5、腹径38.7、底径11、高26厘米（图六八，2）。

E型　6件。无领，可分二亚型。

Ea型　4件。侈口。ⅢM4：1，丰肩，瘦腹斜收，平底。肩部饰一周不规则戳印纹。口径21.2、腹径29.7、底径12.7、高23厘米（图六九，1）。ⅢM6：1，沿面略内斜，丰肩，瘦腹斜收，小平底。下腹饰数周凸棱。口径21、腹径26.7、底径11、高18.5厘米（图六九，2）。ⅢM10：1，沿面内斜，丰肩，瘦腹斜收，平底。素面。口径20、腹径28、底径12.5、高18.5厘米（图六九，3）。

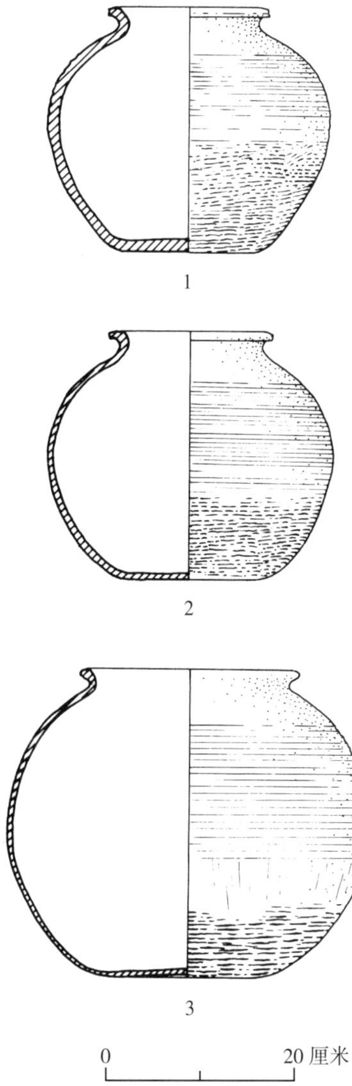

图六七　Da型罐

1. ⅢM1：2　2. ⅢM2：2　3. ⅢM14：4

Eb型　2件。直口。ⅡM7：1，圆肩微折，斜直腹，平底，肩部上段饰二周压印的锯齿状纹，下段饰一周不规则“之”字形压印纹，下腹及底部素面，器表粗糙。口径17.5、腹径28.7、底径17.5、高20.5厘米（图六九，4）。ⅢM14：3，圆肩，斜腹，小平底。肩部刻划三个等距的“五”字样，肩部饰二周不规则戳印纹，下腹及底部饰不规则细绳纹。口径22、腹径39.2、底径14、高33.8厘米（图六九，5）。

（2）瓮

3件。ⅢM11：3，侈口窄折沿厚方唇，束颈，肩微折，球腹，尖圜底。下腹及底部饰不规则弦断细绳纹。口径27.6、腹径48、高40.8厘米（图七〇，1）。ⅢM11：4，侈口窄折沿厚方唇，束颈，广折肩，弧腹，圜底。肩部饰一周模印网格纹带，肩部以下饰纵向细绳纹，绳纹地上有抹掉痕。口径25.2、腹径45.8、高39厘米（图七〇，2）。

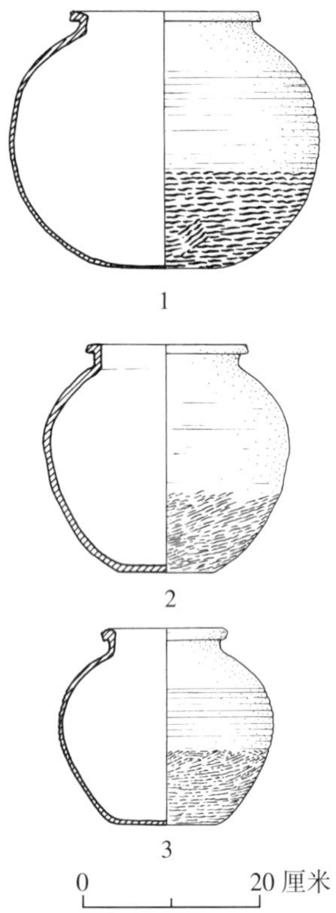

图六八　Db型罐

1. ⅠM8：2　2. ⅢM5：1　3. ⅠM2：2

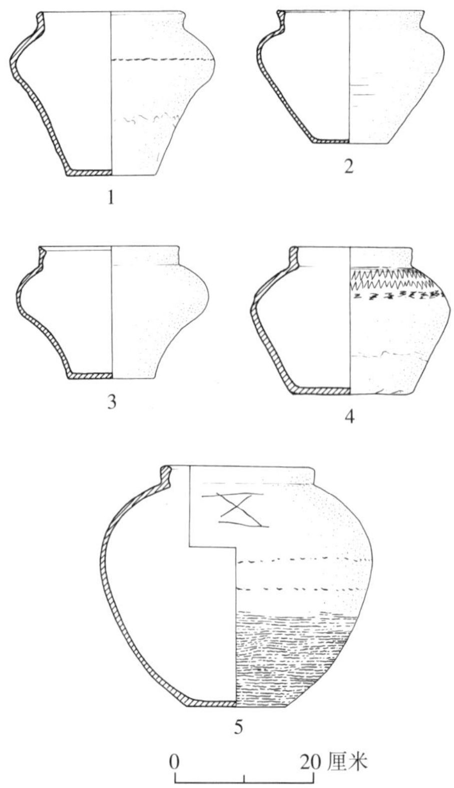

图六九　E型罐

1～3. Ea型（ⅢM4：1、ⅢM6：1、ⅢM10：1）

4、5. Eb型（ⅡM7：1、ⅢM14：3）

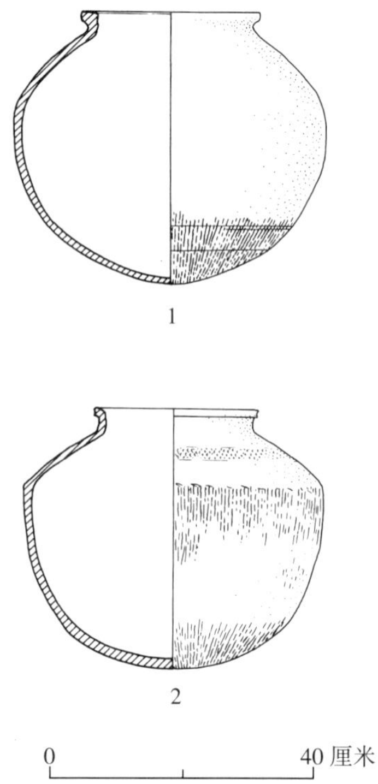

图七〇　瓮

1. ⅢM11：3　2. ⅢM11：4

（3）碗

4件。根据腹部形态可分二型（图七一）。

A型　2件。折腹。ⅠM2∶1，直口圆唇，腹斜收，小平底略呈圈足状。口沿外侧刻划有“右七百廿三”字样，口沿内侧也刻划有文字，辨识不清，下腹部有刮削痕。口径24.4、腹径24、底径9.6、高9.2厘米（图七二，1）。ⅠM3∶1，直口圆唇，腹斜收，小平底。口径16.4、腹径16.4、底径7.2、高6厘米（图七二，2）。

B型　2件。弧腹。ⅠM11∶1，敞口微折沿、尖圆唇，平底。腹部饰数周凸棱，底部有修整的刮削痕。口径18.4、最大腹径17.6、底径6.4、高7.2厘米（图七二，3）。ⅠM11∶4，敞口、沿微折、圆唇，平底。腹部饰数周凸棱，底部有修整的刮削痕。口径18、最大腹径16.8、底径5.2、高6.8厘米（图七二，4）。

（4）壶

3件（图七三）。ⅢM3∶1，敞口方唇，沿面有一周凹槽，细颈，溜肩，球腹，矮圈足略内折，弧面形盖。器表施白色陶衣，绘红、黑彩图案，纹饰大多脱落，模糊不清。颈部饰一周五连方红彩三角纹带，上部饰一周黑彩带，内填充红彩圆点纹；肩部饰一周勾连红彩云纹，留白处填充黑彩；上腹饰一周宽边黑彩带，内填充纹样，模糊不清；下腹饰一周宽边黑彩带，内填充红彩相间网格状纹；

图七一　ⅠM11出土陶器组合

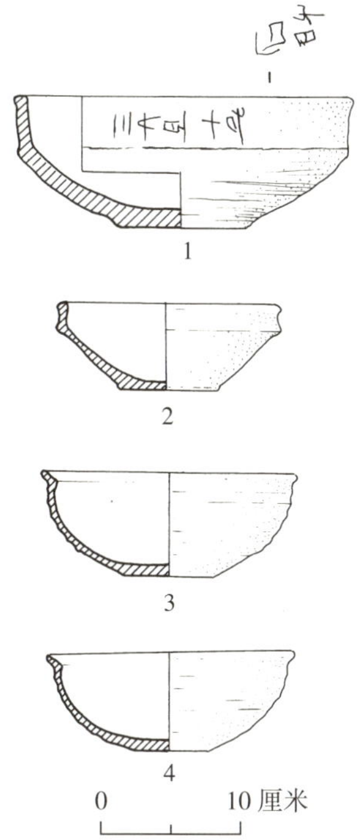

图七二　碗

1、2.A型（ⅠM21、ⅠM3：1）

3、4.B型（ⅠM11：1、ⅠM11：4）

图七三　ⅢM3出土器物组合

器盖饰二周黑彩同心圆带状纹，内填充红彩网格状纹。口径15.7、腹径21、底径11.7、盖径16.5、通高33.2厘米（图七四，1）。ⅢM3∶2，敞口方唇，细颈，溜肩，球腹，矮圈足略内折，弧面形盖。器表施白色陶衣，绘红、黑彩图案，纹饰大多脱落，模糊不清。颈部饰一周五连方黑彩三角纹带，内填充红彩圆点纹；肩部饰一周勾连红彩云纹，留白处填充黑彩；腹部可辨纹样为叶状红彩图案；圈足可辨纹样为红彩交叉线纹；器盖顶中心为圆形黑彩图案，图案周边绘放射状红彩短线，盖周缘为一周黑彩带，内填充红彩图案，盖面可辨图案为红彩卷云纹。口径15、腹径21、底径10.5、盖径17.5、通高29厘米（图七四，2）。ⅡM19∶1，敞口方唇，细长颈，溜肩，弧腹，平底，矮圈足略外撇，带圆形纽弧面形盖。口径14.8、腹径23.5、底径15.2、通高35厘米（图七四，3）。

（5）鼎

1件。ⅢM3∶3，子口，浅弧腹，圜平底，细长扁蹄形足，弧面形盖，口部有插销式双扁平带长方形穿孔附耳。器表施白色陶衣，绘红彩、黑彩图案；上腹饰一周黑彩带，内填充红彩网格状纹；附耳饰红彩纹样，模糊不清；盖顶周缘饰一周黑彩带，内填充红彩网格状纹，顶近中央处为圆形黑彩纹，周边饰放射状红彩线纹，盖面饰四个等距的红彩卷云纹。口径16、足高8、盖径16.6、通高15.5厘米（图七四，4）。

（6）盘

1件。ⅡM4∶2，侈口窄折沿圆唇，浅折腹斜收，小平底。折腹出棱处饰一周细线戳印纹，器表有刮

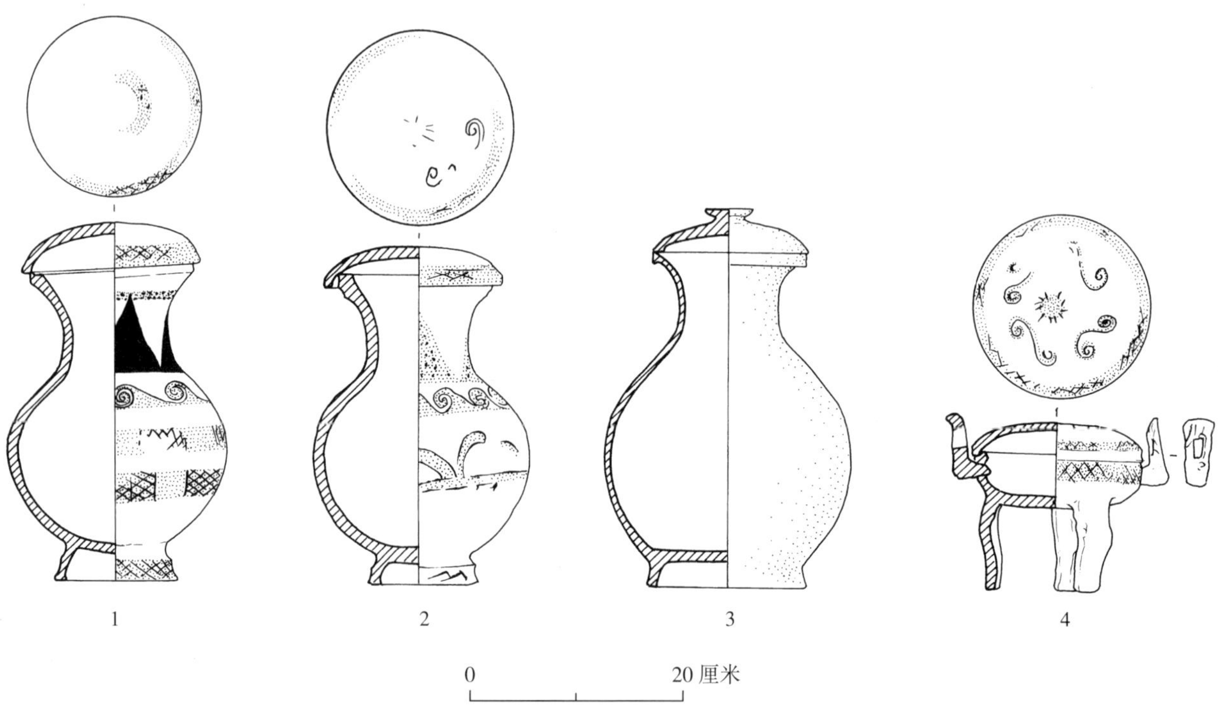

图七四 壶、鼎

1～3.壶（ⅢM3∶1、ⅢM3∶2、ⅡM19∶1） 4.鼎（ⅢM3∶3）

削的痕迹。口径33、腹径31.2、底径12、高7厘米（图七五，1；图七六）。

（7）豆

1件。ⅠM7：1，泥质红褐陶，子口，弧腹，粗柄，矮圈足略内收，口沿外侧饰一条细线刻划的鱼形图案及二个倒三角形纹。口径18、底径8.6、高10.6厘米（图七五，2）。

2. 铜器

有容器盆，兵器镞、镈，装身具带钩、带扣及钱币、印章等类（图七七）。

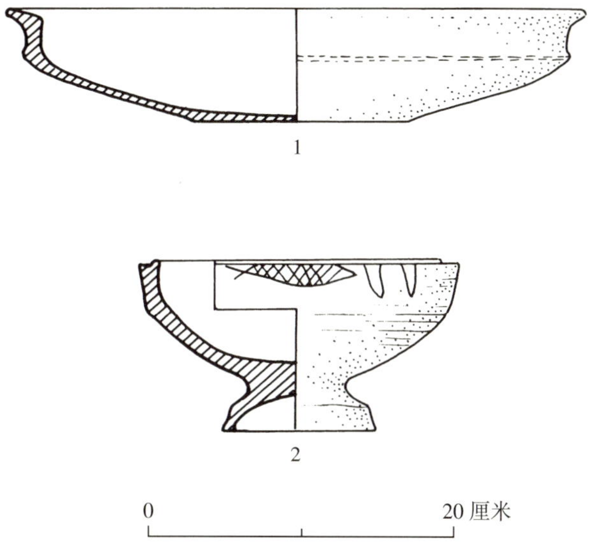

图七五　盘、豆

1. 盘（ⅡM4：2）　2. 豆（ⅠM7：1）

图七六　ⅡM4出土陶器组合

图七七　ⅢM11出土铜盆组合

（1）盆

2件。ⅢM11∶1，敛口，斜折沿，弧腹，底残。口径17.7、最大腹径16.5、残高6厘米（图七八，2）。ⅢM11∶2，敞口，平折沿，弧腹，平底。颈部饰一周弦纹。口径24.9、最大腹径21.3、底径12.6、高10.2厘米（图七八，1）。

（2）带钩

4件。皆为琵琶形，表面锈蚀。ⅠM1∶2，钩首较长，背纽较大，长8厘米（图七八，5）。ⅡM19∶3，体型较小，长6.3厘米（图七八，6）。

（3）镈

1件。铁矛（ⅢM13∶1），柲的末端，残，圆筒形，略变形，两端开口，原应一端封闭，内残存柲

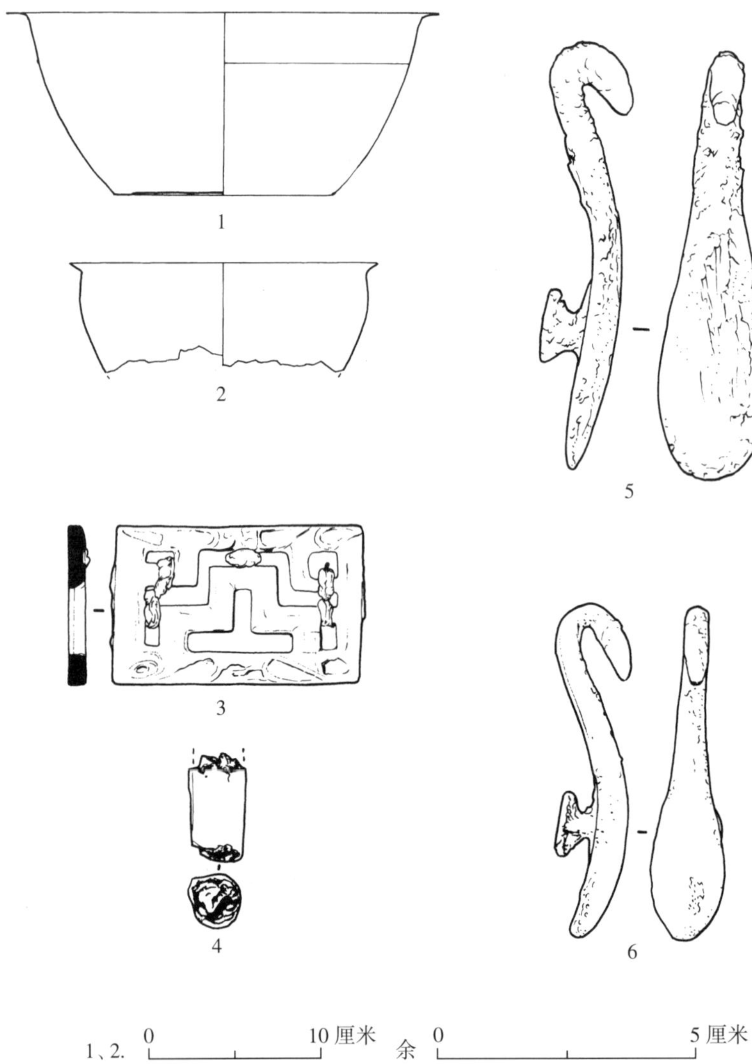

图七八　铜器

1、2. 盆（ⅢM11∶2、ⅢM11∶1）　3. 牌饰（ⅠM4∶1）　4. 镈（ⅢM13∶1）　5、6. 带钩（ⅠM1∶2、ⅡM19∶3）

图七九 铜牌饰（ⅠM4：7）

的木芯。残长2、直径1.1厘米（图七八，4）。

（4）牌饰

7件。原应为一套相连，出土时皆已分离，个别断裂，表面均锈蚀。扁平长方形，正面略凸起，背面扁平，有镂空式曲尺形图案。ⅠM4：7，长4.9、宽3、厚0.3厘米（图七八，3；图七九）。

（5）镞

6件。皆为铁铤铜镞，镞身均为三棱状。ⅠM4：3，镞身带三角形血槽，刃锋利，细长圆形铁铤，残，锈蚀严重。镞身长4.2、铤残长5.6厘米（图八〇，1），ⅡM14：3。镞身长3.4、铤残长9.1厘米（图八〇，2）。

（6）钱币

27枚。皆为半两钱，无郭，篆体阳文。钱径2.1~2.3、孔径0.8~1厘米（图八一、图八二）。

（7）铜印

1枚。ⅠM4：6，私印，扁平方形，穿带式，双面，正面阳刻篆体“臣□”，背面阴刻篆体“免赦”。宽1.3、厚0.7厘米（图八三、图八四）。

3. 铁器

有生产工具臿、斧、削刀，兵器武备剑、矛、镞，车马器衔，装身具带钩等。

（1）臿

13件。表面皆锈蚀严重，均为长方形竖銎，分二型。

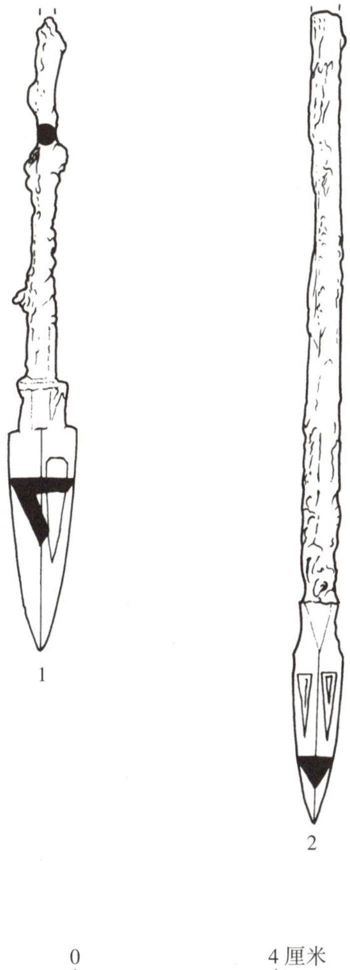

图八〇 铜镞

1.ⅠM4：3 2.ⅡM14：3

A型　5件。直刃。ⅡM10∶1，銎口、刃口、侧边均平直，长13.4、宽6.9厘米，銎口宽1厘米（图八五，1）。ⅢM∶501，长13、宽7.5厘米，銎口宽1.4厘米（图八五，2）。

B型　8件。弧刃。ⅢM11∶1，銎口、侧边均平直，长13.2、宽6.2厘米，銎口宽2厘米（图八五，3）。ⅡM19∶1，长13.6、宽5.8厘米，銎口宽1.2厘米（图八五，4）。

（2）斧

2件。皆为空首斧，体略呈梯形，銎部略窄于刃部，銎口呈长方形，弧刃。ⅡM6∶3，体长13.4、刃宽8.6厘米，銎口宽2厘米（图八六，2）。

图八一　铜钱拓片（ⅢM14∶2）

图八二　铜钱（ⅢM14∶2）

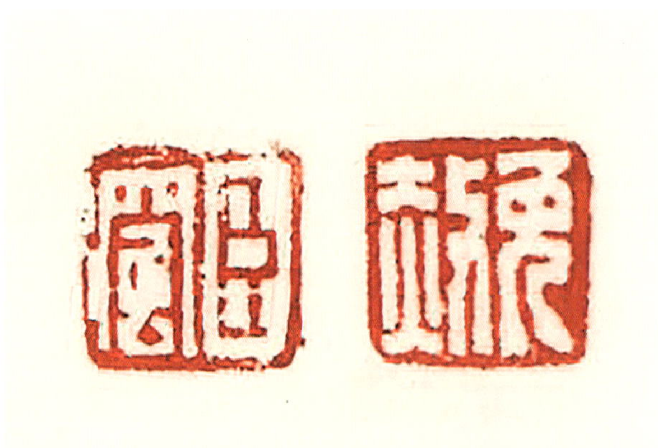

图八三　铜印拓片

图八四　铜印（ⅠM4∶6）

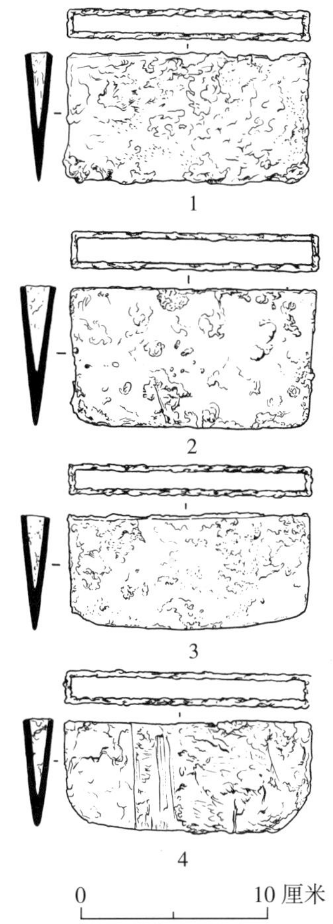

图八五　铁臿

1、2. A型（ⅡM10：1、ⅢM5：1）

3、4. B型（ⅡM11：1、ⅡM19：1）

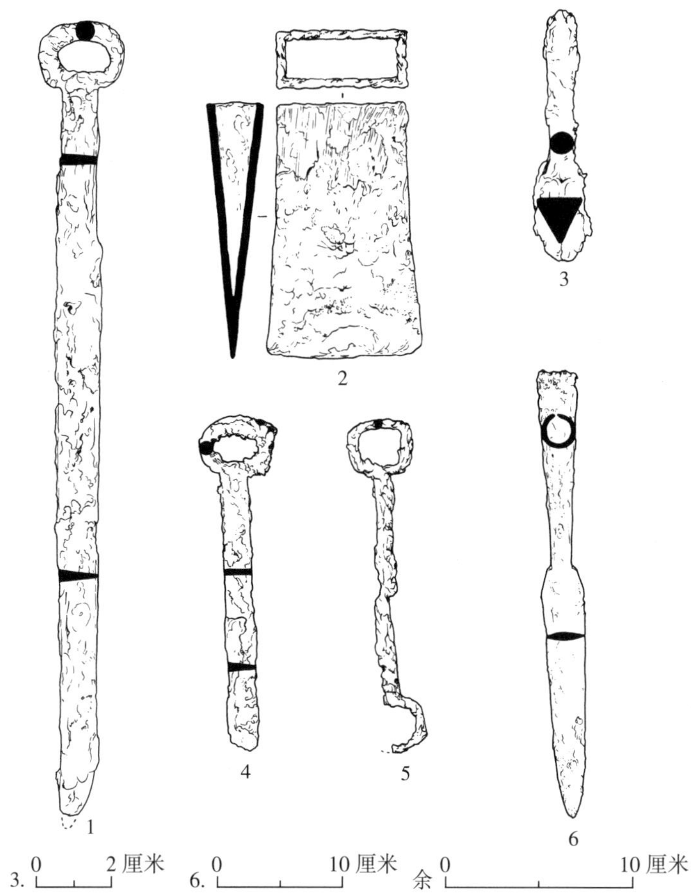

图八六　铁器

1、4. 削刀（ⅠM4：1、ⅡM16：3）　2. 斧（ⅡM6：3）

3. 镞（ⅠM8：3）　5. 马衔（ⅢM9：2）

6. 矛（ⅢM13：1）

（3）削刀

4件。皆直体直刃环首，表面锈蚀严重。ⅠM4：1，刀身略宽于刀柄，刃圆钝，尖残，体断面呈倒三角形。残长41、体宽5.8、内径3.8厘米（图八六，1）。ⅡM16：3，刀身与刀柄等宽，刃前端残，残长17.4、体最大宽1.8、环内径2.2厘米（图八六，4）。

（4）剑

1件。ⅢM13：2，窄体长茎，茎细长，四棱形；菱形青铜剑格；剑身窄长，断面呈橄榄形，锋残。出土时剑身上残留有木质剑鞘，断面呈菱形，剑鞘外缠绕有细麻绳。通长118.2、茎长27.6、剑身长89.7、格宽1.8厘米（图八七、图八八）。

（5）矛

1件。ⅢM13：1，矛身扁平细长，断面呈橄榄形，双叶内弧，前部聚收成锋，圆钝；骹略短于矛身，骹口呈圆形，有缺口，内残留木柄芯。通长34.8、骹长15.3、骹径3、矛体最宽3.3厘米（图八六，

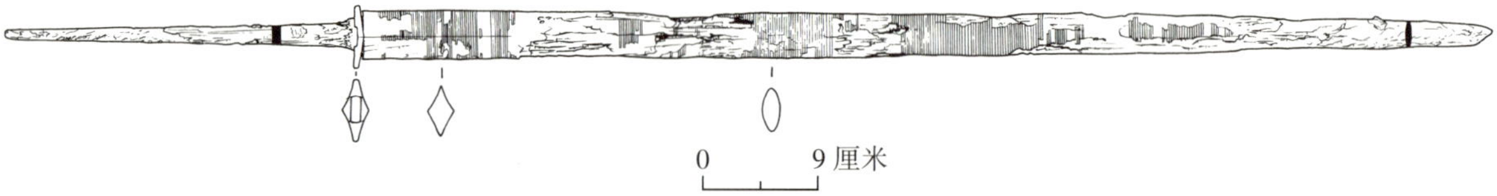

图八七 铁剑（ⅢM13：2）

图八八 铁剑（ⅢM13：2）

图八九 矛（ⅢM13：1）

6；图八九）。

（6）镞

1件。ⅠM8∶3，三棱状，镞身粗短，圆形铤较细长，锈蚀严重。通长6.5、镞身宽1.4、铤径0.7厘米（图八六，3）。

（7）马衔

1件。ⅢM9∶2，两节直棍式，相互套连而成，环略呈扁方形，一端套接环残缺，仅余半环。长17.2、环外径3.6厘米（图八六，5）。

（8）带钩

2件。皆锈蚀严重，断裂成铁块。

4. 其他饰件

有环、珠二类。

（1）环

3件。皆残，只存一小段，水晶质。ⅡM17：5，外缘较圆锐，内缘较圆钝。环外径4.2、内径2.5厘米（图九〇，1）。

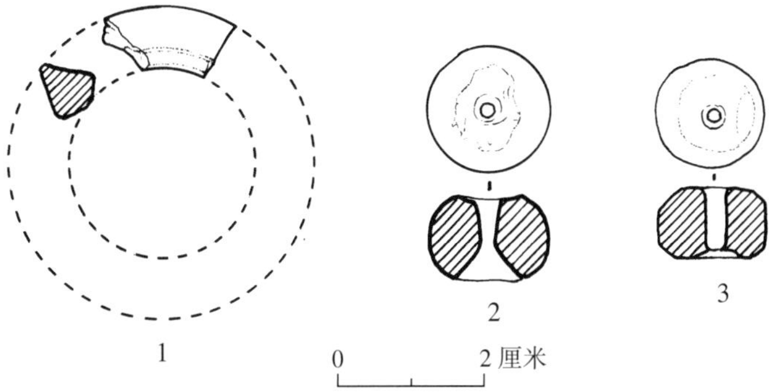

图九〇　环、珠

1. 水晶杯（ⅡM17：5）　2、3. 珠（ⅡM14：5、ⅡM18：3）

（2）珠

2件。ⅡM14：5，红髓质，算珠状，对钻穿孔，外径1.7、孔中径0.2、厚1.1厘米（图九〇，2）。ⅡM18：3，水晶质，对钻小孔，表面略凸起，外径1.5、孔径0.3厘米（图九〇，3）。

（四）墓葬年代

该批墓葬以小型土圹箱式木椁墓为主，是西汉时期墓葬中极为常见的一种形制，在京津冀地区多有发现，如北京昌平史家桥[1]、北京昌平半截塔村[2]、北京怀柔城北[3]、天津宝坻秦城[4]、河北大厂大坨头[5]、河北易县燕下都[6]、河北平泉杨杖子村[7]、河北滦平东营子[8]、河北唐县高昌等地西汉墓[9]。此类墓葬土圹一般是口底等距的直壁或口大底小的斜壁结构，而该批墓葬除少数为口底等距的直壁外，余均为口小底大的袋形，这种形制在以往的发现中并不多见，只在同处滦平的东营子墓地发现一例。从该批墓葬形制看，在墓圹内依次用木板构筑木椁的底板、四壁和顶板，椁室平面有“Ⅱ”形和长方形两种，有的椁底还发现有垫木。这种木椁墓应是承继本地东周以来的文化传统，在东营子墓地就发现了战国中晚期的此种木椁墓。西山墓地墓葬出土遗物以各种罐组合为主，少数为壶、鼎组合，其中多A、B、D型罐。瓮、壶、鼎、碗、盘等均体现了该时期汉墓的共性，而E型罐在本地区发现并不多，在冀中地区唐县高昌墓地中多有发现。

1　北京市文物工作队：《北京昌平史家桥汉墓发掘》，《考古》1963年第3期。

2　北京市文物工作队：《北京昌平半截塔村东周和两汉墓》，《考古》1963年第3期。

3　北京市文物工作队：《北京怀柔城北东周两汉墓葬》，《考古》1962年第5期。

4　天津市历史博物馆考古部、宝坻县文化馆：《宝坻秦城遗址试掘报告》，《考古学报》2001年第1期。

5　天津市文化局考古发掘队：《河北大厂回族自治县大坨头遗址试掘简报》，《考古》1966年第1期。

6　河北省文物研究所：《燕下都遗址内的秦汉墓葬》，《河北省考古文集》（二），北京燕山出版社，2001年。

7　张秀夫：《河北平泉县杨杖子村发现汉墓》，《文物》1987年第9期。

8　河北省文物研究所：《东营子墓地发掘简报》，《河北省考古文集》（三），科学出版社，2007年。

9　河北省文物局等：《唐县高昌墓地发掘报告》，文物出版社，2010年。

除陶器外墓内伴出的货币皆为“半两”钱而不见“五铢”钱。因此综合分析这批墓葬年代属西汉早期，也即西汉建立至汉武帝元狩五年（公元前 118 年）之前。

四、结语

该墓地发现的唯一一座夏家店下层文化时期墓葬，从其文化面貌看属于目前基本为学界所认同的大坨头文化。该墓葬为竖穴土坑式，坑内中部置木棺，周围形成熟土二层台，棺内随葬器物，是该文化迄今所发现的为数不多的结构较为完整的墓葬，以往此类墓葬主要发现于燕山南麓滦河下游、永定河上游等地区，如河北廊坊香河庆功台[1]、河北唐山古冶[2]、河北唐山小官庄[3]、河北怀来官庄[4]等地发现的墓葬，但均破坏严重，结构不甚清晰，而该墓的发现无疑为此类文化墓葬的研究提供了珍贵资料。该墓随葬品组合为折肩鬲、折肩罐、尊、簋形豆，是大坨头文化墓葬最典型的陶器组合，从其器形特征及组合分析，学者将其年代定为早商时期，属大坨头文化晚期阶段[5]。从其文化因素看，属于夏家店下层文化的尊、折肩罐等与具有大坨头文化特色的折肩鬲、簋等并存，反映出这一时期来自北面的夏家店下层文化与大坨头文化的高度融合，而该墓地处燕山北麓的滦河中游地区，拓展了大坨头文化的分布地域。

被部分西汉墓打破的夏家店上层文化遗存仅发现一类遗迹——灰坑，层位关系单一，出土遗物以质地粗疏、火候较低的夹砂褐陶器为主，可复原器仅有豆形器一种，其余可辨器型有鬲、罐、盆等。从其器形特征看，参照目前夏家店上层文化四期说[6]，约相当于夏家店上层文化二、三期，也即西周中期到春秋早期阶段。此类遗存在平泉佟杖子[7]等遗址也有发现，说明这一时期夏家店上层文化已扩展到滦河上游地区。

西汉早期墓葬，除了3座为同穴合葬外，有近一半墓葬为两两并排的异穴合葬墓，墓向以南北向为主，仰身直肢，这种自西周以来即盛行的异穴合葬墓，至西汉早期仍沿袭。随葬品放置于头部或头部上方的椁内，相当于头厢内，以陶罐等日用器为基本组合，其中ⅠM4男主人近旁出土一枚“臣”字印，称臣是谦称，依汉印之制，凡称臣者，后面只有名而不冠以姓。刘献唐先生研究认为：“凡臣字诸印，其人必有秩衔，施于封牍，亦必对上峰而发，友朋通函，谅不需此。”[8]故推断该墓主人或为中

1 廊坊市文物管理处、香河县文物保管所：《河北香河县庆功台村夏家店下层文化墓葬》，《文物春秋》1999 年第 6 期。

2 河北省文物研究所：《唐山市古冶商代遗址》，《考古》1984 年第 9 期。

3 安志敏：《唐山石棺墓及其相关的遗物》，《考古学报》1954 年第 1 期。

4 河北省文物研究所：《河北怀来官庄遗址发掘报告》，《河北省考古文集》（二），北京燕山出版社，2001 年。

5 李伯谦：《论夏家店下层文化》，《中国青铜文化结构体系研究》，科学出版社，1998 年。

6 井中伟：《夏家店上层文化的分期与源流》，《边疆考古研究》（第 12 辑），科学出版社，2012 年。

7 张守义、赵小光：《承德市平泉县佟杖子遗址调查报告》，《文物春秋》1995 年第 3 期。

8 转引自赵平安：《秦西汉印章研究》，上海古籍出版社，2012 年。

下层官吏，其余则基本为平民墓葬。有17座墓殉牲，有羊、牛、猪、鸡等头骨、肩胛骨、蹄足等，且与随葬品一起放置。墓葬内殉葬牲畜头蹄的现象，就目前的考古发现来看，在先秦及汉代时期广泛分布于亚洲北部地区，是游牧民族的一个鲜明特征，是建立在游牧经济基础之上的一种葬仪。而该批墓葬的殉牲动物中既有代表农耕经济的猪、鸡，也有代表畜牧经济的牛、羊，反映了农牧业交错的特点。墓葬所在地域基本处于中国400毫米等降水量线附近，也即半干旱与半湿润交汇地带，气候环境条件也促成了中原文化与草原文化的碰撞与交融。

墓地所处地域，属燕汉之渔阳郡范围，文化面貌也与辽东、辽西、京津唐地区有诸多相似性。因此，有学者将这一地域归为"西汉墓幽州分布区""西汉墓幽州南部分布区"[1]。西山墓地墓葬应是该分布区形成阶段的例证。

西山墓群以东420米即为小城子城址，现残存有西墙北段，从城址内堆积和暴露遗存看，该城址年代为汉代。而根据《中国历史地图集》[2]载，西汉时小城子属渔阳郡，为白檀县治要阳都尉所在地[3]，西汉时兴洲河称要水，滦河称濡水；另据《水经注》载："要水又东南流，经白檀县而东南流，入于濡。"[4]故推测小城子城址可能为汉代之要阳城；也有学人对此提出不同意见。但西山墓地或与小城子城址有关，关于小城子城址的性质等还有待于进一步的考古工作来揭示。

石羊、管饰件、水晶饰件等经由故宫考古研究所杨晶研究馆员鉴定；印章、陶文等经故宫研究院古文献研究所王素研究员及故宫博物院研究室罗随祖研究员甄别；线图数字化由故宫博物院考古部邢增锐完成；铜钱拓片、印章拓印分别由河北省文物考古研究院张晓峥研究馆员、孔玉倩副研究馆员完成，在此一并致谢！

发掘：徐海峰、张晓沧、李树伟、李树彬、那嘎·特尔巴依尔
董　哲、李瑞林、张希章、马春普、张文会、刘郭韬、杨　宽
绘图：李树伟
摄影：张晓沧
执笔：徐海峰

1　郑君雷：《论"西汉墓幽州分布区"》，《考古与文物》2005年第6期。

2　谭其骧主编：《中国历史地图集》（秦、西汉、东汉时期），中国地图出版社，1982年。

3　陈烈：《西汉白檀县故址考》，《北方文物》1990年第4期。

4　（北魏）郦道元著，陈桥驿校证：《水经注校证》，中华书局，2007年。

附表一 陶片统计表

单 位	陶 系/片					合计/片
	红褐	红	灰	红	灰	
Ⅰ H1		16				16
Ⅰ H3	410	23	35	4	3	475
Ⅰ H5	27					27
Ⅰ H6	119		6			125
Ⅰ H7	20					20
Ⅰ H8	29		5			34
Ⅱ H1	270		17			287
Ⅱ H2	73					73
Ⅱ H4	8	2		1		11
Ⅱ H5	17					17
Ⅱ H7	42				6	48
Ⅱ H9	140				7	147
Ⅱ H10	20		1			21
Ⅱ H12	5		1			6
Ⅱ H13			2			2
Ⅲ H1	6	3				9
Ⅲ H2	54					54
Ⅲ H3	23	11	2			36
Ⅲ H4	78	15		6		99
合计	1341	70	69	11	16	1507
百分比/%	88.98	4.64	4.58	0.73	1.07	100
	98.2			1.8		

注：Ⅰ H2、Ⅱ H3、Ⅱ H6未见遗物；Ⅱ H11出土完整器；Ⅰ H4、Ⅱ H8属汉代，不在统计之列。

附表二　小城子墓地Ⅰ区墓葬统计表

墓号	方向/度	墓圹/厘米			棺/厘米		椁/厘米		骨架状况				随葬品	年代	备注
		长	宽	深	长	宽	长	宽	葬式	年龄	性别	保存状况			
M1	95	296 362	120 152	434	244	74	342	116	—	—	—	极差	陶罐 1 铜带钩 1	西汉	椁内东南部发现动物骨骼（羊）
M2	8	254 312	98 96	290	218	60	—	—	仰身直肢	青壮年	男	差	陶碗 1 陶罐 1 铁带钩 1	西汉	
M3	0	238 276	84~88 110~126	266	250	84	252	84~94	仰身直肢	青壮年	女	差	陶碗 1 陶罐 1	西汉	罐西侧发现一件动物下颌骨（羊）
M4	5	308 330	214 116~146	298	212 174	64 56	350 304	134 110	仰身直肢	青壮年	女（东） 男（西）	差	陶罐 4 铜印 1 铜带扣 7 铜镞 1 铁器 1 铁削刀 1 漆耳杯 1	西汉	椁内北端发现有动物遗骨（羊）
M5	5	270 288	106 116	284	224	88	288	116	仰身直肢	老年	女	差	陶罐 1 铁带钩 1	西汉	棺内东北角发现有动物遗骨（羊）
M6	350	228 304	84 100	300	232	82	286	100	仰身直肢	—	—	极差	陶罐 2 铁削刀 1	西汉	棺内北端发现有动物遗骨（牛）
M7	7	240 302	108 126	284	208	68	300	106	仰身直肢	—	—	极差	陶豆 1 陶罐 1 铁臿 1	西汉	头骨上方椁内发现有动物遗骨（羊）
M8	350	252 316	190 248	328	198	66	306	170~248	仰身直肢	—	男（西） 女（东）	较差	陶罐 2 铁镞 1	西汉	椁内北端发现有动物遗骨（羊）
M9	100	288 334	114 140	312	234	70	312	100~140	仰身直肢	—	—	极差	陶罐 2	西汉	椁内东北部发现有动物遗骨（羊）
M10	15	220	88	300	—	—	—	—	—	—	—	—	—	西汉	填土中发现铁臿 1，穿孔石 1
M11	4	290 320	110 118	370	216	62	280	92	仰身直肢	—	—	极差	陶罐 2 陶盆 2	西汉	头骨上方发现有动物遗骨（羊）

附表三 小城子墓地Ⅱ区墓葬统计表

墓号	方向/度	墓圹/厘米			棺/厘米		椁/厘米		骨架状况				随葬品	年代	备注
		长	宽	深	长	宽	长	宽	葬式	年龄	性别	保存状况			
M1	355	240 306	96 116	356	206	58	300	94	仰身直肢	—	—	极差	陶罐 1	西汉	椁内西北部发现一个动物头骨（猪）
M2	355	266 300	102 108	350	220	68	300	110	仰身直肢	—	—	极差	陶罐 1	西汉	
M3	358	280 378	108 124	420	226	72	348	100	—	—	—	极差	陶罐 2	西汉	椁内西北部发现一个动物头骨（羊）
M4	356	298 348	100 130	384	248	88	348	130	仰身直肢	—	—	极差	陶罐 2 陶盘 1	西汉	椁内东北角发现有动物遗骨（羊）
M5	358	274 274	86 86	140	196	64	244	84	仰身直肢	老年	女	差	陶罐 1	西汉	椁内东北角发现有动物遗骨（鸡）
M6	5	322 388	222 264	336	214 212	90 78	384	228	仰身直肢	—	男（西） 女（东）	差	陶罐 2 铁臿 2	西汉	
M7	358	256 278	86 118	188	250	80	278	110	仰身直肢	—	—	极差	陶罐 2 铜钱 4	西汉	
M8	357	234 206	78	138	220	45~53	—	—	仰身直肢	青壮年	男	差	—	西汉	
M9	355	252 310	94 120	420	228	90	310	120	仰身直肢	—	—	极差	陶罐 2	西汉	
M10	2	320 354	130 140	220	205	60	310	83	仰身直肢	—	—	极差	陶罐 2	西汉	椁内北端发现有动物遗骨（羊）
M11	96	336 334	158	120	210	92	—	—	—	—	—	极差	陶鬲 2 陶罐 1 折肩罐 1 折腹盆 1 簋型豆 1 水晶饰件 1 石羊 1 金臂钏 1 绿松石饰件 1	早商	

续表

墓号	方向/度	墓圹/厘米			棺/厘米		椁/厘米		骨架状况				随葬品	年代	备注
		长	宽	深	长	宽	长	宽	葬式	年龄	性别	保存状况			
M12	356	280 290	86 104	170	214	72	274	94	仰身直肢	—	—	极差	陶罐 1	西汉	椁内北端发现有动物遗骨（羊）
M13	355	282 314	118 104	320	232	64	282	92	仰身直肢	青壮年	男	差	陶罐 1	西汉	
M14	358	294 310	136 124	140	184	56	294	90	仰身直肢	—	—	极差	陶罐 2 铜镞 2 红髓质串珠 1	西汉	椁内北端发现有动物遗骨（羊）
M15	2	250 320	92 108	224	210	72	268	88	仰身直肢	—	—	极差	陶罐 1 水晶饰件 2	西汉	
M16	0	268 350	84 120	420	240	74	346	90	仰身直肢	—	—	极差	陶罐 2 铁削刀 1	西汉	椁内北端发现有动物遗骨（猪、牛、鸡）
M17	358	258 304	110 100	370	220	70	270	100	仰身直肢	—	—	极差	陶罐 2 铁削刀 1 铜带钩 1 水晶环 1	西汉	椁内东北角发现有动物遗骨（鸡）
M18	358	286 340	103 130	310	198	60	320	94	仰身直肢	—	—	极差	陶罐 2 水晶串珠 1	西汉	
M19	2	232 308	104 120	280	216	70	292	84	仰身直肢	老年	男	较差	陶壶 1 陶罐 1 铜带钩 1	西汉	椁内北端发现有动物遗骨（牛、羊）
M20	0	274 310	97 106	310	224	60	310	95	仰身直肢	中年	女	较差	陶罐 1	西汉	椁内北端发现有动物遗骨（羊）
M21	5	250 274	130 84	275	210	65	274	85	仰身直肢	—	女	极差	陶罐 1	西汉	椁内北端发现有动物遗骨（鸡）
M22	5	241 292	104 106	275	218	55	280	140	仰身直肢	—	男	极差	陶罐 1	西汉	椁内北端发现有动物遗骨（羊）
M23	358	226 310	110 126	400	212	72	248	120	仰身直肢	—	—	极差	陶罐 2	西汉	椁内东北角发现有动物遗骨（牛、羊）

附表四 小城子墓地Ⅲ区墓葬统计表

墓号	方向/度	墓圹/厘米			棺/厘米		椁/厘米		骨架状况				随葬品	年代	备注
		长	宽	深	长	宽	长	宽	葬式	年龄	性别	保存状况			
M1	2	244 304	90 114	290	220	67	280	114	—	—	—	极差	陶罐 2	西汉	
M2	356	270 334	105 132	424	206	84	328	104	—	—	—	极差	陶罐 2	西汉	
M3	356	314 336	138 120	452	246	100	335	120	—	—	—	极差	陶壶 2 陶鼎 1	西汉	
M4	355	230 284	90 140	302	220	85	282	100	仰身直肢	—	—	极差	陶罐 1	西汉	
M5	359	256 300	86 102	360	212	58	—	—	仰身直肢	—	—	极差	陶罐 2	西汉	
M6	359	238 260	96 100	216	200	60	255	100	仰身直肢	青壮年	男	较差	陶罐 1 铜镞 1	西汉	
M7	5	238 294	86 108	310	210	65	294	108	—	—	—	极差	陶罐 1	西汉	
M8	87	260 296	92 108	252	210	96	288	100	仰身直肢	—	—	极差	陶罐 1 串珠 1 铜环 1	西汉	椁内北端发现有动物遗骨（牛、羊）
M9	90	234	94	102	210	70	—	—	仰身直肢	—	男	极差	铜带钩 1 铁马衔 1	西汉	
M10	3	246 310	88 120	322	220	70	280	96	仰身直肢	—	—	极差	陶罐 1	西汉	
M11	5	283 356	102 196	380	224	74	322	140	—	—	—	极差	铜盆 2 陶罐 2	西汉	
M12	3	224	96	190	210	62	—	—	仰身直肢	—	女	差	—	西汉	
M13	92	236 280	98 102	282	218	64	260	80	仰身直肢	—	—	极差	铁矛头 1 铁剑 1 铜镈 1 陶罐 1	西汉	
M14	83	230 332	94 130	326	214	72	304	84	仰身直肢	—	—	极差	铜钱 20 陶罐 2	西汉	椁内北端发现有动物遗骨（羊）
M15	3	246 275	100 95	274	205	72	244	95	仰身直肢	—	—	极差	陶罐 1	西汉	
M16	0	260 310	110 126	347	225	74	310	96	仰身直肢	—	—	极差	陶罐 2	西汉	椁内北端发现有动物遗骨（牛、羊）
M17	2	250 326	102 130	390	220	104	305	115	仰身直肢	—	—	极差	陶罐 2	西汉	

雄安新区大河镇、大王镇窑址考古试掘简报

故宫考古研究所　河北省文物考古研究院
容城县文物保管所　安新县文物管理所

2017 年 6 月至 2018 年 4 月，为配合雄安新区的规划建设，雄安新区联合考古队对雄安新区起步区内古代遗址进行了调查和探勘（图一）。为进一步了解遗址内涵，2018 年 5~8 月，故宫考古研究所对其中部分遗址进行试掘，共清理不同时期窑址 4 座，现将试掘情况简报如下。

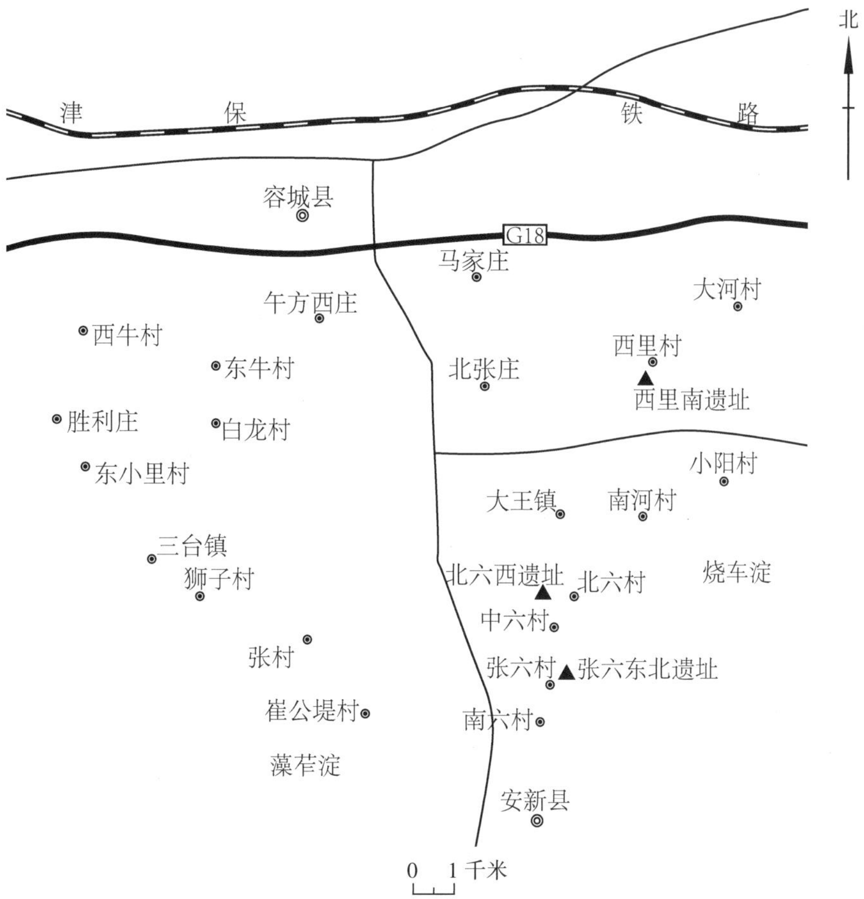

图一　遗址位置图

一、西里南遗址

1. 地理位置及概况

西里南遗址位于容城县大河镇西里村西南农田中。勘探发现古代遗迹 17 处，其中古墓葬 11 座，窑址 3 座，残墓坑 3 个。根据遗存保存现状，选择窑址进行试掘，共清理窑址 2 座（图二）。

2. 地层堆积

结合勘探和试掘成果，该遗址地层堆积如下（图三）。

第 1 层：耕土层，厚 0.2~0.3 米，灰褐色，土质疏松，包含少量泥质灰陶片和白釉瓷片。窑址开口于此层下，发掘时重新编为 Y1、Y2（图四）。

第 2 层：淤积层，深 0.2~0.3 米，厚 0.1~0.8 米，灰褐色，土质较疏松，较净。

第 3 层：淤积层，深 0.3~1.1 米，厚 0.8~1.5 米，黄褐色，土质较疏松，较净，含少量锈斑。

第 3 层下为浅黄色沙层，土质疏松，较净，未见人类活动迹象，判断为生土。

3. 遗迹

Y1　马蹄形半地穴式半倒焰窑，由操作坑、火塘、窑室三部分组成，窑门方向 6°（图五）。

操作坑位于 Y2 北端，打破 Y2 窑床。平面呈圆角长方形，近直壁坡底，西壁略有倾斜，南部底略高。填土为灰褐色粉沙土，掺杂有大量烧结的残砖块和烧土块，出土有夹砂绳纹灰陶片。操作坑开口南北长 3.14、东西宽 1.5~2.35 米，开口距底部深 0.63~0.9 米。

操作坑南端为窑门，高 0.87、宽 0.8 米，由 9 层青砖纵横错缝包砌封堵，墙体在操作坑内，顶部向南伸入火塘，其下垫有 0.12 米厚的烧土。

火塘位于窑门南侧，平面呈梯形，纵剖面为梯形，横剖面近半圆形，坡底南高北低。火塘拱顶，由北向南逐渐外扩，系在地层中掏挖而成。两壁烧结面有脱落现象，两壁及顶部均有下垂的钟乳石状烧结物。火塘南北长 2.38、东西宽 0.74~2.43、高 0.77~1.46 米，青灰烧结层厚 0.06~0.12 米，其外红烧土层厚 0.15~0.2 米。火塘底为青灰色烧结面，低于窑床 0.32 米。火塘内堆积分两层：第 1 层为黄褐色粉沙土，厚 0.4~0.96 米，包含大量烧土块及少量青砖块，其中与窑床连接处集中分布碎砖块，可能为塌落所致；第 2 层为草木灰堆积，厚 0.09~0.3 米。

窑室位于火塘南侧，平面呈梯形，近直壁坡底，南部底略高。东西壁及底部有层状脱落现象。底部为窑床。窑床北半部为青灰色烧结面，南半部为红烧土平面。窑室中南部被扰坑打破。窑室开口南北长 2.9~3 米，东西宽 2.82~3.36 米；窑床南北长 2.96~3.13 米，东西宽 2.42~3.41 米，开口距地表深 0.2 米，开口距窑床深 1.28 米。窑室填土为黄褐色粉沙土，包含大量烧土块、碎砖块，个别残砖有刻划迹象。窑床西部发现 6 块较大的烧土块南北排列，可能为塌落所致。烧土块长 0.34~0.5、宽 0.24~0.4、厚 0.13~0.23 米。

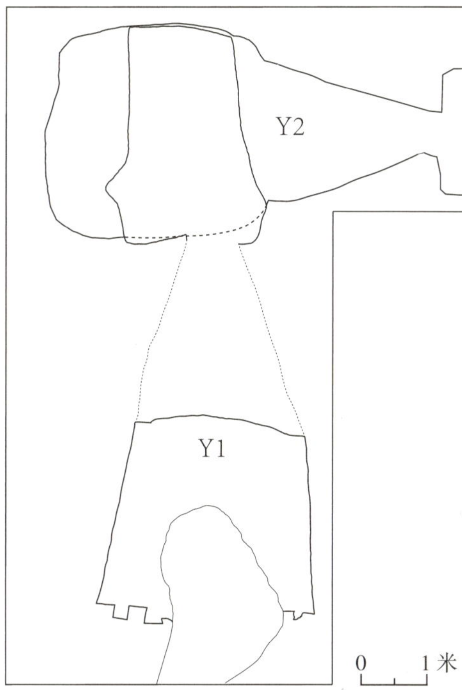

图二 西里南遗址T1平面图

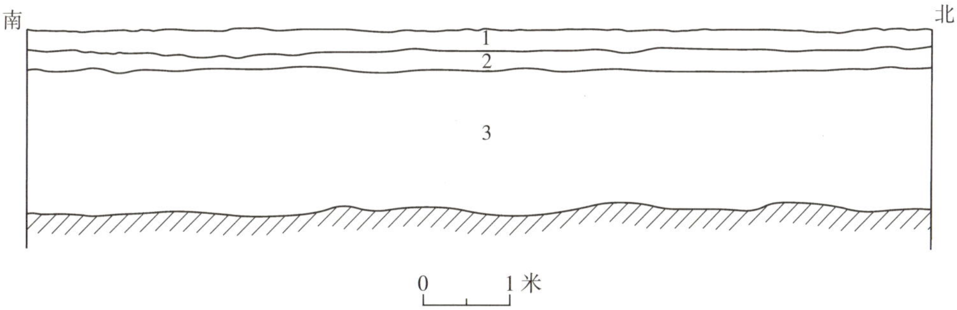

图三 西里南遗址T1西壁剖面图

图四 西里南遗址发现的Y1、Y2

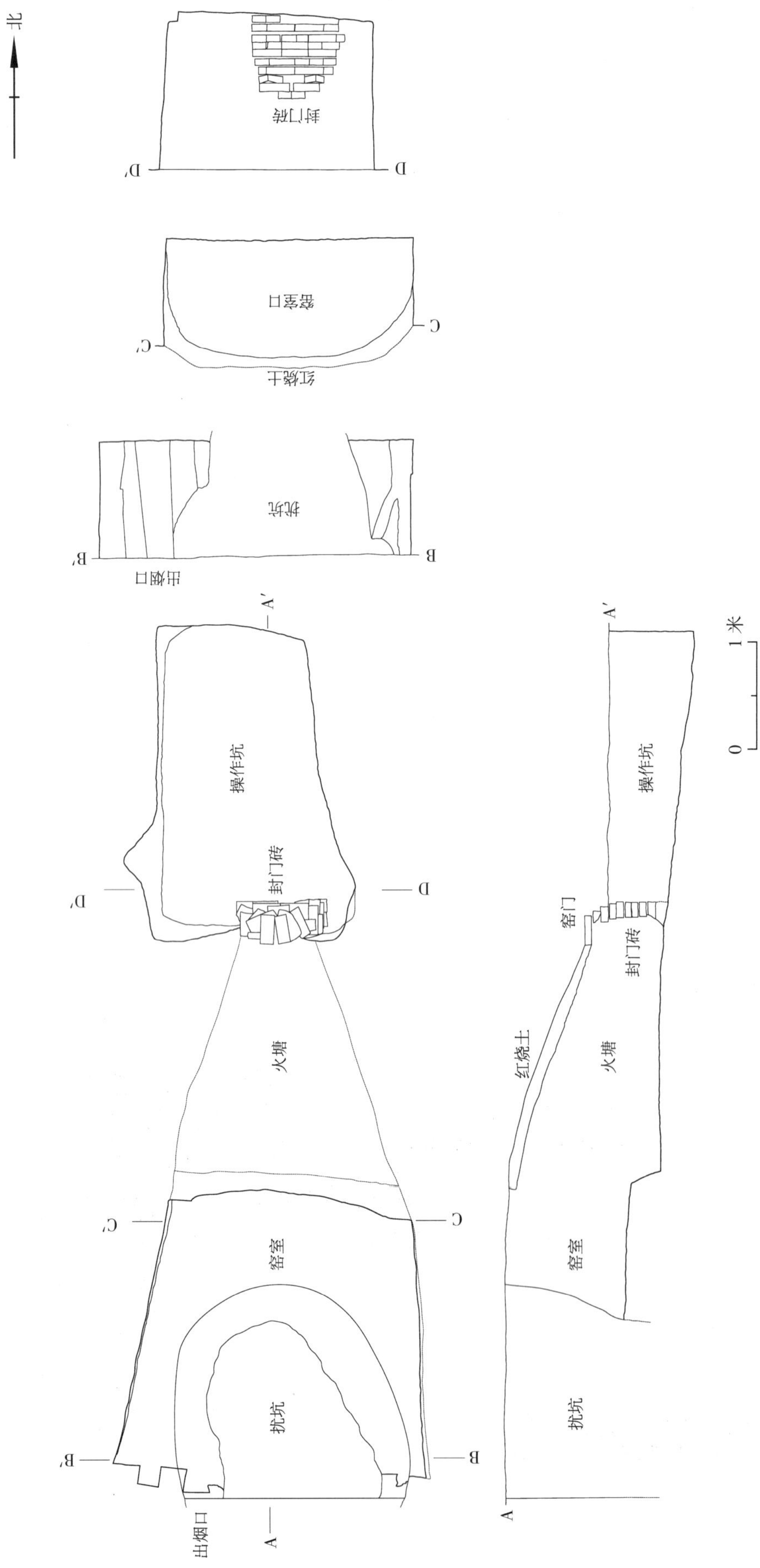

图五 西里南遗址Y1平、剖面图

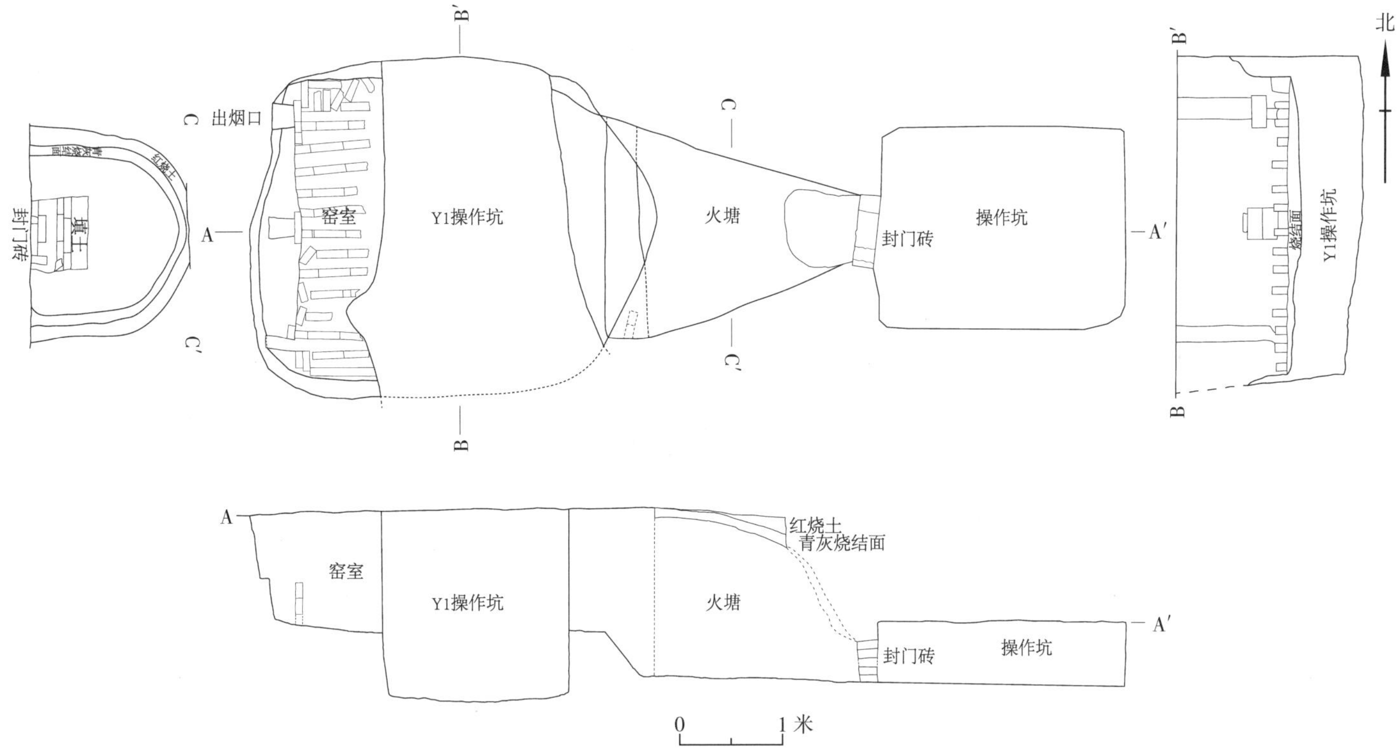

图六　西里南Y2平、剖面图

窑室南壁残存烟道3处，一处位于东端，被破坏严重，两处位于西端，间隔0.28米，最西侧烟道保存较好，平面呈梯形，直壁较平整，口宽0.2、内宽0.22、进深0.2米。西侧烟道被破坏，口宽不详，内宽0.3、进深0.24米。根据布局推测原烟道可能不止3处。

窑室中南部扰坑打破窑室南壁和窑床，向南伸出探方外，限于条件未全部清理。扰坑内填土堆积略呈北、东、西向南倾斜状，堆积自上至下大致分为五层：第1层，浅灰色黏土，厚0.2米；第2层，红色及黄色烧土，厚0.15米；第3层，黑色杂灰色黏土，厚0.1米；第4层，灰褐色黏土杂烧土块，厚0.18米，包含少量动物骨骼、夹砂红陶残片、泥质红陶残片、泥质灰陶残片等，出土夹砂红陶纺轮1件；第5层，黄褐色黏土，厚0.6米，包含大量烧土块和砖块。

Y2　马蹄形半地穴式半倒焰窑，由操作坑、火塘、窑室三部分组成，窑门方向110°（图六）。

操作坑位于窑门东部，平面呈圆角长方形，因取土已被严重破坏，残存部分东西长2.4、南北宽1.9、残深0.6米。

操作坑西端为窑门，已被取土破坏，仅存底部，残高0.58、宽0.68。窑门处现存有五层青砖垒砌封堵，残高约0.4米。

火塘位于窑门西侧，平面呈梯形，纵剖面略呈梯形，火塘拱顶，由东向西逐渐外扩，系在地层中掏挖而成。火塘东西长2.4、南北宽0.66~2.04米，底距顶高0.58~1.5米，拱顶青灰色烧结层厚0.07~0.14米，其外为厚 0.12 米的红烧土层。火塘平底略凹，底面西部为青灰色烧结面，东部为红烧土平面。火塘底部低于窑床 0.42 米。

火塘内填土堆积分四层：第 1 层为黄褐色粉沙土掺杂大量烧土块及少量青砖块，厚 1.2 米，出土泥质灰陶盆口沿残片；第 2 层为大量类似草木灰的白灰渣层，土质疏松，厚 0.25 米，未见遗物出土；第 3 层为黑灰色草木灰层，厚约 0.08~0.13 米；第 4 层为黄褐土，土质疏松，包含大量烧土块、青灰烧结面碎块、木炭块，厚 0.12~0.17 米。火塘南壁与窑床交接处发现两块残砖块，根据位置推测为挡火墙残迹。

窑室位于火塘西侧，平面近方形，斜壁平底，顶部无存，窑室东西长 3.18~3.4、南北残宽 2.1~3.14 米。窑室壁坍毁严重，仅存西部，残高 0.6 米。底面为窑床，距开口深 1~1.16 米。窑床中部被 Y1 操作坑打破。窑床东部残存 0.08~0.5 米宽的烧结面，西部残存 0.48~0.84 米宽的烧结面。

窑床西部残存东西向单砖立砌火道，火道宽 0.07~0.17 米，共 14 条。其中南、北两端火道尚为砖坯。火道上呈蜂窝状排列砖坯。火道延伸至西壁后用砖封堵，仅余 3 条通过吸火孔连接烟道。

吸火孔分布于窑室西壁南北两端及中间。北吸火孔口宽 0.2、内宽 0.24、进深 0.2 米；中吸火孔口宽 0.16、内宽 0.2、进深 0.23 米；南烟道破坏严重，形制不清。烟道为窑室西壁向外掏挖，再砌砖与窑室分隔而成。烟道残高 0.65 米，出烟口被破坏，形制不清。

窑室填土为黄褐色粉沙土，包含大量烧土块、碎砖块和少量泥质灰陶残片，其中近开口处集中大量烧废的残砖。

4. 出土遗物

窑址和灰坑内主要出土青砖、泥质板瓦，简要介绍如下。

砖　Y1∶1，泥质，青灰色，扁长方体。正面有顺向细绳纹，绳纹上有数道刻划痕迹。长 0.3、宽 0.15、厚 0.07 米。Y2∶1，泥质，青灰色，扁长方体。正面有顺向细绳纹。长 0.3、宽 0.15、厚 0.07 米。

5. 小结

西里南遗址 Y1、Y2 均属于小型马蹄形半地穴式半倒焰窑。其中 Y2 内发现火道上排列砖坯，可知其为专门生产青砖的砖窑。从部分火道使用未砖坯的情况推测，Y2 使用时间极短。Y1 与 Y2 形制相近，出土的青砖也相同，推测属于同　时期。

根据窑内出土的细绳纹青砖和陶片等推测，该窑年代为汉代。

二、北六西遗址

1. 地理位置

北六西遗址位于安新县大王镇北六村西北农田中。勘探发现古代遗迹 13 处，其中灰坑 7 处，窑址 4 处，井 2 处。因遗址内断代依据不足，故在便于开展工作的情况下，选择 1 处窑址进行试掘，共清理窑址 1 座（图七）。

2. 地层堆积

结合勘探和试掘成果，该遗址地层堆积如下（图八）。

第1层：耕土层，厚0.18~0.3米，浅灰褐色，土质疏松，包含少量泥质灰陶片、泥质灰陶瓦片、酱釉缸残片、白釉瓷碗底残片。窑址开口于此层下，根据勘探结果编号为Y4。

第2层：淤积层，黄褐色沙质土，深0.18~0.3、厚0.40~0.6米，土质疏松，含有锈斑、少量黑灰点。

第3层：淤积层，黄褐色沙质土，深0.58~0.9米，厚0.7~1.1米，土质较致密，内见锈斑、姜石。

第 3 层下为黑褐色沙质土，土质致密，较净，部分区域含有锈斑，未见人类活动迹象，判断为生土。

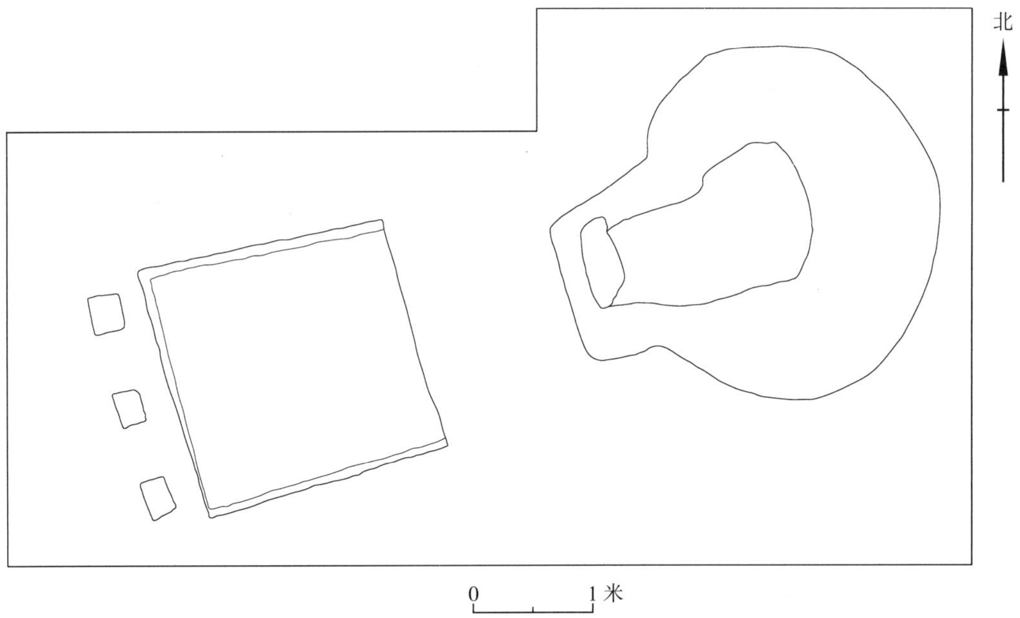

图七 北六西遗址T1平面图

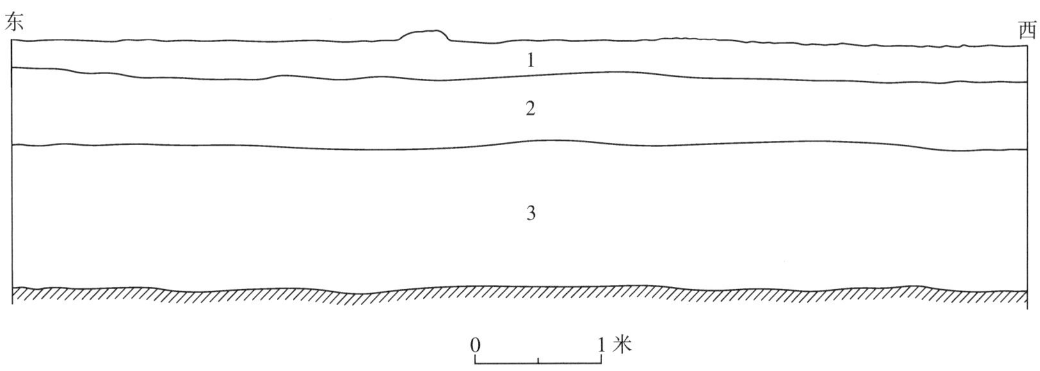

图八 北六西遗址T1南壁剖面图

3. 遗迹

Y4　半地穴式半倒焰窑，由操作坑、火塘、窑室三部分组成，窑门方向 73°（图九、图一〇）。

操作坑位于窑门东部，平面近椭圆形，斜壁近圜底，壁面不规则。开口东西长 3.2、南北宽 2.9、底距开口深 1.6 米。填土为浅灰褐色黏土杂黑褐色胶黏土、黄褐色黏土，土质疏松，包含少量红烧土块、草木灰、料姜石粒。

窑门位于操作坑西壁下部，高于操作坑底部 0.35 米，破坏严重，窑门形状不规则。

火塘位于窑门西侧，平面呈梯形，纵剖面为梯形，横剖面为半圆形，坡底中部略凹，底部残存红褐色烧结面。火塘直壁拱顶，由东向西逐渐外扩，系在地层中掏挖而成。火塘东西长 1.82、南北宽 0.68~1.7 米，底距顶高 0.71~1.5、顶距开口深 0.27~1 米。拱顶青灰褐色烧结层厚 0.05~0.08 米，其外红褐色烧土厚 0.8~0.12 米。火塘底部低于窑门 0.44 米，低于窑床 0.38 米。火塘内堆积为浅灰褐色杂黄褐色黏土，内含烧土块、砖块、动物碎骨，近窑床处有一排碎砖较集中，疑为倒塌所致；其下为厚 0.1~0.12 米的黑灰色草木灰，局部呈灰白色；再下为生土。火塘西部通过窑室口与窑室相接。

窑室口在窑室的东壁正中，直壁拱顶，壁面平整光滑，有青灰褐色烧结层，南北宽 1.75、高 1.2 米。

窑室平面呈方形，斜壁近平底，顶部无存。内壁残留部分工具痕，痕迹方向自上而下，宽 0.13 米。四壁青灰色烧结层厚 0.18~0.21 米，其外红褐色烧土层厚 0.08~0.13 米。底面为窑床，东西长 2.08、南北宽 1.95、底距开口深 1.44~1.5 米。窑室内填土为浅灰褐色杂黄褐色黏土，土质疏松，包含大量红烧土块和青灰烧结块，出土物有泥质灰陶和夹砂红褐陶片，可辨器型有釜、瓮、砖、板瓦等，窑床中后部集中较多碎砖，推测为废弃遗留。

窑室西壁下可见三个“介”字形吸火孔。自南向北编为 1~3 号。

1 号吸火孔：高 0.58、宽 0.26、进深 0.32 米。吸火孔与窑床齐平，内壁规整，南壁烧结面脱落，内为长方形烟道向上连接出烟口。填土为浅灰色黏土杂红烧土块。

2 号吸火孔：高 0.52、宽 0.24、进深 0.4 米。斜壁圜底，低于窑床 0.08 米，壁面为红褐色烧结面，向上为直壁长方形烟道连接出烟口。填土同 1 号吸火孔。

3 号吸火孔：高 0.56、宽 0.26、进深 0.4 米。斜壁圜底，低于窑床 0.08 米，壁面平整，北壁烧结面脱落严重，内为长方形烟道向上连接出烟口。填土同 1 号吸火孔，而红烧土颗粒较多。

出烟口位于窑室的西壁外侧，通过烟道与窑室内的吸火孔相通。出烟口平面呈长方形，四壁平整光滑，壁面为 4~6 厘米厚的红褐色烧结面。出烟口自南向北编为 1~3 号。

1 号出烟口：南北长 0.3、东西宽 0.2~0.22、从开口到底深 1.5 米，填土为红褐色杂浅灰色黏土，包含较多红烧土块。

2 号出烟口：南北长 0.28、东西宽 0.2、从开口到底深 1.58 米，填土同 1 号出烟口。

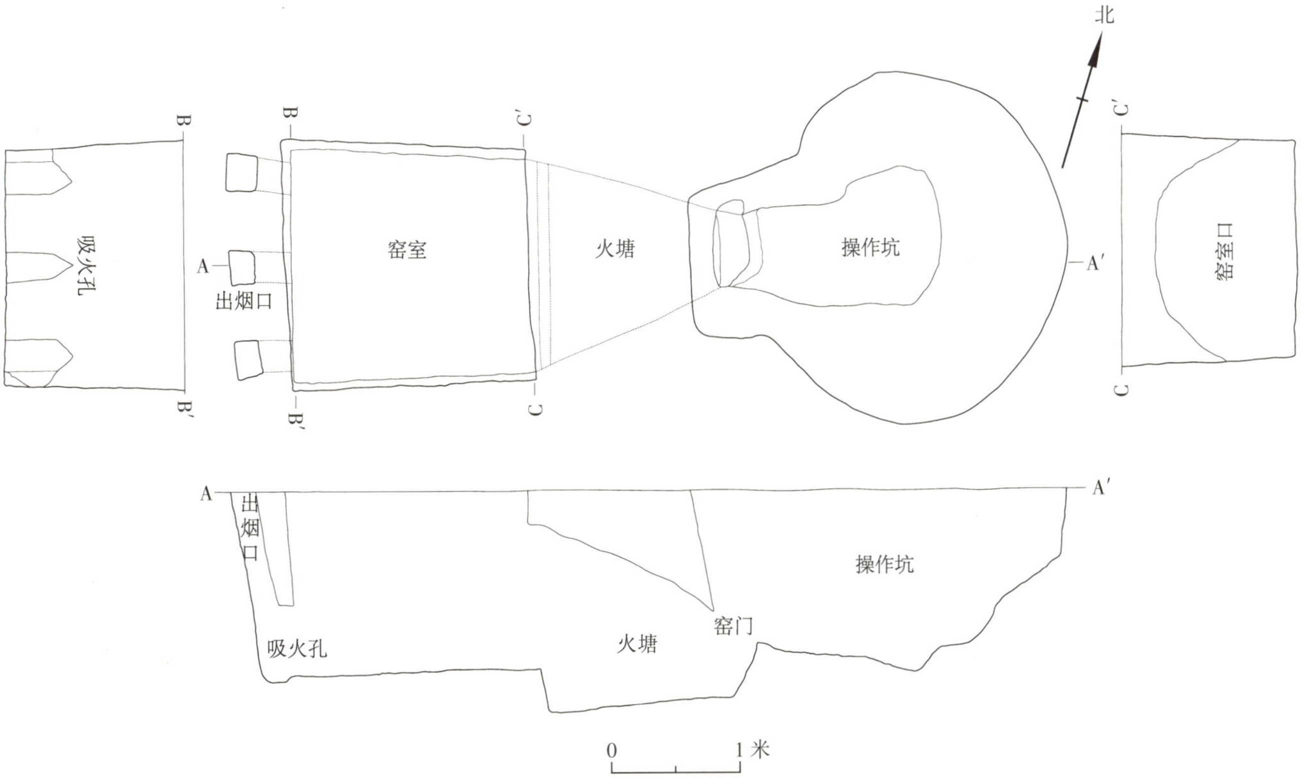

图九　北六西遗址Y4平、剖面图

图一〇　北六西遗址Y4

3 号出烟口：南北长 0.3、东西宽 0.26、从开口到底深 1.55 米，填土同 1 号出烟口。

4. 出土遗物

窑址和灰坑内主要出土青砖、泥质板瓦，简要介绍如下。

Y4∶1　砖。泥质，青灰色，扁长方体，素面。长 0.27、宽 0.14、厚 0.04 米。

5. 小结

Y4 属于小型半地穴式半倒焰窑。从窑床及火塘内出土的青砖残块推测该窑为专门生产青砖的砖窑。

该遗址内勘探发现的灰坑、井等遗迹均包含红烧土，可能与窑址有关。

根据 Y4 内出土的陶片与素面青砖推测，该窑年代为汉代。

三、张六东北遗址

1. 地理位置

张六东北遗址位于安新县大王镇张六村东北小树林及周边地区。该遗址经勘探发现窑址 4 座，灰坑 1 处。因各遗迹断代依据不足，故选择 1 处窑址进行试掘，试掘过程中又发现 1 处灰坑，共清理窑址 1 座、灰坑 1 处（图一一）。

2. 地层堆积

结合勘探和试掘成果，该遗址地层堆积如下（图一二）。

第 1 层：耕土层，厚 0.18~0.22 米，土色浅灰褐，土质疏松，包含有现代植物根系，窑渣块等。其

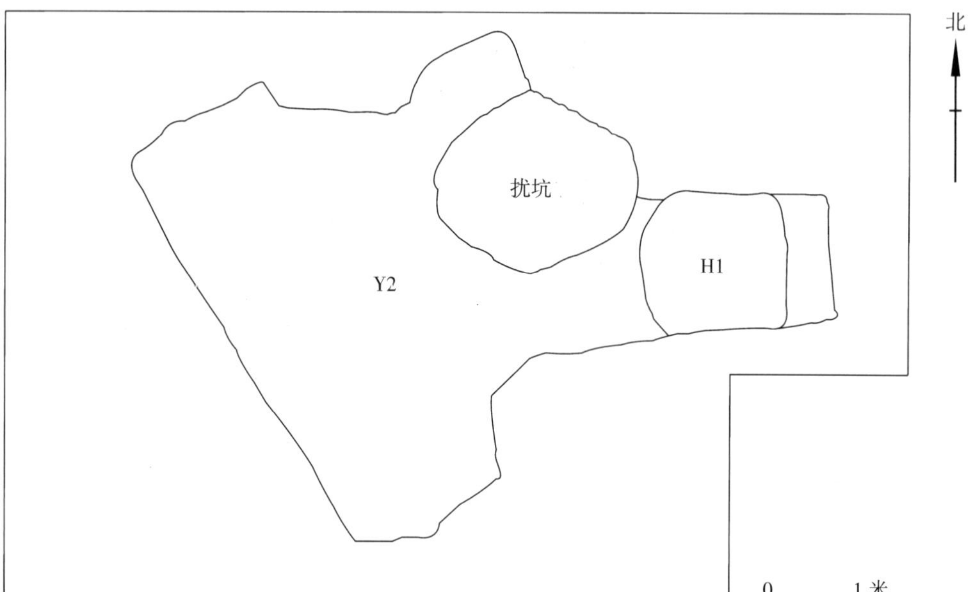

图一一　张六东北遗址T1平面图

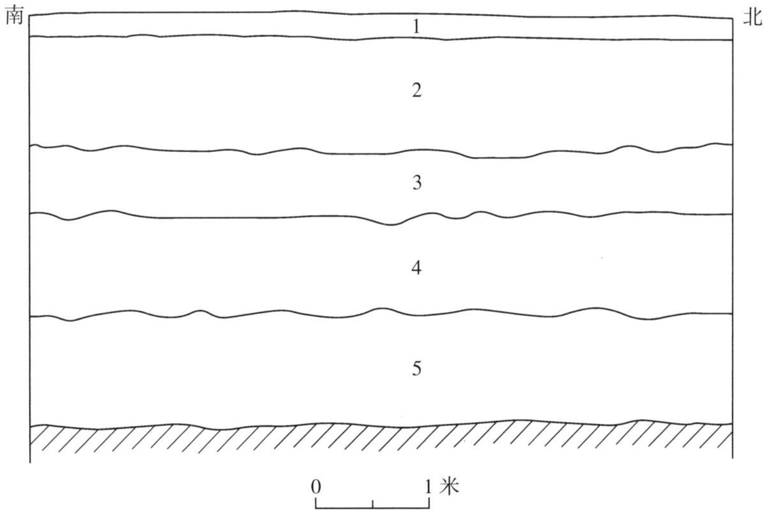

图一二　张六东北T1西壁剖面图

下开口遗迹有灰坑、窑址。灰坑编为 H1，窑址根据勘探结果编为 Y2，H1 打破 Y2 操作间。

第 2 层：沙土层，深 0.18~0.22、厚 0.18~1.3 米，黄褐色含沙黏土，土质较疏松，包含物极少。

第 3 层：淤积层，深 0.5~1.52、厚 1.3~1.6 米，灰褐色黏土，土质较致密，包含物极少。

第 4 层：淤积层，深 1.18~2.52、厚 1.60~2 米，黄褐色黏土沙，土质较疏松，包含物极少。

第 5 层：淤积层，深 2.18~3.62、厚 2~3.3 米，浅灰褐色黏土，土质较致密，包含物极少。

第 5 层下为浅黄色黏土层，未见人类活动迹象，判断为生土。

3. 遗迹

Y2　半地穴式半倒焰窑，由南北操作坑、南北火塘、窑室三部分组成，窑门方向 70°。窑内填土为浅灰褐土掺杂红烧土，土质疏松，包含有大量红烧土块、细绳纹残砖块，部分砖块表面有经高温后变形的现象（图一三、图一四）。

北操作坑平面略呈梯形，开口东西长 1.3、南北宽 0.7~1 米。斜壁坡底，底部由东向西倾斜，至中部偏东坡度陡然加大斜向火塘内。北操作坑深 0.62~1.1 米。坑内填土为灰褐土，土质疏松，包含有大量红烧土，出土物有少量红陶外素面内布纹板瓦残片。

南操作坑分东、西两个部分，西部平面略呈梯形，开口东西长 1.26、南北宽 0.72~1 米，底部宽 0.72 米，坑深 0.86~1.28 米。斜壁坡底，底部由东向西倾斜，至中部坡度陡然加大斜向火塘内。坑内填土为灰褐土，土质疏松，包含大量红烧土块和炭粒，出土物有少量泥质灰陶外素面内布纹板瓦残片。东部平面略呈矩形，直壁平底，中部被 H1 打破，东西长 2.05、南北宽 1.4~1.58、深 0.67~0.83 米。坑内填土为灰褐土，包含有红烧土粒，未发现出土物。

南北操作坑之间有通道相连，宽 0.95 米，被一扰坑破坏。残深 0.11~0.15 米，底部凹凸不平，填土

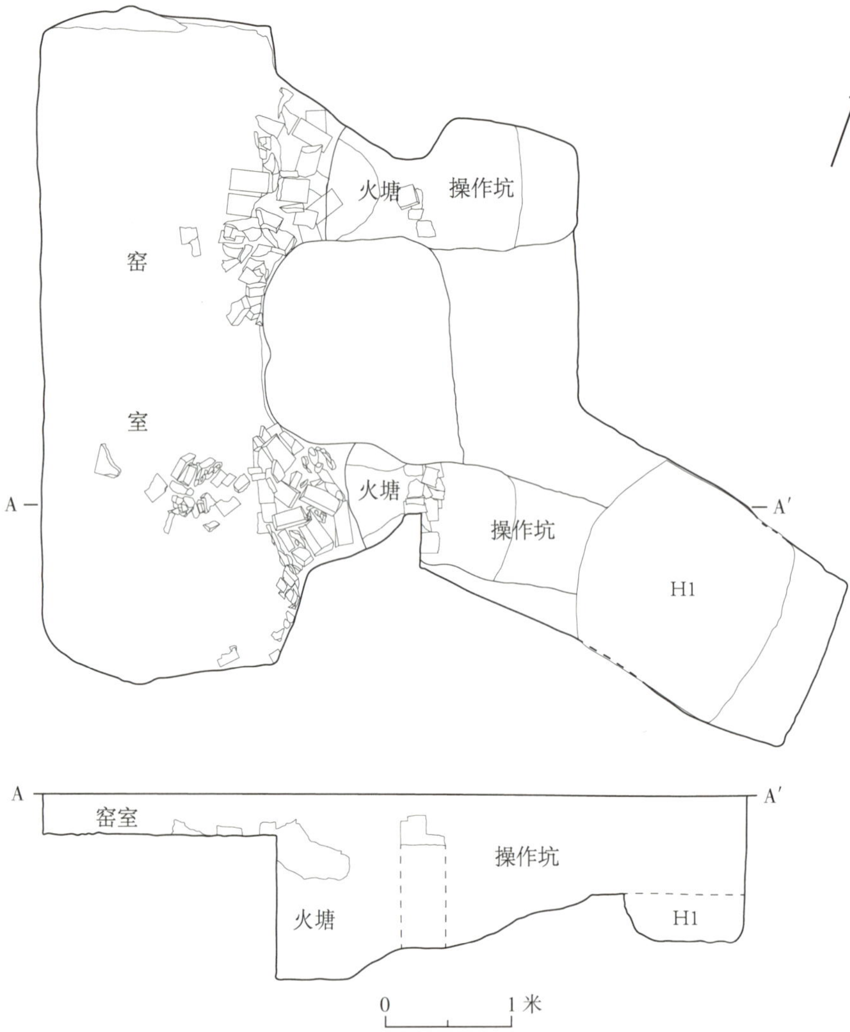

图一三 张六东北遗址Y2平、剖面图

图一四 张六东北遗址Y2

及包含物与操作坑相同。

两操作坑向西各连接一个火塘，连接处残存部分青砖块垒砌的窑门券顶。窑门破坏较大，形制不详。北火塘窑门券下沿高 0.6 米，南火塘窑门券下沿高 0.78 米。

火塘平面呈扇形，剖面近半圆形，由东向西逐渐外扩，底部近圜底。北火塘开口东西长 1.1、南北宽 0.58~1.2、底部宽 0.76、深 1.52 米。南火塘开口东西长 1.4、南北宽 0.4~1.1、底部宽 0.56、深 1.4 米。南北两壁保存烧结面。火塘内填土自上而下分为红烧土、黄褐土和包含草木灰的淤土堆积三层。南火塘内出土一块绳纹砖块。

南北火塘向西连接一个窑室。窑床平面略呈矩形，开口南北长约 5.15、东西宽 1.74~1.92 米，窑壁残高 0.3~0.42 米。窑室内填土为浅灰褐土掺杂红烧土，土质较软，包含有大量红烧土块、烧结物和细绳纹砖残块。砖块堆积集中于窑室与火塘交接处，部分砖块有经高温烧过后的变形迹象。窑室内底部烧结面保存较好，南部略高于北部。窑室西壁和南壁残存部分烧结面。窑室东壁底部有宽约 0.09、深 0.08 米的凹槽，凹槽随东壁延伸至南北两壁，疑为残存的烟道痕迹。

H1　平面呈圆角方形，斜壁。开口东西长 1.6、南北宽 1.56 米。底面北部较平，南部有一宽 0.25、高 0.1 米的台阶。底部南北长 1.08、东西宽 0.9、深 1.76 米。填土为灰褐土掺杂黄褐土，土质疏松，包含物有红烧土颗粒及一块烧变形的残砖。

4. 出土遗物

窑址和灰坑内主要出土青砖、泥质板瓦，简要介绍如下。

Y2∶1　砖。泥质，青灰色，扁长方体，器表有裂痕，正面有顺向细绳纹。长 0.315、宽 0.155、厚 0.06 米（图一五）。

图一五 张六东北遗址出土砖

Y2∶2　板瓦。残，泥质，红色。瓦头内面波状，加厚。外表素面有制作痕，内面饰浅布纹。

5. 小结

Y2是一个长方形窑床与两个火塘两个操作坑的结构，属于小型半倒焰的连体窑。其中南操作坑外接操作坑，因此以南操作坑为主。在火塘和操作坑的填土内发现板瓦，推测使用时其上可能搭有瓦顶木棚。从窑室及火塘内出土的不少报废的青砖残块推测该窑为专门生产青砖的砖窑。打破操作坑的H1内所出残砖与Y2填土内青砖同时，推测应形成于该操作坑未被回填之时，其形成是否与Y2有关系暂不确定。

该遗址调查时仅发现4座窑址，但附近的张六西遗址发现较多的窑址集中分布，因此张六东北遗址可能属于张六西遗址的边缘分布区。

根据Y2内出土的细绳纹青砖推测，该窑年代为唐代。

四、结语

此次试掘的三个遗址均位于白洋淀水域北部，容城、雄县、安新三县围成的区域内。从地理位置上可分为两组，西里村偏北，距离淀区相对远；北六、张六偏南，更靠近淀区，张六较北六离水域更近。

从地层堆积来看，三个遗址的生土层皆为浅黄色黏土，说明该区域的地质基础相同。耕土以下皆有多层淤积层，说明在历史上均经历多次洪积淤积过程。根据勘探，西里南遗址发现二层淤积层，其中最下一层为淤沙；北六西遗址发现二层淤积层，堆积皆含沙，越向下含沙量越大；张六东北遗址发现四层淤积层，堆积呈现沙土和黏土交替现象。可见距离淀区水域最近的张六东北遗址在历史上受到水患的影响更为剧烈。三个遗址中发现的遗迹均开口于耕土层下，未见人类活动留下的文化堆积。可能说明该区域或者人类活动较少，或者文化堆积经过比较集中的破坏。

从遗迹现象来看，北六西和西里南两处遗址试掘的三座汉代窑址属于半倒焰马蹄窑，通过窑内残留的砖坯和填土包含物判断属于砖瓦窑。据学者研究，这类窑炉定型于秦代[1]。其中，西里南遗址两座窑的操作坑平面均为长方形，底部与火塘底部相连，以封门砖隔断，这类做法近似于汉长安城遗址Y1[2]、Y4、Y8[3]、Y11、Y21、Y22[4]和南阳瓦房庄Y14[5]。北六西遗址的操作坑平面近圆形，底部高于火塘，未见封门砖的迹象，这类做法近似北京市大兴新城北区8号地Y6、Y7[6]。排烟系统也有差异，西里南Y1和Y2的吸

1　熊海堂：《东亚窑业技术发展与交流史研究》，第123页，南京大学出版社，1995年。

2　中国社会科学院考古研究所汉城工作队：《汉长安城1号窑址发掘简报》，《考古》1991年第1期。

3　中国社会科学院考古研究所汉城工作队：《汉长安城2–8号窑址发掘简报》，《考古》1992年第2期。

4　中国社会科学院考古研究所汉城队：《汉长安城窑址发掘报告》，《考古学报》1994年第1期。

5　河南省文物研究所：《南阳瓦房庄汉代制陶、铸铜遗址的发掘》，《华夏考古》1994年第1期。

6　北京市文物研究所：《北京市大兴新城北区8号地考古发掘报告》，《文物春秋》2008年第4期。

火孔均为矩形，烟道为先在窑室后壁挖槽，再以砖坯围封，这类做法近似汉长安城遗址 Y1、北京市大兴新城北区 8 号地 Y4[1]。而北六西 Y4 从吸火孔斜向外掏挖出烟道，类似做法见于南阳瓦房庄 Y23、Y29[2]；“介”字形吸火孔的做法类似于洛阳市金谷园路东周王城 Y7[3]、洛阳市东郊“对开式”陶窑[4]、北京市大兴新城北区 8 号地 Y7。据此，推测两处遗址的窑炉技术可能存在不同的传统。

张六东北遗址 Y2 窑室为横长方形并连接两个火塘和两个操作间，火塘下沉更深，两个操作坑也分主次，可以提供更大的装烧量，这种形制与禹县（今禹州）钧台窑址 Y1 北宋晚期双燃烧室半倒焰窑相似[5]，二者的关系值得进一步研究。

西里村今属容城县大河镇，旧属雄县（明嘉靖《雄乘》中为西李村，属利人社[6]；民国《雄县新志》中为“东西里村”[7]）。可见嘉靖时为本地居民村社，因姓得名，有西李村和东李村；民国时两村并为一村，“李”讹为“里”；而今又分为两村。西里村位于雄县与容城交界地带，在两县往来的中间点附近，村落的形成应与之有关。调查中发现，西里南遗址既有墓葬也有窑址。窑址经试掘判断时代为汉代；墓葬未经试掘，根据勘探结果初步推断为有唐代及金元时期特点的砖室墓。因此，推测西里村附近自汉代以来应长期有人居住；且遗址所在区域存在聚落功能的转变，即从汉代窑场区到唐代和金元的墓葬区。

北六村今属安新县大王镇，见于乾隆《新安县志》，为“六里村”，属升平社。张六村位于中六村南，南六村北，不见于乾隆《新安县志》。“县境并九河图”中为“北六里”“中六里”“南六里”[8]。三村位于县城北门外，呈南北分布，可见六里村是附属于县城，主要依托新安县及与容城、雄县的往来逐渐发展的。三村在明代为一个村，至迟于清代中期一分为三，最后又析为四，“里”字脱失。调查中北六西遗址发现窑址、灰坑、井等遗迹，可能是一处汉代窑场。张六东北遗址发现少量窑址，结合附近遗存推测属于唐代窑场的边缘地带。两遗址内涵较为单纯，未发现墓葬及房址等遗存，据此推测“六里村”在汉唐时主要为服务城邑的窑场区。至于最初的“六里村”位置所在则有待于结合周围遗址情况综合研究。

古代村落的形成与发展大致基于军事、驿路、移民、贸易、宗族等多种动因[9]，遗址的空间分布、遗

1 北京市文物研究所：《北京市大兴新城北区 8 号地考古发掘报告》，《文物春秋》2008 年第 4 期。

2 河南省文物研究所：《南阳瓦房庄汉代制陶、铸铜遗址的发掘》，《华夏考古》1994 年第1期。

3 洛阳市文物工作队：《洛阳东周王城内的古窑址》，《考古与文物》1983 年第 3 期。

4 洛阳市文物工作队：《洛阳市东郊东汉“对开式”砖瓦窑的清理》，《中原文物》1985 年第 4 期。

5 赵青云：《河南禹县钧台窑址的发掘》，《文物》1975 年第 6 期。

6 《天一阁藏明代方志选刊·雄乘》，“雄县境之图”，第 4 页；“疆域·沿革·社屯”，第 8 页；“疆域·沿革·村”：“西……三十里曰刘曰李（李分东西）”，第 10 页，新文丰出版公司，1909 年。

7 《中国方志丛书·雄县新志》，“新旧区村对照表第四区”，第 105 页，成文出版社有限公司，1969 年。

8 《中国地方志集成·乾隆新安县志》，“县境并九河图”，第 315 页；“舆地·乡社”：“弘正间邑遭大水……屯民乞告并社……共并五社。升平社为在城社领乡四曰六里在邑之北……”，第 338 页，上海书店，2006 年。

9 陈旭、甘振坤、欧阳文：《井陉古驿道沿线村落空间分布特征研究》，《遗产与保护研究》2019 年第 3 期。

迹类型、功能区及各类关系和变化中蕴含的信息为探讨其形成动因提供了线索，而要解决聚落考古问题甚至上升到对古代社会的研究则需要更加全面系统的工作。

此次试掘也为重新认识勘探成果提供了参照。从试掘的情况看，对于单体遗迹，如北六西、张六东北两处遗址中发现的窑址，勘探能够轻易辨识出遗迹，但对于遗迹轮廓辨识不够清晰。对于存在打破关系的遗迹，如西里南遗址中发现的两座窑址，以及张六东北遗址中打破窑址的灰坑，勘探中的辨识难度均明显增加。在配合雄安新区建设进行的考古工作中，联合考古队由地表踏查到大面积勘探，然后局部试掘，再到系统地开展重点考古发掘，逐步深入，层层递进，不仅能高效地掌握新区范围内古代文化遗产的信息，有力地配合新区规划建设，而且必将极大地推动太行山东麓地区自然环境变化和人类社会发展进程的学术研究。

项目负责人：徐海峰
执　　笔：王太一、赵　瑾
发　　掘：王太一、张文青、张希章
许国平、赵　瑾
制　　图：张希章、邢增锐
摄　　影：王太一、徐海峰、张希章

雄安新区容城县城子遗址考古调查勘探报告

故宫考古研究所　河北省文物考古研究院　容城县文物保管所

城子遗址位于河北省保定市容城县贾光乡城子村，现属雄安新区规划区域。城子遗址因城子村而得名，于第三次全国文物普查期间发现，2017 年雄安新区区域系统考古调查再次发现并确认了该遗址。2019 年 4~5 月，故宫考古研究所对该遗址进行了为期近一月的调查与重点勘探工作。通过调查，基本明确了城垣的大致范围，初步掌握了城内外的文化层堆积及相对年代，为后续发掘工作提供了依据。

一、地理概况及历史沿革

1. 地理概况

容城县境位于太行山东麓、冀中平原中部、南拒马河下游南岸，在大清河水系冲积扇上，为缓倾平原，土层深厚，地形开阔，属太行山麓平原向冲积平原的过渡带。

遗址位于今容城县城正北约 7.5 千米处，东、北两侧紧邻南拒马河河堤，西邻 229 乡道和定兴县西各庄村。《水经注》[1] 中有关于拒马河流经容城的记载："其水又西南转历大利亭，南入拒马河水又东经容城县故城北。" 从《容城县志》[2] 所绘容城疆域图（图一）来看，南拒马河流经城子村村北。

2. 历史沿革

容城，汉县，属涿郡。《汉书 · 地理志》[3] 记载："燕地……南得涿郡之易、容城、范阳、北新城、故安、涿县、良乡、新昌。"《史记 · 惠景间侯者年表》："汉景帝中元三年，封匈奴降王唯徐卢为容城侯。" 从史料来看，最早受封于容城地的为匈奴降王唯徐卢。

---

1 （北魏）郦道元：《水经注》卷十二，清武英殿聚珍版丛书本。

2 （清）王克淳纂修：《容城县志》，清乾隆二十六年刻本。

3 （汉）班固：《汉书》卷二十八，中华书局，1960 年。

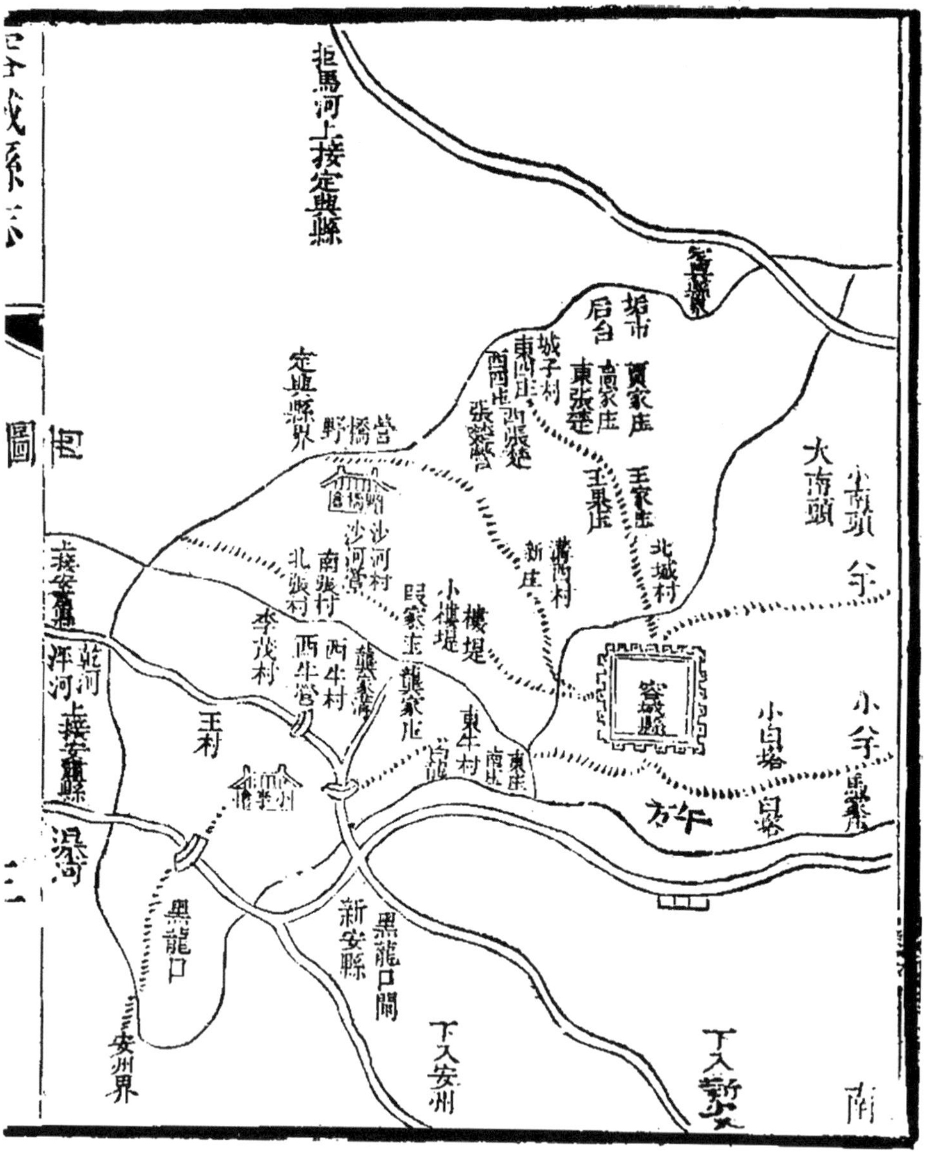

图一　容城疆域图

东汉、曹魏、西晋间，容城为曹、卢、司马等氏封邑。晋至北齐间，容城数遭罢复。隋唐间，屡改名为“遒县”“全忠县”等，但地理位置未发生变化。后周移容城县于雄州城中，旧城遂废。《太平寰宇记》[1]：“废县城在（雄）州西北五十里，大泥淀在县南三十里。”雄州即今雄县，与容城县城子村的相对位置符合文献记载，城子村应为容城旧治所在。

1　（宋）乐史：《太平寰宇记》卷六十七，中华书局，2014 年。

二、调查勘探的收获

本次调查先对面积约 300 万平方米的遗址范围进行地表踏查，依据踏查情况及前期调查的成果再进行有针对性的重点勘探。但受平整土地运动及取土盖房等因素的影响，在遗址范围内形成了众多的取土坑，对遗址造成了较大程度的破坏。从地表采集遗物的特征以及勘探结果来看，遗址内以汉代遗存为主，汉代文化层保存相对完整，现存文化层厚度约 1 米。

调查主要发现部分城墙、三片文化堆积区和多处城外墓葬，整体来看，城北部分现存人类活动遗迹比较丰富，城南则文化遗存相对稀少。

（一）城垣现状

地上城墙除东墙被河堤所压而得到部分保留以外，其余地上部分已全部不见。通过勘探基本确定了南城墙的东段、东城墙北段以及北城墙东段，大致复原了城墙的东半部分（图二），古城的南北长度约

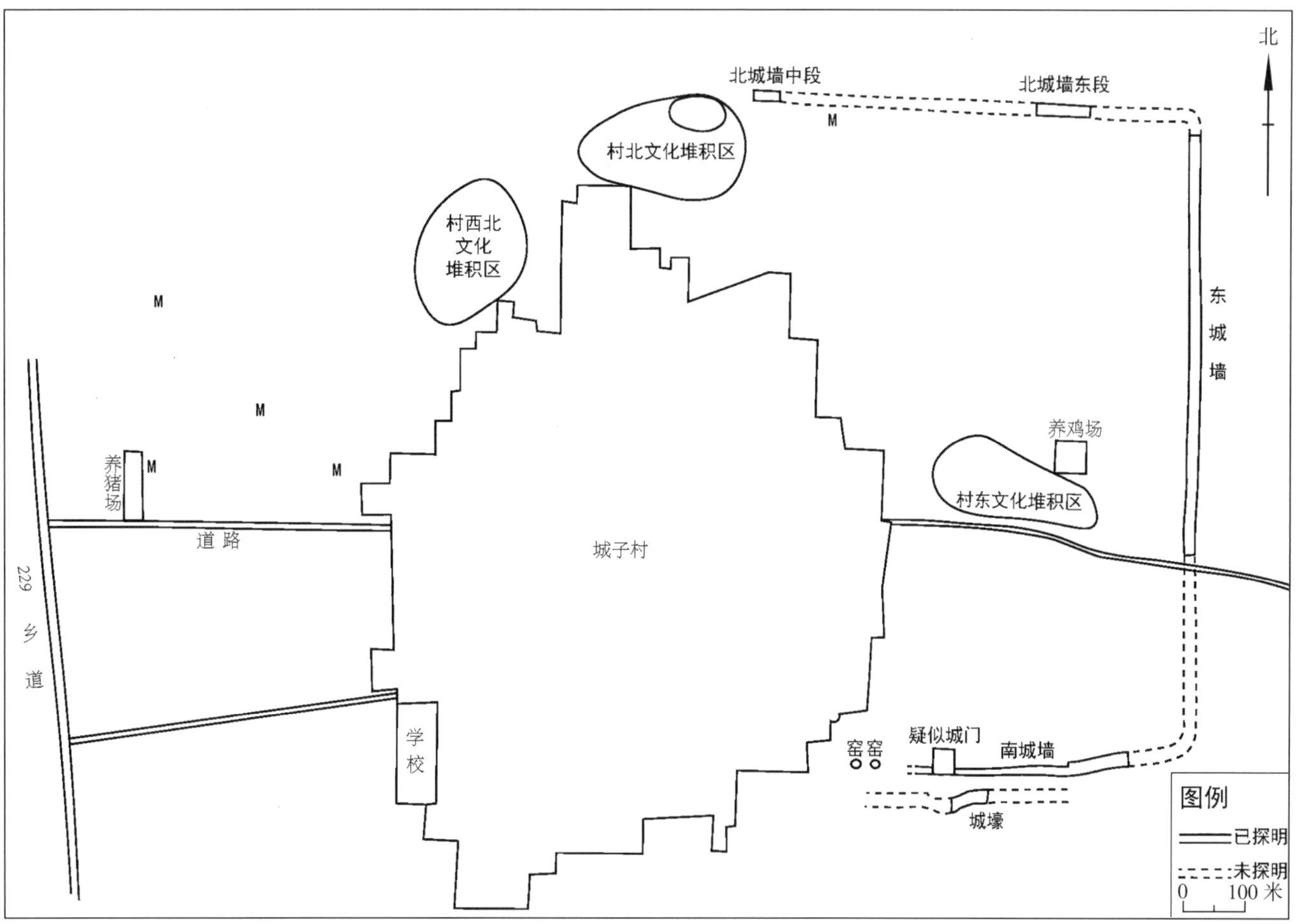

图二　城子遗址平面分布图

为 1000 米。另外通过汇总村民提供的线索，以及在村西北发现的疑似环壕迹象，推测西墙已几乎都被村子占压破坏。《容城县志》[1] 记载："（容城故城）在县北十五里城子村前，周围七里，故老云唐窦建德筑。"明营造里应同于清康熙时营造里，根据一尺＝ 31.8 厘米，一里＝ 1800 营造尺[2] 计算，七里为 4006.8 米，若记载准确，古城应为方正布局。

城墙规制也基本明确，墙宽约 18 米，城墙墙体为层层夯筑而成，夯层厚 15~20 厘米；城墙与环壕相距约 20 米，环壕宽度大于城墙基槽宽度。

1. 南城墙区域

探明的南城墙位于城子村东南，北后台村以西，被城子村和北后台村之间的一条东西走向断坎部分破坏，断坎长约 440 米，落差 1~2 米不等（图三）。因北侧取土情况严重，造成了现今的地面落差。断坎处坡积土较厚，没有裸露地层剖面，在东西断坎的中间部位发现一处遗物密集区，可见大量汉代陶片、板瓦等，但因破坏深度较深，难觅遗迹现象，仅发现一道南北走向的路土层，东西宽约 2.5 米，路土层中间厚两边薄，最厚处接近 1.4 米。

在路土两侧发现夯土遗存，夯层坚硬致密，在耕土层下即开始出现，厚度 1 米。路西侧夯土东西长约 14、南北残宽约 5 米，北部被现代沟破坏，西侧被晚期窑址破坏。窑址内有纯净的红烧土块，在距地表约 1.7 米处探到坚硬窑床，窑床南侧发现大量灰土，深 2.5 米，应为工作间。目前已探明两座窑址，推测该处为晚期的手工作坊区。

路东侧夯土继续向东延伸约200米，被一片树林打断，小树林东侧保存有较完整的城墙宽度，再向东

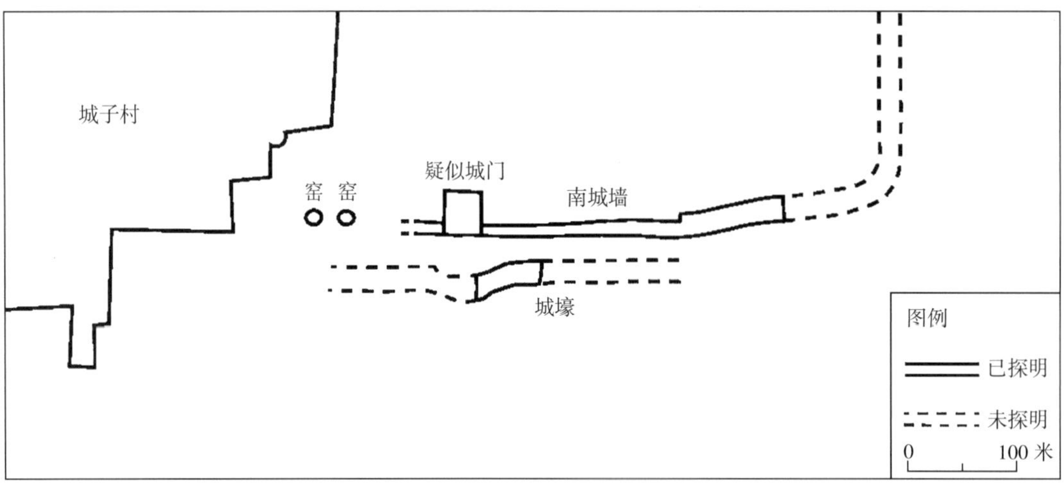

图三 南城墙区域

1 （清）王克淳纂修：《容城县志》，清乾隆二十六年刻本。

2 陈梦家：《亩制与里制》，《考古》1966 年第 1 期。

进入北后台村，遗迹被现代建筑破坏。夯土从地表下1米开始出现，深度3米，夯墙底部基本呈一个水平面，夯土中可见姜石粒、夯土块、夯层面等现象，但深度2米以上的部分较松软，2米以下开始变坚硬。

小树林以东保留了完整的夯土宽度，南北宽 18 米，但受地表取土影响，夯土残存厚度仅 1 米；且东侧夯土整体北移约 10 米，有向北拐弯的趋势，应接近城墙东南角，但拐角处被北后台村占压，无法探知其具体形制。

此外，在夯土南侧 20 米处发现疑似城壕遗迹，深度达 5.5 米，堆积以深灰黑色淤积土为主，含沙量很大，在接近底部时出现大量小河蚌、贝类等水生生物。在路土带南侧，环壕南移 10 米，推测路土带附近可能存在城门、道路建筑，因而城壕在城门处外移。

勘探发现的遗迹现象基本可以确认该段遗迹为古城的南城墙东半段，但城墙北半部分被现代沟破坏，路土以西部分被相对晚期的数座窑址破坏。城墙附近缺失可对比的文化层，其具体年代尚不明。

2. 东城墙区域

东城墙因被城子村东的拒马河堤所压而得以保存了大部分，现存长度约为 650 米。河堤在城子村东呈正南北走向，到北后台村北向东拐弯，城墙夯土于拐弯处可见，并沿河堤向北延伸至沟市村东南角。

城墙未被整体压在河堤下，堤上西沿有接近 8 米的深探孔，并未发现任何夯土现象，河堤主要沿城墙东沿堆土筑成。地上残存的城墙长度有 200 多米，残高 2 米，主要分布在河堤西侧的酸枣林下。河堤西侧剖面暴露明显的夯土现象，可见厚度 0.15~0.2 米的夯层（图四）。

城墙横跨河堤西部及堤下耕地，堤上夯土十分坚硬，可见明显夯层，耕地中的夯土应受人类生产活动影响较大，夯土硬度较低，残存厚度不足 1 米；地下部分现存南北长度约为 650 米，宽度 18 米。城墙以西几十米范围内地层纯净，未见文化层。

3. 北城墙区域

东墙一直向北延伸至沟市村内，城墙东北角被沟市村东南角的第一栋民房所压，北墙正好落在沟市村南缘，未被完全破坏，因而断续的在空地上发现两段北墙遗存，两段处于同一直线，应皆为北城墙残段。

北墙东段位于沟市村东南第一排民房的西侧空地，也是地表相对周边较高的一块耕地，东距拒马河堤约 170 米，残存长度不足 100 米，由于接近村庄，该段也受到不同程度的破坏。在 16# 电线杆附近的现代坟北侧发现宽度相对完整的墙段，宽度约 18 米，与东墙和南墙一致，其北沿与民房的院墙基本重叠。北墙东段现存夯土厚度仅余约 1 米，再往西地表破坏更加严重，仅存约 0.2 米的疑似夯土。

北墙中段位于沟市村南进村岔路的西侧沟内，沟内种有密度较大的杨树林，沟南北两侧都已建房，夯墙南端被民房破坏。表土下即见夯土（图五），质地异常干燥坚硬，或因树木根系吸收水分所致。墙基南北残宽约 15 米，现存厚度约 2.3 米，底面较平，距地表约 2.7 米；北沿至沟外的土路上，南沿至南侧院墙下；岔路西侧沟内现存长度约 24 米，岔路中间的沟内亦有夯土迹象，但岔路东侧未有发现，残

图四 东城墙夯层及保存现状

图五 北城墙夯土

存总长度约 40 米。

4. 小结

整体来看，城垣范围大致清楚，目前最主要的问题是无法确定城墙的年代，另外城墙受破坏程度比较严重，仅城墙东南角附近、北墙东段相对完整地保留了城墙宽度，由于北墙离村过近不具备完整揭露的条件，能对城墙进行完整解剖的地点有限。

（二）墓葬区

墓地主要分布于城子村西、村西北区域，即为古城外的城西、城西北区域。城南地区仅在地表发现了一些沟纹墓砖，地层破坏严重，踏查及勘探并未发现明确的墓葬遗存。

1. 村西大型墓

根据对村民的走访，城子村西和村南曾各有一个“土疙瘩”，在 20 世纪 60 年代的平整土地运动中，“土疙瘩”被全部取平。取土过程中露出墓室券门，墓室内积水水位很高，无法进入，后被回填，推测土疙瘩应为墓葬封土。

村西“土疙瘩”位于北侧进村公路以北，现养猪场东墙附近。经过对附近区域的重点勘探，大致确定了封土堆的分布范围及墓室位置。因平整土地时封土遭到破坏，其分布范围发生变化。后期回填土与周边地层仍可区分，可辨原封土堆的大致范围。封土堆南距进村公路约 70 米，封土主体在养猪场的东墙外，从东墙往东延续 20 米，南北长度超过 20 米，另有少量封土进入养猪场范围内；现存花土厚度接近 1 米，其下为黄褐色土。

墓室距养猪场东墙很近，墙东约 2 米处探到墓砖，北距养猪场北墙的东西延长线约 20 米。墓室南北向较长，东西较窄，应为坐北朝南的结构。墓砖距现地表深度在 2.3 米。因现场条件所限，本次勘探未能明确墓室的范围和形制，后续可做细致勘探。

2. 城子西北一号墓地

位于城子村西北方向，西距 229 乡道 200 米，正南距村西大墓约 230 米。取土现象严重，低于原地表 2 米，现裸露大量绳纹砖。平面可见大概的墓圹轮廓，剖面可见被破坏的墓壁。可辨墓葬四座，且相距较近，判断为汉代墓地，大量取土对墓葬造成的破坏较为严重，多数已接近墓底（图六）。

3. 沟市南墓地

该地点紧挨沟市村南缘，西距村南进村公路约 85 米，在第三次全国文物普查及 2017 年的新区调查中对该地皆有提及，当地村民亦提供线索称该地取土时曾挖出数座墓葬。现在地表仅见少量陶片，勘探也未发现墓葬，仅有少量汉代陶片及疑似墓底白灰，应被取土破坏殆尽。西侧有高出 1 米的高地，但由于种植蔬菜现无法进行勘探。

4. 城子西北二号墓地

位于城子村西北出村土路中段，向南分出的岔路上，东距城子村 150 多米。在地表发现有弧形沟纹砖，经勘探发现沿小路南北向分布有三座墓葬，具体年代不详。受取土影响，深度只有几十厘米，墓葬应已受到破坏，可能剩余墓底。

5. 城子西墓地

位于村西北侧进村公路以北 60 米，东距城子村仅百余米，也是一处规模较大的现代墓地。在现代墓地地表分布有大量的陶片、瓷片、沟纹砖，可辨瓷碗、瓷盏、器盖等器型，多施青釉、白釉，年代应为宋、金元时期。在现代墓地西侧进行的勘探未发现确定的墓葬遗存，可能受勘探规模所限暂未发现，

图六 汉代墓葬暴露的墓砖

图七 城子西墓地采集青釉瓷碗残片

抑或被现代墓地破坏。

采集遗物：青釉瓷碗，外施青釉，底部圈足处施褐釉，内施白釉，敞口、圈足（图七）。

6. 小结

墓地所处的城子村西北是当地取土最盛的区域，已经对墓葬造成了严重破坏。村西大型墓的完整程度尚不可知，之后可对墓室形制进行更详细的勘探后再行评估。两汉时期至少有两位侯被分封至此地并承袭数代，故大墓墓主人身份也是一个值得关注的问题。

（三）文化层堆积区

本次调查共发现三处丰富的文化层堆积区，分别位于村西北、村北和村东（见图二）。在勘探过程中发现了窑址、路面、灰坑、陶片、铜钱等遗存。整体来看，这几个区域遗物丰富，文化层保存较完整，但遗迹现象比较单一，主要以灰坑为主。

1. 村西北区

位于城子村西北，于村子西北角向北延伸，该区域属于取土区，平均取土深度超过 1.5 米，上部文化层及遗迹破坏严重，下部文化层保存相对较好且比较连续（图八）。

整个分布区大体可分为南北两区，界限位于一条东南—西北走向的土路附近。北区是以汉代遗存为主的连续分布的文化层，遗迹以灰坑为主（图九）；南区是遗迹丰富区，有疑似砖墙、窑址和道路等，发现大量灰土、烧土、烧结面。南北区之间被晚期堆积（沟）破坏，文化层的连续性亦被破坏。

勘探可知文化区分布范围的南北长度较明确，大约 230 米；东西宽度不明确，复查情况显示东侧文化堆积丰富程度不高，西侧由于作物密集，未找到边缘。从勘探情况来看，整个分布区的南端是遗迹、遗物最为丰富的中心区域，但该区域与北侧地层被晚期沟破坏。

北区北缘始于耕地中间的现代墓地附近，南至出村土路，在探孔中探出铁器残件，应是出自灰坑中；

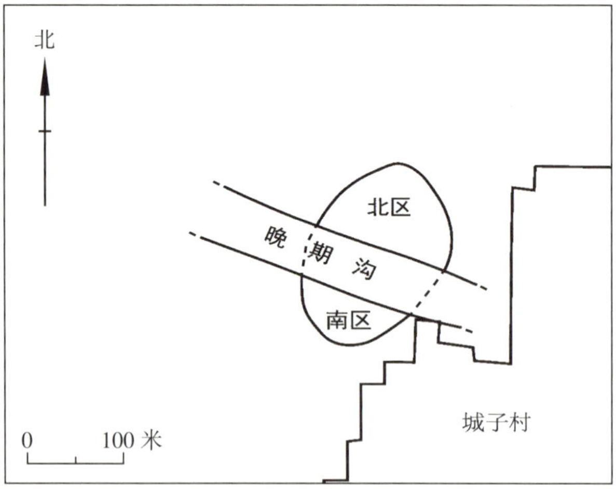

图八 村西北文化堆积区

图九 灰坑填土

灰坑数量较多，可见炭屑、烧土粒、砖瓦片等。

区域内地层：第 1 层，深 0~0.2、厚 0.2 米，耕土层；第 2 层，深 0.2~0.8 米、厚 0.6 米，黄绵沙土；第 3 层，深 0.8~1.7 米、厚 0.9 米，灰褐色土，文化层；第 4 层，深 1.7~1.9、厚 0.2 米，黄褐色土，质地纯净，含沙量大；第 5 层，深 1.9~2.6、厚 0.7 米，灰黑色胶质土，带水锈和小姜石粒；第 6 层，深 2.6 米以下，黄色胶质土间有绵沙层，含黑色生土粒。

南区紧挨村子西北角民房，东西宽约 40 米，北起土路，南至小树林；东部有疑似砖墙，距地表深 0.5 米；西部发现疑似窑址或冶炼作坊，探孔中发现纯净的红烧土，周边有大量灰、炉渣以及烧结面等遗存。距地表 1.3 米发现路土，且在区域内分布较广，应为活动面，路土下疑为文化层，但包含物少，难以确定是否为汉代层。区域内遗迹情况较复杂，通过勘探难以确定遗迹间的相互关系。探孔中发现瓷片，以及战国至汉代时期的陶片，推测南区延续时间较长。

出土遗物如下（图一〇）。

陶片　泥质灰陶，素面。

陶片　夹砂灰陶，素面。

陶片　泥质褐陶，中绳纹。

陶片　泥质褐陶，素面。

陶口沿残片　陶盆口沿，夹蚌褐陶。

铁器　铁器残件。

2. 村东区

该分布区东起于养鸡场南的空地，向西延伸 250 米，地层关系明确，以汉代文化层为主，主要发现灰坑遗迹和陶片。地层堆积：第 1 层，深 0~0.2、厚 0.2 米，耕土层；第 2 层，深 0.2~0.9、厚 0.7 米，

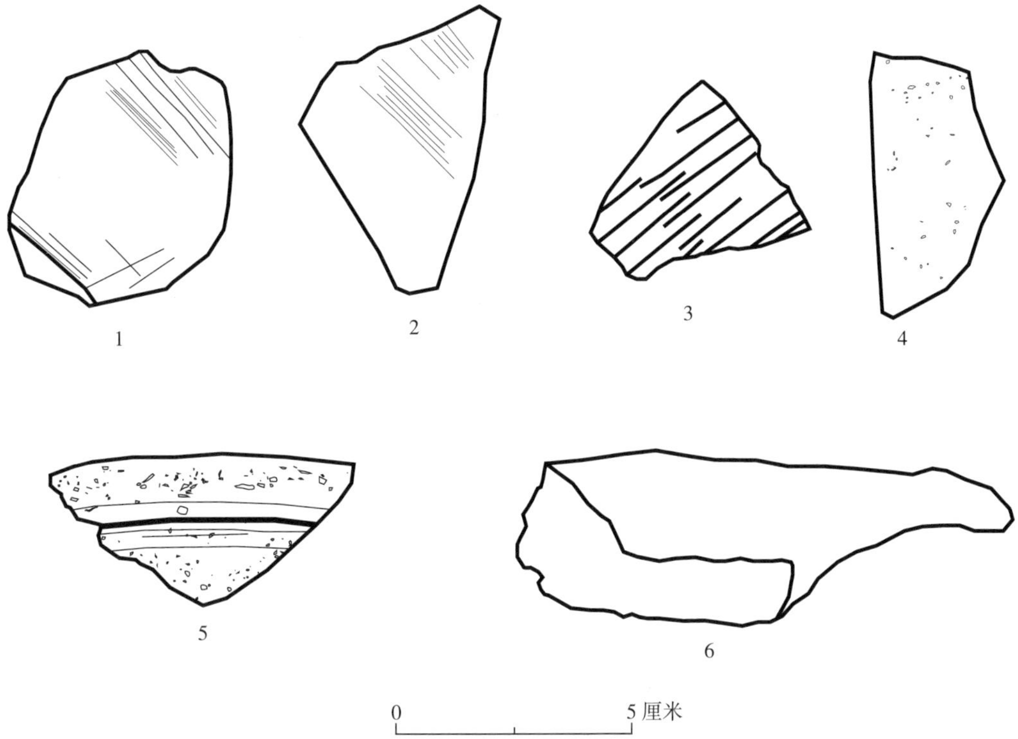

图一〇　村西北出土遗物

红黑褐色胶质土层，包含物少；第 3 层，深 0.9~1.7、厚 0.8 米，灰褐色沙质黏土层，遗物丰富；第 4 层，深 1.7 米以下，生土层。

在文化堆积区西部选取了一处南北长 70、东西宽 20 米的重点区域进行了密探，主要遗迹现象有灰坑、路面等，集中于汉代层。在探区北部的地层中发现三枚铜钱（图一一），出土深度约为 1.2 米，出土于汉代文化层中，并未见明显的遗迹现象；三枚铜钱叠放在一起，有两枚被探铲打断，一枚完整，经识别为半两钱，为确定文化层年代提供了重要依据。在探区南部发现东西向道路，距地表深 1 米，路土厚约 0.4 米，南北宽约 5 米，已探明东西长度约 200 米。

3. 村北区

位于城子村与沟市村之间的空地上，城子村北文化遗存分布范围较广，从北城墙向南至城子村之间的区域内都能发现文化层，推测城北区域或为当时的居民区。根据遗存丰富程度，在村北区域可划出北部核心区。

文化堆积区主体横跨城子—沟市西侧公路，分布面积较大，东西跨度超过 150 米，南北跨度也超过 100 米。遗物丰富，主要发现为陶片、瓦片、砖等。在南区东南部选取了一片 50 米 ×20 米的区域进行密集钻探，主要遗迹现象为灰坑，深 2.4~3.6 米不等。

核心区位于沟市南，北城墙中段的西南侧，沟市村最南端民房的西侧，当地称该地点为“北城壕”。

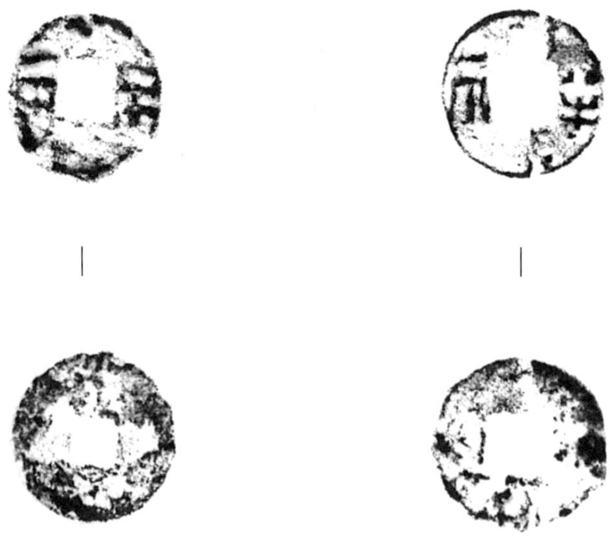

图一一 村东文化堆积区出土半两钱

该区有一片东西长 50、南北宽 30 米的耕地取土严重，取土深度超过 1 米，已破坏至下部文化层。地表散落大量陶片，也有大量从地里被清理出的陶片，以灰陶片为主，也有夹砂、夹蚌红陶出现。取土坑剖面暴露的文化层中包含物非常丰富，但未发现明显的遗迹现象，向西包含物逐渐减少，推测主体文化层应为战国至汉代时期。

地层堆积：第 1 层，深 0~0.3、厚 0.3 米，耕土层；第 2 层，深 0.3~0.8、厚 0.5 米，黄褐色胶质土，有一定硬度;第 3 层，深 0.8~1.8、厚 1 米，灰褐色土，有包含物，遗物丰富，有泥质灰陶、夹砂红陶等;第 4 层，深 1.8~2.3、厚 0.5 米，纯净的灰褐色土，未见遗物；第 5 层，深 2.3 米以下，生土层，含黑色小颗粒。

4. 小结

在东、西、北三个丰富的文化堆积区中，村北和村东两个区域都有明确的文化层和遗迹现象，且地形开阔，适宜大面积整体揭露；其中村北遗物丰富度较高，但未发现重要的遗迹现象；村东区发现了道路及对应文化层，对考察遗址的年代及城内布局具有参考意义。

村西北文化堆积区的重点在南部，遗迹现象相对丰富，遗迹间的相互关系较复杂，但地层关系及年代问题尚不明朗。另古城西城墙在该区经过的可能性较大，但本次调查未寻到西城墙踪迹，存在被晚期遗迹破坏的可能性。该区东、南两面邻村，只能向西、北两个方向扩大发掘区，或可解决西城墙的位置问题。

三、结语

通过重点勘探，本次调查初步掌握了遗址区的遗迹分布情况，为即将进行的发掘工作提供了重要参考信息。

1. 南城墙东段

由于破坏及占压，该段城墙为宽度保存最为完好的一段，宽18米，可以完整解剖城墙，揭露城墙构造；位于地势较开阔的耕地中，便于布方以及扩方。

2. 南城墙疑似城门区域

该区域遗迹现象丰富，且存在叠压打破关系，包括城墙、窑址、道路、城壕、疑似城门等。窑址东西向排列，分布规律，可能为一处规模较大的手工业生产区，保存状况较好；窑址破坏城墙的可能性较大，由于目前城墙年代未知，从二者打破关系上入手有助于解决城墙的年代问题。疑似城门处取土深度较深，破坏严重，通过勘探已无法确认其性质，只能通过细致发掘寻找相关证据。从目前所获信息判断，该门位置偏东，且未在北城墙发现对应的遗迹现象，明确其城门性质对了解城市布局具有重要价值。

3. 村北文化堆积区

文化层保存较厚，遗物丰富，主要发现为陶片、瓦片、砖块等，保存了丰富的人类活动信息，但勘探所得信息有限，主要遗迹现象单一。

本次调查明确了古城的位置、城垣大致范围、遗址内主要文化堆积的分布范围及年代。也有许多重要疑问尚待解决，后续考古发掘可将重点集中在解决城墙年代、城墙的建筑方式、城门规制与数量、墓葬归属等问题上，进一步追溯容城的历史脉络。本文为基于考古调查和勘探对城遗址形成的初步认识，具体情况请以后续考古报告为准。

项目领队：徐海峰
执　　笔：邢增锐、苏天敏
参与人员：张文青、许国平、张希章
绘图拓片：邢增锐、苏天敏、王克瑞
摄　　影：邢增锐

安徽明中都外金水桥的发掘收获

安徽省文物考古研究所　故宫博物院

明中都位于安徽省凤阳县，是明初首座按照京师之制建造的都城（图一）。明中都外金水桥横跨于午门以南外金水河的河道上，是明中都中轴线上的礼仪性建筑之一。外金水桥是相对于内金水桥而言的，明中都的外金水桥在宫城以南，位于午门与承天门之间，与南京明故宫、北京故宫将外金水桥设置在承

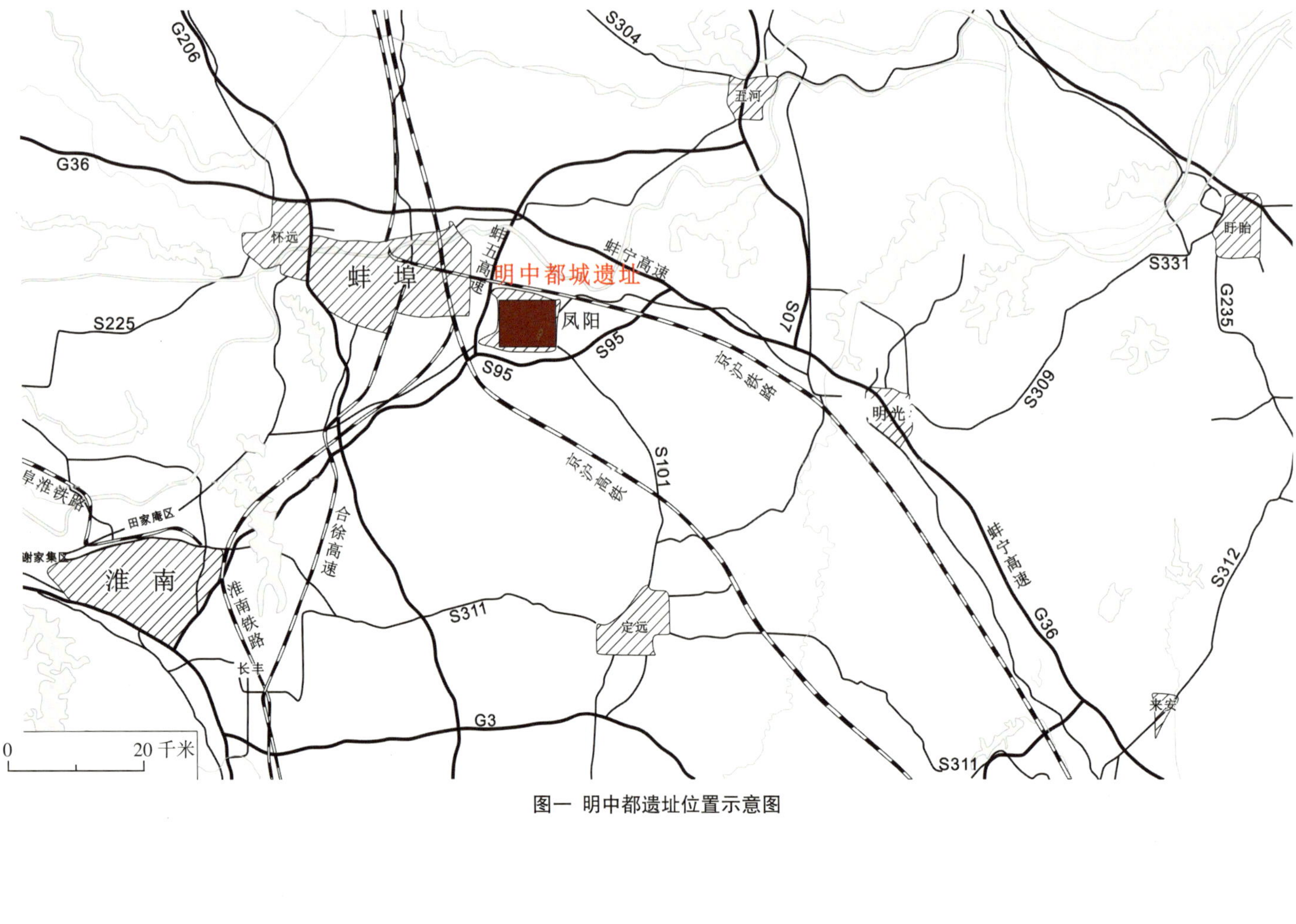

图一　明中都遗址位置示意图

天门以南的布局有所不同。《凤阳新书》记载："御桥，五座，在午门南"[1]，指的应就是外金水桥。明中都外金水桥一直存续至20世纪70年代，当地人称为"马王桥"，1974年被拆除用于建设临淮化肥厂，扒拆前已淤积成旱桥[2]。据村民口述与早年的卫星图片相印证，于扒桥前在河道西半部的北侧已有大量住户（图二），桥扒拆后，该处民房更是日渐稠密，部分民房向南占压到了河道之上。外金水桥的中部偏东处曾有一处水塘，对桥址造成较大破坏。桥址东半部长期为农田。2003年，为配合编制明中都皇故城遗址文物保护规划，安徽省文物考古研究所曾发掘过外金水桥遗址的中轴线以东部分，对外金水桥的桥址数量、尺寸和保存情况等都获得了一定的认识[3]，但由于用地限制，发掘面积较小，难以明确外金水桥的桥梁布局和确切结构。发掘回填后，在回填土上又陆续建造有一些民房。外金水桥中部主桥部位是多年来通向宫城内的主要道路，历年不断铺垫砂石，2016年在原砂石路上修建了景观中轴大道，为水泥路基上铺设石板而成。2017年，路两侧民房得以全部拆迁，并覆土整平栽植花卉（图三）。

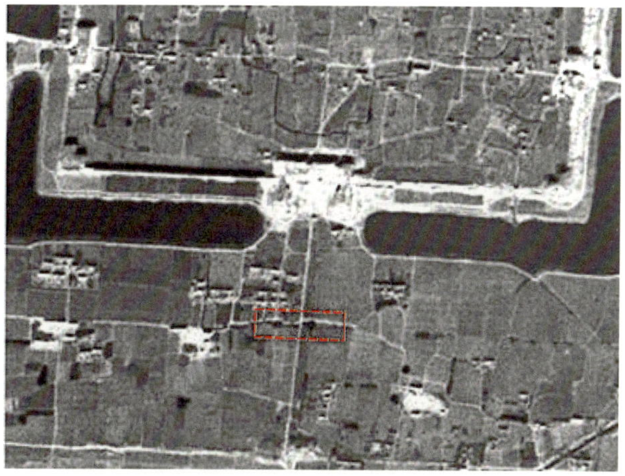

图二　明中都遗址外金水桥处卫星图（1970）

2018年，为了配合明中都皇故城国家考古遗址公园建设，为外金水桥遗址的保护、展示提供科学、准确的考古依据，安徽省文物考古研究所与故宫博物院联合对外金水桥遗址进行了全面揭露发掘。野外发掘工作从2018年9月开始，至2019年1月正式结束。共开10米×10米探方28个，加上扩方部分，本次发掘的实际面积约为1600平方米，并清理东部2003年发掘的回填堆积约1400平方米。发掘过程中就外金水河河道做了详细复探，进行了明中都水系资料的搜集整理和实地调查工作，同时开展了多学科合作和文物保护工作。

发掘清理出明初的桥基7座、外金水河河道1条、节水闸1座、清代道路1条，另外清理了近现代扰坑、扰沟、房基若干，其中外金水桥与河道是最为重要的发现。通过发掘，明确了外金水桥的桥址数量、布局、结构和砌筑方式，也了解了河道的宽度、深度、驳岸以及桥区以外的外金水河河道的结构，在河道两岸与桥址对应的位置还发现了可能是路基或广场的垫土层（图四）。

1　（明）袁文新：《凤阳新书》卷三。

2　王剑英：《建国以来明中都皇城遗址的变迁》，《明中都研究》，第670、671页，中国青年出版社，2005年。

3　安徽省文物考古研究所、凤阳县文物管理所：《凤阳明中都皇城外金水河、御桥和承天门遗址发掘》，《文物研究》（总第14辑），第390~394页，黄山书社，2005年。

图三 外金水桥遗址发掘前航拍图

图四 外金水桥遗址发掘后航拍图

一、地层情况

由于现代人的居住活动和房屋拆迁堆垫，外金水桥处的近现代地层堆积十分复杂。发掘时将河口以上的地层分为四个大层。

第 1 层：地表层，厚约 0.1~0.2 米。

第 2 层：桥址遭最后扒拆以来的地层堆积，约相当于 1974 年以后的堆积层，由数层房屋的垫层及拆房的垃圾垫层构成，厚约 0.4~0.6 米。

第 3 层：明中都废弃后至桥扒拆前形成的文化层，该层主要分布在中区西部，厚 0.2~0.3 米。

第 4 层：修建明中都时在外金水河两岸的铺垫层，在桥区的河道两岸均有发现，残存厚 0.2~0.3 米。

第 4 层以下为黄色生土，外金水河河道即在生土上挖建。

二、桥址的布局与结构

发掘确认外金水桥处共有桥址七座，均为单孔砖桥。七座桥并列横跨在外金水河的河道上，呈东西向一条直线分布，东西总跨度约 120 米。按位置可分作三组：中间组三座，正对着午门中间的三座门洞；两侧各一组，每组两座，分别正对着午门的两观（图五）。

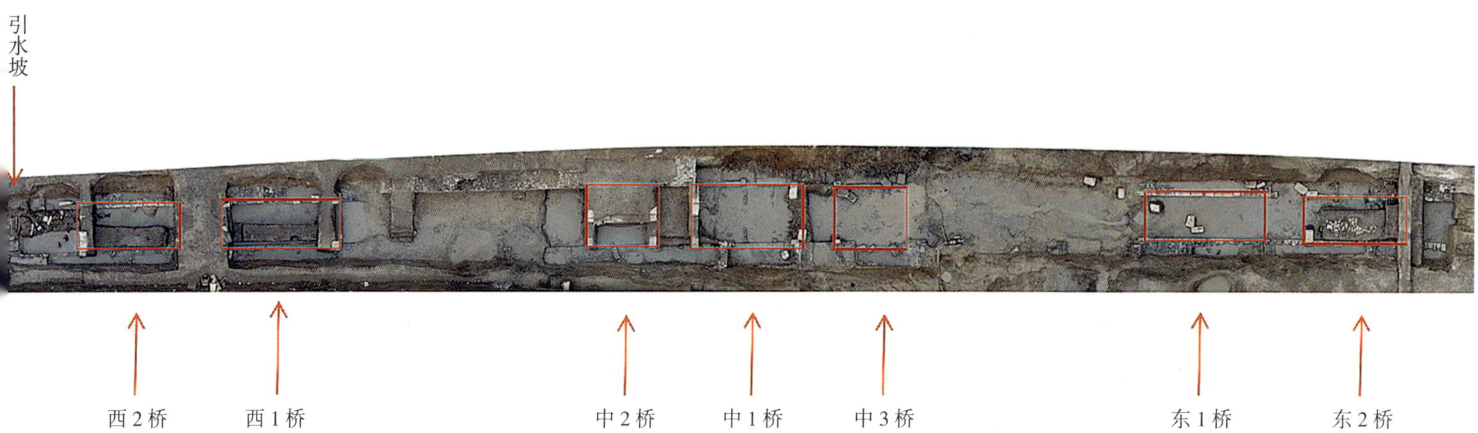

图五 外金水桥发掘遗迹正射图

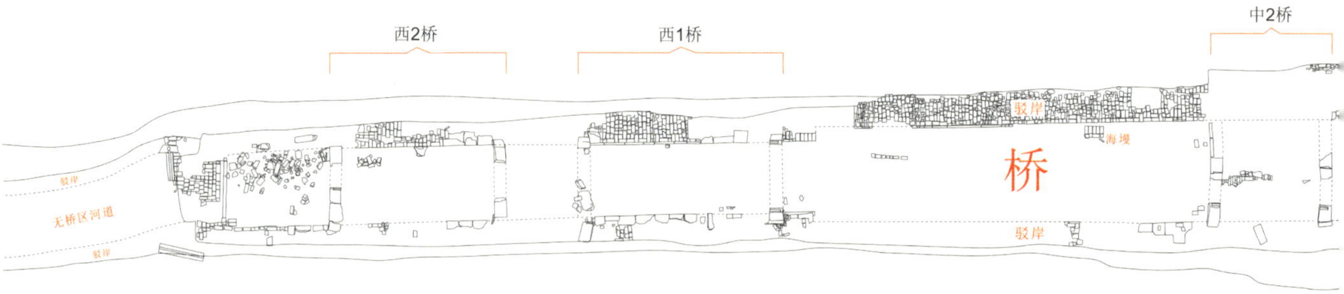

图六 明中都外金水桥及河道平面图

中间组桥的主桥（中 1 桥）宽约 9.6 米，西侧桥（中 2 桥）宽约 6.4 米，东侧桥（中 3 桥）因东部券石已遭破坏，桥身确切宽度不详，但从对称来讲，也应为 6.4 米左右。主桥与两侧桥的间距均为 3.1 米。西组桥两座，其东桥（西 1 桥）宽 10.5 米，西桥（西 2 桥）宽约 9.3 米，两桥间距 3.7 米。

东组亦为两座，其西桥（东 1 桥）因西部破坏严重，宽度不详，东桥（东 2 桥）西部的桥台基础保存较好，但其东部位于隔梁下未做清理。从散落的券脸石位置以及部分残存的券脚石推测，东、西两组桥在数量、位置、尺寸和砌法上应几乎完全对称。但实际测量发现，西组的西桥（西 2 桥）东部券脸到中组主桥（中 1 桥）的西部券脸的间距约为 45.4 米，与其对应的东组的东桥（东 2 桥）西部券脸到中组主桥（中 1 桥）的东部券脸间距约为 46.2 米，两者有约 0.8 米的误差（图六）。

图七 外金水桥桥址保存状况

七座桥均为单孔砖券桥，随河道驳岸同时修建，桥台与驳岸连为一体，桥下的河道内用木桩做地钉。每组桥均各自形成一个独立的小桥区，每个小桥区内的桥台及桥间驳岸位于河床面上的基础在底部均用一层白色条石包筑外缘，条石以内及以上皆以砖砌筑。由于被严重扒拆破坏，多数桥仅残存数量不等的券脸石，每座桥的券脸石的尺寸相差无几（图七）。中组东桥（中 3 桥）的东半部和东组西桥（东 1 桥）的西半部由于近现代水塘的破坏，均已残缺，券脸大多遗失，残存的也已全部脱离原位；东组西桥（东 1 桥）的东

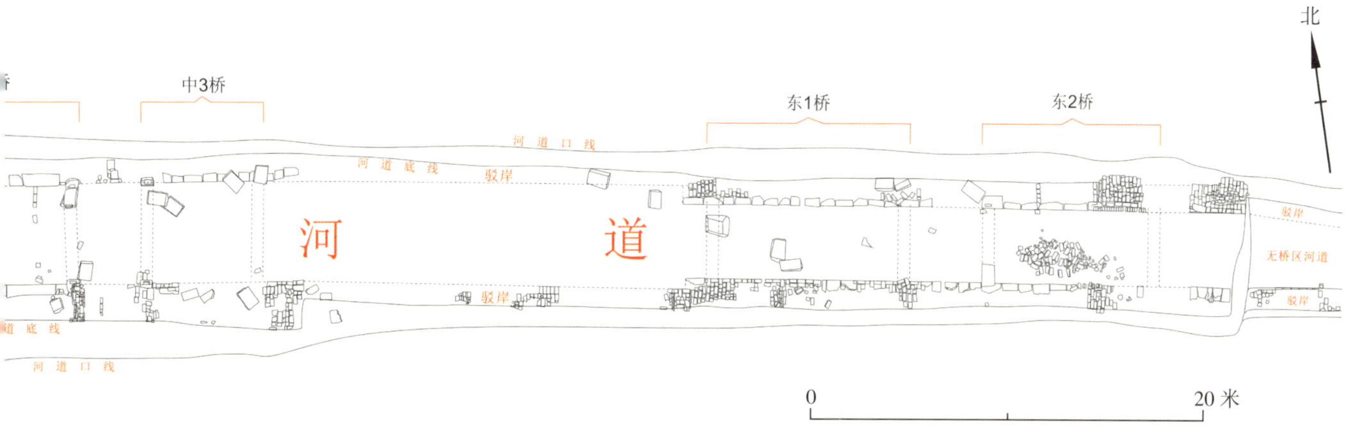

半部在2003年发掘时尚有少许券脸石在原位保存，回填后再发掘出来时已经失去原位。七座桥中唯中组西桥（中2桥）在桥身部位还残存少许桥面下的砖拱券，其余桥在桥面处的结构均已完全缺失。以下分别介绍每座桥的结构情况。

1. 中组主桥（中1桥）

主桥在外金水桥区正中，位于中轴线之上，与午门中门洞相对（图八）。桥身西侧拱券的券脸石保存相对较好，残存6块券石，东侧券脸石仅残存券脚部分的4块券石，桥的其他部位仅保存了两端桥台的少量基础，其余已全部遭扒拆。据残迹测量，主桥宽9.6米，拱券的券洞跨度5、高度约2.2米。从主桥西部残存的断面看出，该桥的拱券为三券三伏（图九），拱腹在桥身两侧以石券作为券脸，券脸石宽

图八　外金水桥中组桥的残存情况

70~80、厚 25~30 厘米，长度不等，券脸外缘和腹面打磨光滑，内半部的边缘及背部较为毛糙，背面内半部多较外缘厚 4~5 厘米。每块券石根据所处位置设计为不同的曲面，券石与券石之间用榫卯结构扣合，结合处多塞有铁片（图一〇）。

2. 中组西桥（中2桥）

位于主桥西侧，与主桥间距 3.1 米。桥身两侧券脸均保存较好，东西两侧均保存了 6 块券石和 1 块龙门石，可知其券脸做法与主桥一致，亦是由两边 4 块券石和顶部 1 块龙门石组成。桥身宽度为 6.4 米，

图九 外金水桥中组主桥（中1桥）的西券脸

图一〇 中组主桥（中1桥）东券石卯榫结构和垫铁片

拱券的券洞跨度 5、高度约 2.2 米。从西侧券脸外侧残存部分可见，也是三券三伏的拱券结构，拱券的做法与主桥完全一致（图一一）。

3. 中组东桥（中3桥）

位于主桥东侧，券脚与主桥券脚的间距也约为 3.1 米。保存的主要是桥身西侧券脚部位的券脸石，东侧被大水塘严重破坏，清理后在券脚部位也见有券脸石，但原位已失，从石券位置看，东桥的宽度和西桥应当一致，也约为 6.4 米，桥券跨度 5 米（图一二）。

图一一　中组西桥（中2桥）的西券脸

图一二　中组东桥（中3桥）的残存情况

4. 西组东桥（西1桥）

距离中组西桥（中 2 桥）21.8 米，保存有桥身两侧下半部的券脸石，南北各残存 1 块，上层券石已遭扒拆，桥身部分仅余券脚下的砖石基础。从券脸计，该桥宽 10.5 米，券洞跨度 3.7 米。与中组桥及西组西桥（西 2 桥）不同，该桥先在券脚下的石条基础上用砖砌筑了高约 0.5 米的金刚墙，然后再于砖面上平放一块券脚石。石券的券法同于中组西桥和主桥，但在券石数量上明显偏少。从券石尺寸和拱形弧度看，该桥的券脸可能是由两边各三块券石和顶部一块龙门石构成（图一三）。

5. 西组西桥（西2桥）

与西组东桥（西 1 桥）间隔 3.7 米，也仅保存了桥身两侧的券脸石，东侧券脸两边各保存 2 块券石，西侧券脸南边保存 3 块、北边保存 2 块。桥身部分仅残余券脚下少量砖石基础，其余均遭扒拆。以券脸计，桥身宽 9.3 米，桥券的券洞跨度 3.7 米。从残存券石的尺寸与拱形弧度可以推测出，西桥也应是由两边各三块券石和顶部一块龙门石构成（图一四）。但与东桥不同，西桥的券脚石平置在桥台下的基础石条之间，与条石基础一样直接压在河底砖渣垫层上，券脚石的上皮与基础条石的上皮在同一平面上，无金刚墙。券脚以上的砌法与东桥一致。从拱券弧度和实际高度测量观察，西桥（西 2 桥）券洞的高度应低于东桥（西 1 桥）。

6. 东组西桥（东1桥）

该组桥在 2003 年曾发掘过，并绘有图纸。本次清理出来后与图纸情况基本相符，只是原先残存的部分券脸石已失离原位。该桥遭扒拆后西部又被大水塘破坏，西半部的券脸已经无存，东半部在 2003

图一三 西组东桥（西1桥）券脸

年发掘时还发现有南侧处于原位的最下一块券脸石和券脚石，本次发掘仅发现券脚石以下的部分，券石和券脚石皆散落在河道回填土内（图一五）。2003 年发掘资料显示，该券脸石以榫头插入其下平置的券脚石中，券脚石与桥台基础的条石之间砌筑了 5 皮砖形成金刚墙，与西组东桥（西 1 桥）用 4 皮砖再上下垫以小薄砖的金刚墙做法相似，但略有不同。从图纸和本次清理所见券石散落的位置上可以看出，东组西桥（东 1 桥）在位置上与西组东桥（西 1 桥）也基本上完全对应。其桥的券洞跨度 3.7 米，推测桥身的宽度约为 10.5 米，桥的券筑方法与西组东桥（西 1 桥）相同。

图一四　西组西桥（西2桥）券脸

图一五　东组西桥（东1桥）券石皆已失去原位

7. 东组东桥（东2桥）

该桥的西侧券脸距主桥（中 1 桥）东券脸约 46.2 米，距已经坍塌的西桥（东 1 桥）东南角券脚石位置约 3.7 米，其位置与西组西桥（西 2 桥）基本依中轴线对称。由于本次发掘在该桥址东部保留有探方隔梁以显示河道的整体剖面（图一六），东 2 桥的东侧券脸部分正位于隔梁内，未去隔梁完整清理。在北桥基处靠近隔梁的位置发现有桥身的砖券部分，由于只保存了底部，只能看到最内的一层券砖，采取纵向立砖错缝密砌，形成向内弧曲。由于桥的东部券脸位于隔梁内，桥身详宽不明，经测量推测也在 9.3 米左右，券洞跨度为 3.7 米（图一七）。

图一六 东组东桥（东2桥）河道剖面

图一七 东组东桥（东2桥）残存情况

三、河道与节水闸

1. 河道的形制与结构

发掘发现，午门前外金水桥处的河道于生土上开挖，走向与午门平行。先挖掘出河道后，再从河底沿两壁砌筑金水桥和砖驳岸。河道开口距现地表深0.6~0.65米，土河道的河口宽8.5~10米，底宽6.5~7米，残深3.3~3.5米，河道南北两侧砖砌驳岸宽1.7~2.5米。

与桥的分组相对应，河道存在明显的分段现象（图一八），中间段约有70米长的河道砌筑驳岸后净宽约为5米，中组桥即坐落于该段河道上，桥券内壁与驳岸边壁齐平。中间段的东、西两边各有一段变窄的河道，河道净宽为3.7米，东段长约30米，西段长约30.8米。东、西组桥即坐落在这两段河道上，桥券内壁亦与驳岸壁齐平。

在这两段河道之外即为桥区之外的普通外金水河河道，较桥区河道明显收窄，且河底面抬高约1.6米，河道残存深度仅约1.5米。观察可知该河道原也有砖砌驳岸，驳岸砌筑厚度约为1~1.7米，河道净宽约为2.6米，河道底部原始面较为平整，且局部残存铺砖，推测原始河道的底面也用砖海墁（图一九）。

由此可以看出，桥区的河道其实形成了一段比普通河道更深、更宽的水池，应有桥下蓄水的景观作用。值得注意的是，七座桥范围内（桥区）的河道在深度上也存在分段现象，有桥处较无桥处的河道深度更深，高差约0.3米。

2. 节水闸

在桥区西侧普通的窄浅河道和桥区的宽深河道结合处，发现一处节水闸，水闸位于浅窄河道内，水

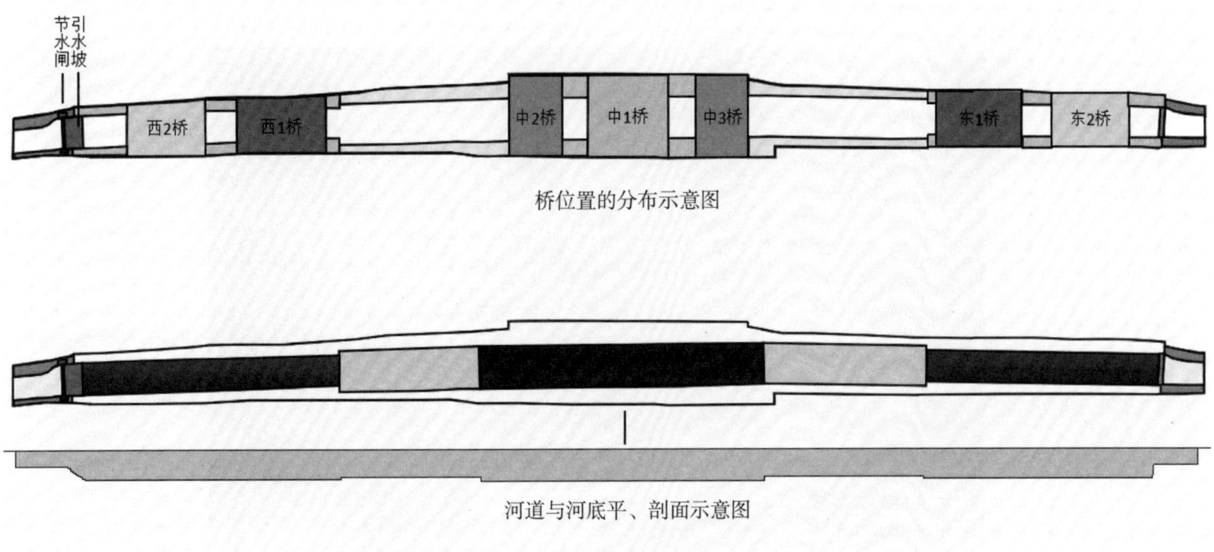

图一八　河道的分段现象

闸向东 0.4 米为桥区河道西端起始处，设有台阶状砖砌的引水坡。水闸横贯在浅河道内，距西组西桥（西 2 桥）的西券脸约 8 米。于闸两端地下埋有方形石础，础面有圆形榫窝，两础石间埋有中间设有槽口向上的石质枕石，横于河道之中。发掘时分别于闸两端各发现一块闸槽石，倒伏在河道内的淤泥之上。闸槽石长约 2.33 米，其上部原应露出地表，有须弥座式台顶，其下部约有 1.4 米应是埋在地下，除闸槽面外其余三面比较粗糙，闸槽自上而下贯通，闸槽石底部有榫头，其下应插于闸两端底部的础石内（图二〇）。结合闸东侧的引水坡可知，该闸设在桥区西侧的河道深浅结合部，应是用来调节自西而来的水流量。经勘探，这段底面抬高的窄河道应是代表了外金水河除金水桥桥区之外的河道的普遍状态。由此也可知，外金水河的河道内水流应是自西向东流淌，河道具有一定的防洪排水的实用功能。

图一九 桥区东侧变窄的外金水河河道

图二〇 桥区西侧的节水闸和引水坡

四、道路遗迹

在清理桥址外围的堆积中发现，与每组桥相对应的位置，在生土面上均有一层厚约 0.2~0.3 米的垫土，扩大发掘面积后观察，该层可能是桥区范围内普遍存在的垫土层，只是各处土质并不完全一致，推测该层土可能是明初为准备修筑道路铺垫的路基或者是广场的基础。该层在中、东区结合处因被一个现代大水塘打破而缺失，在中、西区结合处的南岸和西区西部南岸也因受到晚期地层的严重扰乱破坏而缺失。该层有的部位为纯黄花土，土质纯净，接近夯土；有的部位较为松散，呈黄褐色，含有数量不等的石灰颗粒和少量砖瓦碎块（图二一）。

在中组桥两岸对应中心主桥的地方还发现了清代人用碎砖铺设的小路，南岸路宽约 2.2 米，似是向南与承天门城台北侧砖铺路相通，北岸路的东半部已遭损毁，可以看出路面较南岸路面宽约 1 倍，应是通向午门的道路（图二二）。

发掘注意到，从承天门城台向北延伸的用红色条石包筑的夯土带在外金水桥处并未发现，是该条以红色条石筑边的夯土带已在外金水桥与承天门之间消失，还是其在外金水桥两侧已被完全破坏，还有待进一步发掘验证。

图二一 中组桥北侧地层情况

图二二 通向中组主桥（中1桥）的晚期路面

五、出土遗物情况

外金水桥发掘发现有较多石、砖、瓦等建筑构件，有少量残瓷器、铜钱等遗物，采集小件遗物40余件。其中残陶瓷器19件，包括瓷碗13件、瓶3件、罐2件、陶壶1件。石构件有望柱、螭首、券石、闸槽等，大多保留在出土原位，已提取的有石础1件、狮子形石柱首1件、螭首1件。部分桥券的券石和桥下石条基础上发现有墨书文字，隐约可见有“东廊（廓）下……”“院？右宗下徐”等字样（图二三）。砖多为城砖，尺寸为长0.4、宽0.2、厚0.1米，还有少许用来垫平或填缝的小薄砖。清理发现，驳岸、桥址所用砖有较多砖带有文字，有“金木水火土”的字号砖、“军职＋姓名”及“字号＋军职＋姓名”三种类型，如“木字九号”“总旗张保”“火字六号总旗张成”等（图二四）。瓦主要出土于河道内淤积土中，

图二三 外金水桥出土的带字券石

图二四 外金水桥考古发现的带铭文的砖

有琉璃瓦和素瓦，以琉璃瓦为主（图二五）。器型有筒瓦、板瓦、瓦当、滴水、兽吻等，部分琉璃瓦带有朱书或戳印铭文，如戳印“万字号”、朱书“浮梁县廿一都◎（寿）字五号南匠王原七”等（图二六）。在西组桥西侧的河道底部海墁上，有成堆的建筑材料，望柱、螭首、砖、瓦与黄色的夯土混杂在一起，说明应是有过一次将毁坏的建筑材料弃置此处的活动。从大量瓦件都被烟熏黑来看，该建筑可能曾遭火烧过。

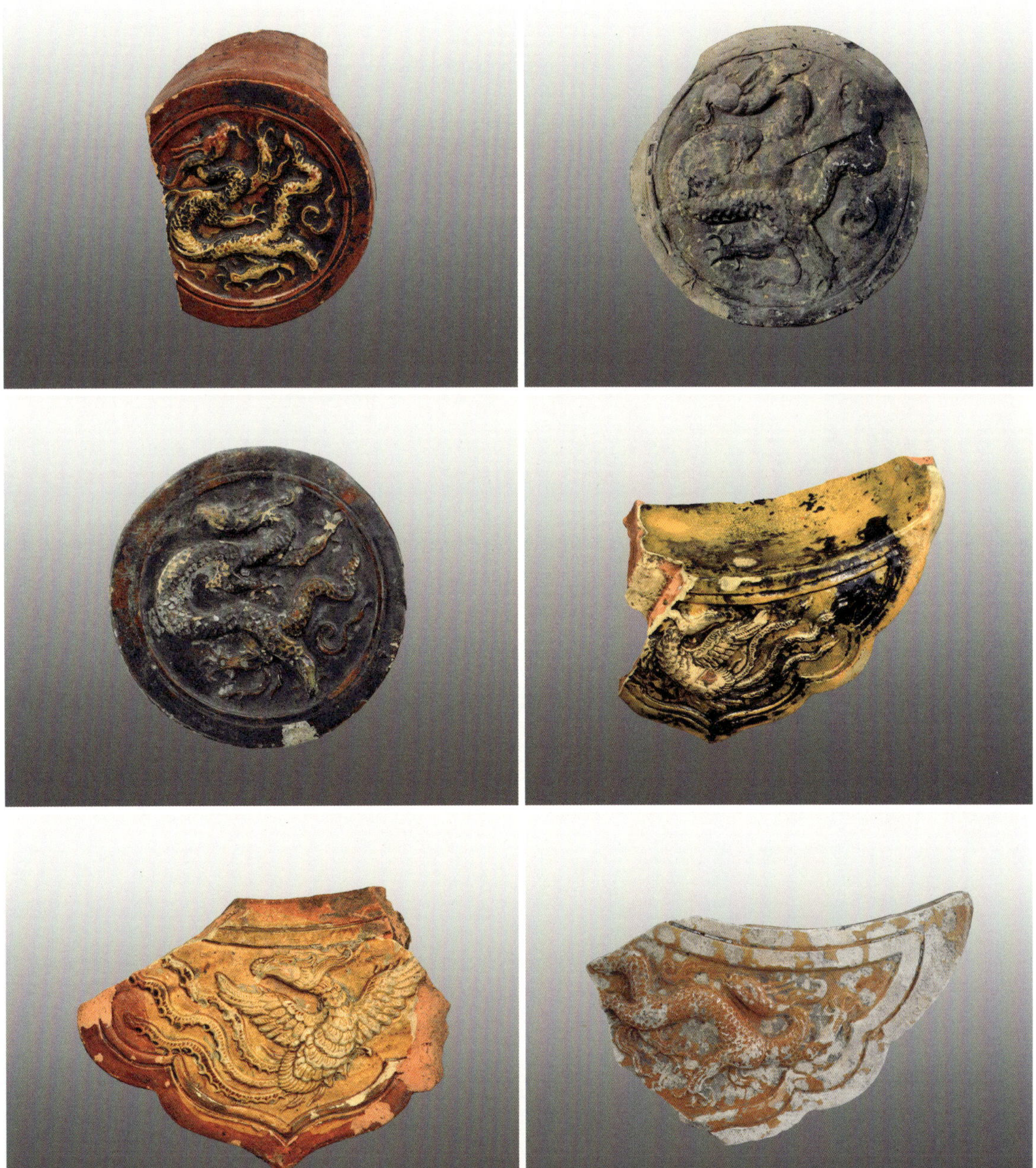

图二五　外金水桥遗址出土的琉璃瓦当、滴水

图二六 外金水桥遗址出土的琉璃瓦

六、结语

明中都是朱元璋在家乡凤阳兴建的明初第一座都城，其规划设计上承宋元、下启明清，开创了一代都城制度。外金水桥是明中都中轴线上的礼仪性建筑，是中轴线整体规划的重要组成部分，也是按照皇家规制建造的明初最高等级桥梁。因此，外金水桥的发掘对于明中都城中轴线的规划布局研究、古代桥梁史和城市规划史的研究都具有重要的价值和意义。

桥梁由于主要位于河道中，古代桥梁的研究大多依赖于对现存古桥的外表观测，经过科学发掘的极少。由于现存的古桥大多经过反复的维修、复建，这对桥梁的形制和年代的研究造成一定的混乱，而经过发掘的桥梁，又多因为保存的桥基有限、水中作业的限制、揭露不完整等原因，对于桥的形制、结构和工艺都难以完整揭示。可以说明中都外金水桥是迄今最为系统、完整地揭示了一组拱桥及其河道的形制结构、技术工艺和建造过程的古桥，为古代桥梁发展史的研究增添了宝贵的实物资料。

此次发掘明确了外金水桥的数量、布局和尺寸，纠正了过去对外金水桥数量的揣测，丰富了对于明中都中轴线的认识。明中都外金水桥的数量在过去一直存有争议，曾一度有九座桥之说，本次发掘清理出桥基七座，是对于外金水桥认识的重要突破。发掘还发现了桥区西侧的节水闸，桥区两边的外金水河河道、砌砖驳岸和海墁等，使明中都中轴线上外金水河的河道走向和外金水桥这一仪式性建筑的布局、结构逐渐清晰。发掘发现的河道深浅、宽度的分段现象，体现了规制、等级秩序思想在外金水桥营造中的应用，为深入了解桥址、河道、驳岸的营建方式、筑造工艺，为探寻明中都城在建造过程中的工艺演进，以及明中都的建设如何为明初南京城的改造和北京城的建设积累经验都提供了基础材料。明中都外金水桥的发现同时也是反映明中都和宋、元、明、清的都城布局、建筑演变的重要材料，明中都外金水桥及外金水河的规划设计是对宋、元都城规划的继承，其确立的金水桥制度对明、清两代都城、陵寝的规划布局有着重要影响。

此外，发掘出土的桥和驳岸的砌砖大量带有铭文，铭文类型与承天门城台的砖铭相似，而与宫城城墙的砖铭有着显著区别，为从考古学角度构建明中都城的营建次序提供了新的支撑材料，同时也有助于研究明中都营建中的工程管理制度的演变。

执笔：王　志、吴　伟、王太一

内蒙古化德县裕民、四麻沟遗址考古发掘调查及初步研究

内蒙古自治区文物考古研究院　故宫考古研究所　乌兰察布市博物馆

阴山山脉东西横亘于中国的正北方，是重要的地理分界线。山脉南北在地形地势上迥然不同，北坡缓倾向蒙古高原，高原的东侧以大兴安岭阻隔，形成内陆水系。山脉南北气候差异显著，是季风气候区和大陆性气候区的分界线。自然地理环境的特性决定了人类的生产生活方式：山脉以北为草原、荒漠草原、戈壁荒漠等地貌，适合游牧民族生活；山脉以南，大气降水相对充足，地下水丰富，适宜农作物耕种。历史时期，游牧民族与农耕民族在这里发生较多文化碰撞和融合。

长期以来，在中国北方阴山北麓及蒙古高原的草原地带，新石器时代文化的遗存只有零星发现，其文化内涵也限于部分的岩画、细石器、仰韶时期的彩陶和东北"之"字纹文化因素的遗存，发掘调查材料极少。该区域新石器时代文化的面貌几乎空白，因此也引起了许多专家学者关注和寻觅，特别是具有本区域草原文化特点的新石器时代文化遗存。

裕民遗址和四麻沟遗址所在的化德县位于乌兰察布市东北部，地处阴山山脉的东北端余脉、内蒙古高原中部南缘，属阴山山地与锡林郭勒草原的过渡带。境内多山，属浅山丘陵区，盆地、谷地、坡状高原相互交错。基本无常年性河流。土质多属微碱性和砂质土壤，还有部分黏土和胶土，其中黄沙土、褐沙土分布最广。天然草场植被比较丰富，适宜半农半牧生业发展。此地是东西南北文化交流的重要通道地区。

近些年来，内蒙古自治区文物考古研究院根据国家文化发展战略的具体部署，实施"阴山北麓早期文明探索与研究"课题科研项目，它对研究中国北方早期农业起源与草原文明起源具有重要意义，也是对欧亚大陆早期文明交流的积极探索和研究，同时揭示出农耕草原生态交错带对人类文明进步的作用。其间，内蒙古自治区文物考古研究院会同故宫博物院考古部，共同进行该项目的推进工作。现已完成了裕民、四麻沟两处遗址的考古发掘，并对化德县部分区域进行了区域性考古调查，对周邻的旗县开展了

重点遗址调查，获得了大量的重要考古文化信息，对该区域的新石器时代早期文化内涵及文化序列编年，有了一个阶段性的认识。现将裕民、四麻沟遗址发掘及考古调查成果报告如下。

一、裕民遗址

2010 年在配合集通铁路建设项目的调查过程中，在化德县境内发现了裕民遗址。2014 年开始正式发掘，至 2016 年结束，共发掘面积 3750 平方米，发现 14 座半地穴式房址，出土器物 4500 余件。

1. 地理位置及环境

裕民遗址位于内蒙古自治区乌兰察布市化德县德包图乡裕民村东北1.25千米处，西南距化德县城32千米，遗址东1千米处为南北向省道S105线。遗址中心坐标：东经114° 19′ 25.20″，北纬42° 04′ 11.94″，海拔1489米。遗址坐落于化德县东北部的丘陵山地间，三面山丘环绕，在避风向阳的缓坡高阶坡地上，北南向缓坡呈簸箕形状，东部紧邻山脚下的冲沟，正南连接一小山丘，遗址中南部被现代冲沟侵扰。南部山下500米处，有一条东西向季节河流。多雨的季节，冲沟内还有泉水渗出。遗址周邻的山顶、山腰均裸露出基岩，水土流失严重。从遗址冲沟中的断面和探方剖面观察，该地主要分布着黄沙土、灰褐沙土、黑褐沙土。遗址分布于山间低凹的坡地东部，南北约80米，东西约60米，总面积约5000平方米（图一）。

图一 裕民遗址自然环境（北一南）

2. 地层和年代

遗址内地层堆积较为简单，由于长期的自然水土流失，遗址周围的山丘顶部和山腰处的原生覆盖土层皆被流水冲击或风蚀堆积至地势较低处。随着遗址地表坡度向南，各地层堆积逐渐变厚，地层可分为 5 层，厚 0.4~2.8 米不等。房址皆开口于第 4 层下（图二）。

经过北京大学科技考古实验室、美国 Beta 放射性实验室对房址、墓葬和第 4 层堆积中出土的木炭、人骨、动物骨骼标本进行碳 -14 年代测定，裕民遗址的年代范围为距今 8400~7600 年。南京大学地理与海洋科学院地貌过程实验室完成了光释光年代框架测定，第 4 层（文化层）的深度及形成的年代与碳 -14 测定的年代相符。

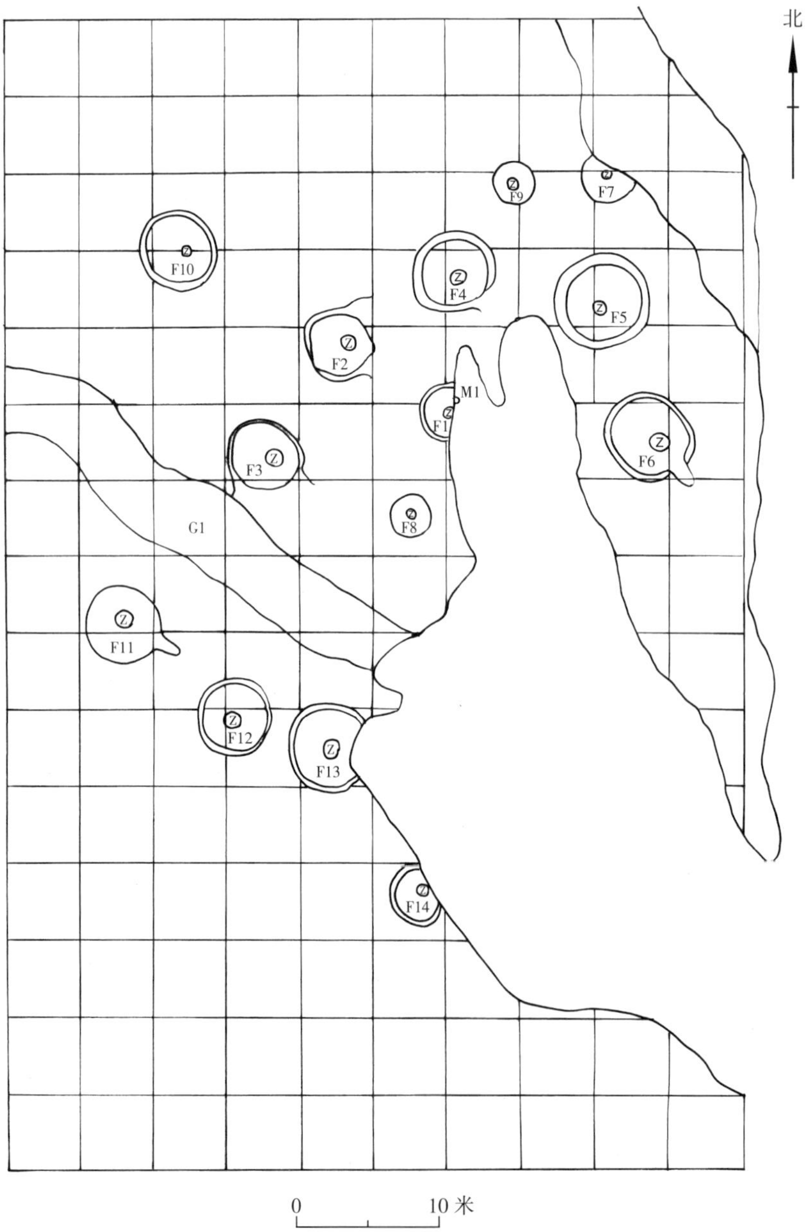

图二　裕民遗址平面图

3. 遗迹

裕民遗址共发掘清理房址 14 座，墓葬 1 座，灰沟 1 条，未发现灰坑。房屋依地势坡状分布，皆开口于第 4 层下，打破黄色沙土（生土）。房屋为圆形半地穴式，有二层台，房址中部设有圆形地面灶，灶面的烧灰土堆积较高，部分灶面上放置有石块。有两座房址发现了门道，门道为长条状斜坡式。四周均有排列的圆形柱洞，多为壁柱，柱洞制作粗糙。墙壁粗糙，保存较差。部分房屋只保存有居住面，居住面为灰褐色沙土，地面粗糙，没有任何加工痕迹。房址大小不一，直径 2.8~4 米不等（图三、图四）。

灰沟开口在第 4 层下，位于发掘区的西南部，东南—西北走向。沟南侧为自然坡面，慢坡状，沟北侧坡面较为陡直，沟口宽 3.5~4、沟底宽 1.5~2、深 2.4 米。

图三 房址F3

图四 房址F6

墓葬（M1）位于F1室内的东部，为居室葬，圆形竖穴土坑，蹲踞葬式，直径55、深70厘米，无随葬品。吉林大学生命科学学院对M1人骨的鉴定为20~25岁的女性个体，与华北近代组代表的现代蒙古人种东亚类型种系特征较为接近，与我国先秦时期的古华北类型存在较多的一致性。

4. 遗物

裕民遗址发掘出土遗物数量相对较少，主要出土在第4层的下部和房址内的填土中。共出土器物4500余件，其中大部分为石制品，较少量的陶器、骨器。此外，还出土了大量的残碎兽骨。

石制品　以打制石器为主，另有少量为磨制。石料以安山岩为主，砂岩、玄武岩、凝灰岩和花岗岩次之，另有少量玉髓、玛瑙、石英岩和黑曜岩等。观察测量标本1053件，其中工具类679件，主要有端刮器、刮削器、尖状器、石镞、石钻、砍砸器、锛状器、石锛、石斧、石凿、石锄、石刀、石球、石杵、磨盘、磨棒、磨石、箭杆整直器等；其余为石核、石叶、石片等（图五~图七）。

图五　出土磨制石器

1~5.磨棒　6~8.磨盘

图六　出土打制石器

1~8.细石核　9~12、18~22、24、25、27.刮削器　13~17.石刃　23.尖状器　26.修理台面石片

图七 锛状器

陶器 出土可复原器物极少，多为较小的陶片。陶质以夹砂黄褐陶、夹砂黑褐陶为主，少量泥质陶。质地疏松，烧制火候低。器类简单，有圜底筒形罐、尖圜底釜、片状器、杯、纺轮等。圜底筒形罐，为夹砂黄褐陶，质地疏松（图八）。釜为夹砂灰褐陶，质地疏松，纹饰有编织纹（也有称麻点纹）、网纹和素面（图九）。片状器为椭圆形或方圆形，素面，部分底面有草编纹（图一〇）。

陶器制法为泥片贴筑法。纹饰主要为编织纹、网纹和素面，部分器口有压印纹，制作中应是先编织软模的外模具，再用泥片贴筑而成器，底部厚、器壁略薄。从编织纹的经纬和纹络观察，编织软模用料有三种：一是用细草直接编织成型（麻点纹）；二是用动物的鬃毛编织细绳再编成网模（凌乱麻点纹）；三是用植物的内皮（可能为麻类植物）编织细绳再编织成网模（网纹）。不同器物上的纹饰还存在不同的形态。由于制作过程的贴筑手法不同，器物上的纹饰存在不太均匀和深浅不一的现象。观察素面筒形罐的制法，为内模具，内壁规整，外壁抹有一层细泥，虽然光滑，但不平整。

片状器 形状各异、大小不一，经残留物试验分析，在器物上发现了淀粉粒与植硅体，并有淀粉粒糊化现象，因此这类器物极有可能与日常食物加工及饮食相关，可能为食具。

骨器 出土有骨锥、骨刀、骨铲、骨柄石刃刀、骨柄石刃标枪头、骨匕、骨针、骨笄等，多数为动物的肢骨、肋骨制成，亦可见少量的肩胛骨制品。

另外，在部分房址内，集中出土了较多的动物骨骼。中国社会科学院考古研究所科技考古中心对遗址出土的动物骨骼进行了初步鉴定，有蚌、雉、鸟、狗、狼、马鹿、梅花鹿、狍、獐、野兔、野马、野驴、野牛、圣水牛、野猪等，其中狗为驯养家畜。

5. 文化面貌

裕民遗址中石制品出土数量最多、类型丰富，其工具组合和加工技术承袭了旧石器时代晚期阶段北方细石器文化特征，同时也出现了新石器时代常见的石器类型。按功能可划分为狩猎、食物加工、农业耕种以及石、骨器与木料加工工具等。其中，存在即打即用、缺乏稳定形制的权宜性工具，亦有经过

图八 圜底筒形罐陶

图九 尖圜底陶釜

图一〇 片状器

精致修理的定型工具。锛状器最具本地文化特征，出土较多，类型丰富，从而体现出高强度的石器工具生产活动。

出土的陶器器类简单，以圜底釜、圜底筒形罐、片状器组合为代表，不见平底器，是该遗址的主要文化特征之一。

裕民遗址在背风向阳略显封闭的坡地，聚落规模较小，房屋建筑较为成熟。整体石制品工具的组合，承上启下；器物组合的变化，反映出人群在生业活动中发生变化的过程。该文化是新石器时代早期具有森林—灌木—草原过渡带特点，以强化采集、狩猎为主，兼有原始农业补充发展的经济形态。

二、四麻沟遗址

四麻沟遗址于2016年5月调查发现，2017~2019年由内蒙古自治区文物考古研究院、故宫博物院和乌兰察布市博物馆组成的联合考古队对四麻沟遗址进行了考古发掘工作。发掘区位于遗址的第Ⅲ地点，共发掘2200平方米，发掘清理19座房址、21个室外灶，共出土遗物4000余件。

1. 地理位置及环境

四麻沟遗址位于化德县白音特拉乡解放村北1.5千米处，坐落于丘陵山间的泉水沟岸东侧的坡地之上，坡地南高北低，四周山丘环绕。遗址东侧为绵延的山丘，南部是延伸的山坳坡地，西部是两山间的坡川地带，北部是较为开阔的山间川地。遗址范围南北约500米，东西约60米，总面积近30000平方米，地表散布大量石制品、石器剥片及少量的碎陶片。沿泉水沟东岸自北向南，依据地表遗物散布情况共编6个地点，除第Ⅲ地点遗存保存较好，其余5个地点破坏较严重（图一一）。

2. 地层和年代

地层较单纯，与裕民遗址的地层相对应，遗迹都开口于第4层“黑垆土”下。堆积呈坡状分布，东南高，西北低，堆积厚度0.4~1.6米（图一二）。

美国Beta放射性碳-14实验室对四麻沟遗址第Ⅲ地点房址内三个样本的年代测定结果，分别为距今9000年、7500年和7000年。

3. 遗迹

四麻沟遗址共发掘清理房址19座、室外灶21座（图一三、图一四）。房址均开口于第4层下，打破生土；有成排排列现象，开口形状有圆形、圆角长方形、长方形三种类型；半地穴式结构，均有二层台，有柱洞、壁柱，地面、墙壁粗糙；室内有圆形地面灶，大部分房屋设有南向门道。房址中F1破坏严重，只残存地面为灰土的圆形灶，形制不详，其他房址保存较好，部分有室内窖穴。其中发现四组房屋存在打破关系：F4打破F2，F12打破F13，F16打破F9，F11打破F19。房址内出土较多的石器、骨器、兽骨、

图一一　四麻沟遗址自然环境（北—南）

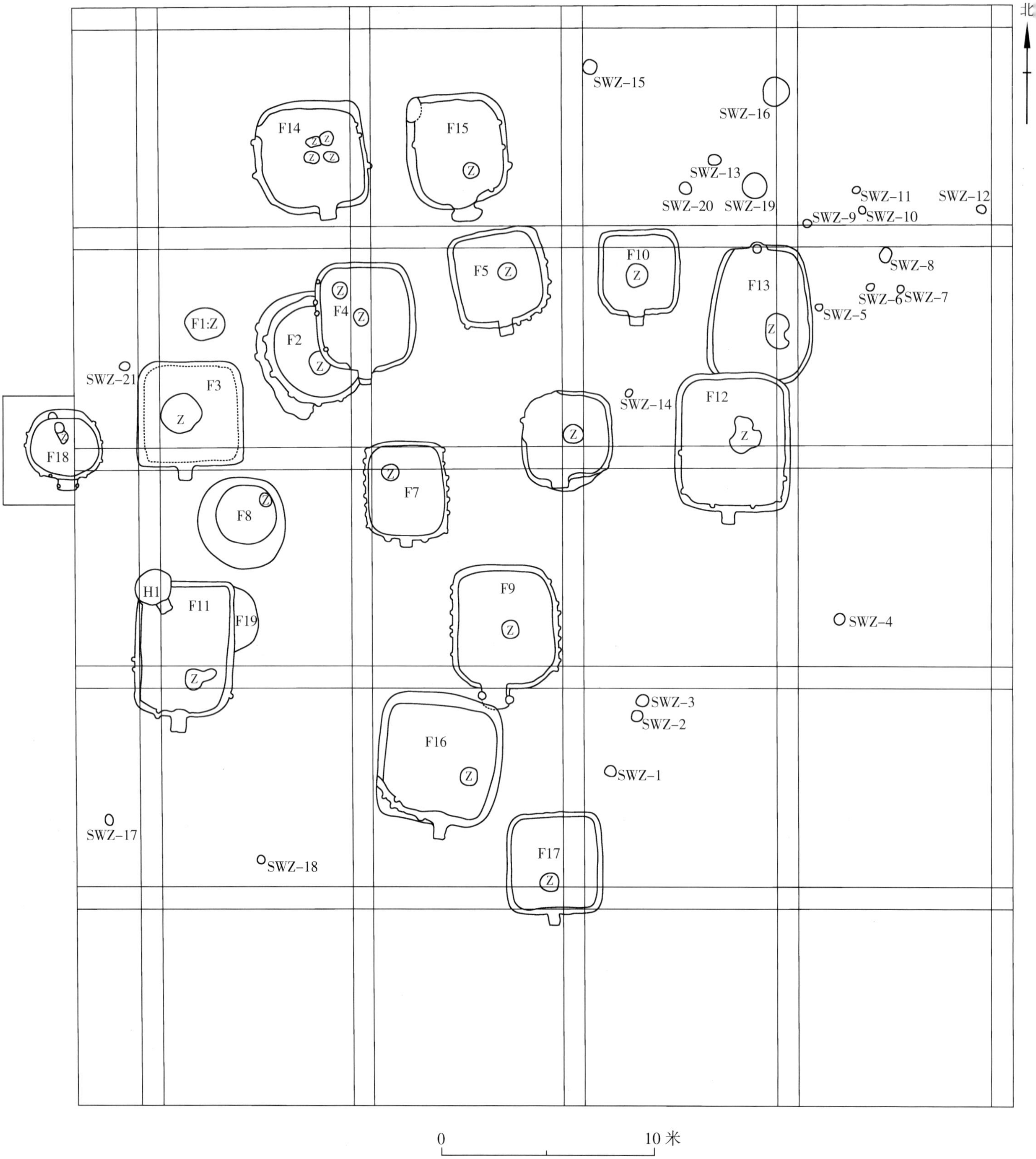

图一二 四麻沟遗址发掘平面图

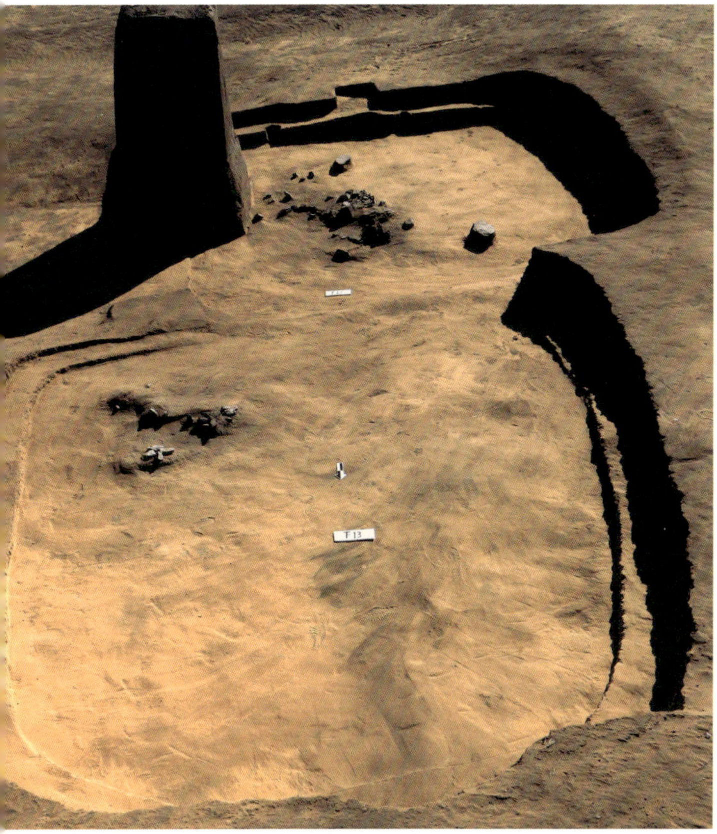

图一三　房址F12、F13

图一四　房址F7

石块，陶器残片出土较少。

室外灶多分布于遗址的东部，为圆形坑灶，有烧灰土，大小深浅不一，其中有两座灶面上有石块堆砌火塘痕迹，由于地表的自然破坏，部分灶已接近灶底。

4. 遗物

四麻沟遗址发掘出土遗物数量相对较多，主要出土在第 4 层与房址内的填土和居住面上。共出土遗物 4000 余件，其中大部分为石制品，骨器次之，有少量陶器残片。此外，还出土了大量石料、石片和残碎的兽骨等。

石制品　其石质以安山岩为主，砂岩、花岗岩、玄武岩和凝灰岩次之，还有少量玉髓、玛瑙、页岩、石英岩等。观察测量标本 627 件，其中工具 515 件。器型主要包括磨盘、磨棒、磨石、石铲、石锄、石犁、石镢、石镐、饼形器、石斧、石杵、石刀、石锛、锛状器、砍砸器、敲砸器、刮削器、石核、石刃、石镞、穿孔器、尖状器等（图一五～图一七）。

陶器　出土数量较少，多为较小的陶器残片，可复原器型极少。陶质主要为夹砂黑褐陶、夹砂黄褐陶和泥质黄褐陶，质地疏松，烧制火候低。制陶工艺全部为手制，制法为泥片贴筑法。纹饰有编织纹、

图一五 出土磨制石器

1.穿孔器 2.磨石 3~5、7.磨棒 6、8.磨盘 9.饼形器 10.石杵

图一六 出土石制工具

1~3.石锄 4、5.石铲 6.犁形器 7.石镢

图一七　出土石制品

1、2、17.锛状器　3、6、15、16.石斧　4.石锛　5.石锤　7、19.端刮器
8.尖状器　9~11.石刃　12、14、20.石核　13.石镞　18、22.刮削器　21.石刀　23.砍砸器

编织网纹、指甲压印纹，以及一定数量的素面。器形简单，可辨器类有筒形罐、敞口小底罐、片状器、圜底杯、纺轮、陶饼、饰件等（图一八～图二一）。

骨角器及其他　骨器出土数量较多，可辨器型有骨锤、骨刀、骨铲、骨柄石刃器、石刃骨箭铤、骨锥、骨针、骨饰片等。多数为动物的肢骨、肋骨及肩胛骨制成，少数器物使用动物的角制成，还出土了极少量的珠饰、贝饰等。

5. 文化面貌

四麻沟的房址布局有一定的排列规律，以圆角长方形为主，长方形次之，少量为圆形。从房址的打破关系上看，可分为早中晚三段，早段为圆形，中段为圆角长方形，晚段为长方形或接近方形。房址为半地穴式建筑，设有二层台、地面灶、壁柱等。与裕民遗址对比，形制上出现了圆角长方形、长方形（或接近方形）的房址。

石制品除承继了裕民遗址的特点外，还出现了多种类型的破土工具。重型工具比例高于裕民遗址，锛形器略显衰落，细石叶与端刮器在整体石器组合中比例降低，以石杵与饼形磨石组成的碾磨类工具组合占有更高比重，可能为强化采集和原始种植的生业行为。陶器类型上，以圜底器为主，并出现了平底器。敞口小底罐的内底为尖圆形，还遗有圜底器内底的特征。

图一八 筒形罐

图一九 敞口小底罐

图二〇　片状器

图二一　陶片

三、文化关系

从现有证据来看，裕民遗址和四麻沟遗址在年代、文化关系上存在着千丝万缕的联系。关于两处遗址所代表的人群、聚落形态、组织方式和生计方式等方面的问题，相关证据链正在不断完善中。

1. 年代关系

两处遗址可对比的地层一致，都位于广泛存在于蒙古高原地区的“黑垆土”之下，黄沙层之上。目前已有的测年数据年代区间偏大，但基本认为两者均属同一时间框架内。从房屋形制来看，裕民遗址代表性的圆形房址也出现在四麻沟遗址中，而且从房屋打破关系来看处于四麻沟遗址的早期阶段或略早。

2. 文化面貌

四麻沟遗址出土石制品除承继了裕民遗址的特点外，还出现了多种类型的破土工具，其重型工具比例高于裕民遗址，锛形器略显衰落，细石叶与端刮器在整体石器组合中比例降低，碾磨类工具石杵和饼形磨石出现频率较高，可能是原始种植和采集的生业行为进一步强化的结果。

陶器方面，二者都以圜底器、片状器的组合为主，圜底器内底的特征、质地、纹饰无差异。裕民遗址不见平底器，四麻沟遗址出现了平底器，敞口小底罐的内底为尖圆形，表明期间可能发生了由圜底器演变到平底器的过程。

二者的文化面貌具有很强的相似性和继承性，四麻沟遗址延续了裕民遗址的发展阶段，揭示了阴山北麓东段新石器时代早期文化的流动性生业发展的内涵。

3. 聚落形态

裕民、四麻沟遗址聚落在环境选址上有着截然不同的用意。裕民遗址四面环山、背山向阳，较为封闭，冬季背风背雪，未发现室外灶，部分房址较为集中出土了大量的打制石器废片和动物骨骼。四麻沟遗址背靠东南山坡，面向西北开阔地带，夏季通风，发现有大量的室外灶，室内出土打制石器废片较少。

根据斯坦福大学考古实验中心对裕民、四麻沟遗址出土细石叶和端刮器功能的初步检测，从微痕、淀粉粒和植硅体分析结果来看，其功能与动植物加工有关。裕民遗址加工动物比例高于四麻沟遗址，而四麻沟遗址加工植物比例高于裕民遗址，这可能与季节性活动居住址功能相关。

结合聚落环境的选址、房屋时间段的量比、房屋形制的演变、用灶习惯、工具类型的变化等因素分析，裕民遗址可能为秋冬季营地居住址，而四麻沟遗址则可能为春夏季营地居住址。

四、区域系统调查

2016 年开始，联合考古队对化德县东北部的三个乡镇开展了区域性考古调查；2017~2018 年，对商都县北部、察哈尔右翼后旗、正镶白旗、镶黄旗、苏尼特左旗开展了重点遗址的调查。

化德县区域考古调查共发现遗址 213 处，列入统计的遗址共 200 处，其中单一遗址 74 处，复合遗址 126 处。调查发现的复合遗址包含两至三个时期的主要文化遗存，按不同时期的文化遗存摘列统计，126 处复合遗址中有不同文化遗存 300 处，所有遗址总计发现文化遗存 374 处。经统计整理得出：裕民时期遗存 68 处，占 18%；仰韶时期遗存 51 处，占 14%；龙山时期遗存 10 处，占 3%；夏商时期遗存 66 处，占 18%；战国时期遗存 22 处，占 6%；汉代遗存 14 处，占 4%；北魏时期遗存 9 处，占 2%；辽金元时期遗存 111 处，占 30%；时代不明遗存 23 处，占 5%。

裕民时期遗存主要分布于山地丘陵地带，海拔在 1340~1500 米之间。从地貌环境分析可分为三类。

第一类分布在坐落于向阳山腰的高阶坡地上，旁边有泉水冲沟或河床谷地，周围山丘环抱。

第二类坐落在面北邻山的缓坡地，旁边有泉水冲沟或河床。

第三类分布在古河湖旁的高台地上，地势开阔。

大部分遗址可分出几个居住地点，相距几十米或几百米不等。多数遗址保存较差，水土流失、风蚀现象严重，少量保存有文化层。地表散布有大量石制品和少量的陶片。文化面貌单一，在第三类遗址中发现有复合性遗址。

通过近三年的田野考古专题调查，除在化德县境内已发现裕民时期遗址68处以外，同时在乌兰察布市的商都县、察哈尔右翼后旗，锡林郭勒盟正镶白旗、镶黄旗、苏尼特右旗、苏尼特左旗，以及河北省张家口市康保县北部均发现了该文化遗存。值得一提的是，在巴彦淖尔市的阴山北麓亦发现具有裕民特征的石制品。该文化向西可能影响到阴山山脉西段的北麓地区，向北进入蒙古国的高原地区。

五、收获与认识

通过几年来对阴山北部草原新石器时代文化的探索，对化德县裕民、四麻沟遗址的考古发掘，以及对该区域和周边的考古调查，我们对草原新石器时代特别是早期阶段有了初步认识。

1. 裕民时期遗存是北方草原新石器时代的开端

裕民、四麻沟遗址的年代数据显示，该文化延续1000年左右，有一定的分布区域，它的文化面貌不同于东北、西北和华北其他区域已知的新石器时代诸考古学文化，可命名为一个新的考古学文化——“裕民文化”。该文化是新石器时代早期生态过渡带以强化采集、狩猎为主，兼有原始农业的经济形态，而季节性营地居址的出现则开启了北方草原新石器时代的新纪元。

2. 裕民文化的发现开启了对北方草原新石器时代文化的认知

早期人类如何利用草原资源？生业的演化进程又如何？裕民文化先民是利用处于草原边缘生态交错带上的有利位置，以获取多元的食物和生产资料，为适应生存环境，采取季节性迁徙来利用资源，并建筑固定房屋的聚落人群。秋冬季人群居住较为集中，聚落规模较大，以捕猎、制作工具等为主要生业。春夏季人群居住较为分散，聚落规模较小（与获取资源相关），以进行强化采集、原始农业种植为主要生业。季节性营地居址的出现是古人类从居无定所的流动状态到定居半定居的革命性转变，这预示着随着气候环境的变化，农业文明起源阶段人类生产生活的转变方式。

3. 填补了中国新石器时代早期的多元文化内涵

裕民文化的尖圜底器、圜底器、片状器组合在我国北方地区的发现，尚属首次。同时，锛状器的大量使用亦是该文化的特征之一。尖圜底器、圜底器的发现在北方只限于东西伯利亚地区（贝加尔湖周围），裕民遗址出土的尖圜底器及纹饰与之有相近之处，其与裕民文化在时间上有一定差距，但在文化上可能有着一定的关系。

4. 裕民文化开启了东西方史前文化交流的新篇章

在旧石器时代晚期，石器、石叶—细石叶工业在东亚草原地带交流就比较活跃，裕民文化本身就是交流的产物。进入新石器时代，随着生业技术的飞跃进步和快速发展，以及文化交流速度的提升，裕民文化开启了欧亚草原更为广阔的先进技术与驯化动植物品种交流的前景。

附记：

张忠培先生生前对裕民遗址的发现非常关注。2016 年 8 月 13 日，故宫博物院举行了内蒙古自治区化德县裕民遗址的考古成果汇报会，自治区的考古同人向张先生详细介绍了裕民遗址的相关发现。张先生指出这一发现不同于已知的早期新石器时代考古学文化，有可能是填补考古学文化区系的重要环节，对我们研究和认识中华史前文明格局具有重大意义。为弘扬张先生的学术理念，拓宽故宫博物院考古的研究视野和紧跟学术前沿，体现与故宫在业界地位相匹配的学术担当，2017 年，故宫博物院与内蒙古自治区文物考古研究院签署了合作协议，并组成联合考古队开始对四麻沟遗址（裕民时期遗址）进行考古发掘。适逢《故宫考古报告集》（一）出版之际，谨以此文献给为中国考古学事业奉献一生的张忠培先生。

项目负责人：包青川
执　　　笔：胡晓农、包青川、邢增锐、陈文虎、李恩瑞
摄　　　影：陈文虎
绘　　　图：李　宁、胡晓农、邢增锐

下篇

国外考古

希腊奥林匹亚遗址建筑考古记略

故宫考古研究所

2015年，故宫博物院与德国考古研究院（German Archaeological Institute）签订了合作意向书，双方旨在从实践到理论，共同探索服务于历史学与考古学研究的工作方法，从而更好地服务于文化遗产保护事业。作为签约后的首次合作，德方将地点选在了希腊。2016年8月1日~8月20日，应德国考古研究院雅典分所的邀请，故宫考古研究所徐海峰、吴伟作为中方工作组奔赴希腊，参与了德国团队在当地的考古项目并进行学术交流活动。

抵达希腊之后，工作组先访问了位于雅典市中心的德国考古研究院雅典分所（Athens Department of German Archaeological Institute）（图一）。

雅典分所所属的德国考古研究院于1829年4月21日成立于罗马，迄今已有190余年的历史，是德国最古老的研究机构之一，也是当今世界历史最悠久、规模最大的考古研究机构之一。其隶属于德国外交部，前身是考古通讯研究院（Instituto di corrispondenza archeologica），当时主要致力于古希腊、古罗马艺术的研究和传播。1832年，研究院由意大利罗马迁至德国柏林。经过近两百年的发展，德国考古研究院目前共有约350名工作人员，已拥有11家分所以及分布在全球14个国家的代表处或工作站。2009年，德国考古研究院与中国文化遗产研究院共同签署了合作谅解备忘录并成立了北京代表处。德国考古研究院在世界范围内开展了大量的考古研究项目，同时经常不定期组织国际学术座谈会，进行考古人员培训，并每年出版数十册考古发掘报告和考古论文集。其中雅典分所成立于1874年，办公室设在雅典市中心，主要工作是与当地考古部门合作，单独或共同开展考古发掘及文物保护项目。目前正在进行的发掘项目包括奥林匹亚遗址（Olympia）、凯拉米克斯遗址（Kerameikos）、卡拉普迪遗址（Kalapodi）、萨默斯遗址（Samos）和梯林斯遗址（Tiryns）等。每年均出版各类书籍、报告及杂志，主要有《德国考古研究院院刊——希腊分所》《德国考古研究院希腊分所年报》等。雅典分所现所长为卡蒂亚·施波恩（Dr. Katja Sporn）教授，目前共有工作人员近30人。除办公室外，分所还拥有一座图书馆（图二）和一座照片资料馆。图书和照片的收集、整理工作自分所创建之初开始，一直延续至今（图三）。

图一 德国考古研究院雅典分所外景

图二 卷帙浩繁的雅典分所图书馆

图三 参观雅典分所的照片资料室

与很多其他考古研究机构不同的是，雅典分所除了卷帙浩繁的图书、照片、档案资料外，并不收存在希腊各地发掘出土的遗物，这是德国考古界在希腊开创的一项传统：1874 年，德国与希腊签订了发掘史上第一份协议，取得了德国发掘奥林匹亚遗址的特权，协议申明所有的发现都属于希腊人民，要留在希腊，而科学出版物的版权属于发掘者，必须把发掘结果向学术界公布。这为后来外国人在希腊考古发掘确立了先例。因此希腊很多地方的遗址地都设有地方博物馆，用于收存、展示出土遗物。

德国考古研究院雅典分所成立后的首个大型考古发掘项目是奥林匹亚遗址。遗址位于希腊伯罗奔尼撒半岛（Peloponnese）西部、皮尔戈斯城（Pyrgos）东约 21 千米处（图四）。1766 年，英国旅行家理查德·钱德勒（Richard Chandler）首次发现了奥林匹亚遗址并确认了宙斯神庙的遗迹。1829 年，法国人曾对遗址进行过小规模的发掘。1875 年，在德国考古学家恩斯特·库尔提乌斯（Ernst Curtius）的主持下，开始对奥林匹亚遗址正式进行大规模系统性的发掘，从此开启了大规模的希腊考古发掘时代。

经过百余年数次系统的考古发掘，奥林匹亚遗址的历史面貌基本被完整地揭露出来。遗址东西长约 520、南北宽约 400 米，最早的人类活动痕迹可追溯至公元前 3000 年中叶，宗教建筑则始于约公元前 11 世纪中叶。经古风时代、古典时代、希腊化时期、罗马时期的不断扩建、完善，古奥林匹亚达到鼎盛，成为供奉希腊最高神灵宙斯（Zeus）和其他诸神的祭祀圣域（图五 ~ 图一一）。因其在公元前 8 世纪至公元 4 世纪末举办祭祀宙斯主神的体育盛典成为一个重要的集会场所而闻名于世，是奥林匹克运动会的发祥地[1]。

遗址中的许多建筑和设施，都是为了宗教祭祀和体育比赛修建的。其中圣域的中心是宙斯祭坛，核心建筑有宙斯神庙和宙斯之妻赫拉（Hera）神庙，周围有神殿、祭坛、宝物库、宾馆、行政用房等，亦有与运动会有关的运动场、训练场、浴室等建筑。奥林匹亚遗址出土了大量陶器、石器、青铜器等文物，包括各类建筑构件、生活用品、雕像、武器装备、运动器械及钱币、铭文等，均收藏在建于遗址附近的奥林匹亚考古博物馆。

1 参见 [德] 莱茵哈德·森弗：《奥林匹亚》，《博物馆与古希腊文明》，北京大学出版社，2016 年。

图四 奥林匹亚在伯罗奔尼撒半岛的位置示意图

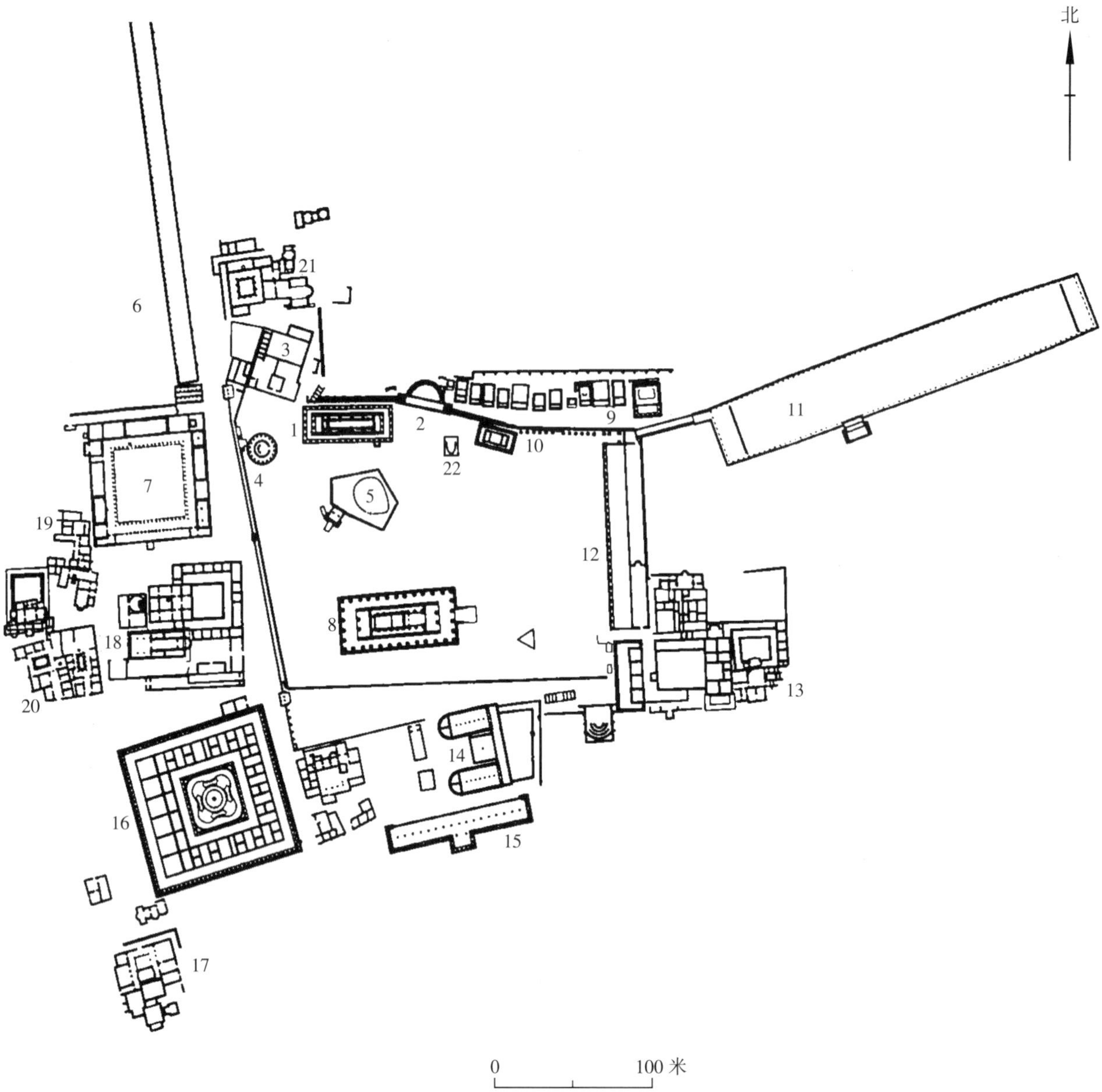

图五 奥林匹亚遗址平面图

1. 赫拉神庙（The Temple of Hera） 2. 水神殿（The Nymphaeum） 3. 执政厅（The Prytaneion） 4. 腓力二世圆形神庙（The Philippeion） 5. 佩洛普斯墓（The Pelopion） 6. 训练场（The Gymnasium） 7. 角力场(The Palaestra) 8. 宙斯神庙（The Temple of Zeus） 9. 金库、宝物库（The Treasuries） 10. 众神之母神庙（The Metroon） 11. 体育场（The Stadium） 12. 回声柱廊（The Echo Stoa） 13. 八角浴室（The Octagon） 14. 议事厅（Bouleuterion） 15. 南柱廊（The South Stoa） 16. 雷奥尼德斯厅（The Leonidaion） 17. 雷奥尼德斯浴场（Leonidaion thermae） 18. 菲迪亚斯工作间/古基督教会堂(The Workshop of Pheidias/Early Christian basilica) 19. 希腊化浴室（The Greek Baths） 20. 克拉得欧斯浴场（The Thermes of Kladeus） 21. 克农尼欧浴场（The Thermes of Kronion） 22. 史前房址

图六 遗址内的史前房址（青铜时代，公元前2150~前2000）

图七 赫拉神庙遗址（古风时代，公元前7世纪末）

图八 体育场遗址（古典时代，公元前5世纪末）

图九 方形角力场的空院及一角廊柱遗址
（希腊化时期，约公元2世纪）

图一〇 克农尼欧浴场（罗马时期，公元前2~公元5世纪）

图一一 菲迪亚斯工作间内部（古典时代，公元前5世纪），后期被改成为一座礼拜堂（公元5世纪，拜占庭时期）

图一二 奥林匹亚遗址考古工作站

德国考古研究院雅典分所自 1875 年首次发掘至今一直派驻工作团队对奥林匹亚遗址进行持续地清理、记录与研究，并在遗址边设有考古工作站（图一二）。本次学术交流的一项重要内容就是了解德国团队在奥林匹亚遗址信息记录与研究方面所采用的德国考古引以为傲的记录和研究方法，即建筑考古学，德语称之为 Bauforschung（英语为 Building Archaeology）。

德国建筑考古学学科的正式建立以 1926 年于德国班贝格（Bamberg）成立的科尔德威学会（Koldewey Gesellschaft）为标志。该学科根植于欧洲建筑学与考古学源远流长的合作历史，最早可追溯至 15、16

世纪文艺复兴时期欧洲对古典建筑的研究，至 18、19 世纪西方对埃及、希腊及罗马等古代文明考古热兴起之时，建筑考古学也随之蓬勃发展起来。当时的建筑师普遍参与到考古工作中，为建筑考古学的形成奠定了重要基础。其中，奥林匹亚遗址的发掘者之一德国考古学家威廉·德普费尔德（Wilhelm Dörpfeld，1853~1940），在考古发掘过程中对建筑遗址进行了严谨的记录和研究，记录的图纸与报告清晰、准确，成为早期建筑考古实践的重要代表人物和奠基人之一。受益于德国建筑考古学的实践方法，奥林匹亚遗址的时代、布局、结构、功能、历史变迁、建筑工艺、艺术特征等各个方面的历史信息和价值均得到了明确、充分的挖掘和阐释。几代人积累下来的档案资料，为古代文明焕发新生机提供了珍贵素材（图一三）。

在奥林匹亚遗址工作期间，我们在德方团队的安排指导下，体验了德方团队三种不同类型的考古遗址记录方式。

第一类：纯手工绘图，对宙斯神庙西南部散落的单体石构件开展精细测量和绘图工作。

所绘图的对象——宙斯神庙建于公元前 5 世纪中期，由伯罗奔尼撒当地的建筑师伊利斯人利邦设计

图一三 德国考古研究院雅典分所绘制的含有加工痕迹、结构细节、破损变形及叠压历史信息的彩色手工图纸

图一四 宙斯神庙遗址远景

图一五 测量宙斯神庙西南角散落的檐壁构件

建造（libon of elis）。神庙长约 66、宽 30 米，东西两端各有 6 根立柱，南北两面各有 13 根立柱，为希腊本土多立克式（Doric Order）庙中的典型代表。建筑整体采用表面裹有灰泥的石灰岩构筑，而殿顶和装饰部位则用大理石构筑而成。神庙内原有高约 12 米的宙斯神像，是古代世界七大建筑奇迹之一，由雕塑家菲迪亚斯（Phidias）制成，后被毁（图一四）。

此次绘制所选取的石构件是散落于宙斯神庙遗址西南角、希腊古建筑上的常见石构件—— 檐壁。檐壁在希腊典型多立克式神庙建筑中安置于立柱的楣梁之上，并承接水平檐口等屋顶构件。此块檐壁由两端为三陇板、中间为平素不施雕刻的陇间壁（柱间壁）连做而成，除露明的檐壁表面之外，上下均打磨光滑，两侧较粗糙。但由于材质及保存环境的原因，表面侵蚀严重。

测绘时首先对檐壁构件表面做简单清理，其绘制方法与目前国内所使用的平面直角坐标绘图法并无太大差异：先用细绳在构件表面选择相对两端的边缘各取中点拉线固定作为基线，再取基线中点拉垂直线在另外两端边缘固定，形成四象限坐标。为确保两线正交垂直，还需用勾股定理进行校准（图一五）。绘图时，基于坐标原点，量测构件其他部位如石角等重要特征点的横、纵坐标数据并缩绘于图纸上，使用高硬度极细铅笔及聚酯薄膜描图纸作为绘图工具，并结合肉眼观测连线、描绘，还需要用素描原理表达一定的明暗关系及纹理质感。对于单个构件的绘图，为了记录建筑细节需采用至少 1 : 10 的比例来绘

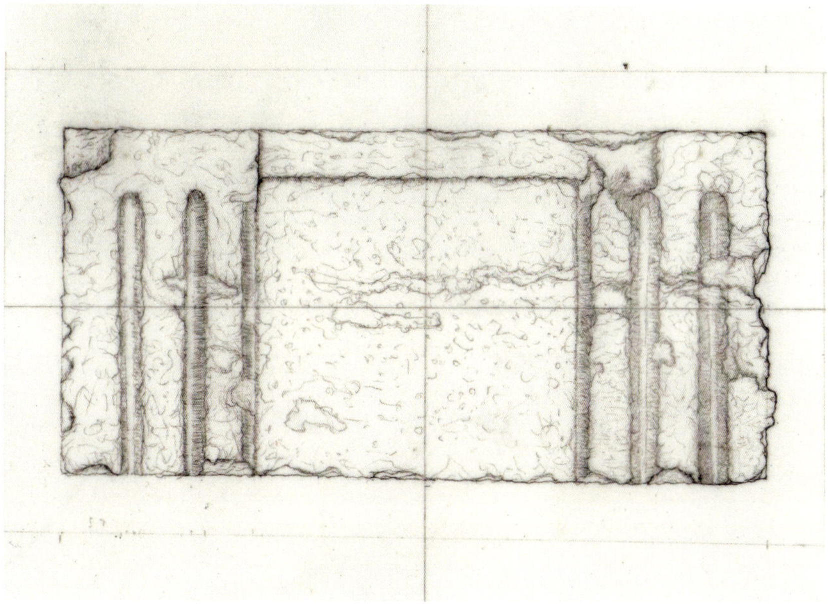

图一六 檐壁构件正立面图

图一七 雷奥尼德斯厅遗址全景

制平面大样图。在绘制过程中，德方团队强调肉眼观测的重要性，并要求尽可能记录构件表面的加工痕迹、结构纹理、破损变形等信息，但需忠于现状进行描绘，不过分臆测并复原（图一六）。

第二类：以人工测绘为主、电子化设备为辅助手段，对雷奥尼德斯厅遗址南部区域进行了测绘。

雷奥尼德斯厅位于奥林匹亚遗址西南部（图一七），是奥林匹克圣域占地面积最大的建筑，始建于公元前 4 世纪中叶。它因其捐资人纳克索斯岛（Naxos）富裕的船主雷奥尼德斯（Leonides）而得名。雷奥尼德斯厅由大型的柱式庭院及其四周大大小小用于饮食起居的房间组成，整体长约 81、宽约 75 米，内柱为多立克式，共 44 根，而环绕整个建筑的外柱采用的却是 138 根装饰性的爱奥尼柱（Ionic Order）。最初这里可能是用于接待显要的客人。在一次严重的损毁后（有可能是火灾），大厅在公元 2 世纪初期被重建。在这次重建中，典型的罗马建筑元素添加了进来，如所谓的天窗，即屋顶上的方形窗口，就被加到了拐角的房间上，增加了整栋建筑的采光。中央庭院也被改建为露天游泳池（图一八）。

此次绘图区域位于雷奥尼德斯厅南部外柱廊外侧，为一段排水明沟遗迹，德国团队已经将整个奥林匹亚遗址区纳入统一的坐标方格测绘网络内，并在雷奥尼德斯厅遗址的四角均布置了高精度的控制点，给我们此次测绘提供了极大的便利。同时利用高精度的电子全站仪，能够高效、精准地获取测量目标的三维坐标，并能在计算机内按照已经建成的测绘网格展开，相当于利用电子设备完成了第一类手工绘图中量取特征点的关键步骤。

按照德方要求，需要绘制遗迹所在分区的遗迹平面图比例为 1∶20，这是常见的遗址平面图的绘图比例，同样要求记录构件表面的加工痕迹、结构纹理、破损变形等信息。首先，我们借助德方提供的电子全站仪设站，并确保设站误差控制在 2~3 毫米以内。利用全站仪测量绘图区域的遗迹——石排水构件的细部特征点，特征点的选择与手工绘图一样极为重要（图一九）。对于加工过的石构件来说，特征点要选择其角部顶点及明显的残损或加工痕迹的节点进行记录；在获取野外测绘相关的坐标数据后，回到工作站驻地及时导出相应的测绘数据，并将测绘的数据利用计算机在绘图软件 CAD 中展开形成平面

图一八 清理雷奥尼德斯厅遗址

图一九 利用全站仪测量雷奥尼德斯厅遗址排水设施

坐标上的点，并按照 1∶20 比例打印出来。其次，将打印出来的特征点平面作为底图，在上面覆上聚酯薄膜描图纸用铅笔按照底图的特征点在现场对照实物进行连线缩绘，并利用距离交会的测量办法，使用折尺补充测量全站仪测量中未及的特征细节，此绘图过程与第一类类似（图二〇、图二一）。除此之外，中方工作组还协助德方团队利用全站仪对部分遗址区域进行剖面测量、高程测量。

第三类：利用近景摄影测量方法对雷奥尼德斯厅西南角房间的东墙进行了数字测绘及手工描图、补正。

近景摄影测量技术因较高的准确性和便利性在现代考古和遗产记录中得到了越来越多的使用。德国团队在对奥林匹亚遗址的测绘中使用了一套基于 Photoplan 软件的近景摄影测量方法。首先，对测绘墙面的不同位置张贴测量瞄准用的小型标靶纸，利用单反相机对墙体立面沿墙体砌筑方向等距离分段拍摄照片，每张照片需涵盖至少三处标靶纸并确保相邻照片之间有一定的重叠度；其次，架设电子全站仪瞄准标靶点统一测量其坐标，回室内导出其坐标，并在 Photoplan 及 CAD 软件中导入拍摄的照片并关联照片上的标靶点及相应的坐标数据，然后让软件自动识别、校正、拼接，并生成一张完整的东墙立面正射影像照片，照片上墙体砖的测量精度与实际误差小于 1 毫米。最后，将拼接好的正射影像打印输出，同样作为底图覆上聚酯薄膜纸按比例在现场对照实物描绘（图二二）。但需要注意的是，该软件只对标靶纸所在墙体平面上的点测量精度较高，而在墙顶参差不齐、偏离墙面乱砖上的特征点则有较大的误差，仍需要现场人工补充测量墙顶误差较大或不清楚的地方，进行再次校正（图二三）。

图二〇 手工绘制雷奥尼德斯厅遗址排水沟遗迹

图二一 雷奥尼德斯厅遗址排水沟遗迹平面图

图二二 雷奥尼德斯厅遗址墙体摄影测量正射影像及手工描绘图

图二三 补充绘制雷奥尼德斯厅遗址墙体立面

我们注意到，无论采用哪一类绘图记录方式，德国团队所采用的建筑考古记录方法均有如下特点。

其一，极为重视人工测绘。虽然人工测绘是最耗时耗力的，但他们的建筑考古要求测量和绘图必须结合在一起，完全在现场完成，以精确记录测绘对象的完整状态，包括加工痕迹、结构纹理、破损变形等信息，这是对遗址深入研究的最基础、最重要的工作。德国团队认为，只有人眼细致观察，才能发现重要的细节，并能保持思考和研究的深度。虽然电子设备和数字化技术在测绘领域的应用越来越广泛，但在表达质量尤其在遗迹细节的考察上，较之传统方式有明显的缺陷。先进者如三维激光扫描仪，虽然能获取遗迹表面大

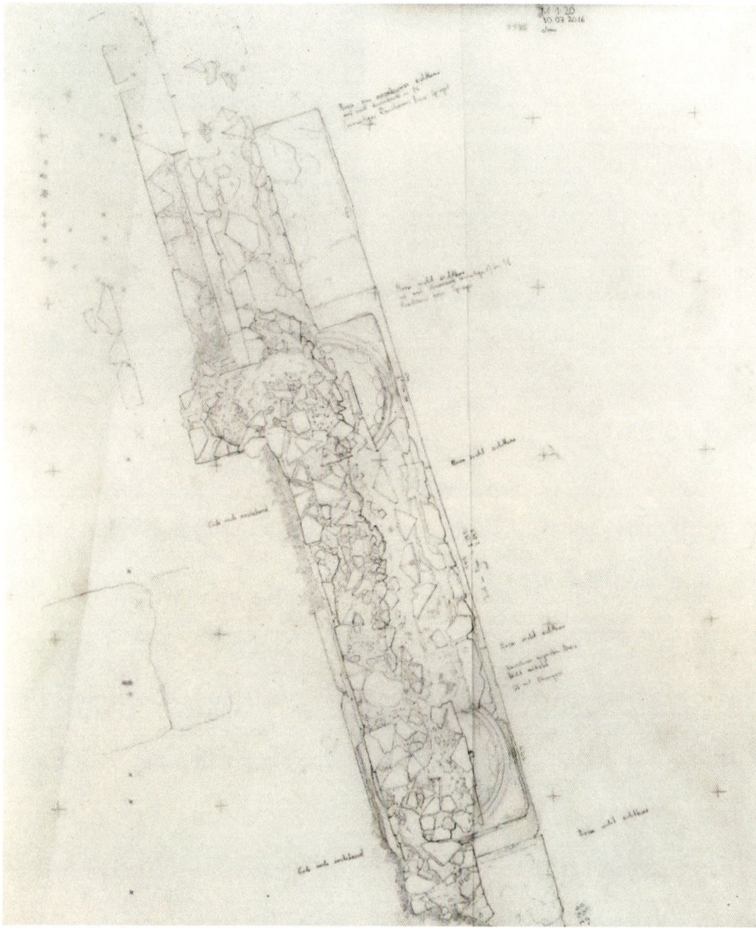

图二四 德方测量的遗迹底图及带有文字记录的绘图稿

量的点云坐标数据，但是仪器并无法判断哪些点云反映的是加工痕迹抑或残损变形的信息，过多的冗余数据反而对记录造成了干扰，并且跟近景摄影测量软件一样，容易产生记录的死角，且同样无法获取并表达构造细节与构造方法，目前总体来说对研究并不很实用，因此机器不能完全取代人眼的观察及人脑的思考能力。在德方测绘过程中，他们重视在现场记录并把发现的相关细节信息详尽记录在绘制的图纸旁边，这些看似微不足道的记录可能就是遗址完整历史信息版图中的一块块拼图（图二四）。在对待电子测量设备和数字测绘技术方面，德方始终保持一种开放而正确的心态，认为这些设备与技术均是辅助人们快速、准确地完成测绘工作的手段，而不是代替。

其二，对误差严苛的控制。在合作期间，我们被德方对测绘的高要求、高标准所折服，其手工测绘有着媲美电子测绘设备的高精度。首先，德方由于主要采用手工绘图，为防止纸张因温差导致变形形成误差，所采用的绘图纸均为聚酯薄膜（图二五）。聚酯薄膜目前多在建筑、测绘行业中应用，聚酯薄膜做绘图纸有着抗拉强度大、伸缩变形小、坚固耐用、透明度高的特点，类似在国内考古通常用的硫酸纸。其次为了减少打印的底图误差，德方在聚酯薄膜绘图纸上用自制的工具钉有按绘图比例缩放的坐标

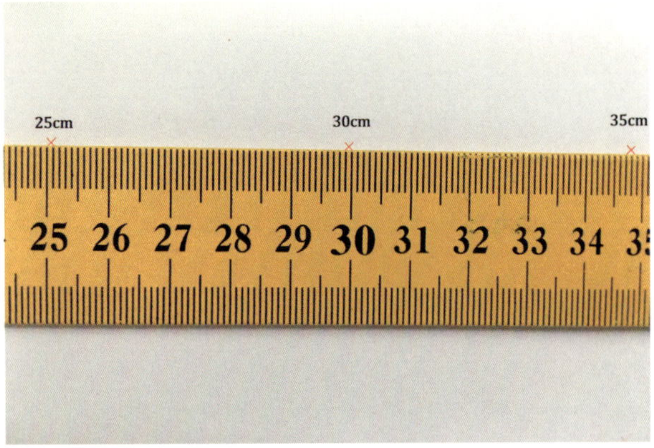

图二五 纸张误差展示

图二六 制作绘图用的网格标记

网格孔（图二六）。在利用底图绘制时，每绘制一个测绘网格内的遗迹都要同步对齐底图网格进行校准，以防止底图纸张变形误差导致的误差累积放大。除此之外，德国团队的测绘工具也非常精良，所用的专用绘图铅笔、转笔刀、橡皮能辅助绘制极为细致的铅笔图纸。另外，在电子全站仪辅助测量中，德方团队对仪器设定精度要求非常高，设站误差不能高于 3 毫米，否则就要重新设站，以确保各碎部测量点的测量精度。相较于国内常见的利用拉皮尺做基线测量绘制遗迹剖面的方法，德方均一丝不苟地利用全站仪打点记录的方式获取剖面数据。

其三，目标明确、精益求精、不断进步的工作态度。德方认为，不是测量精度越高越好，而是根据不同的研究目的而开展不同层次的测绘和记录工作。实际上，雷奥尼德斯厅遗址早在百年前就已经被发掘且进行了测绘记录，当时绘制的遗址平面图在我们看来至今仍不过时，并且还使用阴影表示各部分遗址的高度数据。但德方告诉我们：受制于历史条件和当时的测绘理念，当年的图纸已经不能完全反映遗址现有的残损状态，也不利于进一步深入研究；并且告诉我们，当时雷奥尼德斯厅遗址中央的游泳池一直是利用对称法复制绘成的，这种绘图方法在国内至今依然常见（图二七）。

通过上述工作及交流，工作组对德国团队的工作理念、方法、手段等有了较为深入的了解，也对西方建筑有了初步认识。虽然 2019 年中国考古学会建筑考古专业委员会成立标志着国内对建筑考古学的重视和认可，但仍侧重于后期工作，即利用考古出土的建筑遗迹和材料进行研究和复原，很少有建筑学家直接参与到考古发掘和记录的全过程中，在学科交叉研究方法和团队协作上探索得仍然比较少。而在奥林匹亚遗址的建筑考古实践中，考古学与建筑学的密切合作则成为一个传统，这给了我们一些反思。

第一，德国建筑考古学本质上不是一门独立的学科，它依赖于田野考古发掘成果，其核心是以考古学田野记录和研究为基础。在方法上，德国建筑考古学结合了建筑学的测绘方法和考古学的田野方法，详尽地记录并重点关注遗迹的构造细节与施工、改造痕迹，因此可以揭示未载于历史文献的建造历史、改造历程甚至工艺技术，从而还原历史。而这些均与国内考古工作的理念无异。

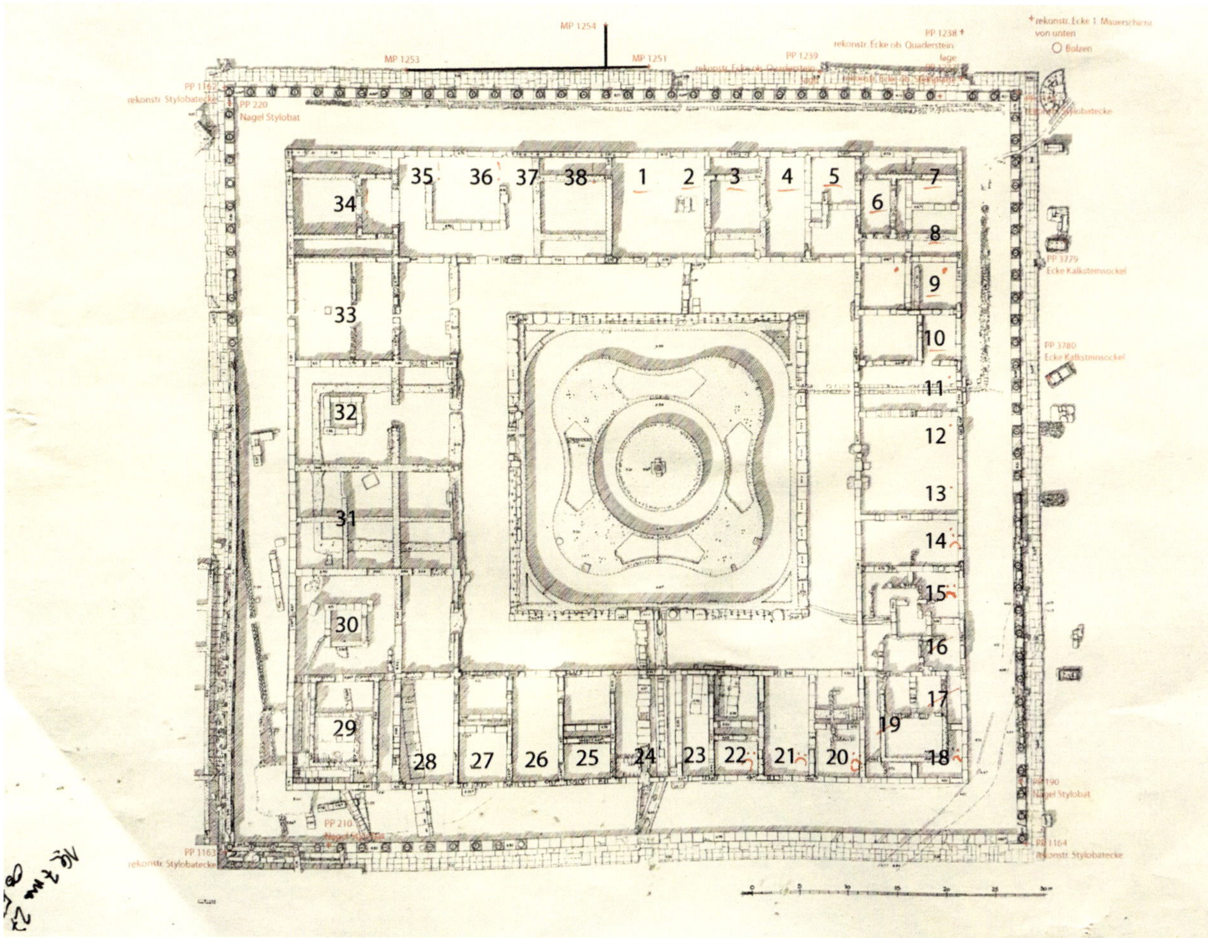

图二七 百年前的雷奥尼德斯厅遗址的测绘平面图

第二，虽然国内考古在考古发掘和记录方面的理念和方法日臻完善，并处于国际领先水平，但在考古绘图方面仍然滞后，水平参差不齐。一方面过多依赖于技术工人的测绘记录，而研究者则缺席田野工作；另一方面则是过多依赖电子设备或数字技术，甚至完全交付给计算机来绘制，同样违背了田野考古工作的初衷，这是国内考古界需要警惕的一个倾向。而德方在考古信息调查记录的每个环节除非常重视细部信息的记录与表达（根据记录目标的要求），尤其突出考古人员在考古信息记录上的主导地位，并不一味地依赖测量记录机器。德方强调人眼观察遗存、提取遗存信息的重要性，通过手绘，在对线条的把握中感知遗存的细微处和机器无法获取只能人眼手感体会的韵味。德国团队这种坚持利用传统人工与全站仪为主的方法，使得他们的田野线图精度达到极高水准，同时也最大化利用了测量仪器（有的机器远不如我们先进）的优势。

第三，扎实做好基础工作是德国团队此次给我们的最大感受。虽然经过几代人的考古工作，古奥林匹亚圣域已经完整呈现在世人面前，但是德国团队仍以吃透材料、以材料为中心，从基础的平凡的测量、绘图、拼对修复厚重的石构件等工作做起，从细处着眼，从基本功入手，从不以技术的哗众取宠而丧失

图二八 与德方团队合影

考古的根本，每一阶段的工作、每一代人的工作，都经得起历史的检验。

“他山之石，可以攻玉”，“他山之石，也在打磨”，认真思考此次工作实践，我们认识到在不同的文化背景与文化传统下，我们的工作理念和成熟的工作方法不可偏废，同时应该借鉴西方建筑考古的一些卓有成效的记录方法与手段，结合国内考古实际，重视田野，夯实基础，不断提升考古测绘与记录工作的水平，方为科学的态度（图二八）。

［本次工作的开展得益于已故德国考古研究院建筑所所长沃尔夫·海特教授（Prof. Wulf Rheidt）的大力帮助，谨以此文聊表对海特教授的纪念。在此也对克劳迪娅·梅克勒（Claudia Maechler）博士团队全体同人及陈晓程女士一并致谢！］

执笔：吴　伟、徐海峰

摄影：吴　伟、徐海峰、沃尔夫·海特

吉尔吉斯斯坦丝路遗产考古调查报告

故宫考古研究所　西安市文物保护考古研究院

响应国家“一带一路”文化建设战略，为今后中亚的跨国联合考古工作做准备，2019 年 9 月，应吉尔吉斯斯坦国家科学院历史、考古与民族研究所邀请，西北大学中亚考古队组织西安市文物保护考古研究院、故宫考古研究所及国内多家考古文博单位参加了在吉尔吉斯斯坦奥什州（Osh）举办的“费尔干纳盆地（Fergana Valley）四国联合考察活动”，与吉尔吉斯斯坦、乌兹别克斯坦和塔吉克斯坦三国的考古学者一同对吉尔吉斯斯坦境内费尔干纳盆地区域的文化遗产点进行实地调查，并举行座谈会进行考古合作交流。会后，西安市文物保护考古研究院与故宫博物院的诸位同人，组成考古调查队又赴吉尔吉斯斯坦多地进行考古遗址调查。这是故宫考古研究所自 2017 年正式参与中亚地区考古工作以来，首次进入吉尔吉斯斯坦境内开展考古调查工作，也是西安市文物保护考古研究院自 2018 年以来第二次在吉尔吉斯斯坦境内开展考古调查工作。

吉尔吉斯斯坦位于中亚东北部，北接哈萨克斯坦，东邻中国新疆地区，南靠塔吉克斯坦，西毗连乌兹别克斯坦，战略位置十分重要。其国土东北部被天山山脉环绕，西南部被帕米尔高原环绕，是连接欧亚大陆的要冲，也是古丝绸之路必经之地。本次调查是在吉尔吉斯斯坦国家科学院历史、考古与民族研究所的安排与整理以往资料的基础上，对吉尔吉斯斯坦境内费尔干纳盆地、塔拉斯、比什凯克、伊塞克湖南岸为中心的周边遗产点进行了实地踏查和详细记录，并取得了重要的收获和认识（图一）。下面将本次调查的收获按地区逐一介绍。

一、吉尔吉斯斯坦境内费尔干纳盆地区域的调查

费尔干纳盆地是天山和阿赖山（Alay）的山间盆地，分别属于乌兹别克斯坦、塔吉克斯坦和吉尔吉斯斯坦三国。盆地东西长 330 千米，南北宽 70 千米，海拔 300~1000 米。由于近代政治原因，费尔

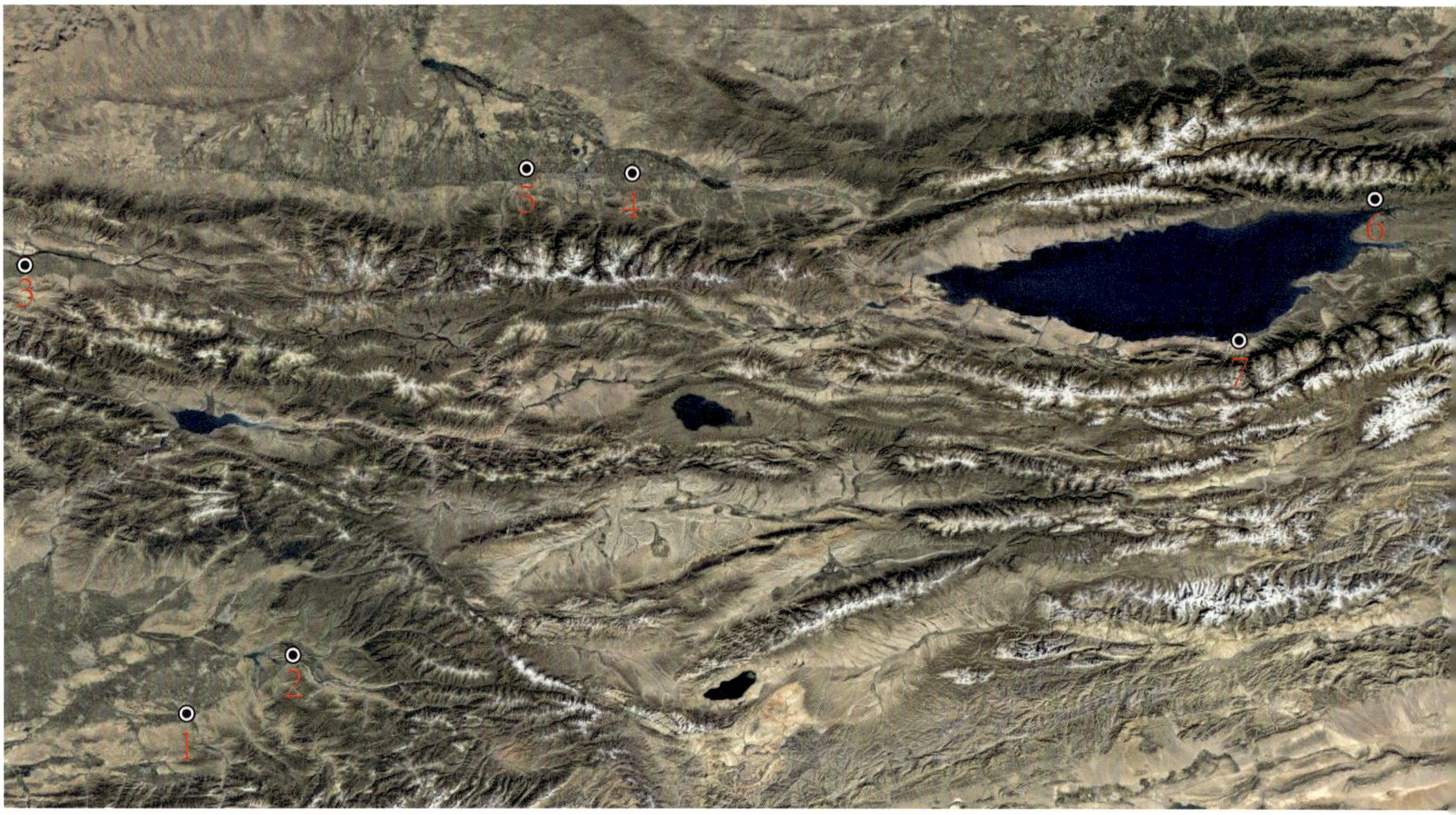

图一 本次调查遗产点分布示意图

1.奥什（Osh）地区2处遗产点 2.乌兹根（Uzgen）地区2处遗产点 3.塔拉斯（Talas）地区5处遗产点 4.托克马克（Tokmok）附近3处城址 5.比什凯克（Bishkek）以西墓群 6.伊塞克湖（Issyk Kul）北岸墓群 7.伊塞克湖南岸3处遗产点

干纳盆地现今分属三国，古代的费尔干纳盆地则属于大宛[1]（图二）。

中国古代文献中关于大宛的记载颇多。最早可以追溯至《史记·大宛列传》：“大宛在匈奴西南，在汉正西，去汉可万里。其俗土著，耕田，田稻麦。有蒲陶酒。多善马，马汗血，其先天马子也。有城郭屋室。其属邑大小七十余城，众可数十万。其兵弓矛骑射。其北则康居，西则大月氏，西南则大夏，东北则乌孙，东则扜罙、于窴。”《汉书·西域传》又载：“大宛国，王治贵山城，去长安万二千五百五十里。户六万，口三十万，胜兵六万人。副王、辅国王各一人。东至都护治所四千三十一里，北至康居卑阗城千五百一十里，西南至大月氏六百九十里。北与康居、南与大月氏接，土地风气物类民俗与大月氏、安息同。大宛左右以蒲陶为酒，富人藏酒至万余石，久者至数十岁不败。俗耆酒，马耆目宿。宛别邑七十余城，多善马。马汗血，言其先天马子也。”

1 余太山：《塞种史研究》，第113~148页，商务印书馆，2012年；余太山：《两汉魏晋南北朝正史西域传要注》，第5页，商务印书馆，2013年；王治来、丁笃本：《中亚通史·古代卷（上）》，第103、104、226页，新疆人民出版社，2010年。

图二 费尔干纳盆地地形示意图

东汉时期，《后汉书·孝顺孝冲孝质帝纪》记述了“五年春正月，疏勒王遣侍子，及大宛、莎车王皆奉使贡献”的事件。《后汉书·西域传》又载：“（莎车王）贤以大宛贡税减少，自将诸国兵数万人攻大宛，大宛王延留迎降，贤因将还国，徙拘弥王桥塞提为大宛王。而康居数攻之，桥塞提在国岁余，亡归，贤复以为拘弥王，而遣延留还大宛，使贡献如常。”

西晋时《晋书·西戎传》记载：“大宛国去洛阳万三千三百五十里，南至大月氏，北接康居，大小七十余城……太康六年，武帝遣使杨颢拜其王蓝庾为大宛王。蓝庾卒，其子摩之立，遣使贡汗血马。”[1]

北魏时期有《魏书·西域传》记载：“洛那国，故大宛国也。都贵山城，在疏勒西北，去代万四千四百五十里。太和三年。遣使献汗血马，自此每使朝贡。”隋代则改称钹汗国，《隋书·西域传》记载：“钹汗国，都葱岭之西五百余里，古渠搜国也。王姓昭武，字阿利柒。都城方四里。胜兵数千人。”唐代分为东曹、宁远两部分，《新唐书·西域传下》记载：“东曹，或曰率都沙那，苏对沙那，劫布呾那，苏都识匿，凡四名。居波悉山之阴，汉贰师城地也……北至石，西至康，东北宁远……宁远者，本拔汗那，

1 （汉）司马迁：《史记》，第3160页，中华书局，1959年；（汉）班固：《汉书》，第3894页，中华书局，1962年；（宋）范晔撰，（唐）李贤等注：《后汉书》，第257、2925页，中华书局，1965年；（唐）房玄龄等：《晋书·西戎传》，第2543、2544页，中华书局，1974年。

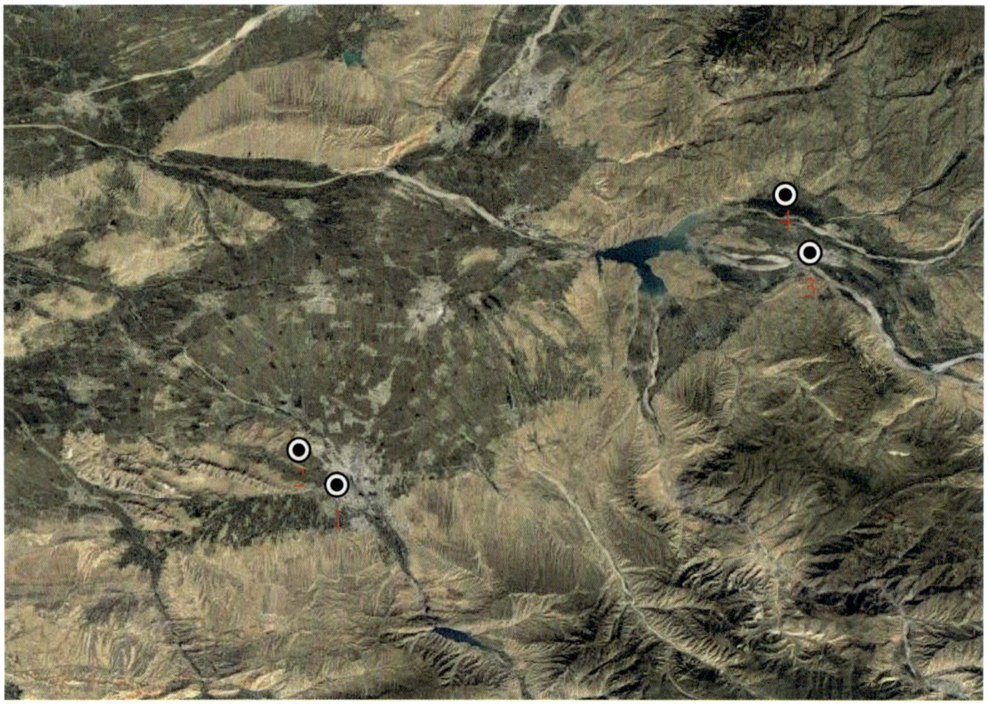

图三 奥什地区遗址分布图

1.苏莱曼山遗址 2.阿里马赫山岩画 3.乌兹根遗址 4.肖罗巴沙特遗址

或曰钹汗，元魏时谓破洛那。去京师八千里。居西鞬城，在真珠河之北。有大城六，小城百。人多寿。其王自魏、晋相承不绝……天宝三载，改其国号宁远……其事唐最谨。”[1]

公元8世纪，倭马亚王朝的呼罗珊总督屈底波开始进军中亚地区，传播伊斯兰教。公元715年，阿拉伯军队到达了费尔干纳，屈底波本人也葬在了安集延。倭马亚王朝的统治并不持久，在各路反抗者的攻击下崩溃。但是阿拉伯人的势力并未完全消散，仍然与唐王朝、吐蕃人争夺对中亚的控制权。公元751年，怛罗斯之战，阿拔斯王朝击败唐军，阿拉伯人在中亚争夺中开始占据优势。但是中亚的各民族对阿拔斯王朝统治的反抗也从未停止，直到塔希尔王朝的建立，标志着阿拉伯统治时期终结。之后萨曼王朝、喀剌汗王朝、西辽、蒙古帝国、帖木儿帝国、布哈拉汗国、浩罕汗国、沙俄、苏联相继登场，直至今日[2]。

本次调查的遗址主要分布在吉尔吉斯斯坦的奥什州境内，奥什地区是费尔干纳盆地东侧的咽喉，掌握着从天山向西的丝路十字路口，自古以来就是文明繁盛之地。由奥什向北可以通往南哈萨克斯坦、七河流域，向西是广阔的费尔干纳盆地，向南翻越群山便可进入帕米尔高原，通往中国（图三）。

1 （北齐）魏收：《魏书》，第2270页，中华书局，1974年；（唐）魏徵等：《隋书》，第1853页，中华书局，1973年；（宋）欧阳修等：《新唐书》，第6245、6250页，中华书局，1975年。

2 王治来、丁笃本：《中亚通史·古代卷（上）》，第235~306页，新疆人民出版社，2010年；王治来、丁笃本：《中亚通史·古代卷（下）》，新疆人民出版社，2010年。

图四 苏莱曼山卫星图

1. 苏莱曼山（Sulaiman-Too）遗址

苏莱曼山遗址位于奥什市中心，被视为奥什的象征，它控制着古代丝路的交通要道（图四），2009 年被列入联合国世界文化遗产名录（图五）。苏莱曼山由五座山峰组成，山峰和山坡间散布无数的祈祷地点和古代岩画（图六）。整个遗址由山下的国家历史考古博物馆、半山的苏莱曼山博物馆、遍布山中的岩画和东部山头的巴布尔清真寺组成（图七）。在超过 1500 年间，被视为丝路旅行者、穆斯林和各个时期不同宗教信仰者的朝圣场所之一，是中亚地区圣山最完整的象征。

UNESCO
United Nations Educational, Scientific and Cultural Organization
World Heritage Convention

CONVENTION CONCERNING THE PROTECTION OF THE WORLD CULTURAL AND NATURAL HERITAGE

The World Heritage Committee has inscribed

Sulaiman-Too Sacred Mountain

on the World Heritage List

Inscription on this List confirms the outstanding universal value of a cultural or natural property which requires protection for the benefit of all humanity

DATE OF INSCRIPTION
30 June 2009

Irina Bokova
DIRECTOR-GENERAL OF UNESCO

图五 苏莱曼山世界文化遗产标识牌

苏莱曼山的博物馆分为两部分，山下的国家历史考古博物馆建于 1949 年，是苏联时期为庆祝奥什建城三千年所修建。整个博物馆收藏了超过三万件文物和标本，展出吉尔吉斯斯坦南部的历史文化与自然资源（图八）。其中展示的吉尔吉斯斯坦南部巴特肯州卡拉·布拉克墓地（Kara-Bulak）出土的众多遗物有着重要的意义，被认

图六 苏莱曼山航拍图

图七 苏莱曼山东部山峰上的巴布尔清真寺

图八　苏莱曼山国家历史考古博物馆

图九　参观国家历史考古博物馆

为可能是大宛文化的遗存[1]。卡拉·布拉克墓地位于巴特肯以南16千米处，西天山北麓的山前冲积扇上，整片墓地墓葬数量超过900座，1954年由巴鲁兹金发掘了136座。从博物馆所展示的卡拉·布拉克墓地墓葬平、剖面图来看，一般的墓葬形制是地面有封土，封土下为竖穴墓道，在墓道的一侧挖侧室，放置木制葬具和随葬品，再在墓道中填石。葬式为仰身直肢葬，个别女性腿部微屈。出土随葬品有草编篓、武器、工具、雕像、饰品、服饰等。由于气候原因，木制葬具、皮质和木制的随葬品、编织物都保存较好，还出土了三具木乃伊（图九）。

另外一部分则是位于半山腰的苏莱曼山博物馆，建于1978年，在苏莱曼山的天然岩洞基础上建成（图一〇、图一一）。博物馆展出与苏莱曼山有关的文物遗迹、自然资源，也有一部分吉尔吉斯斯坦的民族服饰、民俗等展品（图一二）。

苏莱曼山的岩画散布于五座山峰的山顶和山坡的岩石上，记录在案的共计101幅画面，有典型的大宛天马图案，也有羊、人物、日月、手印、脚印等其他图案，在时代上既有早期乌孙、塞人的岩画，也有晚期突厥、蒙古时期的岩画（图一三、图一四）。

在山间还分布有古老的礼拜场所和修行用的洞穴，以及两座16世纪的清真寺。散落在各个山峰和山坡的朝圣地点被朝圣者的足迹连接。对这座山的崇拜的实物遗存，既有晚期伊斯兰时期的，也有早期祆教流行时期的，山中的博物馆展示有祆教相关的遗物，包括圣火坛和纳骨瓮。

2. 阿里马赫山（Ayrymach-Too）岩画

阿里马赫山位于奥什西北约7千米处，北纬40° 34′ 30.27″，东经72° 43′ 39.31″（图一五），距离苏莱曼山遗址6.8千米（图一六）。在长约1千米的山顶岩石上有十几处岩画点及特殊的祭祀遗址（图一七）。

1　孙危：《大宛考古学文化初探》，《考古与文物》2004年第4期。

图一〇 苏莱曼山博物馆鸟瞰

图一一 苏莱曼山博物馆入口

图一二 参观苏莱曼山博物馆

图一三 苏莱曼山马主题的岩画

图一四 苏莱曼山几何图案主题岩画

图一五 阿里马赫山卫星图

图一六 阿里马赫山与苏莱曼山相对位置图

阿里马赫山由四座山峰组成，1 号山有较早的乌孙、塞人的岩画，2 号山以祭祀遗址为主，3 号山的岩画以大宛天马为主，4 号山则有较晚的突厥、蒙古时期的岩画（图一八）。本次调查主要考察了 2 号与 3 号山。3 号山的大宛天马岩画主要分为三层，超过 30 幅画面，最大的一幅高 1.1 米。除了天马的形象，还有鹿、羊、太阳、月亮、人物等其他画面（图一九~图二二）。

图一七 实地调查阿里马赫山

图一八 阿里马赫山岩体

图一九 阿里马赫山马主题的岩画

图二〇 阿里马赫山马主题的岩画

2号山的祭祀遗址较为特殊，是两条由人工雕凿的宽约10厘米的条带，由细密的雕凿的小点构成，基本为东西向，长度目前可见的有十几米，从山脊向山坡两侧延伸（图二三、图二四）。

3. 乌兹根（Uzgen）遗址

乌兹根位于费尔干纳盆地的东部，古代大宛东部的中心。公元10世纪末，曾短暂作为喀剌汗王朝西半部的都城，西辽时期则是其国库所在，在蒙古西征和帖木儿时期也有着重要的地位。根据中世纪的文

图二一 阿里马赫山马与羊主题的岩画

图二二 阿里马赫山马与鹿主题的岩画

图二三 阿里马赫山山岩上的祭祀遗迹

图二四 阿里马赫山祭祀遗迹细部图

献记载，乌兹根是穆斯林和游牧民的分界线。

乌兹根（Uzgen）遗址位于乌兹根市中心偏南，黑河（Karadarya）的北岸台地上，北纬40° 46′ 7.6″，东经73° 17′ 53.61″（图二五）。城址由Ⅰ~Ⅳ号四处高台区域组成（图二六）。其中第三座高台上的城址修筑了坚实的防御工事，起着城堡的作用；现存的宣礼塔和三座陵园位于第四座高台上，为喀剌汗王朝时期所建（图二七、图二八）。乌兹根遗址把守着亚兹（Yassy）河河谷的入口，通过这里进入天

图二五 乌兹根遗址卫星图

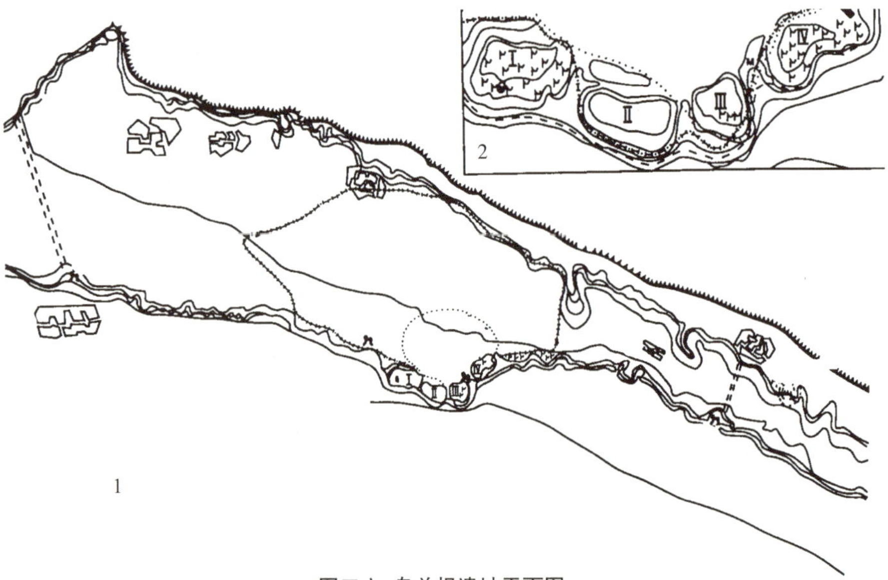

图二六 乌兹根遗址平面图

山的古代丝路，向北通往伊塞克湖南岸，向东通往喀什。作为丝路上重要的连接点，从古至今，这里都是政治、经济、贸易和文化的交汇处（图二九）。

宣礼塔高 24、直径 19 米，与布拉纳的宣礼塔是仅存的两座喀剌汗王朝时期的宣礼塔，该塔的八面体塔基、塔的圆顶和塔身的砖雕十分繁复（图三〇）。1988~1989 年的考古发掘发现了在宣礼塔和陵墓之间曾经有过一座大型建筑，可能是 13 世纪的经学院遗址（图三一）。陵墓由三座砖砌建筑构成，最早的一座建于 11 世纪，20 世纪 20 年代和七八十年代经过发掘和修复，通过其中的铭文了解到喀剌汗王朝

图二七 乌兹根遗址Ⅳ号区卫星图

图二八 乌兹根宣礼塔、陵墓航拍

图二九 现场参观乌兹根遗址

在乌兹根的首领和军队领导也被葬在北部和南部的两座墓室中，他们生活在大约 12 世纪中期（图三二～图三五）。外墙有传统伊斯兰风格称为库菲（Kufi）、纳斯赫（Naskh）、苏斯（Suls）的书法装饰和植物枝条装饰（图三六）。这一组建筑在宣礼塔和三座陵墓的建筑和装饰被认为是喀剌汗王朝时期的“建筑装饰品百科全书”，是前蒙古时期建筑风格演化的典范。

图三〇 乌兹根宣礼塔

图三一 乌兹根遗址发掘现场遗迹介绍

图三二 乌兹根遗址陵墓航拍

图三三 乌兹根遗址陵墓与保护大棚

图三四 乌兹根遗址陵墓

图三五 乌兹根遗址陵墓内设置的小型陈列室

图三六 乌兹根遗址陵墓遗址门楣上的装饰

图三七 肖罗巴沙特遗址卫星图

图三八 肖罗巴沙特遗址航拍图

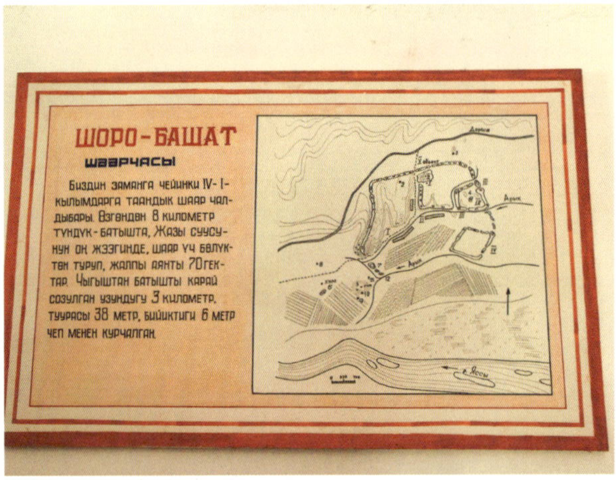

图三九 肖罗巴沙特遗址平面图

4. 肖罗巴沙特（Shoro Bashat）遗址

肖罗巴沙特遗址位于乌兹根市西北8千米，肖罗巴沙特（Shoro Bashat）村西2千米，亚兹（Yassy）河右岸台地上，北纬40° 50′ 4.70″，东经73° 14′ 44.03″（图三七）。遗址现在可以看到高出地面的城墙和高台遗址（图三八）。

肖罗巴沙特遗址是费尔干纳东部亚兹河流域目前发现早期最大的城址，修筑有坚固的防御性建筑工事，长超过 300 米，宽超过 240 米，面积超过 7 万平方米（图三九）。20 世纪 50 年代进行过小规模的发掘，遗址平面呈不规则的四边形，北墙、西墙较直，现存高度 3 米左右，东墙因为城堡的原因略有凸出，南墙曲折明显，东南城角隐约有一处小城的痕迹（图四〇、图四一）。城址东部的城堡近似三角形，长约 60、宽约 45、残高约 5 米。扎德涅普罗夫斯基（J. A. Zadneprovskiy）认为该遗址兴盛于公元前 4~ 公元 1 世纪，很有可能是中国文献中所记载的郁城（图四二 ~ 图四四）。

图四〇 肖罗巴沙特遗址高台遗址航拍

图四一 肖罗巴沙特遗址城墙遗迹

图四二 肖罗巴沙特遗址出土陶器

图四三 参观肖罗巴沙特遗址小陈列室

图四四 费尔干纳盆地四国联合考察活动座谈会

《史记·大宛列传》记载武帝派贰师将军李广利伐大宛，求取天马，首次出兵“（贰师将军）比至郁成，士至者不过数千，皆饥罢。攻郁成，郁成大破之，所杀伤甚众”。回军敦煌后整军再战，直取大宛王城，“宛王城中无井，皆汲城外流水，于是乃遣水工徙其城下水空以空其城”。大军到达后，“围其城，攻之四十余日，其外城坏，虏宛贵人勇将煎靡。宛大恐，走入中城”。大宛贵族震恐，杀其王与汉平，“宛乃出其善马，令汉自择之，而多出食食给汉军。汉军取其善马数十匹。中马以下牡牝三千余匹，而立宛贵人之故待遇汉使善者名昧蔡以为宛王，与盟而罢兵。终不得入中城。乃罢而引归”。征战中，汉军有一支偏师折戟郁城，“王申生去大军二百里，而轻之，责郁成。郁成食不肯出，窥知申生军日少，晨用三千人攻，戮杀申生等，军破，数人脱亡，走贰师。贰师令搜粟都尉上官桀往攻破郁成。郁成王亡走康居，桀追至康居”，终杀郁城王[1]。郁城虽破，但贰师城仍在，可能就是乌兹根遗址，但这一观点仍有很大争议[2]。

二、塔拉斯（Talas）地区

塔拉斯地区位于吉尔吉斯斯坦西北部，塔拉斯河上游，与下游的哈萨克斯坦的塔拉兹地区相邻（图四五）。历史上著名的怛逻斯之战就发生在这一区域，《新唐书・西域传下》记载：“（石国）王子走大食乞兵，攻怛逻斯城，败仙芝军，自是臣大食。”《资治通鉴》又载：“高仙芝之虏石国王也，石国王子逃诣诸胡，具告仙芝欺诱贪暴之状。诸胡皆怒，潜引大食欲共攻四镇。仙芝闻之，将蕃、汉三万众击大食，深入七百余里，至怛罗斯城，与大食遇。相持五日，葛罗禄部众叛，与大食夹攻唐军，仙芝大败，士卒死亡略尽，所余才数千人。”[3] 该区域的遗产点主要分布在塔拉斯河上游，右岸河谷地带，是丝绸之路的重要分支，将南哈萨克斯坦与七河流域连接了起来（图四六）。这一区域的遗产点包括与吉尔吉斯斯坦民族的英雄史诗《玛纳斯》有关的物质和非物质文化遗产，以及不同时期的考古遗迹。

1. 肯科尔墓群（Kenkolski cemetery）

肯科尔墓群位于塔拉斯西北 7 千米处，发现了数量众多的墓葬，时代从公元前 1000 年末一直延续至公元 6 世纪左右。吉方介绍在这一区域发现了大量不同时期的墓葬，出土包括丝绸、木质葬具、青铜武器等众多遗物。该墓地由伯恩施塔姆（A. N. Bernshtam）于 1938 年发现，并在 1938~1939 年和 1956~1957 年间进行了发掘。所发掘的墓葬为竖穴墓室，墓室中有四具人骨，他认为中央的两具为蒙古人种，外围的两具为欧罗巴人种，说明了该地区的欧罗巴人种原住民被公元前 1000 年入侵的异族征服。

1 （汉）司马迁：《史记》，第 3175~3178 页，中华书局，1959 年。

2 余太山：《塞种史研究》，第 121~124 页，商务印书馆，2012 年。

3 （宋）欧阳修等：《新唐书》，第 6246 页，中华书局，1975 年；（宋）司马光：《资治通鉴》，第 6907、6908 页，中华书局，1956 年；杨军、高厦：《怛逻斯之战——唐与阿拉伯帝国的交锋》，商务印书馆，2017 年；林梅村：《西域考古与艺术》，第 276~307 页，北京大学出版社，2017 年。

图四五　塔拉斯地区地形图

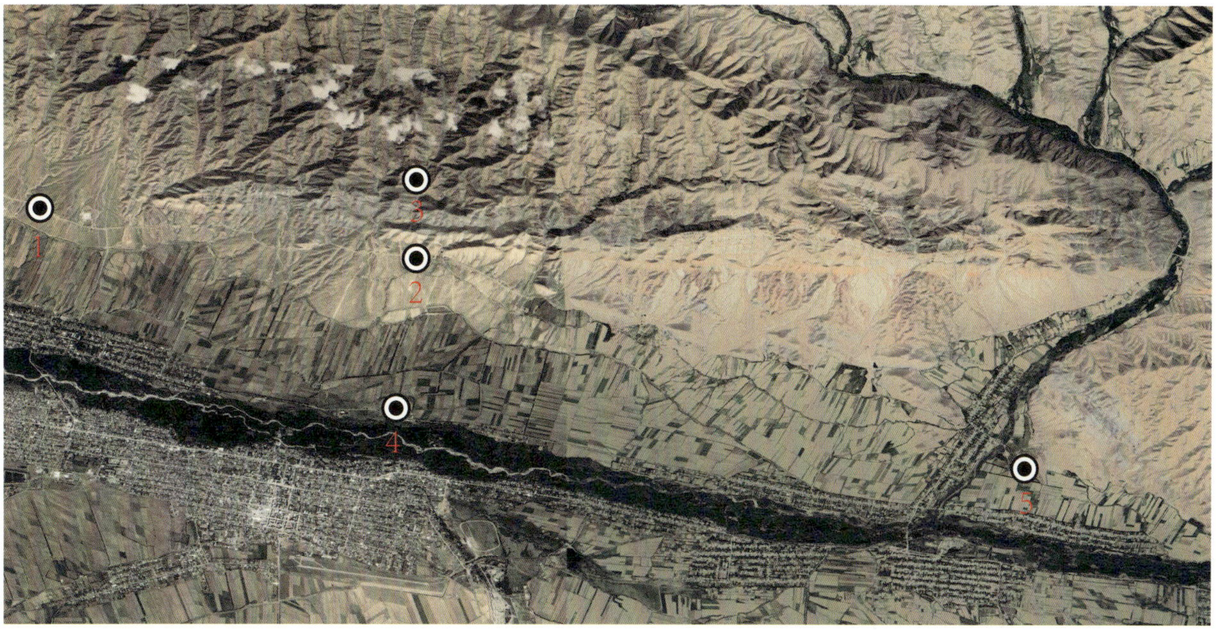

图四六　塔拉斯地区遗址分布图

1.肯科尔墓群　2.库兰卡鲁克古城　3.库兰萨伊粟特铭文　4.阿克托别古城　5.玛纳斯陵墓

墓地目前可见高出地面的圆形的墓葬封土，封堆顶部中间凹陷，封土周边散落众多的大小石块（图四七）。肯科尔墓地以东 2 千米处还有一处墓地，被破坏得较为严重，可在断面上看见明显的墓室，个别墓室已经暴露在外，可见人骨散落在地。墓葬形制为竖穴墓葬，墓室由土坯砖垒砌，剖面呈三角形或拱形，没有发现陶片和随葬品（图四八、图四九）。

2. 库兰卡鲁克（Kulan-kurok）古城

库兰卡鲁克古城位于塔拉斯以北 6 千米处，吉尔吉斯山南坡（图五〇）。城址由两重城墙环绕，外

图四七　实地考察肯科尔墓群的墓葬封土

图四八　肯科尔墓群被破坏的墓葬

图四九　肯科尔墓群被破坏墓室的内景

图五〇　库兰卡鲁克遗址卫星图

城城墙高出地面2米左右，南部保存较好，西侧和东侧破坏较严重。内城平面呈不规则的椭圆形，南、西、东三面有城墙，北侧与山脉相连。现存高出地面3~5米的城墙遗迹，从剖面可观察到土坯与石块垒砌的遗迹（图五一、图五二）。内城中心有一处长76、宽56、残高3米左右的小丘，可能为城堡遗迹。地面可采集到红陶片（图五三）。

19世纪末至今，包括巴托尔德、卡拉乌尔、伊万诺夫、马松、布加切科夫、伯恩施塔姆、卡让米卡等人在内的一批学者对遗址进行了记录，测量其范围，还进行了小面积的挖掘工作，认为该遗址是阿克托别（Ak-tobe）古城的外围堡垒之一。

图五一 库兰卡鲁克古城高出地面的城墙遗迹

图五二 库兰卡鲁克古城城墙断面

图五三 库兰卡鲁克古城采集的陶器口沿

3. 库兰萨伊（Kulan-sai）的粟特铭文

库兰萨伊的粟特铭文位于塔拉斯以北 7 千米的库兰萨伊山谷中。山谷十分狭窄，植被贫瘠，道路沿河流延伸向山谷内。库兰萨伊的铭文镌刻在一块巨大的山岩上，可见 18 行铭文，最高的为 5.2 米，铭文表面朝南，即山谷方向。铭文题在山岩右部，起始行紧贴山岩顶端。字母较大，有 4~11 厘米，行距为 6~15 厘米（图五四）。铭文保存状况一般，被山岩上的，苔藓植物所侵蚀（图五五）。铭文的内容暂时未被解读。此外在附近山谷中的岩石上，还发现有岩画的遗迹。

图五四 库兰萨伊岩石上的铭文

图五五 考察队与库兰萨伊的粟特铭文合影

4. 阿克托别（Ak-tobe）古城

阿克托别古城位于塔拉斯以北 3 千米处，塔拉斯河北岸，是塔拉斯山谷最大的遗址，中世纪时被称为 Tekabket（图五六）。塔拉斯河右岸的古城中心高台遗址保存至今，周围则已经成为一片近现代穆斯林墓地（图五七、图五八）。

从 19 世纪末开始，古城就已经被学界所注意。巴托尔德、卡拉乌尔、伊万诺夫、马松、伯恩施坦姆、卡让米卡等学者进行了多方面的工作：描述、测量遗址范围、研究城市年代并进行简单的发掘等。伊万诺夫发表了古城的防御系统示意图；伯恩施坦姆则研究了遗址的地层堆积；卡让米卡于 1956~1960 年进行过发掘。

图五六 阿克托别遗址卫星图

图五七 现场考察阿克托别古城遗址

图五八 阿克托别城址中心高台遗迹

一般认为阿克托别古城即文献中记载的郅支单于城，为郅支单于强迫康居为其修建的城。《汉书·甘延寿、陈汤传》记载郅支单于西逃康居："郅支单于自以大国，威名尊重，又乘胜骄，不为康居王礼，怒杀康居王女及贵人、人民数百，或支解投都赖水中。发民作城，日作五百人，二岁乃已。"文献记载城址有两重，内部是土城，外部是重木，而且筑有城楼，城的最内部有单于的内宫。公元前 36 年，西域都护甘延寿与副校尉陈汤为维护西域的安定，率军进攻郅支单于，"汉兵四面推卤楯，并入土城中。单于男女百余人走入大内。汉兵纵火，吏士争入，单于被创死"。甘、陈二人向汉元帝上书"斩郅支首及名王以下。宜县头槁街蛮夷邸间，以示万里，明犯强汉者，虽远必诛"[1]。

5. 玛纳斯（Manas Ordo）陵墓

在塔拉斯市东 12 千米处，塔拉斯河北岸，位于一处高耸的山峰下，便是玛纳斯陵墓及其博物馆。《玛纳斯》是吉尔吉斯（柯尔克孜）族的英雄史诗，为全世界第二长的史诗，仅次于《格萨尔王传》，超过《摩诃婆罗多》。该史诗叙述了传说中的英雄玛纳斯及其子孙八代反抗契丹和瓦剌的掠夺与奴役，为争取自由而斗争的故事。史诗翔实记录了吉尔吉斯（柯尔克孜）人文学、政治、历史、医药等各个领域的宝贵资料。《玛纳斯》及其口头演唱传统从 19 世纪以来就成为我国与中亚地区民间文化交流的重要内容[2]。

玛纳斯陵是一处可以追溯至 14 世纪的伊斯兰风格建筑，由浅红色的砖砌成的单室立方体，双圆顶，内部为球形顶，外部则为 16 面带肋尖状顶，为近代修复时再修建的。外部上门面南，墙面有丰富的伊斯兰风格的装饰，门内一周用库菲书法重复了阿拉伯语 al-mulk，意思为"权力"或"规则"，外一周则描述了一位察合台汗国时期当地统治者的女儿 Kanizyak-Khatun（图五九）。

有人认为这座陵墓是玛纳斯的儿子 Semetei 为他的父亲建造的，但是大部分吉尔吉斯人则认为是玛纳斯的妻子 Kanykei 和他的朋友 Bakai 建造了这座陵墓。为了避免被敌人亵渎，他们在门上刻词，宣称其是当地统治者女儿的陵墓。在 1969 年对陵墓进行修缮时，考古学家发掘了这座墓葬，墓中发现了一具高大的男性骨骼，被当地人认为是玛纳斯本人（图六〇）。

玛纳斯博物馆是一座蓝色圆顶的伊斯兰风格建筑，博物馆外围摆放着收集来的岩画和突厥石人（图六一）。博物馆一层展示了《玛纳斯》史诗的流传范围和著名的诗歌吟唱者，以及玛纳斯陵墓在修复前的老照片还有刻画骑兵战斗场面和史诗中龙、鹰场面的木雕（图六二）。二楼楼梯口绘制了一幅大型壁画，描绘了《玛纳斯》史诗中的内容，并展示了传统吉尔吉斯游牧骑士的装束和生活用品（图六三）。展厅通过各种历史的或复制的文物，展现了《玛纳斯》史诗中的各个章节。

在玛纳斯博物馆北侧还有一个小型的考古博物馆，陈列着大量从山谷中收集的岩画、石人、各类

1 （汉）班固：《汉书》，第 3008~3015 页，中华书局，1962 年；石云涛：《丝路烽烟——汉与匈奴在西域的较量》，商务印书馆，2018 年。

2 阿地里·居玛吐尔地：《"一带一路"与口头史诗的流布和传播——论中国－吉尔吉斯斯坦〈玛纳斯〉史诗传统及其互动交流》，《西北民族研究》2017 年第 3 期。

图五九 玛纳斯陵

图六〇 玛纳斯陵旧照

图六一 玛纳斯博物馆

鲁尼文的铭刻照片。还有各类出土陶器、木器、铜器和遗址点的照片，以及吉尔吉斯民族的银饰、马具等器物（图六四、图六五）。

图六二 《玛纳斯》传唱者蜡像

图六三 《玛纳斯》巨幅壁画

图六四 玛纳斯考古博物馆陈列的陶器

图六五 考察队与玛纳斯考古博物馆馆长交流

三、比什凯克（Bishkek）及托克马克（Tokmok）附近地区

比什凯克是吉尔吉斯族人自古以来对该市的称呼，其柯尔克孜语的意思是“搅拌马奶的棒子”。1878 年俄国人将该地称为必茨伯克（Пишпек），1926 年吉尔吉斯斯坦加入苏联，成为其中一个加盟共和国——吉尔吉斯苏维埃社会主义共和国。比什凯克亦成为此加盟共和国首府，为纪念在吉尔吉斯斯坦出生的苏联和吉尔吉斯斯坦军事家米哈伊尔·伏龙芝（Михаил Васильевич Фрунзе），当地政府将比什凯克改称为伏龙芝（Фрунзе）。随着吉尔吉斯斯坦于 1991 年脱离苏联独立，吉尔吉斯斯坦政府于同年 2 月 7 日恢复比什凯克的地名。

这一地区在地理上属于楚河（Chui）流域，楚河即历史上的碎叶川。楚河源自天山山脉西部，流经伊塞克湖附近后转向西北，成为吉尔吉斯斯坦与哈萨克斯坦的界河，并在比什凯克西北 50 千米处进入哈萨克斯坦境内，继而横穿穆云库姆沙漠，最后汇入阿克扎伊肯湖（Akjaykyn），河流全长 1067 千米（图六六）。

本次调查主要实地走访了三处城址和一处墓地，这三处城址分别是新城、碎叶城、八剌沙衮城，它们兴盛于 6 世纪，集中了来自丝路沿线印度、粟特、波斯、突厥、汉人的各类文化和遗物（图六七）。

1. 阿克-贝希姆（Ak Beshim）遗址

阿克-贝希姆遗址位于比什凯克以东50千米，托克马克西南8千米处，楚河南岸，北纬42° 48′ 18.86″，东经75° 12′ 0.42″。遗址现在处在农田中，地势平缓，可见高出地面的城墙、城堡遗迹（图六八）。根据

图六六 比什凯克地理位置图

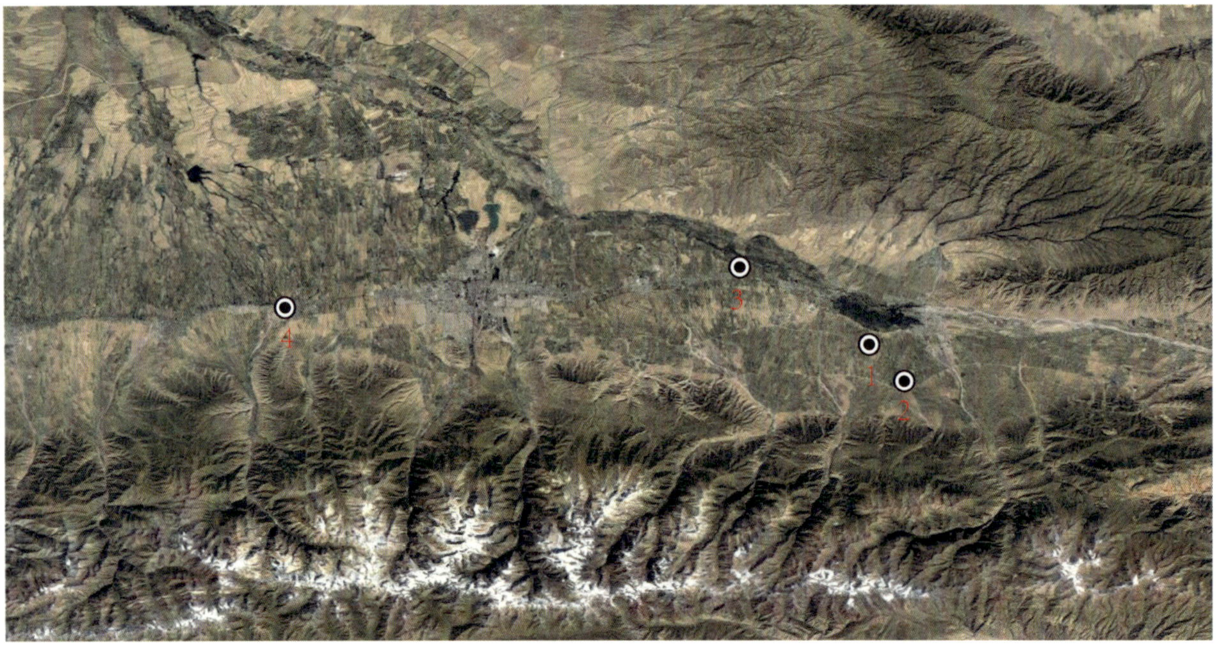

图六七 比什凯克附近地区遗址分布图

1. 阿克-贝希姆遗址 2. 布拉纳遗址 3. 科拉斯纳亚 · 瑞希卡城址 4. 别罗沃德茨克村墓葬群

图六八 阿克–贝希姆遗址卫星图

考古资料以及中外学者的考证，此即为文献中所载的碎叶城[1]。《大唐西域记》对碎叶城的记载较为简略："清池西北行五百余里，至素叶水城。城周六七里，诸国商胡杂居也。土宜穈、麦、蒲萄，林树稀疏。气序风寒，人衣毡褐。""清池"指的是伊塞克湖。《新唐书·地理志》记载："焉耆都督府，贞观十八年灭焉耆置。有碎叶城，调露元年，都护王方翼筑，四面十二门，为屈曲隐出伏没之状云。"[2]

1893~1894 年，沙俄对楚河流域进行的调查中已经发现阿克–贝希姆遗址。1938~1939 年，伯恩施坦姆也曾在此调查并发掘了第一佛寺。1953~1954 年，科兹拉索夫对第一佛寺进行了进一步的发掘，并发现了第二佛寺。第一佛寺位于小城内城堡西南 200 米，第二佛寺位于第一佛寺和城堡以东 400 米。在东城内发掘了一座景教教堂和墓地[3]。整个遗址的时代约为 5~12 世纪。20 世纪八九十年代，在城内还发现有汉文碑刻[4]（图六九）。2014 年，阿克–贝希姆遗址被正式列为世界文化遗产（图七〇）。

城址分为三个部分，西北部分的小城近似方形，建筑在较高的岗上，面积 35 万平方米左右，四周残存的城墙遗迹明显，东侧有一条深沟与东城隔开（图七一）。小城北墙中部内凹，东墙上隐约有几处

---

1 张广达：《碎叶城今地考》，《北京大学学报（哲学社会科学版）》1979 年第 5 期；许序雅：《唐代丝绸之路与中亚史地丛考》，第 25~27 页，商务印书馆，2015 年；陈凌：《丝绸之路的古城》，第 238~243 页，三秦出版社，2015 年。

2 （唐）玄奘、辩机著，季羡林校注：《大唐西域记校注》卷第一，第 71、72 页，中华书局，1985 年；（宋）欧阳修等：《新唐书》，第 1134 页，中华书局，1975 年。

3 刘迎胜：《"草原丝绸之路"考察简记》，《中国边疆史地研究》1992 年第 3 期；陈凌：《丝绸之路的古城》，第 232~243 页，三秦出版社，2015 年；[俄]Г.Л. 谢苗诺夫著，张宝洲译：《阿克·贝希姆遗址考古学的研究历史》，第 387~399、409 页，《丝绸之路研究集刊》（第二辑），商务印书馆，2018 年。

4 努尔兰·肯加哈买提：《碎叶出土唐代碑铭及其相关问题》，《史学集刊》2007 年第 6 期。

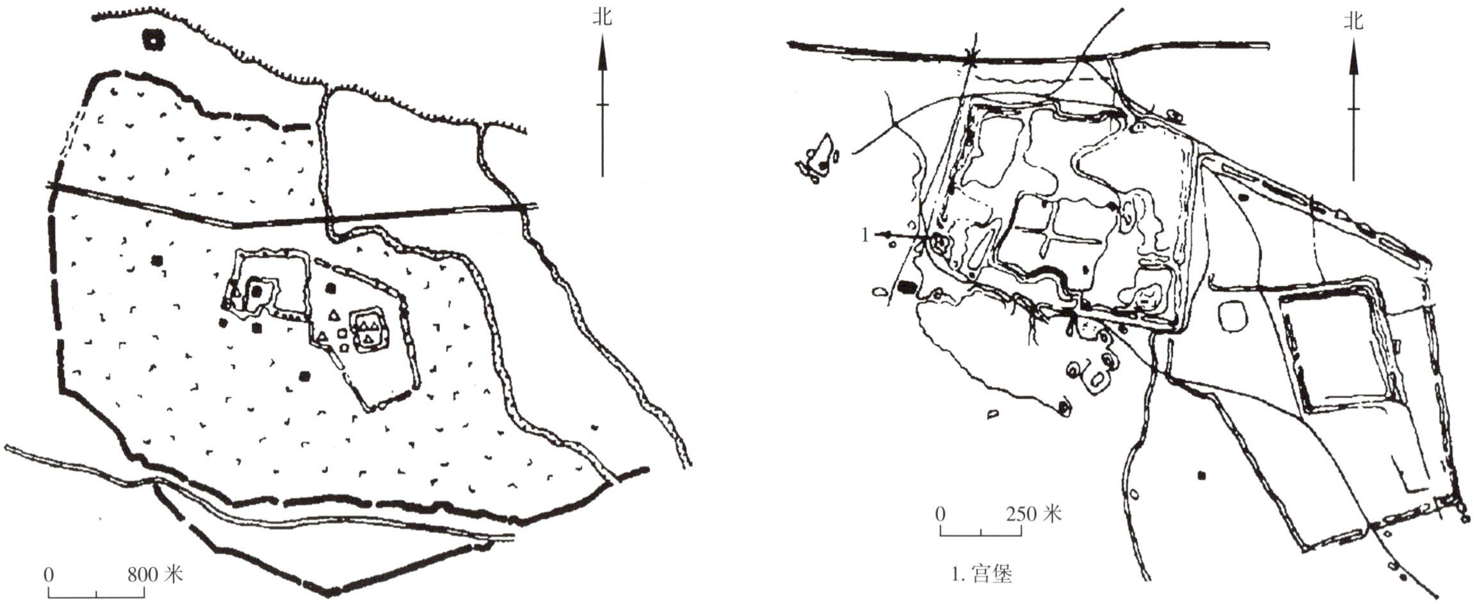

图六九　阿克-贝希姆遗址平面图

图七〇　阿克-贝希姆遗址世界文化遗产标识牌

图七一　阿克-贝希姆遗址小城西北角城堡遗址

凸出，南墙较曲折，西墙也有类似东墙的凸出，西南城角有城堡遗址，发掘过的痕迹现在仍然清晰可见。小城东部是大城，平面呈不规则的五边形，残存较为低矮的环绕城墙，面积60万平方米。两城外有外城，城南部散布众多的居民点。现存的城墙和城内的建筑均为土建筑。文献记载王方翼在碎叶旧城的基础上修建新城，《旧唐书·良吏传上》记载："（王方翼）会吏部侍郎裴行俭西讨遮匐，奏方翼为副，兼检校安西都护。又筑碎叶镇城，立四面十二门，皆屈曲作隐伏出没之状，五旬而毕。西域诸胡竞来观之，因献方物。"《新唐书·列传第三十六》记载："裴行俭讨遮匐，奏为副，兼检校安西都护，徙故都护杜怀宝为庭州刺史。方翼筑碎叶城，面三门，纡还多趣以诡出入，五旬毕。西域胡纵观，莫测其方略，悉献珍货。"[1] 与现存遗迹有相合之处。

小城中部偏南有一处发掘点，面积约600平方米（图七二）。根据现场的遗迹，可以看到宽约3米的道路，道路分为两层，上层路上铺满了黑色的炭渣，下层道路铺满了碎陶片、碎石，上层道路可能属于12世纪，下层略早一些（图七三）。道路两侧的建筑残存有柱洞、墙基、水井和土坯砖（图七四、图七五）。小城西南城角城堡遗址，可见一处近似正方形的残留的发掘遗迹，边长近40米。发掘范围内有方形的建筑基址，被土坯砖砌成的墙基隔开，中间有圆形的柱洞。西南角残留圆形的建筑基址。

东城北部有一处发掘点，可观察到一处长约100、宽5米的道路及道路下叠压的建筑基址，现场堆积有大量的陶片（图七六），出土筒瓦、板瓦、莲花纹瓦当和马赛克砖等（图七七～图七九）。

2. 布拉纳（Burana）遗址

布拉纳遗址位于托克马克南10千米，阿克-贝希姆遗址东南8千米，布拉纳河左岸，北纬42° 44′ 47.66″，东经75° 15′ 1.25″。遗址现在处在农田中，地势平缓，可见高出地面的城墙、城堡和始

图七二　阿克-贝希姆遗址小城内发掘现场

图七三　阿克-贝希姆遗址小城内道路遗迹

1 （后晋）刘昫等：《旧唐书》，第4802、4803页，中华书局，1975年；（宋）欧阳修等：《新唐书》，第4135页，中华书局，1975年。

图七四 阿克-贝希姆遗址发掘现场泥砖遗迹

图七五 阿克-贝希姆遗址水井遗迹

图七六 阿克-贝希姆遗址东城道路发掘现场遗迹

图七七 阿克-贝希姆现场堆积的筒瓦残片

图七八 阿克-贝希姆遗址东城出土陶器标本

图七九 考察队员在阿克-贝希姆遗址合影

图八〇 布拉纳遗址卫星图

图八一 布拉纳遗址世界文化遗产标识牌

建于11世纪喀剌汗王朝时期的宣礼塔遗迹（图八〇）。根据学者考证，此城即文献中记载的裴罗将军城。《新唐书·地理志》记载："出谷至碎叶川口，八十里至裴罗将军城。"也是喀剌汗王朝的都城八剌沙衮城，也是西辽的都城虎思斡耳朵，《辽史》记载："延庆三年，班师东归，马行二十日，得善地，遂建都城，号虎思斡耳朵，改延庆为康国元年。"[1]喀剌汗王朝分裂后，八剌沙衮城与喀什噶尔成为东喀喇汗王朝的都城。城址始建于10世纪，13世纪蒙古西征时没有被毁坏，但是被改名为Gobalik，15世纪后衰落。2014年被列为世界文化遗产（图八一）。

城址平面呈不规则的四边形，北墙、西墙较为完整，东墙和南墙相交的东南城角城墙已不存。东墙中部现在为进入城内的道路，正对布拉纳宣礼塔。该塔现存高度24米，基座100平方米，原高44米，16世纪被地震毁坏，于20世纪30年代和80年代进行过修复（图八二）。布拉纳宣礼塔西北约100米有一处高出地面约10米的高岗，呈马鞍形，两处高台上有发掘过的遗迹，为城堡遗址（图八三），现在可见残留的建筑墙基。围绕高岗，隐约有一周墙垣，长约280、宽约240米，可能为内城遗迹（图八四）。

自20世纪20年代开始，50年代、70年代都对该遗址进行了大规模的调查和发掘，发现了三座陵墓、一座拜房及市场、房址、公共浴室、排水管道、景教石刻等。在高岗北侧，一片空地上放置了大量6~10世纪楚河流域发现的突厥石人，保存较为完好（图八五、图八六）。布拉纳宣礼塔北侧有一座小博物馆，陈列展示了城址出土的遗物，包括大量的景教刻石、中国瓷器碎片、袄教纳骨瓮、突厥时期的马具、唐代的开元通宝和8~9世纪的突骑施汗国的钱币（图八七、图八八），还有伊斯兰装饰砖以及一件出土

1（宋）欧阳修等：《新唐书》，第1149页，中华书局，1975年；（元）脱脱等撰：《辽史》，第357页，中华书局，1974年；王国维：《西辽都城虎思斡耳朵考》，《观堂集林》，第628~634页，中华书局，1959年；周连宽：《唐代西域裴罗将军城考》，《中山大学学报（社会科学版）》1961年第4期；尤努斯江·艾力：《喀喇汗王朝古都巴拉沙衮考》，《新疆大学学报（哲学社会科学版）》2001年第1期。

图八二 布拉纳遗址宣礼塔遗迹

图八三 布拉纳遗址城堡遗址

图八四 布拉纳遗址高台城堡上发掘现场遗迹

图八五 布拉纳遗址内集中放置的突厥石人

图八六 突厥石人

图八七 布拉纳遗址博物馆内藏景教刻石

图八八 布拉纳遗址博物馆藏钱币

图八九 布拉纳遗址博物馆藏汉式碑额

图九〇 对出土碑额进行调查讨论

图九一 科拉斯纳亚·瑞希卡遗址卫星图

时间和地点都不明的汉式碑额，经过考证可能为唐高宗时期阿罗憾在裴罗将军城的封疆立碑[1]（图八九、图九〇）。

3. 科拉斯纳亚·瑞希卡（Krasnaya Rechka）城址

科拉斯纳亚·瑞希卡遗址位于比什凯克东32千米，阿克-贝希姆遗址东北约20千米处，科拉斯纳亚·瑞希卡村东北，楚河南岸，此遗址便得名于该村。坐标北纬42° 54′ 50.82″，东经75° 0′ 43.96″。遗址现处在农田中，地势平缓，可见高出地面的城墙、城堡遗迹（图九一）。根据学者的考证，此即为《新唐书》中所载的“自碎叶西十里至米国城，又三十里至新城”[2]的新城。遗址时代为6~12世纪，为粟特人和葛逻禄人所建，出土有佛教、祆教、摩尼教、景教以及中国、印度的遗物。

1 林梅村：《碎叶川裴罗将军城出土唐碑考》，《中原文物》2016年第5期。

2 （宋）欧阳修等：《新唐书》，第1150页，中华书局，1975年；刘迎胜：《“草原丝绸之路”考察简记》，《中国边疆史地研究》1992年第3期。

图九二　科拉斯纳亚·瑞希卡小城西北角城墙遗迹

图九三　科拉斯纳亚·瑞希卡城址西墙断面

在这三座城址所发现的大量景教遗迹不仅表现了这一支基督教分支在中亚地区的广泛传播，而且与中国所发现的景教遗迹共同展现了其在丝路的传播路线。阿克－贝希姆遗址发现有8世纪的景教教堂，教堂周围分布有6~7世纪的景教墓葬。布拉纳遗址出土的景教刻石与新疆霍城阿力麻里古城出土的刻石有相似之处。这类刻石一般用叙利亚文书写，用作教徒墓前的墓志，最早的一件发现于科拉斯纳亚·瑞希卡遗址，时代为9世纪左右。中国出土最著名的景教遗迹则莫过于《大秦景教流行中国碑》和高昌古城内的景教教堂[1]。

遗址分为内城和外城两部分。内城平面近似长方形，嵌在外城的西北部，长440、宽360米。外城借用内城的北墙和西墙，长980、宽750米。外城南墙呈弧线，向南凸出。根据早期的调查和卫星照片，发现在现存遗址的东部，还有一个外城，北墙现存少许迹象，其他遗迹现象已经不可见（图九二、图九三）。

该遗址在苏联时期被发掘，揭露了11000平方米，发现了7世纪时期的衙署遗址。城址的西墙外发现有祆教的墓地和祭坛，内城城堡发现有景教许愿石，南墙外还发现了两座8~9世纪的佛寺及泥塑佛像。在城外东南部，发现三号佛寺。在2010年俄罗斯艾米尔塔什博物馆考古队发掘之前，三号佛寺一直被认为是祆教的寺院，因为附近发现有祆教的墓地，寺院中间的土堆被认为是祆教举行葬礼的场所。2010年俄罗斯考古队通过发掘东面的土堆，发现了佛像，由此认为中间的土堆可能是佛塔。目前陕西省考古研究院与吉尔吉斯斯坦国家科学院历史、考古与民族研究所组成的联合考古队正在对三号佛寺遗址进行发掘，发掘面积200平方米，发现有10~12世纪的遗物，但是对建筑的性质还没有做出判断（图九四、图九五）。

1　陈凌、马健：《丝绸之路的宗教遗存》，第203~232页，三秦出版社，2015年；[乌兹别克斯坦]瑞德维拉扎著，高原译：《张骞探险之地》，第89~103页，漓江出版社，2017年；向达：《唐代长安与西域文明》，第125~133页，学林出版社，2017年；荣新江：《丝绸之路与东西文化交流》，第334~348页，北京大学出版社，2015年。

图九四　陕西省考古研究院发掘三号佛寺现场

图九五　在三号佛寺发掘现场调查和讨论

图九六　第二佛寺标识牌

图九七　第二佛寺保护大棚

第二佛寺位于城址东南方，保存较为完好（图九六）。整个佛寺坐北朝南，目前保存的建筑中空，四周有土坯砖垒砌的墙（图九七～图九九）。

4. 别罗沃德茨克（Belovodskoe）村附近的墓葬群

别罗沃德茨克村位于比什凯克以西约45千米，在从比什凯克通往奥什的公路东侧，北纬42° 49′ 48.88″，东经74° 3′ 3.61″。现在可以看到路边有明显的残存封土高出地面的墓葬。吉方认为是属于乌孙–塞人时期的墓葬（图一〇〇）。

这一片墓地位于山前的河流冲积平原上，东侧有河流，向南 10 千米左右进入山区，这一区域现为农田，有些墓葬的封土已经遭到当地农民的破坏（图一〇一）。根据目前可见的残存在地表的墓葬粗略估计，该墓地的长度和宽度都在 3 千米左右，规模较大。这一片墓地中形制较大的墓葬地面封土平面呈圆形，直径超过 30 米，较小的也有近 20 米，残高一般在 10 米左右。以 3 座或 5 座甚至更多成组排列，呈一条直线分布（图一〇二）。这种类型的墓葬在中国新疆地区目前已有很多发现，学界也

图九八 第二佛寺内部

图九九 在第二佛寺调查现场讨论

图一〇〇 别罗沃德茨克墓群卫星图

图一〇一 别罗沃德茨克墓群高出地面的圆形封土

认为其属于乌孙文化[1]（图一〇三）。

5. 国家历史博物馆

吉尔吉斯斯坦国家历史博物馆位于比什凯克市中心的玛纳斯广场，北纬42° 52′ 38.07″，东经74° 36′ 13.57″。广场上立有玛纳斯的骑马雕像，北侧即为国家历史博物馆（图一〇四）。

吉尔吉斯斯坦国家历史博物馆是中亚各国中规模较大的国家级博物馆之一。馆藏文物约 13 万件，其中很多展品属于丝绸之路上的文物遗迹，皆发现自吉尔吉斯斯坦境内的各类考古遗址中。虽然该馆正在装修改陈，但馆长阿尔马库丘科夫（Almakuchukov Keneshbek Mukashevich）先生亲自接待了调查队并安排参观了尚未开放的展厅。常设展陈以历史为线索，从石器时代、乌孙、塞人、大宛、匈奴、破落那（宁

1 中国科学院新疆分院民族研究所考古组：《昭苏县古代墓葬试掘简报》，《文物》1962 年第 Z2 期；阮秋荣：《新疆新源县别斯托别墓地 2010 年的发掘》，《考古》2012 年第 9 期；陈戈：《新疆伊犁河流域文化初论》，《欧亚学刊》，第 1~35 页，商务印书馆，2000 年；王明哲、王炳华：《乌孙研究》，新疆人民出版社，1983 年。

图一〇二 呈南北向直线排列的别罗沃德茨克墓群封土

图一〇三 讨论别罗沃德茨克墓群墓葬发掘问题

图一〇四 国家历史博物馆外景

远)、突厥、喀剌汗王朝一直展示到伊斯兰化后的西辽、蒙古时期，很多文物都明显受到中国文化和佛教传播的影响，例如乌孙、塞人时期的文物，包括管銎斧、尖帽盔、短剑、矛等青铜武器以及马具、炊具等。其中比较特殊的是一件方形的铜盘，四足装饰为女性形象的人，向上高举双手托住铜盘。这被认为是一件塞人的祭祀用具，与我国新疆发现的青铜祭台有相似之处[1]。有一个展柜则复原了纳伦地区的一座塞人墓葬，封土高大，底部呈方形，向上堆砌石头逐渐变成圆形，封土堆周围有两周方形石围，石围外则是数行小的石圈。从大宛时期的陈列中，可以看出吉尔吉斯斯坦南部的出土陶器与乌孙时期的显著区别，

1 杨建华、张盟：《中亚天山、费尔干纳与帕米尔地区的早期铁器时代研究——与新疆地区的文化交往》，《边疆考古研究》(第9辑)，第85~104页，科学出版社，2010年。

充分表现了农业文明与游牧文明在生产、生活方式上的不同对器物带来的影响。而出土于卡拉·布拉克遗址的汉式镜又体现了费尔干纳盆地与中国交流的悠久历史[1]。此外，还展出了塔拉斯地区肯科尔墓地的出土器物，时代约在公元前1000年末至公元500年左右，该墓地的出土器物很有可能与匈奴文化有联系。

国家历史博物馆有一展厅专门陈列出土的金器，较早的一批呈现出明显的草原游牧风格，包括金面具、金项圈、动物形金饰等与伊塞克金人墓所出土的金饰相似，被认为是乌孙、塞人的遗存。另一批金饰则采用了大量的镶嵌工艺，镶嵌红宝石、玉石在各种金器、金饰上，其中几件金镶玉的手镯很可能受到中国文化的影响，这一批金器被认为是大宛或匈奴时期的遗存。此外还有一些晚期的金银器，包括刻有汉字的银锭。

除此之外，该馆还陈列有破落那（宁远）、突厥时期的遗存，包括突厥石人、马具、武器等，以及在红河城址发掘出土的佛像残块和复原的佛像等重要文物。

四、伊塞克湖（Issyk Kul）南岸地区

伊塞克湖，位于吉尔吉斯斯坦东北，天山北侧，长182、最宽60千米，面积6332平方千米，最深702米，是世界上面积第二大的高山湖泊，湖水终年不冻，周围草场至今仍是重要的游牧草场（图一〇五）。中国唐代称为热海、大清池，《大唐西域记》载："山行四百余里至大清池。周千余里，东西广，南北狭。四面负山，纵流交凑，色带青黑，味兼咸苦，洪涛浩汗，惊波汩淴。龙鱼杂处，灵怪间起，所以往来行旅，祷以祈福，水族虽多，莫敢渔捕。"[2]这是迄今有史可考关于伊塞克湖最早的文字记载。唐朝边塞诗人岑参在《热海行送崔侍御还京》中描写伊塞克湖："海上众鸟不敢飞，中有鲤鱼长且肥。岸旁青草常不歇，空中白雪遥旋灭。"清代称伊塞克湖为特穆尔图淖尔、图斯池。伊塞克湖南岸的丝绸之路又被称为玄奘之路，即公元629年玄奘西行所走过的通道。一般来说，这条通道从中国境内的乌什县通过别迭里山口、Seok山口、Ara Bel山谷、Sary-Moinok山谷、Barskoon山谷，沿着湖南岸向西，通过Boom峡谷，就进入了楚河流域。可见伊塞克湖与中国渊源颇深。这条道路也就是《新唐书·地理志》所记载的："又四十里度拔达岭（别迭里山口）。又五十里至顿多城，乌孙所治赤山城也。又三十里渡真珠河，又西北渡乏驿岭，五十里渡雪海，又三十里至碎卜戍，傍碎卜水五十里至热海（伊塞克湖）。又四十里至冻城，又百一十里至贺猎城，又三十里至叶支城，出谷至碎叶川口，八十里至裴罗将军城（布拉纳遗址）。又西二十里至碎叶城（阿克－贝希姆遗址），城北有碎叶水，水北四十里有羯丹山，十姓可汗每立君长于此。"[3]

---

1 Ю. А. 扎德涅普罗夫斯基、Е. И. 鲁沃＝莱斯尼琴科：《中亚费尔干纳出土的汉式镜》，《考古与文物》1998年第3期。

2 （唐）玄奘、辩机著，季羡林校注：《大唐西域记校注》卷第一，第69~71页，中华书局，1985年。

3 （宋）欧阳修等：《新唐书》，第1149、1150页，中华书局，1975年。

图一〇五 伊塞克湖南岸遗址分布图

1.托索遗址 2.汗都波遗址 3.巴尔斯罕遗址 4.伊塞克湖北岸墓地

一般认为在地理上，伊塞克湖属于七河流域的一部分。七河流域（Semiryechye），指流向巴尔喀什湖的七条河流（伊犁河、卡拉塔尔河、哈萨克阿克苏河、列普瑟河、阿亚古斯河及现在已经消失的Baskan河和Sarkand河）所在流域，包括巴尔喀什湖以南、中亚河中以东，以伊塞克湖及楚河为中心的周边地区，大致包含了今天哈萨克斯坦阿拉木图州、江布尔州和吉尔吉斯斯坦东部。该地前后历经了七次由东向西的民族大迁徙，包括古月氏、古乌孙、北匈奴、葛逻禄、回鹘、契丹及瓦剌蒙古人[1]。吉尔吉斯斯坦的考古学家还在湖底发现一座有2500年历史的古城遗址，有长500米的城墙遗迹。还发现大量斯基泰墓葬，出水青铜战斧、箭头、短剑、钱币等文物。有人认为乌孙的都城赤谷城就沉睡在伊塞克湖的湖底[2]。

1.托索（Tosor）遗址

托索遗址位于伊塞克湖南岸的交通要道上，位于托索村西侧，平面呈正方形，面积约为1万平方米（图一〇六）。城址的入口位于城的东侧，呈L形，入口的东侧有修筑的防御工事（图一〇七）。在四角和高出地面的城墙上有凸出的马面，城墙残高3~5米，在东墙的北段有一处探沟痕迹（图一〇八、图一〇九）。遗址于20世纪60年代经过发掘，认为其始建于喀剌汗王朝时期，是一处商栈遗址。目前整个遗址被现代穆斯林墓地所包围，城墙上也修筑有陵墓。

1 [俄]巴透尔德著，赵俪生译：《七河史》，中国国际广播出版社，2013年。

2 孟凡人：《乌孙的活动地域和赤谷城的方位》，《西北师大学报（社会科学版）》1978年第1期；刘国防：《汉代乌孙赤谷城地望蠡测》，《中国边疆史地研究》2016年第1期；孙危、肖霄：《赤谷城地理位置的探索及研究展望》，《北方民族考古》（第5辑），科学出版社，2018年。

图一〇六 托索遗址卫星图

图一〇七 现场考察托索遗址

图一〇八 托索遗址城墙发掘剖面

图一〇九 托索遗址城址及东门远景

2. 汗都波（Khan-Dobo）遗址

汗都波遗址位于波孔巴耶夫（Bokonbayevo）村南的峡谷中心，Ton 河的左岸，目前可见两道高出地面的城墙包围的区域和中央的高台遗迹（图一一〇）。中央高台应该是城堡的遗址，高度超过 10 米，面积有 3600 平方米（图一一一），可见发掘遗留的探方遗迹（图一一二）。城堡的北侧和西侧有低矮的城墙环绕（图一一三），西侧的城墙可见凸出的马面，间距 40~50 米，伸出墙外 12~15 米，墙残高 3~5、宽 10~12 米，西侧的城墙有一处向北的折角。城堡东南侧则是依托山体。整个遗址面积在 30 万平方米。北侧部分由于修建水库被破坏。在山谷中还发现有一些小型的居址，表明 Ton 河的河谷也是一处重要的交通路线（图一一四）。

3. 巴尔斯罕（Barskoon）遗址

巴尔斯罕遗址位于巴尔斯罕山谷内，处在伊塞克湖南岸向内陆 Ala-Bel 高原、纳伦河上游山谷并通往别迭里山口，翻越后到达阿克苏的古代丝路上。遗址位于山谷中心的冲积扇上，有岩画遗迹。

巴尔斯罕遗址平面面积 3600 平方米，在南、西和北墙有半圆形的塔楼遗迹。在遗址的西面，坦加（Tamga）村南 2 千米处，有藏文铭刻的六字大明咒，可以追溯至 15~18 世纪的准噶尔时期。

图一一〇 汗都波遗址卫星图

图一一一 汗都波遗址高台遗迹

图一一二 汗都波遗址发掘探方遗迹

图一一三 汗都波遗址城墙遗迹

图一一四 在汗都波遗址现场讨论

4. 伊塞克湖北岸的墓地

调查队在伊塞克湖北岸行进途中，发现东北角的山前有规模较大的墓地（图一一五）。墓葬有高大的圆形封土，几座或十几座墓葬呈南北向链状排列，与楚河流域别罗沃德茨克墓地如出一辙，应当也属于塞人－乌孙时期的游牧人的墓葬（图一一六、图一一七）。

5. 伊塞克湖周边的博物馆

游牧文化中心（Nomad Civilization Center），位于伊塞克湖北岸（图一一八），乔尔蓬阿塔（Cholpon-Ata）附近。陈列伊塞克湖两岸出土的陶器、青铜器，还有吉尔吉斯民族的工艺品、编织物、民族服饰、日常生活器物等（图一一九）。

乔尔蓬阿塔博物馆，位于乔尔蓬阿塔市区，陈列展示有关伊塞克湖的自然、历史文物和标本，以及吉尔吉斯民族历史文化文物（图一二〇～图一二三）。

卡拉库尔（Karakol）博物馆，位于卡拉库尔［又称普热瓦里斯克（Przhevalsk）］市区。陈列伊塞克湖东岸出土的文物，以及水下打捞的文物（图一二四～图一二七）。

图一一五 伊塞克湖北岸墓地卫星图

图一一六 伊塞克湖北岸墓地高耸的封土

图一一七 伊塞克湖北岸墓地链状排列的墓群

图一一八 游牧文化中心

图一一九 在游牧文化中心参观讨论

图一二〇 乔尔蓬阿塔博物馆

图一二一 与乔尔蓬阿塔博物馆馆长交流

图一二二 伊塞克湖出水文物

图一二三 伊塞克湖出水钱币

图一二四 卡拉库尔博物馆

图一二五 卡拉库尔博物馆展厅

图一二六 卡拉库尔博物馆展示的出土铜鍑

图一二七 在卡拉库尔博物馆观察出土文物

五、结语

1. 丰富多样的吉尔吉斯斯坦文化遗产

本次考古调查的各遗址点比较分散，地理分布横跨吉尔吉斯斯坦南北，时代延续纵横数个世纪，调查队顺利完成了既定调查目标，取得了对吉尔吉斯斯坦境内文化遗存和历史的初步认识。特别是实地调查所收获的考古资料类型丰富多样，使我们对丝绸之路沿线遗产有了更深刻的理解，也为我们开展下一步更深入、更具体的联合考古工作奠定了坚实的基础（图一二八）。

本次调查的很多遗产点，显示出吉尔吉斯斯坦境内各地在不同时间段发生地区中心和人口的迁移现象。例如，通过楚河流域三座古城的调查，厘清了楚河流域不同时间段地区中心的迁移情况，对于我们探讨三座古城之间的关系，以及研究沿着河流绿洲交通线的城市分布规律提供了帮助。而奥什地区的城址和相关遗址也显示出该地区存在地区中心迁移的现象，这些均表明了不同时期的丝路交通线存在着相应的变化。虽然有着特殊的地理状况限制，但丝路沿线文明的遗址分布仍有其规律性。同时借助中国古代相关文献资料，通过历史地理的研究方法，可以考证各个遗址与古代文献中所记载的城市的关系。

本次调查中最具特色的是岩画和铭刻遗址，时代较为集中，画面以大宛的天马和其他动物形象为主，同时也有人物、狩猎场景等画面，较晚的则以粟特文或鲁尼文的铭刻为主。一般都分布于古代城市或交通线周边的山顶岩石上，这些山不论在过去还是现在都被人们崇拜，所以在岩画的附近会有各个时期的祭祀遗址或宗教性遗迹。这些岩画和铭刻不但标识出了丝路上的交通节点和城市，也反映了不同时期丝路沿线各个文明的宗教信仰的交替和变化。个别岩画还表现出明显的打破、叠绘现象，图案风格与绘制工艺也有明显差别，表现了不同时代、不同文化的岩画传统。

图一二八 考察队与吉尔吉斯斯坦国家科学院巴克特·阿曼巴耶娃女士（前排左二）合影

通过调查，我们同样可以窥见吉尔吉斯斯坦境内在不同时期、不同地区有着不同生业方式。同时，不同文化间也存在着密切的联系和交流情况。例如，伊塞克湖周边的遗迹展现了湖区游牧人的生活，主要文化特征有出土或打捞的陶器、铜器，山前的墓地，大型的城址、聚落，山间散布的岩画、石人等遗物、遗存。此外，本次调查中发现的北部塞人－乌孙墓地，南部卡拉·布拉克墓地，两处墓地分属不同区域，墓葬形制特征差别明显，直观地表现了吉尔吉斯南部与北部的文化差异。北部的墓葬地处天山以北，与自战国晚期以来，经楚河、南哈萨克草原、伊犁河谷、北疆到哈密、河西走廊、甘肃的北方草原通道有着密切的关系。南部的墓葬位于费尔干纳盆地南缘，与正在发掘的乌兹别克斯坦西天山南麓的墓地虽然属于不同时代，但是两地在墓葬的形制上也有着相似之处。这些均充分展示了中亚地区文明的多样性。

2. 吉尔吉斯斯坦力量薄弱的遗址保护现状

令人担忧的是，本次调查中发现的遗址保护情况普遍不佳，显示出吉尔吉斯斯坦文物保护力量的薄弱，多数遗址保护状态较差，这也是在奥什座谈时吉尔吉斯斯坦专家呼吁开展遗产保护交流与合作的重要内容之一。除了奥什地区的苏莱曼山、乌兹根及布拉纳这几处的遗址划有遗址的保护范围，有简单的遗址保护措施并设有相应的小型遗址博物馆之外，其余绝大部分遗址都露天展示，暴露在外，这对土遗址为主的城址保护极为不利。其余的很多遗址点有些只有简单的标识牌而无介绍，有些则什么都没有设置，增加了调查找寻遗址的难度和遗址被破坏的风险。我们也发现有些遗址特别是墓葬受周边生产、生活活动的影响破坏情况比较严重。另外有些破坏是各国考古队发掘方法落后、保护意识不强导致的，部分遗址在考古发掘获取考古资料之后不施加任何保护措施，致使很多经过发掘的遗迹现象受风吹日晒已经消失殆尽。这些现象提醒我们注意今后在中亚地区开展考古工作时要重视文化遗产的保护和展示工作，这样才能尽可能完整地保存和展示丝绸之路文明。

执笔：赵　兆、吴　伟

摄影：吴　伟、赵　兆

拉斯海马阿尔马塔夫遗址 2019 年考古收获

故宫博物院　阿联酋拉斯海马古物与博物馆部
英国杜伦大学考古系　吉林大学考古学院

阿尔马塔夫（Al-Mataf）遗址是阿拉伯联合酋长国拉斯海马酋长国最主要的考古遗址之一，自 20 世纪 70 年代以来，伊拉克、英国、法国、德国、日本和美国等国的考古队已进行过多次发掘[1]，并取得了极大的收获，该遗址现在已被拉斯海马酋长国列为朱尔法遗址保护区（图一）。2019 年 11 月 22 日 ~ 12 月 22 日，故宫考古研究所与阿联酋拉斯海马古物与博物馆部、英国杜伦大学考古系、吉林大学考古学院组成联合考古队，对阿尔马塔夫遗址进行了全面的考古调查，并在遗址南区、北区进行发掘，分别揭露遗址面积 51 平方米和 113 平方米。

一、遗址地层和出土遗物

（一）阿尔马塔夫遗址南 I 区

南区发掘地点选择在 1990 年法国考古队曾经发掘过的堡垒遗迹沙丘西侧，靠近海滨潟湖一侧。沙

---

* 本考古发掘、调查工作得到北京市故宫文物保护基金会资助。

1 J. Hansman, *Julfār, an Arabian Port: Its Settlement and Far Eastern Ceramic Trade from the 14th to the 18th Centuries*. London: Psychology Press, 1985; G. R. King, "Excavations by the British Team at Julfar, Ras-al-Khaimah, United Arab Emirates: Interim Report on the First Season (1989)", in *Proceedings of the Seminar for Arabian Studies*, vol. 20, 1990, pp. 79–93; G. R. King, "Excavations by the British Team at Julfar, Ras-al-Khaimah, United Arab Emirates: Interim Report on the Second Season (1990)", in *Proceedings of the Seminar for Arabian Studies*, vol. 21, 1991, pp. 123–134; G. R.King, "Excavations by the British Team at Julfar, Ras-al-Khaimah, United Arab Emirates: Interim Report on the third Season", in *Proceedings of the Seminar for Arabian Studies*, vol. 22, 1992, pp. 47–54; Claire Hardi-Guilbert, "Julfar,cité populaire du Golfe arabo-persique à la période islamique", in *Archéologie Islamique*, no. 2, 1991, pp.161–203; Sasaki Tatusuo and Sasaki Hanae. "Japanese Excavation at Julfar: 1988, 1989, 1990 and 1991 Seasons", in *Proceedings of the Seminar for Arabian Studies*, Vol. 22, 1992, pp. 105–120; Sasaki Tatusuo, "1993 Excavation at Julfar", in *Bulletin of Archaeology, The University of Kanazawa*, Vol.20, 1993, pp.45–49; Sasaki Tatusuo, "1993 Excavation at Julfar", in *Bulletin of Archaeology, The University of Kanazawa*, Vol.21, 1994, pp.1–107.

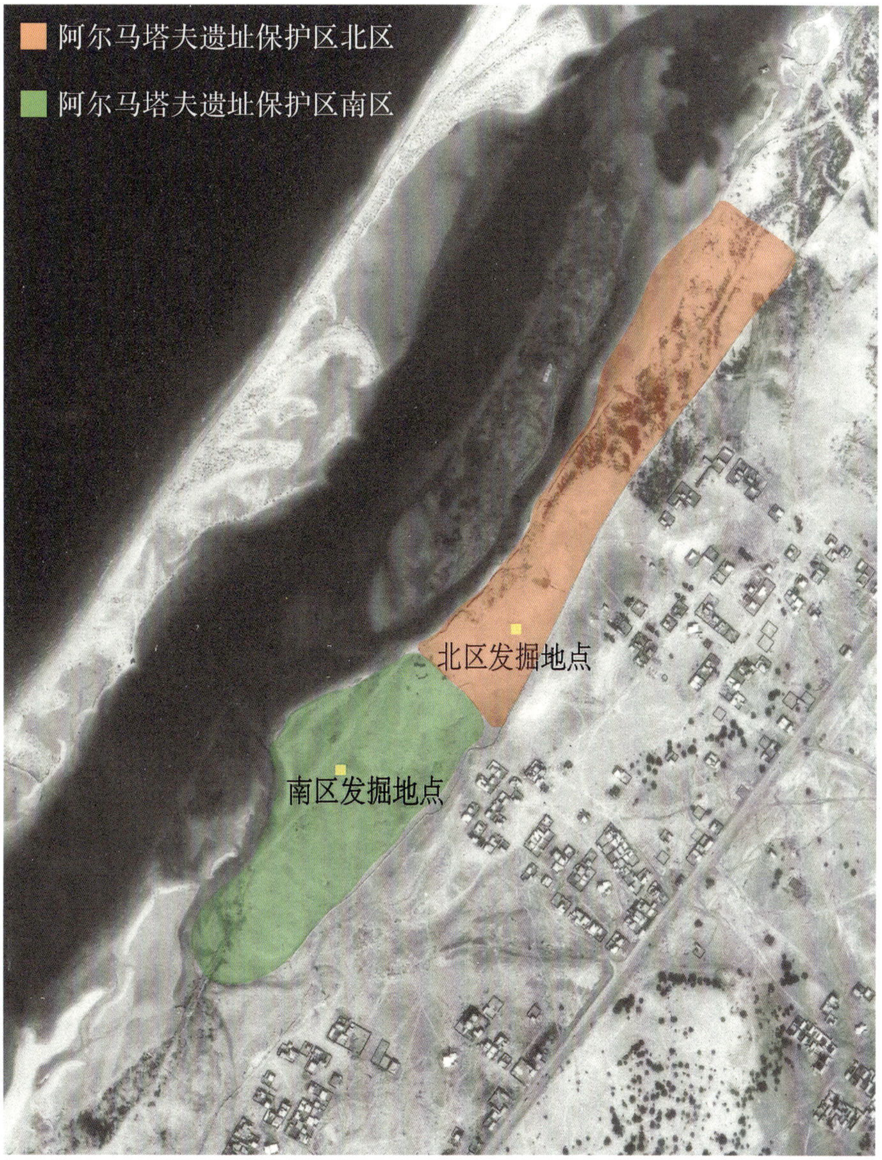

图一 阿尔马塔夫遗址保护区范围及本次发掘位置示意图

丘顶部尚保留20世纪初建造的石砌堡垒遗迹，择其墙基一点正西16米处为原点，采用象限法布方，分别在Ⅰ区（第一象限）、Ⅲ区（第三象限）进行发掘（图二）。本次调查以大遗址调查方法和思考模式进行，充分考虑遗址内部的分区和遗物所在区域遗迹性质的特点，发掘工作严格遵守从上至下、逐层发掘的方法，综合中国考古学界和当地考古发掘工作中常用的记录方式，分别进行记录并互为参照。现将本年度的工作和初步收获简要叙述如下。Ⅰ区为发掘原点东北方象限，整个区域呈现东南高、西北低的缓坡状，共布设3米 ×3米探方6个，在探方东、北方向各留1米隔梁（图三）。

1.地层

Ⅰ区第1层：表土层为疏松的黄褐色，局部为棕褐色粉沙，系从沙丘顶端因雨水冲刷逐渐堆积而

图二 阿尔马塔夫遗址南区Ⅰ、Ⅲ区发掘范围航拍图

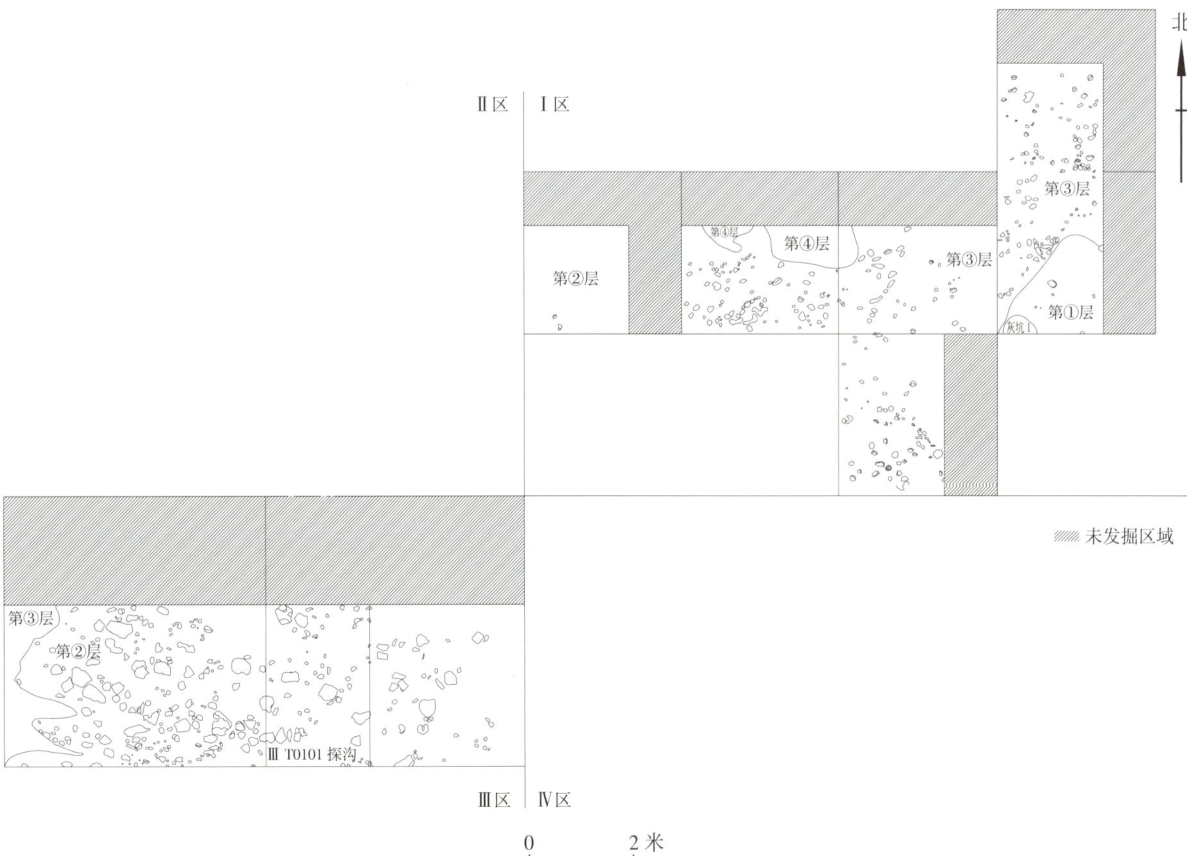

图三 阿尔马塔夫南区Ⅰ、Ⅲ区布方及第1层下平面图

成的现代地层，包含现代垃圾、植物根系、贝壳、动物骨骼、陶器残片，偶见西亚釉陶器及中国瓷器残片。

Ⅰ区第 2 层：位于第 1 层下，为疏松黄色细沙，包含贝壳和少量陶器、瓷器残片。该层仅见于地势较低靠近海岸的探方 T0102、T0101，推测为海平面较高时海水冲积而成的沙层。

Ⅰ区第 3 层：位于第 1 层下，局部位于第 2 层下，为较致密的黄褐色粉沙，包含大量无排列顺序的散落石块，以及贝壳、动物骨骼、陶器残片，偶见西亚釉陶器及中国瓷器残片。

Ⅰ区第 4 层：仅见于靠近海岸的探方 T0102 局部，位于第 3 层下，为疏松黄色细沙。

2. 出土物

朱尔法陶　为当地生产的夹砂红陶、灰陶，部分陶片外壁绘有红褐色几何纹，占出土陶瓷器的绝大多数。

西亚釉陶　21 件。为西亚地区生产，按装饰风格又可分为孔雀绿釉陶、釉下绘熔块胎陶、酱釉陶。

中国及东南亚地区生产陶瓷器　包括中国青瓷 11 件，以明代为主；中国景德镇窑青花瓷 33 件，白瓷 2 件，以明晚期至清代景德镇窑产品为主，器型以盘碗类为主；泰国青瓷 2 件。

铜币残片　2 枚。锈蚀严重不可辨识。

铁炮口　1 枚。直径约为 12.5 厘米，锈蚀风化为 3 块，为 19 世纪英式炮口。同类铁炮见于拉斯海马及迪拜博物馆。

玻璃制品　22 件。

阿尔马塔夫遗址南Ⅰ区 6 个探方整体揭露地层深度 20~30 厘米，未见遗迹。虽然出土了较为丰富的陶瓷器标本，但是各时期标本混杂出现在包括地表在内的各地层，所以在判断地层年代方面作用不大。同时各层包含物中都有近现代的工业产品，因而推断Ⅰ区已经揭露的三个地层均为近、现代地层。其形成主要原因有二：一是由于沙丘顶部 20 世纪堡垒坍塌，雨水自高向低冲刷堆积而成；二是特定时期海平面上升导致海岸线上移，海浪卷起细沙从低向高逐渐堆积而成。

（二）阿尔马塔夫遗址南Ⅲ区

Ⅲ区为发掘原点西南方象限，整个区域呈现自东向西降低的缓坡状，共布设 5 米 ×5 米探方 2 个，东侧保留 1 米、北侧保留 2 米宽的隔梁，东隔梁最后被打掉。在Ⅲ区探方 T0101 西部布置 2 米 ×3 米探沟，试掘至距地表 1.3~1.4 米处（图四、图五）。

1. 地层及遗迹

Ⅲ区第 1 层：表土层为较疏松的深褐色粉沙，包含现代垃圾、植物根系、贝壳、动物骨骼、陶器残片。

Ⅲ区第 2 层：位于第 1 层下，为较致密的灰褐色粉沙。遍布大量石块，为沙丘顶堡垒废弃建筑垃圾，散落无规律，包含少量现代垃圾、植物根系、贝壳、动物骨骼。

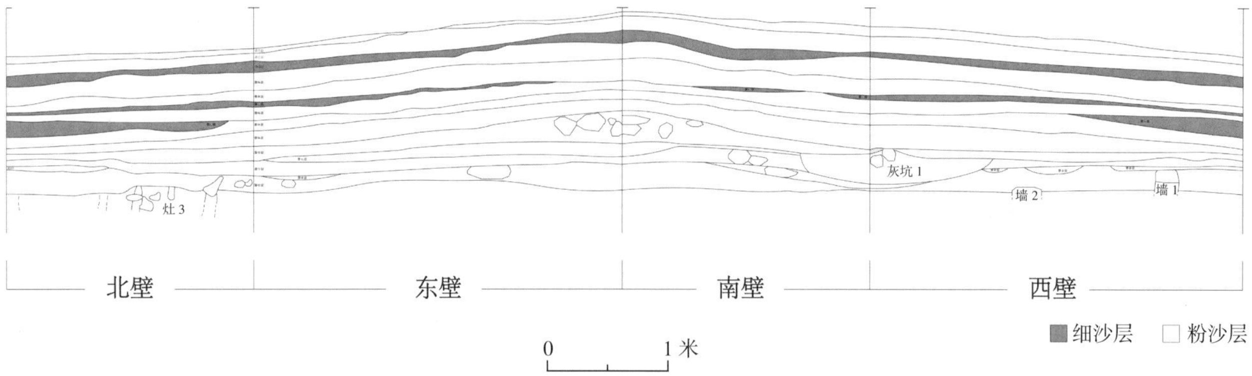

图四 阿尔马塔夫南Ⅲ区探沟四壁图

图五 阿尔马塔夫南Ⅲ区探沟第9层下平面图

Ⅲ区第 3 层：位于第 2 层下，为疏松黄色细沙，包含贝壳，偶见陶器、瓷器残片。该层仅见于地势较低靠近海岸的探方 T0102 的西侧一带，推测为海平面较高时海水冲积而成的沙层。

以下地层为探方 T0101 西南局部探沟内解剖情况。

Ⅲ区第 4 层：位于第 3 层下，为交替出现的深褐色粉沙土层与疏松黄色细沙层，可细分为④ a~④ g7 个亚层，由不同时期雨水冲刷高处沙丘或海平面上升海水从低处冲积而成。各层均不见遗迹现象，虽然土质土色有所不同，但从包含物以及地层形成原因角度考虑划分为一层。

Ⅲ区第 5 层：位于第 4 层下，距地表约 0.8 米，为较疏松的灰褐色粉沙层。其南侧约 0.5 米宽范围内堆积大量砖、石，推测为周围建筑物倒塌所致。

Ⅲ区第 6 层：位于探方东侧，被第 5 层覆盖，为疏松黄色细沙与灰褐色含沙土的混合层，较为纯净，仅包含少量贝壳、石块、炭粒，不见其他人工制品。

Ⅲ区第 7 层：位于第 5、6 层下，为较致密的灰色粉沙层，包含大量贝壳、炭粒、石块。

Ⅲ区第 8 层：位于第 7 层下，为致密的青灰色粉沙层，该层堆积较薄，最厚处仅约 0.1 米。

Ⅲ区第 9 层：位于第 8 层下，为较疏松的灰褐色粉沙，包含贝壳、炭粒、石块。

Ⅲ区第 10 层：位于第 9 层下探沟北部区域，与南侧第 11 层并列，为疏松的黄褐色含沙土。

Ⅲ区第 11 层：位于第 9 层下墙 Q2 以南范围，与北侧第 10 层并列。该层为致密的灰褐色粉沙层，包含大量贝壳、石块。

2. 遗迹[1]

（1）灶

共三处。

Z1　开口于第 5 层下，打破第 6、8 层，位于探沟北部，距离北壁 0.15、东壁 0.2 米。平面近圆形，直径约为 0.9 米，壁呈二层台，坑底直径约 0.4、深 0.32 米。坑内填土不分层，为较疏松的青灰色泥土，为被水浸泡过的炭灰。

Z2　开口于第 8 层下，打破第 9、10 层，位于中部靠近西壁处，距离西壁 0.28、距离南壁 0.9 米。平面开口为长圆形，长约 0.55、宽约 0.45 米，弧壁圜底，深约 0.3 米。坑内填土均为疏松的深灰褐色粉沙，含有大量炭灰，距离开口深约 0.12 米处出土大石块、朱尔法陶器残片若干。

Z2 东侧南北各出现两个深度约 0.1 米的长圆形灰坑 H2、H3，推测为搭建 Z2 的支撑物遗迹。

（2）灰坑

共三处。

H1　位于第 4 层下，打破第 5 层，位于探方西南角，开口呈不规则形。坑内填埋大量砖石等建筑材料，与第 5 层南侧所见砖石堆积相连，为同一时期遗物。受发掘规模所限，尚不能判断灰坑 H1 遗迹性质。

（3）墙

共两处。

Q1　位于第 8 层下，打破 9 层，距离北壁约 0.5 米处。从西壁向东南延伸，长约 1.4、宽 0.2~0.4 米，为不规则石砌墙。

Q2　位于第 9 层下，距离南壁约 1.14 米处。从西壁向东南方延伸，方向基本与 Q1 平行，长约 1.1、宽为 0.2~0.4 米，为不规则石砌墙。

3. 出土物

朱尔法陶　各层均有出土，当地生产夹砂红陶、灰陶，部分陶片外壁绘有红褐色几何纹，占出土陶瓷器的绝大多数。该类陶器多见为罐、壶类大型日常烹煮、存储用器。

西亚釉陶　出土 35 件，集中出土于表土层、第 5 层、第 7~9 层。主要包括孔雀绿釉陶、釉下绘熔块胎陶，以及一种西亚地区生产的酱釉陶。

1　限于篇幅本文仅介绍清理完毕且在同类型中具有代表性的遗迹。

中国及东南亚地区生产陶瓷　集中出土于第1~4a层、第8层、第9层。包括龙泉窑青瓷10件，景德镇窑青花瓷35件、白瓷1件、红绿彩瓷1件、青白瓷1件，广东、福建地区生产酱釉粗瓷3件。泰国产青瓷1件，青花瓷1件。中国生产的瓷器时代以明代中后期至清中期为主。

其他出土物　包括玻璃制品24件、铁制品16件、有机物饰品1件、铜币14枚。另外，第11层及灰坑H1出土完整长方形红陶砖3块，规格均在长16、宽8、厚5厘米左右。

4. 小结

从目前已发掘出土的文物分布以及地层堆积情况可以初步推断阿尔马塔夫遗址南Ⅲ区至少存在两个人类活动的文化时期：第一期以第8、9层为中心的16世纪末至17世纪的葡占时期，这一时期不仅遗迹丰富，其中出土的青花瓷均为明晚期，时代指向单一。第二期是第1~3层代表的现代时期，这一时期包含的陶瓷标本种类多样，年代杂糅，为现代人类活动扰乱所致。

（三）阿尔马塔夫遗址北Ⅳ区

阿尔马塔夫遗址以保护区入口小径分割为南、北两区。北区一直以来被判断为当年朱尔法海港城镇边缘地区，因此从未得到过系统调查或考古发掘。初期踏查过程中，在这一区域采集到明代初期景德镇御窑青花瓷标本，发现一处石砌墙基以及一处完整陶罐窖藏。由此决定发掘上述遗迹所在的沙丘。选取沙丘附近一块较大岩石为基点，引其正北方向3米处为原点用象限法布方。本次发掘在原点东南方向第四象限（Ⅳ区）展开，共布设5米×5米探方6个（图六）。其中，探方T0101沿东隔梁开设4米×1

图六　阿尔马塔夫遗址北区布方环境航拍图

米探沟 1 条，以便了解遗址地层结构（图七）；T0301 和 T0302 由于工期所限仅揭露表土层。发掘过程中，为充分展示遗迹现象，将 T0201 东隔梁、T0202 北隔梁揭露，使探方 T0102、T0201、T0202 连为一体。

1. 地层

第 1 层：表土层，可分为第 1a 和第 1b 两个亚层。第 1a 层为疏松的黄褐色粉沙，覆盖Ⅳ区全部发掘区域，西北侧较东南侧略厚；第 1b 层主要分布在探方 T0202 西南隅，是包含大量石块的局部地层，石块散布无规律，其中有当地建筑用的海滩岩、珊瑚石，应为废弃建材堆积层（图八）。

第 2 层：主要分布在发掘区西侧探方 T0101、T0201、T0301 内，位于第 1 层下。为黄褐色粉沙，呈致密板结状，包含少量贝壳、石块。

第 3 层：分布于探方 T0202 内，位于表土第 1 层下，其西侧延伸至 T0201 内，被第 2 层东缘覆盖，其北侧被灰沟 G1 遗迹中断。为较疏松的黄沙层，包含贝壳、石块、炭粒。

第 4 层：可分为 4a、4b、4c 三个亚层。第 4a 层，分布在探方 T0201 中部，主要位于第 2 层下，东侧边缘被第 3 层覆盖。为松散的灰褐色粉沙，均匀混合大量炭粒及蚌壳渣滓（图九）。第 4b 层，分布在探方 T0201 西南两侧，位于第 2 层下，基本与第 4a 层并行，边缘被其覆盖。为致密浅黄色粉沙板结层。第 4c 层，分布在探方 T0201 东北角，向东延伸至 T0202 中部，北延伸至 T0102 西南部；其东南部被第 4a 层覆盖的同时与 4b 层相连，东侧在第 3 层下，北侧被土垄 TL1 叠压，其余部分则直接位于表土第 1 层下。该层为致密灰褐色粉沙板结层，其质地与第 4b 层相似，土色与第 4a 层相似，且存在并列关系。故推测上述 3 层为同一时期形成。

第 5 层：主要分布于灰沟 G1 遗迹以北探方 T0102 内，其西侧被第 4c 层覆盖，为较致密浅黄褐色含土沙层。

第 6 层：普遍分布于 3 个探方，在 T0102 内位于第 5 层下，在 T0201 内位于第 4a~4c 层下，在 T0202 内位于第 3 层和第 4c 层下。为疏松的灰黄色沙层，包含大量蚌壳渣滓。本年度发掘止于该层。

2. 遗迹

（1）石墙

共 1 处。

Q1　暴露于地表，建于第 4c 层上，位于 T0101 东隔梁与 T0102 西北角，西南—东北走向。残存长约 2、宽 0.8 米。墙体现只存最底层的海滨岩石，石墙下未发现明显的垫土或夯土基础，应是直接垒石起墙。

（2）灶

共 19 处。根据灶内结构的不同可分为 A、B 二型，其中 A 型根据灶内堆积性质的不同可分为 Aa 和 Ab 两个亚型。

A 型　共 17 处。小型地面灶，平面为圆形，结构简单。

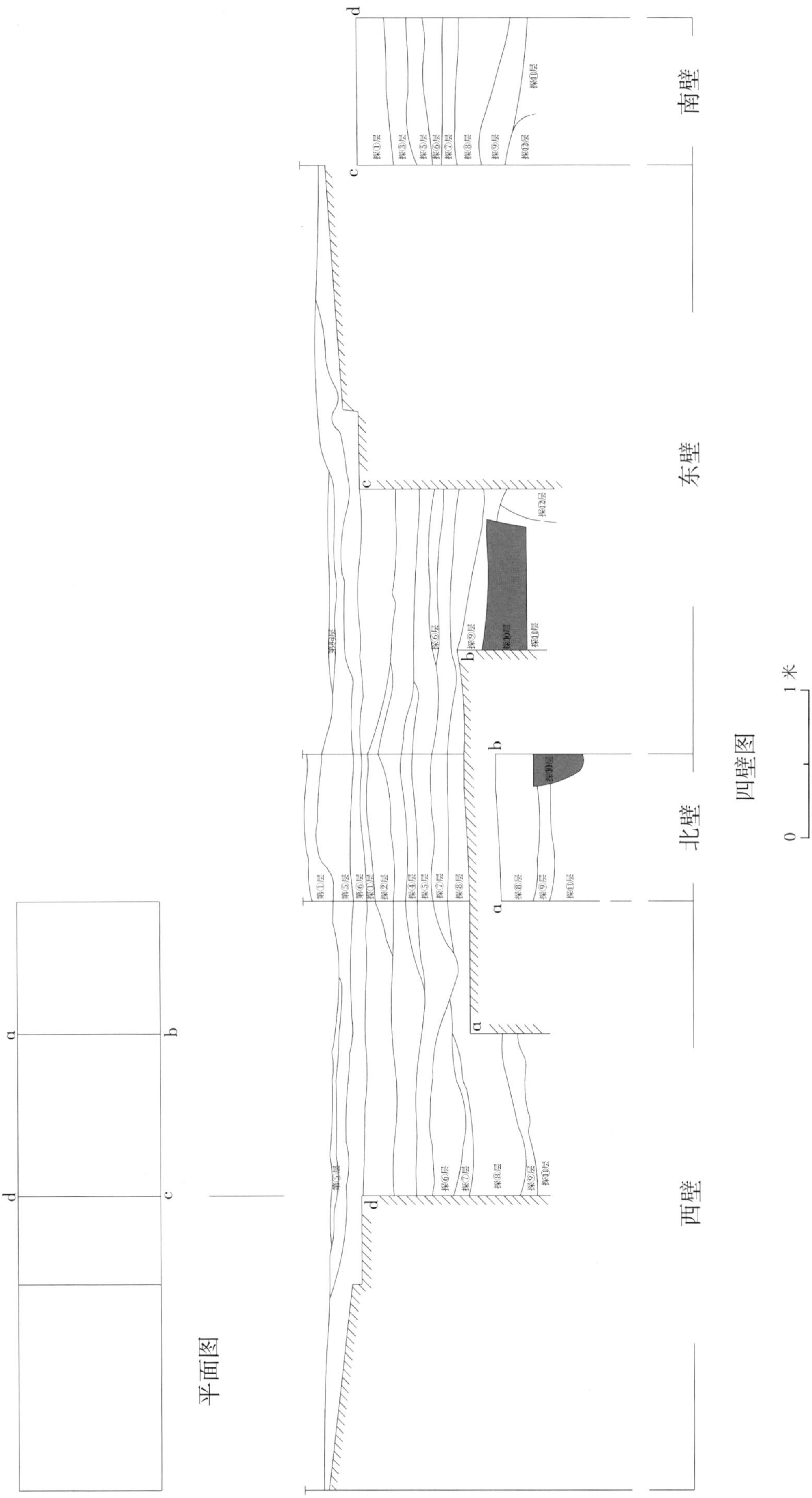

图七 阿尔马塔夫遗址北Ⅳ区T0101探沟平面及四壁图

图八　阿尔马塔夫遗址北Ⅳ区T0102、T0201、T0202第1层下平面图

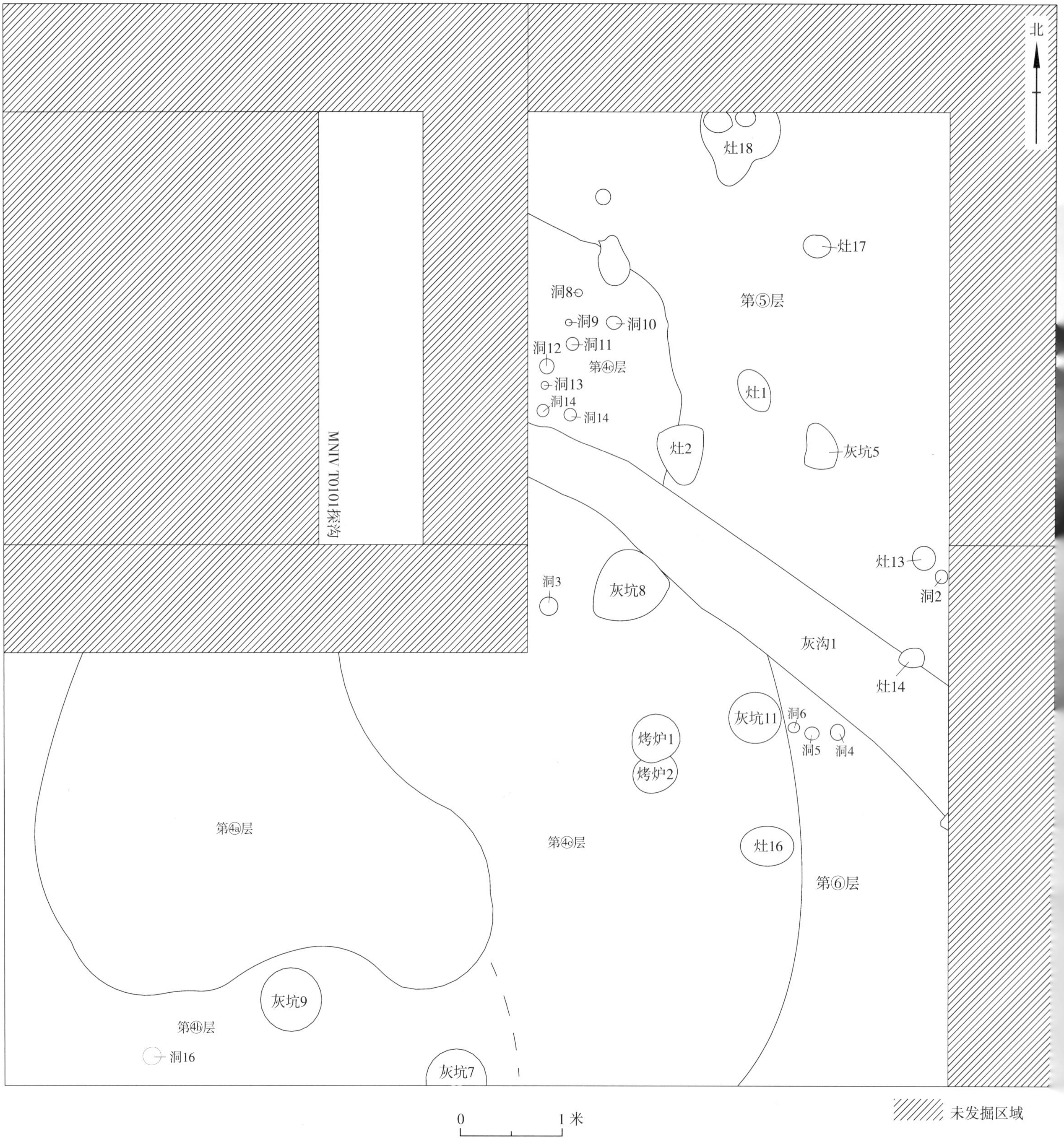

图九 阿尔马塔夫遗址北Ⅳ区T0102、T0201、T0202第2、3层下平面图

Aa型　共15处。灶内堆积为明显的烧灰。

Z2　位于T0102南部，开口于第1a层下，打破第5层。平面近似椭圆形，最长径约0.4、深度不超过0.1米。填土分二层，下层为灰烬，上层为晚期填土。灶底有一件破损罐底，埋于灰烬层中，有明显的火烧痕迹，应是炊具。

Z8　位于T0201西部，开口于第1a层下，平面近圆形，直径约0.23、深0.03米，弧壁圜底。填土为黑色烧灰与烧土结合，土质坚硬。灰层上覆有若干陶片，应为炊具（图一〇）。

Ab型　共2处。灶内堆积主要为大量碎蚌壳层。

Z19　位于T0301中部，开口于第1a层下，平面似椭圆形，最长径约0.4、深约0.08米。堆积主要为蚌壳层，皆为小蚌壳和碎蚌壳，黏结度较高，疑似经过人工处理。蚌壳层下可见灰烬和碎陶片。

Z6　位于T0202中部，开口于第3层下，打破第4c层及第6层，平面为长圆形，长0.51、宽0.38、深0.13~0.2米，弧壁圜底。堆积为含大量炭灰的沙土和碎蚌壳层。蚌壳层下可见灰烬和碎陶片。虽然灶内堆积质地疏松，但遗迹结构、包含物均与Z19相仿，推断两者为同一类型遗迹。

B型　共2处。大型埋坑灶，上下两层结构，下层燃烧上层置炊，间接加热。

Z9　位于T0102西部，开口于第1a层下，打破第5层，平面呈椭圆形，最长径0.55米。主体为上下两层结构，通过靠近灶北壁的圆孔连接，圆孔直径约0.2米。上层填土含土量较高，草木灰较少，底面平坦，应置陶炊具；下层填土为松软的草木灰夹杂炭粒，上下两层之间形成一个夹层，夹层的下表面是十分坚硬的烧结面，因而下层为火塘。火塘开口小而内部大，塘内空间与灶开口范围基本一致（图一一）。

综上来看，A型灶结构简单，可快速搭建，可能用来加工简单食物，其中Ab型见于日本考古队在阿尔马塔夫遗址南区的发掘，尚不清楚蚌壳层的作用，推测与当地炊事传统相关。B型灶结构相对复杂，构筑耗时耗力，可能用于加工复杂食物或多次重复使用。

（3）柱洞

共16个。柱洞直径在0.08~0.18米之间，呈正态分布，直径和深度大致呈正相关。在探方T0102内发现8个相邻的柱洞（D8~D15），南北向分布，都开口于第1a层下，打破第4c层。

D7　位于T0102西北部，开口于第1a层下，打破第5层。直径0.14、深约0.2米。平面为圆形，直壁，底较平。填土为纯净的黄褐色细沙土，含土量较大，质地疏松，无包含物。

D8　位于T0102西部，开口于第1a层下，打破第4c层。直径0.08、深约0.1米。平面为圆形，直壁，底较平。填土为纯净的黄褐

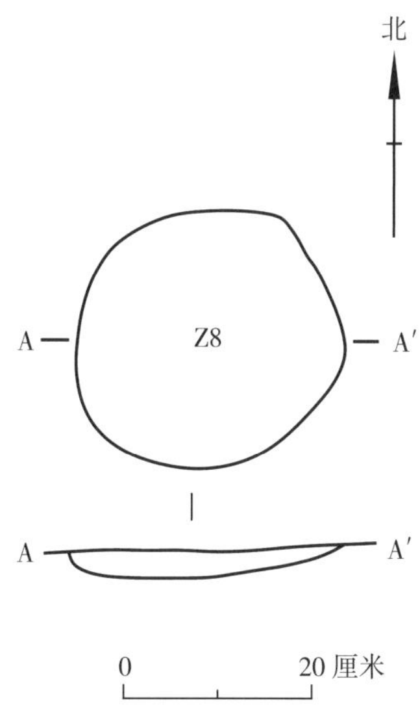

图一〇　Z8平、剖面图

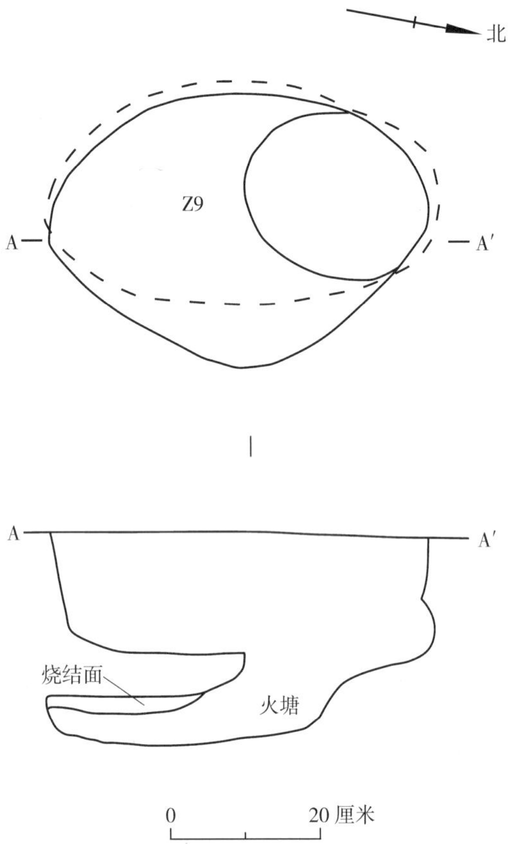

图一一 Z9平、剖面图

色细沙土，含土量较大，质地疏松，无包含物。

根据当地的建筑习俗，柱洞应是修建篱笆墙所用。柱洞大小不一，是缺少统一规格建材所致。T0102 和 T0202 共有 9 个柱洞，打破第 4c 层，该层土质坚硬致密，土色类似水泥灰色，应是人为硬化地面。

（4）灰坑

A 型　储罐坑。共 3 处。储藏大型陶罐之用。各坑内均保留半填埋的大型陶罐 1 件。三处罐内均未发现遗物。

H9　位于 T0201 东南部，开口于第 2 层下，打破第 4b 层及第 6 层，开口层位基本位于陶罐腹径最大处，陶罐口高于开口层位约 20 厘米。储罐坑开口近圆形，直径约 0.7、深约 0.39 米，陶罐位于坑中央，四周填土为黄色沙质土，土质较密，应为压实固定陶罐。填土内包含有一片青瓷、少量陶片和小型动物骨骼。

储物罐为小口罐，鼓腹，有三系，素面，小平底，陶质较硬，陶色偏红。口径 13、口沿外径 18、最大腹径 43、高约 60 厘米。容积较大，作储水罐的可能性较大。三系均布于口沿下。陶罐口部有坚硬蚌壳层整体遮盖，罐体已出现多处裂痕，罐内填土应是罐体破碎之后填入。

B 型　一般灰坑。共 10 处。

H4　位于 T0302 西南角，开口于第 1a 层下，直径约 0.8、深约 0.62 米。灰坑平面近似椭圆形，口小底大，为袋形坑。壁和底经过加工，与地层沙土相比相当致密，且夹杂碎蚌壳以此加固。坑内堆积全部为烧灰，疑为倾倒至此，可分二层：H4 ①，深黑色土，土质较致密，且夹杂大量炭粒、木炭；H4 ②，灰褐色，质地极为疏松。填土中出土波斯釉陶、龙泉窑青瓷、阿拉伯玻璃器、铜币及朱尔法陶（图一二）。

（5）其他遗迹

烤馕炉　共 2 处。

KL1　位于 T0202 北部，开口于第 1a 层下，打破 H1 以及地层第 3 层和第 4c 层。KL1 打破 KL2。烤炉为陶罐，斜壁圜底，口径约 0.45、深约 0.3 米，内壁有明显烧黑痕迹。炉内堆积主要为黑灰及炭粒。

土垄　共 1 处。

TL1　位于探方 T0102 内，开口于第 1a 层下，基本平行于 Q1，南北走向，长约 3.8 米、宽约 0.45 米、厚约 0.04 米的致密黄褐色板结土垄。包含少量朱尔法陶。用途不明。

灰沟　共 1 处。

G1　在探方 T0202 北侧，开口于第 1a、1b 层下，南侧打破第 4c 层，北侧打破第 5 层。G1 从探方东壁向西延伸至 Q1，打断 TL1，长可达 5.6、宽 0.45~0.7 米。T0202 东壁挂壁石块以及沟内保留较多海滨岩石碎块，皆为当地建材。由于建筑材料经常被循环利用，拉斯海马地区的聚落遗址考古常见一类有形无实的建筑遗迹。由此推测该沟最初或为一道石砌墙。

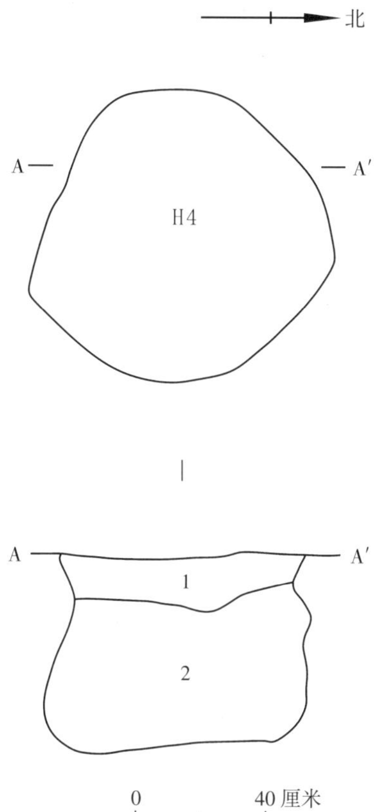

图一二 H4平、剖面图

3. 出土物

朱尔法陶　各层均有出土，为当地生产的夹砂红陶、灰陶，约 8377 件，占出土陶瓷器的绝大多数。该类陶器多见为罐、壶类大型日常烹煮、存储器皿。H8 出土了完整的朱尔法陶罐，小口，圆腹，敛足，凸底，其最大腹径约 0.5、高约 0.7 米。

西亚釉陶　116 件。各层均有出土，其中包括孔雀绿釉陶 34 件，熔块胎陶 15 件。

中国及东南亚地区生产陶瓷　81 件。多分布在表土层，以及第 2、4b、4c 层这类致密板结地层中。其中，中国龙泉窑青瓷 30 件，景德镇窑青花瓷 43 件、白瓷 4 件、青白瓷 1 件，广东等地产酱釉粗瓷 1 件；泰国青瓷 2 件。中国生产的瓷器标本多以明中晚期到清代为主，仅于第 5 层出土 2 件明早期青花瓷残片（图一三，上排）。

欧洲生产的现当代陶瓷　10 件。分布于第 1~3 层，以杯类为主。

各类玻璃制品　49 件。其中玻璃手镯 20 件。在窖藏性质的灰坑 H4 内出土一件圆形扁腹玻璃瓶（图一四），微侈口，细颈，从器型和工艺推测为 17 世纪伊朗地区生产。

铜制品　43 件。其中，铜币 28 枚，包含大、小两种规格。铜币皆侵蚀风化严重，凭肉眼不可辨识其出处。

另外还出土了铁钉等铁制品，锈蚀严重，难以辨别器物。

4. 小结

阿尔马塔夫北Ⅳ区此次发掘只揭露了距离地表约 0.45 米的地层堆积，一共发现 52 处遗迹，包括灶 19 处，烤炉 2 处，灰坑 13 处，柱洞 16 处，墙基 1 处，灰沟 1 处。地层堆积十分复杂，局部地层特点

图一三 阿尔马塔夫北区T0102第5层出土青花瓷残片（上排2件为明初青花瓷，左下为明晚期青花瓷残片）

明显,但未遍布整个发掘区域。从出土物情况来看，陶瓷器以当地生活用器皿为主，具有明显时代特点的中国及东南亚陶瓷与地层结合的时代特征不明显，尤其是在第5层同时出土了明初及晚明时期的青花瓷。这些地层、遗迹、出土物的特点反映此处为近代频繁使用的聚居地点，而且反映了近代当地人的生活习惯。从频繁出现的用火地点，以及在小区域内连续出现的多个柱洞，可以看出人群多次驻扎的痕迹。这符合当地随季节迁徙的生活习惯。从烤炉形制来看，与现今当地所见的烤炉差别亦不大。在居住地点用蚌壳垫高地面的做法也是当地传统的居住习惯。Q1、G1出现建筑材料大量缺失，仅保留墙基痕迹的考古现象也反映出近代当地物质资源贫乏，重复利用各种材料的生活习惯。可见本次揭露的5个地层虽然包含丰富的人居遗迹，但是都属于近代活动堆积。

图一四 阿尔马塔夫北区T0302第1层下H4出土圆形扁腹玻璃瓶

另一方面，通过T0101的探沟发掘，目前可以初步判断距地表约1.2米处存在土坯墙（探10层，见图七）。由此可以推断，本次发掘范围内存在更早的人类活动痕迹。结合阿尔马塔夫南Ⅲ区T0101内探沟揭露情况，其第8、9层亦处于距离地表1.2~1.35米之间，初步推断阿尔马塔夫南、北两区人类活动频繁时期地层堆积进程基本一致。这也说明北区同南区一样，至少在近代以前共同经历了上一个繁荣时期，初步推测为16~17世纪葡占时期。在阿尔马塔夫遗址南、北两区分别发掘将有利于我们进一步解开古港朱尔法的历史兴衰之谜。

二、对调查所得标本的初步研究

本次考古发掘工作开始之初，对朱尔法遗址包括的阿尔努杜德（Al-Nudud）、阿尔马塔夫两处遗址做了地面陶瓷标本的踏查工作，采集陶瓷标本403片，并使用X射线便携能谱仪对大部分标本进行了无损检测。通过对数据的初步整理，现可归纳出朱尔法遗址发现的中国陶瓷的三个特点。

第一，中国生产陶瓷分期特点。经过历年的考古发掘，已知朱尔法遗址发现的中国陶瓷主要生产于14~17世纪。通过整理以往出土的中国瓷器，以及此次考古、调查所得资料，可以将中国陶瓷输入朱尔法的时间界定在元至明早期和明中晚期到清早期两个大阶段。

第二，发现的中国陶瓷种类丰富，且与时代特点相吻合。第一阶段，元代晚期到明代早期主要以龙泉青瓷、景德镇青花瓷为主，偶见德化青白瓷；第二阶段主要有景德镇生产的青花瓷、红绿彩瓷、白瓷。这些产品中民窑产品占据主流，尤其是正德、嘉靖、万历时期青花为最。其中，令人惊叹的是此次踏查发现了明初御窑产品：明早期龙泉官样青瓷、明永乐宣德时期景德镇御窑青花瓷器残片。两者经过X射线便携能谱仪检测，两种标本的化学成分与故宫博物院藏永乐御窑青瓷、青花瓷成分基本吻合（表一、表二）。

表一　明永乐御窑青花瓷青花料的化学成分特征

（%）

样品编号	时代	数目	Al_2O_3	SiO_2	K_2O	CaO	TiO_2	MnO	Fe_2O_3	CoO	Rb	Sr	Zr
YL-10[1]	明永乐	8	7.88	59.34	3.38	4.14	0.02	0.05	1.64	0.33	0.018	0.006	0.003
MN19-015	明早期	1	7.28	48.77	2.31	5.97	0.02	0.04	3.57	0.62	0.017	0.007	0.005
MNT0201-004	明早期	1	7.22	56.17	3.24	4.46	0.02	0.06	1.69	0.34	0.018	0.006	0.004

1　故宫博物院、景德镇市陶瓷考古研究所：《景德镇元、明时期青花瓷器所用钴料的成分特征研究》，《明代正统、景泰、天顺御窑瓷器》，故宫出版社，2019年。

表二 阿尔马塔夫出土青瓷和枫洞岩窑址青瓷釉的化学成分特征

（%）

样品编号	Al_2O_3	SiO_2	K_2O	CaO	TiO_2	MnO	Fe_2O_3	Rb	Sr	Zr
MN19-005	7.1	56.01	4.27	7.85	0.06	0.3	1.28	0.015	0.04	0.01
MN19-009	9.77	62.39	5.03	5.66	0.08	0.36	1.7	0.017	0.038	0.009
MN19-010	9.12	60.01	4.29	8.83	0.05	0.3	1.52	0.016	0.053	0.012
MN19-014	9.11	58	4.56	7.61	0.05	0.57	1.56	0.017	0.033	0.008
MN19-016	7.17	55.66	4.59	5.6	0.09	0.3	1.65	0.016	0.035	0.008
枫洞岩明代标本[1]	9.86	62.55	4.60	7.14	0.07	0.42	1.60	0.017	0.041	0.009

本次阿尔马塔夫地表采集到2件青花瓷标本，从标本的釉质、纹饰、钴料成色可以初步判断为明永乐宣德时期青花瓷（图一五～图一七）。化学成分上两件标本所用钴料均具有高铁低锰型元素特征，符合永乐御窑瓷器青花钴料的元素组成特点，且其铷、锶和锆的含量与明永乐御窑青花瓷标本（YL–10）也基本吻合（见表一）。另外，在阿尔马塔夫出土和采集到高质量的龙泉青瓷片十余片，对其中5件（图一八～图二〇）进行成分检测，其成分数据与浙江省龙泉市枫洞岩窑址出土明代官样瓷器的分析数据相仿（见表二），特别是釉中具有相对较高的氧化钾含量，基本在4%以上，明显有别于同时期龙泉地区其他窑口的青瓷产品。另据釉中铷、锶和锆微量元素组成看，朱尔法遗址采集的青瓷标本与枫洞岩明代标本也较吻合。其中，1件采集标本（图二〇，右）上的暗折枝桃纹与清宫旧藏的永乐时期龙泉窑青釉刻划桃竹纹梅瓶上的折枝桃纹（图二一）完全相同。双重证据表明上述采集标本应分别为明永乐、宣德时期景德镇御窑产品和龙泉官样瓷器。

第三，中国陶瓷外销到当地后被反复利用，且使用时间特别悠久。在调查和考古发掘过程中，出土中国陶瓷常见锔孔（图二二）。其锔法与东亚地区常见的半透锔孔不同，这类锔孔穿透器壁，是典型的西亚地区锔补痕迹。阿尔努杜德遗址曾经出土过1件龙泉青瓷残片，正反两面尚存53个全透、半透的锔孔，推测为当地工匠练习锔补瓷器的试片。这说明瓷器即使破损仍会作为器皿继续使用。不仅如此，在阿尔马塔夫南Ⅲ区第9层下Z3内出土的两枚明代晚期青花瓷片（图二三）有明显人工修整成圆的痕迹。虽然尚不清楚其功用，但是碎瓷片多次加工另作他用的意图明显。最后，采集到一件明初龙泉青瓷器底，一方面器底残片被故意打磨成圆形，另一方面其足底裹釉部分，釉面基本磨损消失殆尽（见图一九）。磨损至此等程度很少见，必然已经使用了很长时间经历十分长久的使用时间。

1 采用便携能谱仪对15件龙泉枫洞岩明代青瓷标本进行无损测试，并取其平均值。相同样品也采用美国EDAX公司的EAGLE Ⅲ XXL型大样品室能量色散X射线荧光光谱仪进行无损测试，数据结果参见：故宫博物院、浙江省文物考古研究所、龙泉青瓷博物馆：《龙泉青瓷胎釉成分特征研究》，《故宫博物院院刊》2019年第7期。

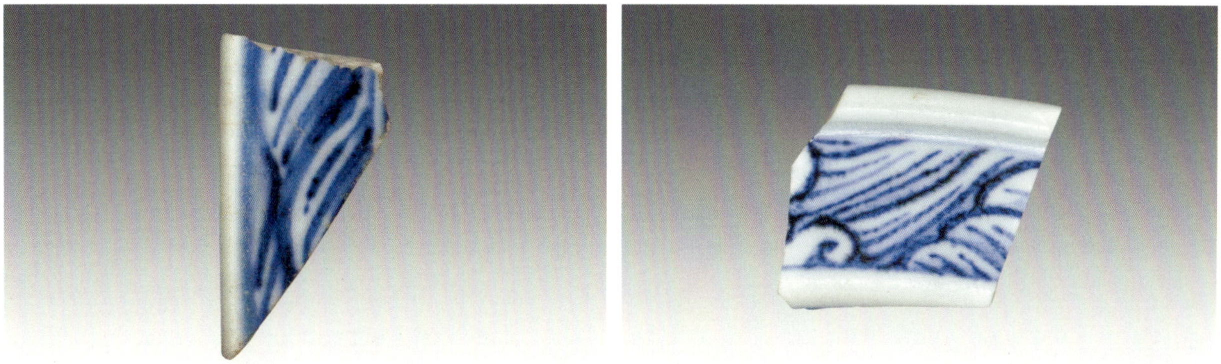

图一五 阿尔马塔夫北区采集标本[MNT0201-004（左），MN19-015（右）]

图一六 明永乐青花缠枝花卉纹折沿盆（故宫博物院藏）

图一七 明宣德青花缠枝莲葡萄纹盘（故宫博物院藏）

图一八 阿尔马塔夫北区采集标本[MN19-005（左），MN19-009（右）]

图一九 阿尔马塔夫北区采集标本（MN19-010）

图二〇 阿尔马塔夫北区采集标本[MN19-014（左），MN19-016（右）]

图二一　龙泉窑青釉刻划桃竹纹梅瓶（故宫博物院藏）

图二二　带有铁质锔线的龙泉窑青瓷标本（阿尔马塔夫遗址南区采集）

图二三　阿尔马塔夫遗址南Ⅲ区T0101探沟第9层下Z3内出土明晚期青花瓷残片

三、相关问题的探讨

一方面，朱尔法遗址可见的外来陶瓷品种十分丰富。除上述中国陶瓷，常见的外来品种还有伊拉克等地区生产的孔雀绿釉陶器，伊朗、叙利亚地区生产的釉下彩陶、青花熔块胎陶，阿曼地区生产的酱釉陶器，泰国西萨查那莱生产的釉下铁绘花瓷，泰国或缅甸地区生产的青瓷。四方货物汇聚于此，这有力地说明了朱尔法古港在古代印度洋贸易上的重要地位。明早期御窑瓷器的发现更进一步体现了拉斯海马地区在历史上的政治重要性。明代御窑的生产、运输、使用等各个环节的管理都十分严密，在景德镇御窑厂考古发现了多个成品集体打碎、掩埋坑[1]，在故宫博物院内也发现了多处损毁瓷器掩埋坑[2]。两者说明明代御窑体系从生产始端到使用过程乃至废损后处理的末端都完全处于官方的严密监督下，严禁流入民间市场。故此，朱尔法遗址出现明初御窑瓷器的渠道只有一条，即明代政府的赏赉。郑和下西洋便是明早期御窑瓷器来到朱尔法地区的途径之一。

从永乐三年（1405）至宣德八年（1433），郑和先后七次通使西洋。第三次出使期间，郑和舰队初次抵达忽鲁谟斯王国，此后每次通使西洋其舰队必达于此[3]。翻阅明代史料我们也可以看到诸多对于忽鲁谟斯王国风土人情的介绍，其中以马欢的《瀛涯胜览》和费信的《星槎胜览》最为可信。此二人皆为通事，著录内容为随郑和下西洋时所见所闻。《瀛涯胜览》[4]中“忽鲁谟斯”条记载“其国边海倚山，各处番船并旱番客商都到此处赶集买卖，所以国人殷富”；并且文中还介绍了土产，“土产米麦不多，皆有各处贩来粜卖，其价不贵”，而后又介绍了当地土产的各类蔬果。《星槎胜览》中记载：“忽鲁谟斯国，其国傍海而居，聚民为市，地无草木，牛羊马驼皆食海鱼之干。”[5]两者对于当地物产的描述可谓大相径庭，但是其滨海倚山的地理特点不仅这两份文献，即便后世各类转述也大体相仿。直至17世纪成书的《武备志》中记载了《郑和航海图》，其中“忽鲁谟斯”才明确标明位于海岛之上。历史上忽鲁谟斯王廷确实出于军事防御等原因迁至霍尔木兹岛[6]。也正是由于这些信息，后世校注者往往纠结于早期文献中“忽鲁谟斯”具体位置。但是，通过16世纪西方历史文献以及近代考古学证实，所谓忽鲁谟斯王国乃为地跨波斯湾口南北两岸的海洋国家。16世纪占领此处的葡萄牙人记述

---

1 北京大学考古文博学院等：《江西景德镇明清御窑遗址发掘简报》，《文物》2007年第5期；景德镇市陶瓷考古研究所等：《2016年景德镇御窑遗址考古发掘主要收获》，《陶瓷考古通讯》2016年第1期；李军强：《近年来御窑厂遗址的考古发掘》，《紫禁城》2016年第11期。

2 冀洛源：《皇宫大内的考古发掘——2014年故宫南大库瓷片埋藏坑的考古发掘》，《紫禁城》2016年第11期。

3 郑鹤声、郑一钧：《郑和下西洋资料汇编》中卷，第929、930页，齐鲁出版社，1983年。

4 （明）马欢原著，万明校注：《明钞本〈瀛涯胜览〉校注》，第91、99页，海洋出版社，2005年。

5 （明）费信：《星槎胜览》卷四，第6页，《学海类编》，上海涵芬楼据六安晁氏木活字本景印，1920年。

6 Peter Morgan, “New thoughts on Old Hormuz: Chinese ceramics in the Hormuz region in the thirteenth and fourteenth centuries”, in *Iran*, vol. 29, 1991, pp.67–83.

朱尔法地区曾经臣服于忽鲁谟斯王国[1]。近年康耐特博士通过考古发现，证实拉斯海马地区于14~17世纪出现的经济繁荣与忽鲁谟斯王国关系密切——作为其属地向霍尔木兹岛提供淡水和供给粮食[2]。试以此反观《瀛涯胜览》与《星槎胜览》，其“滨海倚山”之说作为地理环境描写而不是该国地理位置描写来理解，或是对忽鲁谟斯王国属地的记述。《明史》中对于“忽鲁谟斯”的评价，亦作“西洋大国也”，并且记录了忽鲁谟斯使臣于永乐十年（1412）、永乐十二年（1414），宣德五年（1430）、宣德八年（1433）向大明皇帝进贡马匹等物[3]。可见永乐时期明王朝与忽鲁谟斯王国交往十分密切。同样的考古学证据也见于威廉姆森在伊朗南部米纳布地区和霍尔木兹岛上的考古调查所得中国陶瓷[4]。那么，结合朱尔法遗址出现的永乐、宣德时期景德镇御窑青花瓷、龙泉官样青瓷的实证，我们有理由相信在当时明朝政府与当地存在官方关系。

另一方面，朱尔法遗址整体呈现出地表遗物较地层内出土物更为丰富的特点，而且接近表土层的近现代地层出土的陶瓷标本种类混杂、特征不清。其原因在于当地自然环境恶劣，物质资源匮乏，物尽其用成为重要的生活法则。据当地居民介绍，从19世纪末至阿尔马塔夫遗址保护区建立之前，拉斯海马市的居民在此地驻扎并普遍进行“淘金”[5]活动。这种所谓的“淘金”活动便体现了当地在步入现代化之前的传统生活模式。这一生活模式导致早期器物长期、反复使用，最终出现在晚期地层甚至表土层。

四、收获与展望

2019年11~12月对拉斯海马朱尔法遗址的考古发掘和调查在阿尔马塔夫南、北两区均发现了早于近代地层的人类文化堆积层。首次通过考古证据说明阿尔马塔夫南北两区的城镇发展进程历史基本一致。通过考古出土、采集的中国陶瓷，尤其是明初御窑瓷器的发现，我们可以推断朱尔法遗址在印度洋贸易航线上和波斯湾出海口的经济、政治乃至军事地位都很可能不亚于波斯湾北

---

1 这一记录最早见于1563年威尼斯出版的《航行与旅途（*Navigationi e Viaggi*）》，该书刊载了葡萄牙军官 Duarte Barbosa 于1517~1518年于印度洋的航旅见闻。其中《阿拉伯半岛的忽鲁谟斯王国（*The Kingdom of Ormus in Arabia*）》一章中记录了朱尔法港。M. Longworth Dames, Trans. *The Book of Duarte Barbosa*, Vol. 1, London: Bedford Press, 1853, p.70.

2 D. Kennet, “The development of Northern Ras al-Khaimah and the 14th century Hormuz economic boom in the lower Gulf”, in *Proceedings of the Seminar for Arabian Studies*, 2002, Vol. 32, pp.151-164.

3 （清）张廷玉：《明史》卷三百二十六，第8452、8453页，中华书局，1974年。

4 故宫博物院考古研究所、杜伦大学考古系：《英藏威廉姆森波斯湾北岸调查所获的中国古代瓷片》，图28～图31，《文物》2019年第5期。M. Lin and R. Zhang, “Zheng He's Voyages to Hormuz Island: the Archaeological Evidence”, in *Antiquity*, Vol.89, 2015, pp.417-432.

5 所谓“淘金”是沿用当地人的说法，指在废弃古聚落挖找包括砖石、器皿、贵重物品等在内的各种可以再使用的物资。这种行为不仅见于近代，也不只存在于朱尔法古港区域，而是当地自古有之的生活模式。已经发现12世纪聚落遗址出现青铜时代器皿再利用的现象。

岸忽鲁谟斯王国所在的米纳布地区。另一方面，考古发掘也反映出当地居民对输入物资的珍惜程度和长期使用的情况。历史上重要的商贸港口与贫瘠的自然资源形成了鲜明的对比。但是，如何理解并合理定位外销至此的中国陶瓷的经济价值、社会价值，以及由此产生的历史作用，是接下来的考古发掘亟待解决的问题。同时，需要对遗址核心区域以及重要遗迹进行选择性发掘，才能解决该聚落（港口）的始用时间和逐步发展的过程等问题。

附记：

本次考古发掘故宫博物院考古领队为王光尧，参与发掘的有翟毅、邢增锐、苏天敏、张文清、张希章，以及张然和实习学生翟若普；拉斯海马古物与博物馆部考古处处长 Ahmed Hilal Khan，田野执行领队 Tibor Paluch；英国杜伦大学考古系负责人 Derek Kennet；吉林大学考古学院带队教师邵会秋及实习学生彭博、胡子尧、王思阳、张宇亮、胡兆辉。出土物科技检测：故宫博物院文保科技部丁银忠。出土物整理：翟毅、蒋艺、张然。

执笔：翟　毅、邢增锐、丁银忠、王光尧

绘图：张　然、张希章、邢增锐、苏天敏、彭　博
王思阳、张宇亮、胡子尧、胡兆辉

摄影：张　然、邢增锐

（原载于《故宫博物院院刊》2020 年第 5 期，略有改动）

后 记

2013年故宫博物院决定成立考古研究所，暂设在院研究室，同年成立故宫研究院，考古研究所列入其设立的首批学术研究机构。2014年国家文物局授予故宫博物院考古团体领队资质。自此，科学、规范、有序的故宫考古工作正式启航。2018年11月，文化和旅游部批复同意故宫博物院正式成立内设机构考古部，故宫考古按照行业规律、学科特点，结合故宫博物院实际，有组织地系统开展各项考古工作。

本文集即是故宫考古自2014年以来在院内、国内及国外田野考古资料的一次集中公布。其中《滦平县西山墓地考古发掘报告》是发掘者在故宫工作期间利用业余时间整理完成的，特别感谢河北省文物考古研究院，虽延滞数年，一并收入以公布为最终目的；《内蒙古化德县裕民、四麻沟遗址考古发掘调查及初步研究》是故宫考古拓展研究思路，丰富考古手段的一个尝试，感谢内蒙古自治区文物考古研究院的大力支持；《安徽明中都外金水桥的发掘收获》是故宫开展宫廷建筑考古的重点项目和重要学术方向之一，在国家文物局的支持下，与安徽省文物考古研究所密切合作，田野工作取得了重要成果，在正式报告公布之前，收入阶段性成果，先期嘉惠学林；《雄安新区容城县城子遗址考古调查勘探报告》是故宫承担的国家重大项目考古的前期工作，为下一步重点发掘奠定了坚实基础。国外考古尚在起步阶段，此文集收入的只是概要性工作，随着工作的深入和资料的累积，相信会有更多的成果呈现。

本文集论文部分是本所同人对考古、历史、宫廷建筑史等相关问题的思考和探讨，为方便学者查阅，收入部分已发表文章，只略作修订。

文集出版之际，我们十分怀念已故著名考古学家、故宫博物院老院长张忠培先生。张先生是故宫考古的擘画者和倡导者，生前多次就故宫考古的意义、理念与方法，考古发掘与古建筑保护，考古对博物馆业务的支撑作用等提出了高瞻远瞩的意见，此成为故宫考古正确发展的指引。故宫考古研究所成立后，故宫考古人践行张先生的学术思想，坚持真理，志业求是，逐步走出一条具有故宫特色的考古之路。不谋万世者，不足谋一时；不谋全局者，不足谋一域。顺应学科的发展规律和时代要求，契合国家重大战略，故宫考古以宽广的学术视野和学术担当，卓有成效地开展了御窑瓷器、宫廷建筑考古等，并积极参与“一带一路”倡议下的涉外考古工作，故宫考古不断取得新的进展。

故宫考古一路走到今天，我们也十分感谢老院长郑欣淼和单霁翔先生。彼时单院长从故宫博物院全局性发展谋篇布局，积极推动故宫考古的开展和体制机制的创新，为故宫考古的稳步发展奠定了良好基础。郑欣淼先生作为故宫研究院院长一直对考古学术研究给予宏观指导和全力支持。

王旭东院长和新一届领导班子秉持张忠培先生等老一辈学人“学术故宫”建设的理念，面向未来，审时度势，求真务实，对故宫考古提出了更高的要求和期待。我们要正视差距和不足，守正不移，笃行致远，立足于故宫博物院各领域的学术资源和人才储备，遵循考古学学科内在要求，在国内外考古科研体系下，突出重点、扬长避短、错位发展，努力探索具有故宫特色的考古之路，进一步推进“学术故宫”的建设。

故宫考古的发展也离不开主管副院长赵国英女士的努力和推进，从业务规划、人才引进和成果推出等方面给予多方指导和倾力帮助，在她的直接领导下，故宫考古各项工作科学、有序、顺利地开展。

本文集由故宫考古研究所李季所长、王光尧、徐海峰副所长策划，徐海峰负责具体组织实施。本所资深专家杨晶和王睿研究馆员予以具体指导。根据“故宫考古”专刊系列出版计划，此报告集为丁种第一号。故宫出版社宋小军常务副总编辑具体统筹编辑工作，梅婷、骆艳女士悉心编辑，考古部邢增锐、苏天敏积极协助编辑，在此深表谢意。

由于组稿和编辑期间正逢突如其来的新冠肺炎疫情，文物库房封闭，部分田野发掘简报无法核对和增补出土遗物资料，希冀在今后的文集中弥补此缺憾，书中难免有不规范、错误或疏漏不当之处，敬祈学界同人指正。

在此也一并感谢故宫博物院各位院领导对故宫考古工作的指导与支持，感谢院办公室、基建办、工程管理处、修缮技艺部、古建部、器物部、展览部、文保科技部、研究室、保卫处、消防处、行政处、数字与信息部、北院区管理处等对院内考古的鼎力支持，也特别致谢北京故宫文物保护基金会及院外事处、事业发展部、人事处、财务处、预算处、法律处、审计室等对我们涉外考古工作的有力支持。

编者

2020 年 4 月 30 日

（注：原拟考古发掘报告、简报及论文一并以《故宫考古文集》结集出版，后由于篇幅，也便于查阅之故，分类分别出版。《故宫考古文集》（一）已于 2020 年出版，此为总后记）